世界史图书馆

日本简史（第四版）

A Brief History of Japan

王新生 著

北京大学出版社
PEKING UNIVERSITY PRESS

图书在版编目 (CIP) 数据

日本简史 / 王新生著 . —4 版 . —北京：北京大学出版社，2023.5
（世界史图书馆）
ISBN 978-7-301-33521-5

Ⅰ. ① 日… Ⅱ. ① 王… Ⅲ . ① 日本—历史 Ⅳ . ① K313.0

中国版本图书馆 CIP 数据核字（2022）第 195448 号

书 名	日本简史（第四版）
	RIBEN JIAN SHI (DI-SI BAN)
著作责任者	王新生 著
责任编辑	李学宜
标准书号	ISBN 978-7-301-33521-5
出版发行	北京大学出版社
地 址	北京市海淀区成府路 205 号 100871
网 址	http://www.pup.cn 新浪微博：@ 北京大学出版社
电子信箱	pkuwsz@126.com
电 话	邮购 010-62752015 发行部 010-62750672 编辑部 010-62750577
印 刷 者	北京市科星印刷有限责任公司
经 销 者	新华书店
	720 毫米 ×1020 毫米 16 开本 21.25 印张 396 千字
	2005 年 11 月第 1 版 2013 年 1 月第 2 版 2016 年 11 月第 3 版
	2023 年 5 月第 4 版 2023 年 5 月第 1 次印刷
定 价	68.00 元

目 录
CONTENTS

第四版导言

一

日本是一个由东北向西南延伸的弧形岛国，由北海道、本州、四国、九州四个大岛和其他 6800 多个小岛屿组成。西隔东海、黄海、朝鲜海峡、日本海，与中国、朝鲜、韩国、俄罗斯相望。其中北部的北海道隔宗谷海峡距俄罗斯的库页岛不到 25 海里，南部的九州岛隔对马海峡距朝鲜半岛约 100 海里，九州西南部的长崎距中国上海 460 海里。

日本领土面积仅 37.8 万平方公里，约为中国的 1/25。在四个大岛中，本州岛面积 22.79 万平方公里，约占其总面积的 60%，是日本最重要的岛屿。四个岛屿被不到 50 公里宽的海峡隔开。例如本州岛隔津轻海峡与北海道相望，有青函海底隧道连接。本州岛隔下关海峡与九州岛相望，有下关大桥连接。本州岛与四国岛隔濑户内海相望，有四座大桥相接。

日本列岛海岸线总长近 3 万公里，呈狭长形，没有纵深地带。从南端的九州到北端的北海道绵延约 1920 公里。最大的岛屿本州岛长约 1200 公里；最宽处 300 多公里，最窄处仅 100 多公里。山地约占总面积的 70%，多为南北走向，且海拔都不高，最高峰富士山也不过 3700 多米。尽管如此，由于列岛生成年代较近，大约在 1 万年前到 2 万年前之间才脱离大陆，地壳活动频繁，因而地形支离破碎、崎岖难行，有的地方甚至无法通行。另外，面向太平洋的"表日本"与面向日本海的"里日本"差别较大。"表日本"多雨，常受台风的袭击；而"里日本"风雪较大，被作家川端康成称为"雪国"。在经济上，工业地带均分布在"表日本"，人口集中；"里日本"多为农业地区，人口稀少。

日本大部分国土为森林所覆盖，平原和低地约占 25%，耕地面积就更少，只占陆地面积的 13%，而且由于山川阻隔，耕地通常非常狭小和零散。最大的平原关东平原也只有 1 万平方公里，排名第二的北海道石狩平原近代以后才得以开发，排名第三的新潟平原最早也是在近代之前的德川时代才大规模开发。因此，在日本历史中，耕地不足是各代政府面临的重要挑战。

在近代以前的农业社会，农产品是日本社会生活的主要倚靠，自从公元前2世纪水稻传入日本并得到大规模推广以后，其农业一直以水稻种植为主，直到今天仍然如此，以至于在日语里米饭与吃饭是同一个词。如何养活众多的人口，在日本历史上的每个时代都是一个重要问题，甚至到第二次世界大战结束以前，日本人仍然认为仅凭列岛的农业并不能解决吃饭问题。

日本自然资源十分贫乏，除森林覆盖率较高、渔业资源较为丰富外，矿产资源种类虽较多，但储藏量很少。北海道和九州有一些煤矿，前几年已陆续关闭。因此，原油、煤炭、铁矿石、铝、铜、天然气等现代工业生产所需的原料和燃料基本上依靠进口。尤其在古代，由于技术相对落后，生铁、铜钱更是日本从大陆进口的主要货物。

日本列岛位于环太平洋西岸地震带上，地壳变动剧烈。统计资料表明，日本平均每天有四次地震，平均每年有一次6.5级的地震，每10年有一次7.5级的地震，每二三十年有一次8级以上的地震。20世纪日本曾发生两次大地震，一次是1923年的东京大地震，震级达到7.9级，十几万人丧生；另一次是1995年的阪神大地震，震级为7.1级，死亡五千多人。2011年的东北大地震引发了大规模海啸，造成重大人员伤亡，并导致日本福岛第一核电站发生核泄漏事故。

日本也是著名的火山之国，从北海道到冲绳共有7个大的火山带，270座火山，其中有86座是活火山。日本的陆地面积仅是世界陆地面积的1/400，但活火山却占世界的1/10。最著名的火山就是富士山，它最近一次喷发为1707年，其后一直处在休眠状态；但山上仍有喷气现象，温度高达80摄氏度。阿苏山、浅间山、云仙岳、三原山等火山活动也比较频繁。

除此之外，台风也是日本经常性的自然灾害。每年8月到10月是台风频繁发生的季节，由于台风登陆的地方往往是人口较为集中的东南沿海，因此其造成的危害不亚于地震和火山喷发。

耕地有限，资源贫乏，地震、火山喷发和台风等自然灾害频繁，是日本从古至今都不得不面对的困境，而当地居民所采取的应对措施，某种程度上影响甚至决定了日本历史的发展和演进，也造就了日本今日的社会与文化。

二

人们经常用"一衣带水"这样的词汇形容中日近邻。汤重南在《中外文化交流史》（何芳川主编，国际文化出版公司，2016 年版）中提出，中日文化交流曾有五次高潮。从公元前 3 世纪到公元 3 世纪是第一次，为躲避战乱而不断经由朝鲜半岛涌到日本的中国大陆移民将当时先进的生产工具、技术和文化带到日本，以农耕、畜牧为主的弥生文化取代了以渔猎、采集的自然经济为主的绳纹文化。第二次高潮发生在公元 600 年到 894 年之间，日本"以华为师"，是全面吸收隋唐先进文化的时期。宋、元、明朝前期是第三次高潮，即使在没有官方关系的宋元时期，禅宗、朱子学也通过僧人的频繁往来传到日本，并产生重大影响。室町时代第三代将军足利义满甚至向明朝"称臣入贡"，在通过"勘合贸易"获利的同时，促使"五山文化"出现和繁荣。

前三次中日文化交流高潮的特点主要是中国文化向日本的单向传播，而从近代甲午战争后到中日战争全面爆发是中日文化交流的第四次高潮。在这一时期，日本文化反过来对中国产生较大影响，出现了日本文化对中国的逆输出。在甲午战争中，清帝国败给了因学习西方先进国家而迅速近代化的日本。在"留不成西洋留东洋，通过东洋学西洋"意识的主导下，大批中国留学生赴日，"以日为师"，通过日本积极吸收西方资产阶级民主革命思想和较先进的科学技术。

1972 年中日邦交正常化，特别是 1978 年中国实施改革开放政策以后，再次出现了中日文化交流高潮，即中国为加速现代化的进程而从日本获得经验，不仅积极引进日本的资本与技术，而且学习日本的经营方式，日本的电影、电视剧、动画、漫画等艺术也吸引了众多的中国人。

三

尚会鹏在《中国人与日本人》（北京大学出版社，1998 年版）中写道："中国和日本既咫尺相邻又十分遥远，既相像又不同，既熟悉又陌生，既交往密切又互不信任。"其原因可能如同著名旅日华裔作家陈舜臣所指出的那样："从历史上来看，日中两国的相互理解意外地有限，让人不禁大吃一惊。……如果是我们的文明'掺水'后的东西，还有研究的必要吗？只有少数的好事之人，用掠过古董店门面的眼神稍微瞥了一下邻居日本。"（《日本人与中国人》，刘玮译，广西师范大学出版社，2009 年，第 3—4 页）直到 1928 年戴季陶撰写《日本论》时仍然感叹日本人研究中国精细深刻，不遗余力，而中国人研究日本却粗疏空泛，对日本，我们大多数人只是一味地排斥反对，再不肯做踏实的研究工作。

客观地讲，尽管 1949 年以后，特别是改革开放以来，中国学术界大大强化了对日本的研究，其成果也不少，但多数中国人仍然不甚了解日本。近些年来，中国游客大量涌入日本，引发了普通民众对日本的兴趣，也促使有关日本的普及性读物大量出现。一方面这些普及性读物多少带有先入为主的情绪化观念，虽然在很大程度上契合读者的口味，但对日印象并非准确、客观。另一方面，普及性读物多从特定领域论述日本，并不全面、系统，也容易造成对日本的僵化理解。据中日两国媒体近十几年来的联合舆论调查，中日两国民众相互之间的好感度持续走低就体现了这一点。中国迅速崛起与日本泡沫经济崩溃后各项改革时间重合，传统的外交政策难以适应，进入新世纪的中日关系跌宕起伏，未来更是存在许多不确定因素，进一步增加了了解日本的重要性。需要特别强调的是，尽管日本文化是在吸收大量中国文化的基础上发展起来的，无论在语言文字上，还是在生活方式上，两国都有较多的相似之处，但日本仍然具有独特的历史与文化。即使在"全盘唐化"的时代，日本对中国文化也只是有选择地学习和借鉴。例如，没有采用中国大陆王朝实施的"科举制度"，而且逐渐走向"尚武"的历史发展之路。直到近代以前，日本不仅游离在"朝贡体制"的边缘，而且一直对其采取对抗性战略。帮助读者注意到这些重要的历史面相，从而客观认识日本历史及其文化，是笔者撰写本书且不断加以修改、补充的心愿。

2005 年版《日本简史》将日本历史分为十个阶段：起源、律令国家、武人政权、前近代社会、明治维新、对外侵略扩张、变革与战争、占领与战后体制、经济大国、改革的年代，以统治主体为线索，简明叙述日本历史、社会与文化的发展；2013 年的增订版正文基本保持了原有内容，每章增加了前言、图表、原始资料、年表、结语、进一步阅读资料以及最后的附录等；2016 年的第三版专门增加一章，叙述初版后 10 年的历史，增加了图表并更换了进一步阅读资料的内容；第四版在注意吸收国内外最新研究成果的基础上，将战后历史重新改为三章，在内容上稍作必要调整，进一步阅读书目也更新为最近三年国内出版的相关书籍介绍。

日本古代行政区划图

图 0-1　日本古代 66 国（地方最高行政区）图

图 0-2 现代日本地方行政区划图

一都一道两府四十三县。

北海道

青森　岩手　秋田　宫城　山形　福岛　茨城　栃木　群马　埼玉　东京　千叶　神奈川　新潟　山梨　静冈　长野　富山　岐阜　爱知　石川　福井　京都　滋贺　三重　奈良　大阪　兵库　和歌山　鸟取　冈山　香川　德岛　岛根　广岛　爱媛　高知　山口　福冈　大分　宫崎　佐贺　熊本　长崎　鹿儿岛　冲绳

第 一 章

日本人的起源

2000年10月22日凌晨，在鲁迅曾经留学的仙台市以北50公里的上高森考古遗址，日本大名鼎鼎的"考古学家"藤村新一悄悄将几块石头埋在土中，然后飞快驾车离开现场。万万没有想到的是，事先安置在周围的《每日新闻》摄像机将其过程全部拍摄下来，面对媒体的一再追问，藤村不得不承认在旧石器时代考古中的造假行为。

2001年10月7日，负责对日本东北旧石器文化研究所原副理事长藤村新一造假丑闻进行调查的日本考古学会特别调查委员会委员长户泽充则教授宣布："经藤村参与的遗址考古全是假的。此类假造遗迹多达42处，遍及东北、关东和北海道地区的1道6个县。"消息传出，各种博物馆纷纷撤出有关展品，出版中小学教科书的山川、三省堂、东京书籍、实教等出版社分别向文部省提出申请，要求修改有关内容。城门失火，殃及池鱼，藤村的造假行为不仅使日本的考古学倒退了整整20年，日本列岛旧石器文化的存在时间也从70万年前退到5万年前。人们也有充分的理由怀疑其他考古成果，曾发掘九州地区旧石器时代遗址并获得多种考古奖项的别府大学教授、78岁的贺川光夫因此悲痛地上吊自杀了。最大的出版社讲谈社也跟着倒霉，26卷本的《日本历史》还没有出齐就忙着修改第一卷《绳纹生活志》，并许诺购买旧版者以旧换新。

旧石器时代

发现晚期旧石器

从考古学上讲，旧石器时代是指石器时代的早期阶段，当时的原始人使用比较粗糙的打制石器，过着采集和渔猎的生活。从社会组织形态上看，旧石器时代是古人类从原始群向母系氏族公社过渡时期。自20世纪40年代末以来，随着大批旧石器遗址的发掘和一些古人类化石的发现，日本列岛没有旧石器文化以及原始人类生存的传统观点被改变了。但由于日本列岛火山较多，地震频繁发生，地表变化较大，且土壤酸性较强，人骨等遗物容易被溶解，所以保存下来的旧石器时代遗址及遗物较少，距今时间亦较近。目前能够得到学术界公认的旧石器遗址或遗物大体在距今3万年前到距今1.2万年前之间，日本考古学界称之为"后期旧石器时代"。

1949年，业余进行考古活动的商人相泽忠洋在群马县岩宿的土层中发现打制石器，经专家鉴定为距今2.4万年前之物。其后考古学家对该遗址进行挖掘，又发现了敲打形、刮削形、尖状形、刀斧形等打制石器，并将其命名为"岩宿文化"，由此证明日本列岛有旧石器时代存在。由此开始，陆续在日本的北海道、本州、四国、九州四个大岛发现了旧石器遗址，目前有4000多处。

冰河时代大陆桥

在发现旧石器文化的基础上，日本陆续发现了相同时期的古人类化石。1950年，考古学家在栃木县安苏郡葛生町发现了六件古人类遗骨化石，取名为"葛生人"；1957年，在爱知县丰桥市的牛川町发现了古人类的上腕骨、左侧大腿骨以及动物化石，取名为"牛川人"，但他们是距今3万年前的"旧人"还是距今3万年内的"新人"，尚无定论；1959年，在静冈县的三日市发现了古人类的头骨片等七件遗骨化石，取名为"三日人"。

在20世纪60年代和70年代，考古学家又先后在静冈县浜北市的石灰岩洞、冲绳县具志头村的港川，以及大分县的圣岳洞穴等地点发现了古人类遗骨，分别称为"滨北人""港川人"和"圣岳洞穴人"，他们均为"新人"。其中"港川人"1号人骨最完整，身长153公分，为距今1.8万年之前的古人类遗骨化石。另外，考古学家在大分县的岩户遗址不仅发现了古人类遗骨，还发现了当时的坟墓，时间均为距今2万年前，属于后期旧石器时代的人骨和坟墓。虽然从数量上看还不多，但已发现的古人类遗骨、大量的旧石器以及动植物化石可以证明，在后期旧石器时代，日本列岛上已有古人类居住。

从上述古人类遗骨的身体特征上看，他们与其后的绳纹人有血缘联系，即身材较矮、眉毛粗、双眼皮、嘴唇较厚、四方脸型等。因此，原始日本人从何处而来长期以来成为学术界的热门话题，但目前尚无定论。较为一致的看法是：从地质学的角度看，从距今数十万年前到1万年前的"更新世"为地球的冰河时期，海平面比今天低得多，日本列岛的北端及南端与欧亚大陆连在一起，主要是欧亚大陆东北部的原始人群为追逐大型野兽到达日本列岛，并在该地定居下来。后来冰川融化，海平面上升，大陆桥消失，定居日本列岛的原始人逐渐形成了最早时期的日本人——绳纹人。

狩猎采集与洞穴

旧石器遗址发掘表明，当时的原始日本人居住在天然洞穴或岩石遮阴处，另外也在丘陵的斜坡、高地、湖沼等周围建造住穴，过着"冬则宿穴，夏则住橄"的生活。食物主要是狩猎到的动物、捕获的鱼类或采集到的野生植物及果实，因而原始日本人过着频繁移动的生活，作为生产及生活工具的特定地区打制石器也因此被带往各地。当时火已被广泛使用，在静冈县上野遗址距今2万年到1.5万年的赤土层中发现炉迹，在大阪三味山遗址甚至发现了居住遗址和煮烧肉类食物的痕迹。

需要说明的是，20世纪80年代以后在日本列岛上陆续发现了旧石器前期、中期的遗址和遗物，但2000年新闻界报道日本旧石器时代考古造假事件后，前期、中期旧石器时代的考古成果遭到否定。受其影响，上述后期旧石器时代的考古成果也遭到怀疑，但其可信度依然较大。

绳纹时代

磨制石器与陶器

考古学上的新石器时代是指人类社会出现磨制石器、陶器，以农耕、畜牧业生产食物的时期。这一时期人类开始了定居生活，社会形态上为母系氏族公社阶段，即以血缘为纽带的母家庭为基本单位，若干个同一血缘的家庭构成氏族公社，氏族成员共同居住、共同劳动并共同享受劳动成果。日本历史上，从距今1.2

万年前开始进入新石器时代，这一时代持续到公元前 3 世纪，其最大特征是制造粗糙的陶器和使用以弓箭为主的磨制石器，并出现了最原始的农业。在这一时代的遗址中，许多手制黑色陶器出现，因这种陶器的外部大多留有绳纹的痕迹，故被称为"绳纹陶器"，以这种陶器为代表的文化被称为"绳纹文化"。因此，日本历史上的新石器时代也称"绳纹时代"。尽管"绳纹陶器"是世界历史上最古老的陶器之一，但在日本的新石器时代，生产及生活方式仍比较落后。

群居与原始农业

绳纹时代前期，人们的主要生产活动是狩猎、捕鱼和采集野生植物的果实，狩猎的动物主要是鹿和野猪等。生产工具仍然以石器工具为主，但这时的石器工具是充分加工过的磨制石器。除此以外，还有木制的弓箭、骨制的鱼钩及鱼叉等。在绳纹时代中后期，人们开始利用鱼网，并乘独木舟出海捕鱼。在沿海地区，考古学家发现了许多绳纹人食用过的贝壳、鱼骨、果皮以及破损陶器、石器、骨器等工具的垃圾堆，因它们以贝壳为主，所以被称为"贝冢"。此时人们采集的食物以栗、核桃、橡实为主，且知道如何加以贮藏。

近些年来的考古发掘表明，至少在绳纹时代中期以后，日本已经出现了种植葫芦、绿豆、谷物的原始农业。人们在一些绳纹时代后期的遗址中陆续发现了碳化米、大麦粒和米的压痕，甚至在北九州福冈市板付遗址中发现了水田遗址。水田中置有调节水量的堰水栅、水沟以及田间小道。该遗址发掘出的陶器残片上有稻壳的压痕和一百多粒碳化稻米的痕迹，这说明在绳纹时代后期，日本人已经开始了原始的农耕经济，其中稻米耕作在北九州最先出现，因而有理由相信其来自中国大陆。绳纹时代之后的弥生时代水稻农耕之所以得到迅速普及，与绳纹时代奠定的基础不无关系。

装饰与原始信仰

由于食物供应较为稳定，绳纹人可以在一个地方居住较长时间，并逐渐开始定居生活。他们的住宅为竖穴式房屋，即从地面下挖 50 厘米左右，四周用若干根木柱支撑屋顶，房屋的平面形状有圆角方形、方形、梯形、圆形、椭圆形等，室内中间设有炉灶。每个房屋居住一个家庭，几个家庭构成一个居住区。居住区大多以弧形或环形构筑竖穴建筑群，其中央辟有召开会议、举行集体活动和从事祭祀的场所。

1993 年，长野县鹰山黑曜石矿山遗址陆续发掘出属于绳纹时代的深度为 10 米左右的矿井 80 座，这表明曾有大量的绳纹人长时间在此挖掘适合磨制石器的材料。同年，栃木县寺野东绳纹时代遗址发掘出由宽 20 米、高数米的土墙围成的直径达 180 米的场地，这可能是当时的绳纹人进行集体活动的场所。1994 年，在青森市三内丸山发掘的距今 5500 年至 4000 年前的绳纹遗址，有由数根直径 1 米的巨大木柱构成的建筑物，另外还有长达 350 米的墓地、食物栽培和各地物品交易的痕迹。由此可见，绳纹人不仅开始定居和农耕，而且具备了相当发达的社会组织和物质交流。

在绳纹时代，人们穿的衣服由兽皮和植物纤维的编织物制成，身上佩戴的装饰品有手镯、项链、发饰、耳饰、腰饰等。手镯多用贝壳制成，也有木制和土制的，项链是把贝、石、玉制品串起来。当时人们有拔齿和研齿的习俗，成年人会拔掉犬牙或门牙，研齿则是将门齿研磨成带沟的叉子形状。绳纹时代的墓葬比较简单，大体相同，随葬品较少且多为装饰品，这从一个侧面反映出当时人们过着平等的原始共产生活。

由于绳纹时代的生产力低下，人们对自然灾害无能为力，对千变万化的自然现象迷惑不解，于是产生了崇拜自然的原始宗教。人们相信万物有灵，因而制作了许多人物、动物、山形土偶，以及精制石棒、石剑作为崇拜的对象或祭具，以求神灵保佑获得丰收和生活的安定。

从已经发掘的遗址来看，绳纹人多集中在采集食物较为丰富的关东地区。据推测，当时全日本列岛的居民共有 15 万—25 万人，其中西日本仅有 3 万—5 万人，平均寿命在 30 岁左右。

图 1-1　竖穴式房屋

弥生时代

水稻农业普及

大约在公元前 3 世纪，日本历史进入一个新的发展时期。在这一时期的遗址中，发现了大量比绳纹时代陶器技术更为进步的新型陶器，它们形制一致、纹样简单、外形美观。由于这种陶器最早发现于东京都的弥生町，所以被命名为"弥生式陶器"，而直到公元 2 世纪的这一时期被称为"弥生时代"，这一时期的文化称"弥生文化"。该文化的主要特征除弥生式陶器外，还有水稻农耕的普及、金属工具的应用、阶级及地域国家的出现等。

在弥生时代，水稻农耕获得迅速发展。从中国大陆传入的水稻栽培技术首先扎根于北九州地区，然后逐渐向本州岛传播。水稻的种植，使绳纹时代的日本人从采集、狩猎、捕捞为主的半定居生活急速转向以农耕为主的定居生活。在弥生时代初期，水稻种植仍然比较粗放。中期以后，由于水利技术的进步，耕种地区不断扩展，日本不仅在有河流的冲积平原或低湿地带，而且在中部的山岳地带也开辟了水田。属于弥生时代后期的登吕遗址，展现出较高水平的水田耕作技术。

登吕遗址位于本州岛中部的静冈县南端。在大片低湿地上，弥生时代的日本人开垦了成块的水田。每块水田的面积不尽相同，小的 300 平方米，最大的达到 2300 平方米，一般在 1400 平方米左右，总面积约为 7 万平方米。大片水田整齐排列，畦与畦之间用木板和木桩相隔。登吕遗址有一条全长 500 米的灌溉水渠和排泄水渠，在水渠的中部有两个堰，调节灌水和排水。灌溉水渠和排泄水渠相交之处，安置了木制的过水通道。

弥生时代水稻的普及以及生产技术的提高，与生产工具的进步有关。弥生时代中期以后，从中国大陆传入的铁制器械，与石器、木器、骨器等工具混合使用。铁制器械的出现，推动了冶炼技术的发展，主要体现在青铜器的制作与铁器的制作上。弥生时代的青铜器也是从大陆传入的，最初作为工具使用，但后来仅作为祭祀用具或珍品，并逐渐形成了以铜剑等武器为代表的北九州文化圈和以铜铎为代表的畿内文化圈。与此同时，中国大陆的铜镜也大量传入日本。铁器制作主要采用锻造法，材料是从大陆输入的。除铁制农具外，还有许多铁制的手工业器具，如锯、刨、凿等。弥生人也开始用纺织工具织布，其技术与工具大多从中国大陆传入。

图 1-2　中国长江下游的水稻种植技术传入日本的途径

一是通过山东半岛、朝鲜半岛到达日本九州地区，一是从海路直接到达九州地区。

在住宅方面，弥生人与绳纹人相同，采用竖穴建筑。后来为贮藏稻谷，用木柱建造高出地面许多的仓库，人也逐渐居住到这种高架房屋中。30 座左右的高架房屋、仓库构成一个村落，周围挖有具有防御功能的壕沟。在近畿和伊势湾（本州岛中部）地区，甚至有具备数重壕沟的村落。1986 年发掘的佐贺县吉野里弥生时代遗址有双重城郭，内城不仅有巨大的建筑物，而且居住其内的居民地位较高。与绳纹人的屈身葬不同，弥生人多为伸展葬，就棺墓的形式来看，既有瓮棺葬，也有箱式石棺葬，还有木棺葬。

大陆移民

水稻耕种以及金属农具在较短的时间内迅速普及，显然是受到外来移民及其文化的影响，而且从体形与身高上看，绳纹人与弥生人具有较大差异。绳纹人的平均身高为 150 厘米左右，方脸庞；弥生人平均身高 160 厘米左右，长脸庞。学术界较为普遍的看法是，在公元前 3 世纪前后的绳纹时代末期和弥生时代初期，中国大陆正值秦朝统一并迅速崩溃之时，为逃避战乱和秦朝苛政，居民纷纷外逃，引发连锁性的移民潮。许多被称为"渡来人"的大陆居民主要通过朝鲜半岛移居日本列岛，家喻户晓的徐福率众多童男童女去海外寻找仙药的民间传说就发生在这一时期。另外，从以农耕技术与金属工具为代表的弥生文化首先出现在日本列岛西南的北九州地区，然后逐渐向东北方向扩展的历史进程中，也可以看出当时大陆先进文化与生产力的传播过程及其影响。

小国林立

农业的发展，金属工具的应用，极大地推动了社会生产的分工，因而在出现劳动剩余的同时，也出现了社会的分化和阶级的形成。从弥生时期的遗址发掘来看，墓地多以男性为中心，而且随葬品多少不等。另一方面，定居的农业社会在产生统治者与被统治的同时，为争夺更好的生活资源，村落之间经常进行战争，结果推动了部落联盟基础上的地域国家的形成。具有数重壕沟的高地部落群，包括铜矛、铁剑、盾甲在内的武器，被利器刺伤的人骨等大量出土，均显示了部落群及地域国家的出现。

大约在公元前后，在北九州和畿内等先进地区开始出现地域小国家群，这些小国为增强自己的实力和统治的权威性，有意识地与强大的中原王朝交往，学习先进的生产技术及文物典章制度。据中国史书《汉书·地理志》记载："乐浪海中有倭人，分为百余国，以岁时来献见云。"《后汉书·东夷列传》也记载：公元57年，"倭奴国奉贡朝贺，使人自称大夫，倭国之极南界也。光武赐以印绶"。半个世纪后，"安帝永初元年，倭国王帅升等献生口百六十人，愿请见"。

北九州地区的弥生时代中期遗址曾出土许多青铜镜、货币等汉朝物品，1784年，有农户在福冈县志贺岛发现了汉光武帝赐给倭奴国王的金印，上面刻有"汉委奴国王"，由此印证了中国史籍记载的准确性，亦可见日本列岛诸小国与中原王朝之间频繁的交往。这种交往无疑加强了当时处在较高发展水平的大陆文化对日本列岛的影响，使日本列岛能够较快地从地域国家向统一国家过渡。

图 1-3 "汉委奴国王"金印

印面为正方形，边长2.3厘米，印台高约0.9厘米，台上附蛇形钮，通体高约2.2厘米，现存于日本福冈市博物馆。

邪马台国

部落联盟

根据中国史书《三国志·魏书·乌丸鲜卑东夷传》记载，公元2世纪末，日本列岛上本以男性为国王的倭国发生动乱，小国之间相互攻击，一年后共同推举邪马台国的女王卑弥呼为王。女王"事鬼道，能惑众"，独身，深居简出，由其弟辅助治理国政。卑弥呼死后又立一男性国王，结果再次引发动乱，直到公元248年，与卑弥呼有血缘关系的13岁少女壹与成为国王后，局势才稳定下来。

30多个小国组成以邪马台国为中心的联合王国，其政治机构尚未成熟。最高统治者是女王，其下有大率、大倭、大夫等高级官员。大率是中央派到各小属国的检察官，大倭是管理全国集市的官吏，大夫是主持外交事务的官员。地方官员等级有多有少，有些属国还保留国王。邪马台国有一支对内维护统治秩序、对外战争的军队，并有不成文的法律和刑罚，"其犯法，轻者没其妻子，重者灭其门户"。由此可见，该国为带有母系氏族、政教合一等原始社会残余的早期国家。

邪马台国的经济以农业为主，"种禾稻、苎麻、蚕桑"等。农业生产水平日趋提高，酿酒业已相当普遍。"人性嗜酒"，说明已有足够的粮食，除供人们吃饭外，还可满足喝酒的嗜好。手工业已同农业分离，有生产兵器、工具者，还有纺织手工业者，也出现了专门制作供贵族们赏玩、装饰等工艺品的部门和工匠。根据《三国志·魏书·乌丸鲜卑东夷传》的记载，新国王壹与曾向曹魏赠送白珠五千，孔青大句珠二枚，异文杂锦二十匹。"白珠"即珍珠，是九州地区的传统物产，"孔青大句珠"用玛瑙加工而成，"异文杂锦"是精美的纺织品。

随着水稻及其他农作物耕作的普及，人们定居下来，出现了较大的村落或集市，人口逐渐增加。邪马台国有居民7万多户，其属国投马国有5万多户，奴国有2万多户，其他小国数千户不等。邪马台国普遍使用铁器农具，因而进一步推动了冶炼技术的发展。

农业的进步以及手工业产品的增多，相应地促进了贸易的发展。邪马台国及其下属各国都设有贸易集市，"国有市，交易有无"。除特定区域的集市贸易之外，还有远距离的贸易活动，例如在对马国，"乘船南北市籴"，在另一大国，"差有田地，耕田犹不足食，亦南北市籴"。

阶级社会

当时的邪马台国"尊卑各有差序"，基本居民分为"大人"和"下户"。"大人"与"下户"之间存在着森严的等级差别，两者在路上相遇时，"下户"要躲到草丛中，为"大人"让路。和"大人"谈话时，"下户"或蹲或跪，两手据地，非常恭敬。"大人"可以娶四五个妻子，"下户"只能娶两三个。"下户"有向国家交纳"租赋"的义务，是社会生产的主要劳动者，也是作战时的主要军人。由此可见，"大人"为贵族，"下户"为平民。除"大人"和"下户"之外，还有"奴婢"和"生口"，两者的身份相当于奴隶，来源于战俘或罪犯。他们没有人身自由，从事家内劳动或被作为礼物赠送，甚至被当作殉葬品。例如卑弥呼女王使役奴婢千余人，其死后，"大作冢，径百余步，殉葬者奴婢百余人"。邪马台国使节数次到魏国朝贡时，均有献男女"生口"的记录。

中原王朝册封

邪马台国与中原王朝交往频繁，仅在239—248年就四次派使者到魏国。根据史书记载，239年卑弥呼遣使魏国，被授予"亲魏倭王"印，得赐黄金、刀、铜镜、珍珠、纺织品等；248年，新国王"壹与遣倭大夫率善中郎将掖邪狗等二十人送政等还；因诣台，献上男女生口三十人，贡白珠五千，孔青大句珠二枚，异文杂锦二十匹"。

从《三国志·魏书·乌丸鲜卑东夷传》记载的方位来看，邪马台国应在九州岛的北部地区，但从其记载的距离来看，则应在近畿地区，因而学术界围绕邪马台国的地理位置至今依然争论不休。

原始文献

邪马台国时期日本列岛状态

陈寿289年撰写《三国志》时，大量参考了皇帝的诏书、魏使的报告、倭国的来使以及王沈编撰的《魏书》等史籍，详细地介绍了日本列岛的道里户数、风土习俗、行政制度以及魏倭两国通交等状况，对我们认识邪马台国的一些基本情况极有帮助。

倭人在带方东南大海之中，依山岛为国邑。旧百余国，汉时有朝见者，今使译所通三十国。从郡至倭，循海岸水行，历韩国，乍南乍东，到其北岸狗邪韩国，七千余里，始度一海，千余里至对马国。其大官曰卑狗，副曰卑奴母离。所居绝岛，方可四百余里，土地山险，多深林，道路如禽鹿径。有千余户，无良田，食海物自活，乘船南北市籴。又南渡一海千余里，名曰瀚海，至一大国，官亦曰卑狗，副曰卑奴母离。方可三百里，多竹木丛林，有三千许家，差有田地，耕田犹不足食，亦南北市籴。又渡一海，千余里至末卢国，有四千余户，滨山海居，草木茂盛，行不见前人。好捕鱼鳆，水无深浅，皆沉没取之。

…………

男子无大小皆黥面文身。自古以来，其使诣中国，皆自称大夫。夏后少康之子封于会稽，断发文身以避蛟龙之害，今倭水人好沉没捕鱼蛤，文身亦以厌大鱼水禽，后稍以为饰。诸国文身各异，或左或右，或大或小，尊卑有差。计其道里，当在会稽、东冶之东。其风俗不淫，男子皆露紒，以木绵招头。其衣横幅，但结束相连，略无缝。妇人被发屈紒，作衣如单被，穿其中央，贯头衣之。种禾稻、纻麻、蚕桑、缉绩，出细纻、缣绵。其地无牛马虎豹羊鹊。兵用矛、楯、木弓。木弓短下长上，竹箭或铁镞或骨镞，所有无与儋耳、朱崖同。倭地温暖，冬夏食生菜，皆徒跣。有屋室，父母兄弟卧息异处，以朱丹涂其身体，如中国用粉也。食饮用笾豆，手食。其死，有棺无椁，封土作冢。……其俗，国大人皆四五妇，下户或二三妇。妇人不淫，不妒忌。不盗窃，少诤讼。其犯法，轻者没其妻子，重者灭其门户。及宗族尊卑，各有差序，足相臣服。收租赋。有邸阁国。国有市，交易有无，使大倭监之。自女王国以北，特置一大率，检察诸国，诸国畏惮之。常

治伊都国，于国中有如刺史。王遣使诣京都、带方郡、诸韩国，及郡使倭国，皆临津搜露，传送文书赐遗之物诣女王，不得差错。下户与大人相逢道路，逡巡入草。传辞说事，或蹲或跪，两手据地，为之恭敬。对应声曰噫，比如然诺。

其国本亦以男子为王，住七八十年，倭国乱，相攻伐历年，乃共立一女子为王，名曰卑弥呼，事鬼道，能惑众，年已长大，无夫婿，有男弟佐治国。自为王以来，少有见者。以婢千人自侍，唯有男子一人给饮食，传辞出入。居处宫室楼观，城栅严设，常有人持兵守卫。

女王国东渡海千余里，复有国，皆倭种。又有侏儒国在其南。人长三四尺，去女王四千余里。又有裸国、黑齿国复在其东南，船行一年可至。参问倭地，绝在海中洲岛之上，或绝或连，周旋可五千余里。

…………

正始元年，太守弓遵遣建中校尉梯俊等奉诏书印绶诣倭国，拜假倭王，并赍诏赐金、帛、锦罽、刀、镜、采物，倭王因使上表答谢恩诏。其四年，倭王复遣使大夫伊声耆、掖邪狗等八人，上献生口、倭锦、绛青缣、绵衣、帛布、丹木、狌、短弓矢。掖邪狗等壹拜率善中郎将印绶。其六年，诏赐倭难升米黄幢，付郡假授。其八年，太守王颀到官。倭女王卑弥呼与狗奴国男王卑弥弓呼素不和，遣倭载斯、乌越等诣郡说相攻击状。遣塞曹掾史张政等因赍诏书、黄幢，拜假难升米为檄告喻之。卑弥呼以死，大作冢，径百余步，徇葬者奴婢百余人。更立男王，国中不服，更相诛杀，当时杀千余人。复立卑弥呼宗女壹与，年十三为王，国中遂定。政等以檄告喻壹与，壹与遣倭大夫率善中郎将掖

邪狗等二十人送政等还，因诣台，献上男
女生口三十人，贡白珠五千，孔青大句珠
二枚，异文杂锦二十匹。

——《三国志·魏书》卷三十《乌丸
鲜卑东夷传》，中华书局，1982年

※ 请依据上述史料推断邪马台国的国家形态、社会性质，及其与之后大和政权的关系。

古坟时代

前方后圆巨坟

公元3世纪后半期开始，以大和（今奈良县）为中心的畿内地区出现了一个
较大的国家，史称"倭国"或"大和政权"，此时出现了许多象征权威的巨大的前
方后圆形坟墓。从4世纪开始，这种古坟从畿内地区遍及列岛中西部地区，显示
至少在西日本地区已经出现了统一的政治联合体。

从公元3世纪末到7世纪初，规模较大的坟墓在日本列岛已到处可见，因而
在日本历史上被称为"古坟时代"。从古坟的形式和规模来看，可分早、中、晚三
个时期。在从3世纪末到4世纪中期的早期古坟时代，古坟的形状为前方后圆形
或圆形、方形等，其中最大的古坟为奈良县箸墓古坟，长达280米，随葬品多为
铜镜、玉石、铁制农具等。

从4世纪中期到整个5世纪，为中期古坟时代。日本列岛大部分地区出现巨
大的前方后圆坟，其中最大的古坟为大阪府的仁德天皇陵（亦称大山陵古坟），长
486米，后面的圆部直径249米，高35米，前面方部宽306米，高33米，有三
重壕沟，其面积甚至超过埃及的金字塔和中国的秦始皇陵，需要2000人连续劳动
16年方可造成。由此可见，大和政权此时已经控制了西至九州、东至关东的广大
地区。

另一方面，巨大古坟中的随葬品多为骑马用具和骑马作战用的武器，反映了
大和政权为获得先进的生产技术和铁制工具而积极插手朝鲜半岛事务，并常常参
与高句丽、新罗、百济三个朝鲜半岛国家之间的战争，结果使大和政权的军队学
会了骑马作战，并将战马及武器作为战利品带回国内。朝鲜以及中国的有关史料
记载了大和政权派军队参与朝鲜半岛的战争以及日本列岛的统一过程，例如高句
丽王国的《广开土王（好太王）碑》上有"倭以辛卯年（公元391年）来渡，每
破百残"的字样。中国史书《宋书·夷蛮传·倭国》也有这样的记载：顺帝昇明

二年（478年），倭王武遣使上表，声称"封国偏远，作藩于外，自昔祖祢，躬擐甲胄，跋涉山川，不遑宁处。东征毛人五十五国，西服众夷六十六国，渡平海北九十五国，王道融泰，廓土遐畿……"

图 1-4　仁德天皇陵全貌
是否仁德天皇陵学界存在争议。

6世纪至7世纪为古坟时代晚期，这时出现了各种形式的坟群，其规模较小，而且表示身份等级的前方后圆坟消失，一般认为这与儒学以及佛教传入而带来的新统治理念有关。换句话说，包括大王在内的统治阶级可以借助儒学并通过具体的条文表示身份等级，无须利用坟墓等实物显示其权威。

大和政权

在早期古坟时代，作为统治者的贵族与作为被统治者的民众截然分开，不仅其居住地点相异，生活方式也各不相同。贵族们居住在周围有壕沟的建筑群中，除生活住宅外，还有祭祀、政务、仓库等场所，而普通民众住宅简陋，周围没有壕沟，只有栅栏，建筑群内有数个竖穴屋及平房、高架仓库、畜舍等，由数个家庭组成的大家族形成一个村落。当时人们的生活用品多为制作较为精美的陶器，相信万物有灵，祭祀对象为山、石、河、木等自然对象。与弥生时代代表性的器物为青铜器祭祀用具不同，4 世纪时的出土物多为金属武器及农具、玉石，5 世纪后石制的镜、剑、玉较多。

大和政权在很大程度上是以大王为中心的畿内地区贵族的联合体，进入 5 世纪以后，形成了王位由大王家族成员继承的惯例，而且为有效管理其统治地区，逐步建立了以"氏姓制度""部民制""县主国造制"为特征的政治体制。"氏"为具有血缘关系的同族集团，与大和政权关系密切的氏族集团分为以地名为姓氏的家族和以服务王室的职业名为姓氏的家族，前者有葛城、平群、巨势、苏我、吉备、出云等，后者有大伴、物部、土师、中臣、膳等。氏族首领被称为"氏上"，同族成员被称为"氏人"，由"氏上"代表氏族参与各级政治。

5 世纪末，大和政权按照氏族的政治地位授"姓"给"氏上"。中央级的"氏上"被授予"臣""连"姓；协助大王统治全国的葛城、平群、苏我等"氏上"授予"臣"姓；原服务王室的大伴、物部、中臣等"氏上"授予"连"姓。同时从"臣"姓和"连"姓中各选一名担任最高行政职务，分别称"大臣""大连"。另外，在地方上比较有实力的"氏上"被授予"君"姓；一般"氏上"被授予"直"姓；地方行政首长以及手工业氏族的"氏上"授予"造""首"等姓。具有"姓"的"氏上"拥有占有土地、参与国政或地方行政事务的经济政治特权，是具有统治者身份的贵族。通过大王对"氏上"的授姓制度，大和政权统治体系得到了完善，大王的支配地位得到了巩固。

大和政权的王室、中央及地方贵族均有自己的土地及耕种者。王室的直辖领地称"屯仓"，由中央派官员管理，耕种者为屯仓周围服徭役的农民，他们被称为"田部"。另外，大和政权为加强对地方的统治，还将地方贵族的一部分私有民划为中央政府的直辖民，称为"子代""名代"部，由政府官员加以管理。各级贵族的私有地称为"田庄"，其土地上的劳动者归贵族所有，被称为"部曲"，冠以氏上之名，如苏我部、大伴部等。除土地劳动者外，大和政权还将从大陆移民来的手工业者和知识人编成各种"品部"，例如锻冶部、锦织部、制陶部、玉造部、忌部、史部等，由"伴造"管理，为大和政权制造手工艺品或从事记录历史、编制文书及账目等文字工作。这种生产关系一般称为"部民制"，但关于其性质学术界存在争论。

大和政权最初在重要的地区设置县，其首长称为"县主"，由地方有实力的贵族担任。从 5 世纪末到 7 世纪初，又将县改造为"国"，其首长称为"国造"，仍由地方有实力的贵族担任。国造掌管特定区域的行政事务，并管理屯仓与部民，统帅军队等，但要向中央政权提供地方特产、战马、士兵等，其家族也有为大和政权服徭役的义务。

对外关系

从 3 世纪到 6 世纪，中国大陆处在魏晋南北朝的动乱时期，受其影响，朝鲜半岛也发生了较大的变化。地处中国东北部的高句丽王国不断向朝鲜半岛北部扩张领土，313 年吞并了西汉政权设置的乐浪郡。在朝鲜半岛南部，3 世纪时形成的三个小联合王国——马韩、辰韩、弁韩——此时也发生变化，马韩演变成百济，辰韩演变成新罗，而弁韩仍是联合王国，其地区称为伽耶。受到高句丽入侵压力的百济、伽耶，与积极插手朝鲜半岛事务的大和政权保持着密切关系。据史书记载，399 年百济曾与大和军队一道进攻新罗。

另外，根据《宋书·夷蛮传·倭国》记载，进入 5 世纪后，大和政权的最高统治者——大王先后由赞、珍、济、兴、武五人担任。在他们执政时期，大和政权一方面通过插手朝鲜半岛各国之间的战事，保持自己在该地区的影响力，以获得必需的先进生产技术和以铁为主的金属资源；另一方面，不断派遣使节到中国大陆朝贡，获取在日本列岛与朝鲜半岛统治的权威，以及先进的文化与生产技术。从公元 413 年到 502 年，大和政权先后 13 次遣使到东晋、宋、梁各朝，要求获得册封。据中国史书记载，宋顺帝在 478 年诏授倭王武"使持节、都督倭新罗任那加罗秦韩慕韩六国诸军事、安东大将军、倭王"，479 年齐高帝封其为"镇东大将军"，502 年梁武帝封其为"征东将军"。在公元 8 世纪成书的日本史书——《日本书纪》中，倭王武被记述为"雄略天皇"。

图1-5 3—5世纪的东北亚形势图

除通过朝鲜半岛间接或直接与中原王朝进行接触外，大陆居民移居日本列岛也是大陆先进生产技术及文化传入日本列岛的重要途径。如前所述，从3世纪初到6世纪末，中国大陆正值魏晋南北朝政权更替频繁、战事不断的时期，为逃避战乱，其居民纷纷向域外迁移，甚至远航海外。日本列岛上的大和政权对外来移民持欢迎态度，例如5世纪初应神天皇在位时，相传为秦始皇后裔的弓月君率127县人口到日本列岛定居，大和政权先后派出葛城袭津彦、平群木菟等率兵到朝鲜半岛迎接。雄略天皇时还专门到中国南方招募缝纫技工，可见大和政权对技术性文化的渴望及全面性接受。

技术性文化包括农业、手工业、文字等方面。在农业方面，被称为"渡来人"的大陆移民不仅带来了水稻和金属工具，也带来了水稻种植所需的相关技术，例如灌溉系统、土木建设、耕牛利用等。在手工业方面，有铜镜、铜铎、铁制农具、武器、马具等的制造及冶炼术，古坟时代前期的栉目纹陶、土师器、须惠器等陶器技术均受到大陆的影响。在丝织、缝制服装方面，其有关技术也直接来自大陆。渡来人还参与宫殿与陵墓的建造，使其风格也深受大陆建筑的影响。在文字方面，大和政权不仅开始借助汉字表达日本列岛的人名、地名及语言，也任命许多渡来人担任历史、出纳、外交文书等文字处理事务的官员。

6世纪时，许多百济的知识分子——"五经博士"将儒学带入日本列岛，同时百济圣明王献佛像、佛经给钦明天皇，但对于是否接受包含儒学成分在内的佛教这种思想性文化，氏族大贵族之间存在分歧。以物部氏为首的一方反对接受佛教，坚持自然崇拜和祭祀祖先的神道教，而以苏我氏为首的一方深受渡来人的影响，主张接受佛教为全体居民的统一信仰。实际上，接受佛教与否涉及国家的政治体制建设，也就是说，反对接受佛教的物部氏希望保持氏姓制度基础上的贵族联合政权，而主张接受佛教的苏我氏则希望建立以大王为中心的中央集权政治体制。

有学者估计，从公元前3世纪到公元7世纪的1000年内有百万大陆居民陆续移居日本列岛，他们在当地社会中占有重要地位，例如在9世纪编写的一部家谱中，超过1/3的贵族声称自己具有象征荣耀的朝鲜或中国血统。不过，尽管这些渡来人作为文化的载体，将先进的大陆文化传播到日本列岛并推动了当地经济和社会的迅速发展，但其人数并没有达到民族迁徙的规模，因而不足以使日本列岛的社会发展出现截然不同的断层。换句话说，文化接受的主导权仍然掌握在当地氏族贵族的手中，因此，无条件地全面接受技术性文化与有选择地接受思想制度性文化，就成为古代日本吸收外来文化的显著特色。

结　语

日本列岛生成时间较短，岛上居民大多从其他地区迁移而来，特别是公元前2世纪左右，大陆处在统一与王朝更替的混乱时期，在多米诺骨牌般的波及效应下，外来移民纷纷涌入日本列岛，不仅带去先进的农业技术和文化，也改变了当地的人种。与此同时，列岛出现了统一的趋势，最终形成了较大的大和政权。该政权建立了较为成熟的国家形态，同时向朝鲜半岛扩张势力，并与中原王朝往来频繁，不仅获取地区统治的合法性，也积极引进先进的技术与文化。

大 事 记

时　间	日　本	东北亚
距今 3 万年前	旧石器时代晚期	
距今约 1.8 万年前		北京山顶洞人
距今 5000 年前	竖穴居住村落	大陆出现农耕文化
公元前 770 年		大陆进入春秋时代
公元前 300 年	水稻、金属工具被引入	
公元前 221 年		秦始皇统一中国
公元前 202 年		西汉王朝建立
公元前 108 年		汉武帝在朝鲜半岛设四郡
25 年		东汉王朝建立
57 年	倭奴国王朝贡东汉	
220 年		大陆进入三国时代
239 年	倭女王卑弥呼遣使魏朝	
248 年	倭女王壹与遣使魏朝	
313 年		高句丽吞并乐浪、带方郡
346 年		百济政权建立
356 年		新罗政权建立
391 年	倭军队在朝鲜半岛与高句丽交战	高句丽好太王即位
420 年		大陆进入南北朝时期
478 年	倭王武遣使宋朝	

◎∕◎ 进一步阅读书目

　　刘可维的《丝路的最东端——从倭国到日本国》（商务印书馆，2019 年）将日本古代史置于"丝瓷之路"的大背景下加以审视，借助卷帙浩繁的文献记载和丰富多彩的考古实物，为读者勾勒出了一幅日本列岛与欧亚大陆碰撞和融合的壮丽画卷。公元前 4 世纪前后，为日本列岛揭开文明史序幕的弥生文化就在北九州一带登陆。九州北部的粳稻接近于韩国同时期的稻作品种，而九州西北部的稻作更可能来源于中国的长江流域。弥生文化并非单一来源，很可能受到来自朝鲜、山东半岛和长江中下游流域等多种文明的影响。稻作的传入不仅给日本列岛带来技术上的革新，社会结构也由此发生了翻天覆地的变化。伴随阶级分化的加速，带有防御功能的环壕聚落在西日本各地出现，在此基础上发展形成了中国史书中记载的"百余国"。"古坟时代"的"前方后圆坟"由弥生时代的周沟墓发展而来，连接墓葬与外界的陆桥不断扩大形成了方形封土。高句丽的积石墓中同样存在前方后圆的形制，其源头甚至可以追溯到东北亚地区的游牧民族。古坟时代中期的墓葬里，有关骑马风俗的随葬品出现爆发性增长，或许可以解释为来自东北亚的骑马民族进入并征服了日本列岛，但该学说的主要意义是强调文明的传播。就日本列岛而言，来自东亚大陆和朝鲜半岛的渡来人就是传播先进文化的主要力量。

吉村武彦的《日本社会的诞生》（"岩波日本史"第一卷，新星出版社，2020 年）是基于现代考古学前沿成果而推出的全新版"日本"前史，探究"日本人"的祖先究竟何时、自何处来到日本列岛，绳纹时代的生活，日本的稻作起源，有关邪马台国的最新学说，大和政权的建立及其对外扩张，氏族的形成与部民制，等等，还原了远古日本的真实风貌。

寺泽薰的《王权的诞生：弥生时代—古坟时代》（"讲谈社·日本的历史"，文汇出版社，2021 年）以考古学者手铲下沟壑环绕的聚落、刺穿人骨的石剑、巨大古坟的密室做拼图，复原了日本列岛文字诞生前惊心动魄的历史篇章。约公元前 6 世纪末，当乘船而来的移民第一次登上日本列岛，一场巨大的变革席卷而来。渔猎采集的生活方式被彻底打破，水稻种植技术带来田园牧歌的曙光，也招致部落攻伐兼并、兵戎相见的血光。在诸国林立、此起彼落的变乱中，中国史书记载的早期国家登场，女王治下的王权诞生。

第 二 章

律令国家

　　圣德太子在 607 年派遣小野妹子出使隋朝，壮着胆子在国书中写下"日出处天子致书日没处天子无恙"的字句，脾气暴躁的隋炀帝当然不高兴，训斥负责处理外务的官员："蛮夷书有无礼者，勿复以闻。"但为教化日本列岛的居民，同时考虑朝鲜半岛的局势，隋炀帝派遣裴世清前往日本"宣谕"。由于国书的开头是"皇帝问倭王"，所以小野妹子不愿让日本朝廷看到，谎称在途经百济时国书被抢，差一点儿被治罪。但《日本书纪》中有国书，将"皇帝问倭王"改为"皇帝问倭皇"，可能就是裴世清带去的国书。

　　倒是推古女皇很高兴，十分谦虚地说道："我闻海西有大隋，礼仪之国，故遣朝贡，我夷人僻在海隅，不闻礼仪，是以稽留境内不即相见，今故清道饰馆以待大使，冀闻大国惟新之化。"对此裴世清回答说："皇帝德并二仪，泽流四海，以王慕化，故遣行人来此宣谕。"确实不错，《通志》里评论日本服饰受大陆影响的状况时指出："先时，其王冠服仍其国俗，至是始赐与衣冠，乃以彩锦为冠饰，裳皆施襈，缀以金玉。"

　　608 年，裴世清归国时，圣德太子再次派遣小野妹子携带国书使隋，同时派遣 8 名大陆移民后代的留学生、留学僧到隋朝学习。此次不再使用"天子"一词，而是"东天皇敬白西皇帝"，没有听说隋炀帝有什么不悦反应。尽管圣德太子小心翼翼地寻求对等交往，但从两国使节的官位来看却未必如此。日本使节小野妹子的官位是十二个等级中的第五位大礼（因外交有功后升为第一位的大德），而根据《日本书纪》的记载，隋朝使节裴世清是鸿胪寺的掌客，在《隋书·东夷传》中记为文林郎。鸿胪寺掌客是处理番夷事务的机构鸿胪寺典客署下辖的官员，定员有 10 人，其官位为正九品。文林郎所属秘书省，是撰写文史、检查旧事的属官，定员 20 人，其官位为从八品。

律令国家

大和政权危机

进入 6 世纪以后，在高句丽和新罗的强大攻势下，百济王国统治的区域日益缩小，其都城也被迫南迁。为支持百济的存续，大和政权不得不在 512 年将自己控制的伽耶西部四个县让渡给百济，513 年又让渡了两个县。562 年，势力逐渐强盛起来的新罗吞并伽耶其他地区，大和政权最终失去了在朝鲜半岛的据点，结果在国内引起中央氏族贵族之间的矛盾和冲突。

507 年，掌握军事大权的大伴金村拥立继体天皇（稍晚才出现"天皇"的称呼，为方便起见，此章统称为天皇），对朝鲜半岛实施消极的退让政策，将大和政权控制的地区陆续让渡给百济。527 年，大和政权准备派遣军队前往朝鲜半岛，联合百济对付新罗，但北九州地区与新罗关系密切的筑紫国造磐井发动叛乱，试图加以阻止。尽管"磐井之乱"很快就被物部麤鹿火率领的军队平息下去，但物部氏与大伴氏之间的矛盾也由此加剧。539 年，在皇位继承问题上，物部氏联合苏我氏战胜大伴氏，物部麤鹿火之子物部尾舆趁机攻击大伴金村的对朝政策。第二年，大伴金村被罢免官职。

苏我氏本来就是近畿地区的大氏族，又将文化程度较高的渡来人编入自己的氏族，因而掌管了大和政权的财政。苏我稻目在拥立钦明天皇即位的过程中发挥了重要作用，由此权力大增。苏我稻目又通过将女儿嫁给天皇的方式加强了对朝廷的影响力，并担任了初设的大臣职位。在苏我稻目的主导下，大和政权采取了完善其政治体制的改革措施，例如在全国各地增加直属皇室的土地"屯仓"及其劳动者"名代""子代"以加强王权，同时建立大氏族贵族之间的协议体制以稳定政权等。但是，其政策不仅引起地方贵族的反抗，而且加剧了苏我氏与其他中央贵族，特别是与物部氏的矛盾。围绕是否应当接受佛教，双方进行了半个世纪的斗争，最后主张接受佛教的苏我氏获得胜利。587 年，担任大臣的苏我马子联合其他贵族消灭了物部守屋及其家族。

另一方面，隋王朝在 589 年统一中国大陆，并数次出兵进攻朝鲜半岛的高句丽。与此同时，朝鲜半岛上的新罗势力逐渐增强，其统治区域不断扩大。在中原王朝和半岛形势的压力下，大和政权感到有必要进一步实施加强中央集权和充实国防的政策。

强化天皇政权

592 年，苏我马子杀死不满其专权的崇峻天皇，并将其外甥女额田部皇女推举为日本历史上的第一位女性天皇——推古天皇。593 年，苏我马子又将推古天皇的外甥，也是苏我马子的外孙厩户皇子（后人称其为圣德太子）推举为摄政。在圣德太子的主导下，推行了一系列加强王权、提高国际地位的改革措施。

第一，在 603 年制定"冠位十二阶"。即按照德、仁、礼、信、义、智分为大小十二个等级，并以不同浓淡的紫、青、赤、黄、白、黑等色装饰冠戴，分别按才能、功绩、忠诚等标准授予各级官员，但大臣级贵族和地方贵族不在其列。冠位虽然只限本人一代，不能世袭，但如有功绩，可以升级。该制度显然受中国和朝鲜品位制、官位制的影响，并为打破过去的氏姓世袭制度、建立官僚体制、树立中央政府及天皇的权威奠定了基础。

第二，在 604 年制定《十七条宪法》。其精神多来自儒家以及佛教思想，例如"承诏必谨，君则天之，臣则地之"，"国靡而君，民无而主，率土兆民，以王为主"，"农桑之节，不可使民"等。名为宪法，但无法律约束力，仅为官员的道德规范或行为准则。概括地说，十七条的内容为"以和为贵、敬崇佛教、服从天皇、遵守礼仪、公平裁判、劝善惩恶、各司其职、早出晚归、信为义本、平息怒气、赏罚分明、公正征税、熟知业务、不妒他人、消除私心、据时使民、勿独断专行"。

第三，提倡并重视佛教。在 594 年颁布诏书，阐明以佛教为国教，并带头建立寺院。圣德太子建四天王寺、法隆寺，苏我马子建飞鸟寺，各大氏族也多建立自己的氏寺。到 624 年，全国共有寺院 46 所，僧 816 人，尼 569 人。595 年，高句丽名僧慧慈到大和，圣德太子拜其为师。后来圣德太子经常在宫中讲解佛经，并撰写《三经义疏》等。利用佛教"众生平等、因果报应、生死轮回"等教义，淡化神道教与佛教的矛盾，并通过信仰共同宗教的方式维护天皇治下的统一。

第四，建造宫殿，编修国史。603 年，建造小垦田宫，将其作为天皇与官僚执行公务的场所，以适应官僚集权国家的需要。620 年，在圣德太子与苏我马子的共同主持下，以 6 世纪成书的《帝纪》《旧辞》为基础编修国史。后来编成《天皇记》《国记》《臣连伴造国造百八十部并公民等本纪》等，但这些书籍在后来大化改新前夕的宫廷政变时，被苏我虾夷烧毁。

推动对外交往

圣德太子还积极恢复与中国大陆及朝鲜半岛政权的交往，在提高大和政权国际地位的同时，积极吸取大陆的先进技术与思想文化。600 年，推古朝廷为恢复在朝鲜半岛的据点，派遣万人大军征讨新罗，但没有达到目的。同年派遣使节到隋朝，但被隋文帝训斥为"无礼"，使节空手而归。受其刺激，推古朝开始制定"冠位十二阶"和《十七条宪法》，以显示自己的文明程度。602 年，推古朝计划再次派兵征伐新罗，但没有成行。

607 年，大和政权派小野妹子使隋，在提交的国书中使用了"日出处天子致书日没处天子无恙"之语，引起隋炀帝的愤怒。尽管如此，由于朝鲜半岛战事的需要，隋炀帝还是派裴世清作为使节，随小野妹子到日本。608 年，推古朝再次派遣小野妹子与 8 名留学生、留学僧赴隋，国书中带有"东天皇敬白西皇帝"之语，不仅显示出其希望平等外交的迫切心情，也首次在日本历史上提出了"天皇"的称号。614 年，推古朝派犬上御田锹到隋朝。圣德太子去世后第二年（623 年），推古朝再次派军队到朝鲜半岛，但仍然没有达到目的。

虽然以圣德太子为中心推行的各种改革在某种程度上抑制了氏族贵族的势力，从而加强了天皇及其政权的权威，但由于没有对氏族贵族拥有私有土地以及劳动者的生产关系进行改革，因而妨碍了中央集权政治体制的形成。另一方面，根据功绩授予官职的政策显然受到氏族贵族的抵制与反对，同时也时时受到苏我氏的牵制，因而圣德太子晚年意志消沉，沉迷佛教，"世间虚假，唯佛是真"之语显示了其孤独的心态。

由于地处飞鸟地区（今奈良县南部）的推古政权积极推崇佛教，

图 2-1　圣德太子像

现在有学者怀疑圣德太子业绩的真实性，也许敢于向中原王朝叫板的姿态满足了日本人挑战强大对手的愿望，所以才使圣德太子的形象在后世具有了特殊的地位。

在 6 世纪后半期到 7 世纪前半期以佛教文化为中心的"飞鸟文化"形成。壮观的寺院建筑遍布全国各地，肃穆的佛像雕刻既有中国北魏文化的风格，也受中国南梁文化的影响，前者庄严古典，后者温情高雅。当时的工艺美术品不仅受到朝鲜、中国等东北亚国家的影响，同时也受到古波斯、东罗马、古希腊等中亚、欧洲文明的影响。目前保留下来的文物有法隆寺释迦三尊像、供奉佛像的玉虫厨子等雕刻及工艺美术品。另一方面，从朝鲜半岛传入的纸、墨制造方法以及历法、天文地理等书籍，不仅改变了日本列岛居民的生活方式，同时对其思想意识的变化也产生了较大的影响。

苏我氏专权

尽管推古朝进行的改革并未实现加强天皇政权的最终目的，但推动改革的内外因素在推古天皇和圣德太子死后依然存在。首先是来自中国大陆和朝鲜半岛的压力。618 年，统一中国大陆的唐朝建立，在唐太宗李世民的治理下，出现了被称为"贞观之治"的强盛态势。在其压力下，朝鲜半岛三国均出现了为变革政治而进行的政变。641 年，百济的义慈王通过政变掌握国家权力，并对新罗发动进攻；642 年，高句丽的宰相泉盖苏文屠杀国王和大臣，与百济结盟对付新罗；感到压力的新罗向唐朝求救，644 年，唐太宗出兵进攻高句丽。从 4 世纪以来一直插手朝鲜半岛事务的大和政权感到强大的压力。

与此同时，圣德太子在 608 年派往隋朝的留学僧、留学生——僧旻、高向玄理、南渊请安等人陆续回国，他们在中国逗留了二三十年，经历了隋唐两朝的更替，而且对两个朝代的文物典章制度十分熟悉，对东亚地区的形势也非常清楚。这些人回到日本后均创办学塾，传播大陆国家的先进知识和制度，对执政者的思想产生了很大的影响。为进一步学习唐朝先进的政治、经济、文化等制度，从 630 年开始，大和政权定期向大陆派出遣唐使，其活动持续了两个多世纪。

当时大和政权内部也处于不稳定的状态。大贵族们"割国县山海林野池田以为己财，争战不已。或者兼并数万顷田，或者全无容针之地"，"有势者分割水陆以为私地，卖与百姓，年索其价"，可见土地兼并盛行，租佃制盛行。这种新型生产关系严重地动摇了部民制，同时由于贵族们"各置己民，恣情驱使"，一旦遇到荒年，便"五谷不登，百姓大饥"，"老者嗷草根而死于道垂，幼者含乳以母子共死"。不堪忍受的部民或逃亡或起义，"强盗窃盗并大起之，不可止"。

622 年和 628 年，圣德太子与推古女皇相继去世，苏我马子之子苏我虾夷专权，擅自废立两任天皇，并大兴土木，劳役国民，"以西民造宫，东民造寺"。643年，苏我虾夷患病不起，他不经朝廷批准，就向其子苏我入鹿私授代表最高官位的紫冠，令其执掌国政。苏我入鹿"为人暴戾""威权过父"，不仅派兵逼死圣德太子的儿子山背大兄皇子及其家族，而且征调"举国之民并百八十部曲"，为苏我家族建造规模宏大的宫殿和陵墓。频繁的徭役征调使得民不聊生，大批劳动力不断往返旅途，不仅带来沉重负担、耽误农时，而且常常出现"卧死路头"的景象。

苏我父子的专横跋扈，既引起其他贵族的强烈不满，同时也给希望进行改革的反对势力提供了机会。这些改革势力以中大兄皇子与中臣镰足为首，经常求教于从隋唐归来的留学生或留学僧，详细了解隋唐政治制度和唐太宗巩固统治的各种措施，立志革新政治，建立以天皇为中心的中央集权体制。同时，应付东亚地区国际形势的变化。中大兄皇子及中臣镰足等人很快便制订了铲除苏我父子和实行政治改革的计划。

645年6月，中大兄皇子等人利用朝鲜半岛三国使者向大和朝廷进赠礼品之机，斩杀了苏我入鹿，并迅速争取原苏我氏族重要成员的支持，迫使苏我虾夷及

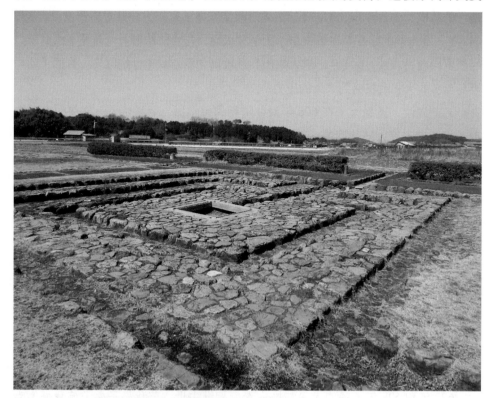

图 2-2　中大兄皇子斩杀苏我入鹿的地点

其家族自焚而亡。接着，中大兄皇子之母皇极女皇让位给其弟孝德天皇，阿倍内麻吕任左大臣，苏我仓山田石川麻吕任右大臣，中臣镰足任内大臣，僧旻、高向玄理任最高政治顾问国博士，定年号为大化，同时派官员到地方调查土地人口、维持秩序，为实行新政策做准备。

改革措施

646 年初，新政权颁布了由四项条款组成的《改新之诏》。第一，禁止王族和贵族拥有土地、人民，实施"公地公民制"，向贵族支付俸禄；第二，设京师、畿内、国、郡、里等中央及地方行政组织，建立中央集权的政治体制；第三，编制户籍和账簿，施行"班田收授法"，即按人头分配土地；第四，制定新的统一税收标准，有田调、户调、庸布、庸米、官马及仕丁等税种和徭役。

另外，新政权还颁布了改革葬仪（主张薄葬、火葬）及婚姻（明确子女的归属）等旧风俗，完善交通（修官道）的诏书，并宣布废除品部、名代子代部、部曲以及臣、连、伴造、国造等职称，授予新的官位和官职。647 年制定 7 色 13 阶的新冠位制，649 年又增加到 19 阶，并将大臣和贵族均纳入官僚体制。650 年改年号为"白雉"，并将都城迁到难波（今大阪市）。

孝德天皇在位期间进行的上述一系列政治、经济等改革被称为"大化改新"，一直延续到 654 年。但这些改革在很大程度上只是一种政治宣言，因为当时并未立即加以实施，例如贵族拥有的私有土地及劳动者仍然保存了相当一段时间，直到 8 世纪初地方行政机构依然为"评"而不是"郡"，等等，其原因是皇位之争和出兵朝鲜半岛延缓了改革措施的实施。

654 年，孝德天皇去世，皇极天皇再次即位，称齐明天皇。因其大兴土木、修建宫殿引起社会不满，孝德天皇之子有间皇子准备趁机举兵，但被中大兄皇子所杀。655 年，朝鲜半岛的高句丽和百济联合进攻新罗，新罗向唐朝求援。唐朝在660 年出兵，与新罗军队一道攻陷百济都城，并俘虏其国王。百济向大和政权求救，大和政权为恢复自己在朝鲜半岛的影响力，在中大兄皇子的主持下准备出兵朝鲜半岛。661 年，齐明天皇去世，忙于出兵事宜的中大兄皇子没有立即继承皇位。662 年，大和政权军队渡海在朝鲜半岛登陆，663 年 8 月，在白村江与唐朝、新罗联军交战，惨遭失败，不得不败退回国。

由于担心唐朝、新罗联军对日本列岛的进攻，中大兄皇子尽管表示继续进行改革，但为获得大贵族对其国防政策的支持，不得不承认他们对土地及人民的占有，在此基础上大力加强西日本的防卫。大和政权不仅在北九州及其周边岛屿建筑堡垒，而且从九州到近畿，沿途建造了许多山城。667 年，朝廷将都城从难波迁到内陆的近江（今滋贺县）。668 年，中大兄皇子正式即位，为天智天皇。在朝鲜半岛上，唐朝、新罗联军于同年消灭了高句丽，但很快双方发生冲突，676 年新罗驱逐唐朝军队，统一了朝鲜半岛。

668 年，天智天皇命令中臣镰足编纂名为《近江令》的法令文书，将大化改新以来的改革内容法制化。670 年，最早的全国性户籍出现，将全国所有人口登录在册。虽然户籍制度有利于征兵和征税的进行，但也引起贵族们的强烈不满。

671 年天智天皇去世，围绕皇位继承，其弟大海人皇子和其子大友皇子之间展开了一场被称为"壬申之乱"的内战。逃到东日本并得到该地贵族支持的大海人皇子占据优势，很快就打败了未能取得西日本贵族支持的大友皇子，后者兵败自杀。673 年，大海人皇子在飞鸟净御原宫即位，为天武天皇。

律令体制形成

为建立以天皇为中心的中央集权体制，天武天皇不设大臣，亲自执政，重用皇后、皇子及皇族成员，任命皇子担任各行政机关首脑及地方行政长官。同时，通过加强军事组织及其力量的方式强化天皇权力，并将各级贵族录用为不同等级的官吏，形成一套完整的业绩评定和职务提升制度。

天武天皇进行的其他改革措施还有：675 年，废除天智天皇时期制定的以氏族为单位的"民部"；681 年，着手制定《飞鸟净御原令》，同时改变私修史书的做法，由官方编修国史；682 年，制定向官吏支付俸禄的准则；684 年，制定"八色之姓"，规定贵族的等级；685 年，实施包括皇族在内的冠位制。

686 年天武天皇去世，其皇后即位，为持统天皇。689 年开始实施《飞鸟净御原令》，并在 690 年完成全国户籍的编制工作。规定每户四名成年男子，其中征兵一名，每 50 户为一里，从而形成一套国、评、里、户的地方行政体系。692 年向全国派遣班田使，开始实施大规模的班田收授制度。

694 年，朝廷迁都藤原京（今奈良县橿原市）。该城既有皇宫，又有皇城，是日本历史上最早的京城。697 年，持统天皇让位于其孙文武天皇，自己同中臣镰足（因天皇赐姓而改名为藤原镰足）之子藤原不比等一道主持编制《大宝律令》，并在 701 年完成了这部律令齐备的法典，从 702 年开始实施。同年向大陆派出中断

原始文献

《改新之诏》

学术界对收录于《日本书纪》的《改新之诏》真伪有争论，主要根据是公元 700 年之前地方行政机构不是"郡"，而是"评"，而且《改新之诏》作为严谨的法律文书，它类似于半个世纪后颁布的《大宝律令》，可能是《日本书纪》的作者参考《大宝律令》进行了润色。

其一曰，罢昔在天皇等所立子代之民，处处屯仓及别臣、连、伴造、国造、村首所有部曲之民，处处田庄。仍赐食封，大夫以上各有差。降以布帛，赐官人百姓有差。又曰，大夫，所使治民也。能尽其治，则民赖之。故重其禄，所以为民也。

其二曰，初修京师，置畿内、国司、郡司、关塞、斥候、防人、驿马、传马、及造铃契，定山河。凡京每坊置长一人，四坊置令一人，掌按检户口，督察奸非。其坊令，取坊内明廉强直堪时务者充，里坊长，并取里坊百姓清正强干者充，若当里坊无人，听于彼里坊简用。凡畿内，东自名垦横河以来，南自纪伊山以来，西赤石栉渊以来，北自近江狭狭波合坂山以来，为畿内国。凡郡以四十里为大郡，三十里以下四里以上为中郡，三里为小郡。其郡司，并取国造性识清廉堪时务者，为大领、小领；强干聪敏，工书算者，为主政、主账……

其三曰，初造户籍、计账、班田收授之法。凡五十户为里，每里置长一人，掌按检户口，课殖农桑，禁察非违，催驱赋役。若山谷阻险，地远人稀之处，随便量置。凡田长三十步、广十二步为段，十段为町。段租稻两束两把，町租稻二十二束。

其四曰，罢旧赋役而行田之调。凡绢、缣、丝、绵并随乡土所出。田一町绢一丈，四町成匹。长四丈，广二尺半；缣二丈，二町成匹，长广同绢；布四丈，长广同绢、缣，一町成端。别收户别之调，一户布一丈二尺。凡调副物盐亦随乡土所出。凡官马者，中马每一百户输一匹，若细马每二百户输一匹，其买马值者，一户布一丈二尺。凡兵者，人身输刀，甲、弓、矢、幡、鼓。凡仕丁者，改旧每三十户一人，而每五十户一人，以充诸司，以五十户充仕丁一人之粮。一户庸布一丈二尺，庸米五斗。

——《日本书纪》，大化二年正月甲子朔条（引自日本历史学研究会编：《日本史史料·1·古代》，岩波书店，2005年，第85页）

※ 以上史料如何反映了强化中央集权体制的精神以及隋唐律令制的影响？

三十多年的遣唐使，向唐朝报告独立的律令、国号为日本、君主为天皇、年号为大宝等事项，以显示双方地位的对等性。718 年，元正天皇命令藤原不比等修改《大宝律令》，因为当时为养老年间，所以新的律令被称为《养老律令》。但因其内容与大宝年间制定的《大宝律令》基本相同，所以放置近四十年后才加以实施。至此，律令体制基本形成。

从构成律令体制的《近江令》《飞鸟净御原令》《大宝律令》及《养老律令》四部基本法律来看，"律"相当于刑法，大体上模仿唐律，同时也尽量吸收了日本社会原有的惯例；"令"相当于行政法、民法、诉讼法，大体上从日本当时的社会实际出发，同时参照唐令制定而成。这些"律"和"令"的主要内容包括班田、赋税、户籍、政府机构、军事制度、身份制度和司法制度等，基本上落实了大化改新时期提出的改革目标。具体地说，律令体制下形成的政治、经济、社会结构如下：

在政治方面，废除世袭氏姓贵族制度，确立中央集权式的官僚政治体制。也就是"改去旧制，新设百官"，在中央设置二官，即掌管祭祀的神祇官和掌管行政事务的太政官。虽然太政官的最高首脑为太政大臣，但后者是一个非常设职务。太政大臣与左大臣、右大臣、大纳言同为公卿。公卿会议决定最重要的事务，然后报请天皇裁决。大纳言下设少纳言、左弁官、右弁官，少纳言掌管宫内事务，左右弁官分管八省之事务。左弁官负责掌管诏书的中务、掌管官吏的式部、掌管典礼的治部以及掌管户籍的民部四省，右弁官负责掌管军队的兵部、掌管司法的刑部、掌管财政的大藏以及掌管皇室事务的宫内四省。外设掌管监察官纪事务的弹正台、掌管军事警察事务的五卫府——卫门府、左右卫士府、左右兵卫府。

在区域划分上，全日本分为畿内和七个道，畿内包括大和、山城（今京都府）、河内（后分出和泉国，均在今大阪府）、摄津（今大阪府）四国，七个道分别是东海道、东山道、北陆道、山阴道、山阳道、南海道和西海道。地方行政机关为国、郡、里（后改为乡），国设国司，郡设郡司，里设里长。国司由中央贵族担任，任期六年。郡司和里长由地方贵族选任，可终身任职并世袭。在重要地区设特别行政机关，例如在京城设左、右京职，负责京城事务。在摄津设管理难波的摄津职，负责对外交往，在国防重地北九州筑紫设大宰府，统辖九州地区的民政和军事。

各级官吏的任命及罢免权属于中央政府，从而打破了氏姓贵族世袭要职的特权。官吏分为30个等级，按业绩晋升职务，五位以上官吏及其家族被称为贵族，拥有许多特权。例如根据等级和职位分给位田、职田等土地，免除赋税徭役等，犯罪时还可以减刑。

另外，在中央设置"大学"、地方设置"国学"，作为培养各级官僚的学校，但只有三位以上贵族的子孙以及五位以上贵族之子才能进入"大学",即使他们不进入大学或不能从"大学"毕业,仍然可以获得相应的官职,即所谓的"荫位制",从而使贵族阶层完整地保留下来。著名的藤原家族就是利用这种制度代代获得包括最高级正一位在内的高级官职。地方"国学"的学生也主要是地方贵族子弟。

在司法方面,刑罚分为笞、杖、徒、流、死五个等级。笞与杖为殴打,徒为刑期,各分五个等级;流为流放,分为近流、中流、远流三个等级;死包括绞刑和斩刑。对天皇或长辈犯法的惩罚较重,即使是贵族也不能减免刑罚或赦免。

在经济领域,废除贵族私有的土地制度和部民制,将全部土地和部民收为国有,使之成为公地、公民。将全国人口以户为单位编入户籍,同时编制征收租税的账簿。户籍每六年编制一次,账簿每年编制一次。编入户籍的公民,不论有无职位、良贱、男女,均分给口分田。良民男子每人两段(约2000平方米),良民女子分田数为良民男子的2/3,官奴男女与良民相同,私奴为其1/3。口分田每六年重新收授一次,不能买卖、继承,受田人死后一律交回。另外还有需交纳租税的位田、功田、赐田和免除租税的寺田、神田、职田等,永久拥有的宅地和园地可以自由买卖。这种私田的保留一方面显示了氏族贵族势力的强大,另一方面也为公地公民制度的迅速崩溃埋下了隐患。

在租税方面实行租、庸、调、徭役制,即规定得到口分田的公民每年必须向官府交纳田租,每段土地交稻二束二把,大约相当于收获量的3%;作为庸的徭役,规定21—60岁的男子,即所谓的正丁,每年需到京城服役10天,如果不能服役则交纳代替物品,即每天纳布二尺六寸;调是征收一定数量的地方土特产品,例如丝绸、生丝、布匹、海产品等;徭役由地方官府征收,规定正丁每年服役60天。其他年龄段男子的庸、调、徭役相应减轻。除此之外,公民还有从事京城建设的"仕丁""雇役"或服兵役等义务,虽然能免除租税,并得到一定的报酬,但需要自己承担往返路费,服兵役需要自带武器和口粮。因此,对农民来讲,也是沉重的负担。

在身份制度方面,所有的人被划分为"良民"和"贱民"。良民除被称为"公民"的农民外,还有作为统治阶级的皇族和大小贵族,以及比公民身份低的品部和杂户。品部和杂户是一种半自由民,掌握特殊的手艺,在官府的工场里生产手工艺制品。贱民是指那些律令体制下仍没有得到解放的奴婢,其中包括守护天皇陵墓的陵户、为官府服务的官奴以及在贵族家服务的私奴。他们没有人身自由,但数量不多。

由此可见，从推古朝开始实施的一系列改革措施，经过长达一个多世纪的时间，终于在日本建立了一整套较为完善的、以天皇为最高统治者的中央集权政治体制，构成其基础的是以班田收授制为中心的公地公民型经济形态。值得注意的是，当时日本实施的这种政治经济体制在很大程度上是受强盛唐朝的压力及影响仿造而成，但列岛的社会生产力以及社会结构尚未达到大陆国家的水平。因此，其内部仍然保留了氏族贵族社会的浓厚特征，影响了其后日本历史的发展方向。例如科举取士的方式并没有在日本得到实质性采用、贵族统治基础上的天皇更具有权威性、以班田收授为中心的"公地公民制"很快就被私有制的庄园所取代、武士阶层出现并夺取国家政权等。

奈良时代的社会

统治区域扩大

710 年，天皇朝廷迁都奈良盆地北部的平城京，到 794 年迁都京都的平安京，这一时期在日本历史上被称为"奈良时代"。

平城京模仿唐长安城而建，长宽各约 5 公里，南北走向的朱雀大街将京城分为东京和西京，棋盘式的道路又将其分成方格式建筑群。北部中央为天皇生活的皇宫，前面有处理政务的朝堂区及各行政机构。除官设的东西两市和贵族、官吏、市民的住宅外，还有不少从飞鸟地区迁移过来的寺院。整个京城的居住人口约为 10 万。

为有效地治理奈良朝廷所辖区域，连接中央和地方的交通体系很快建立起来。以京城所在的畿内地区为中心，修建了通往地方七条各国司所在地——国府——的官道，每 16 公里设一驿站，为往返京城与地方的官员提供方便。另外，在国府与郡司所在地——郡家——之间也修建了宽 6 米至 12 米的道路，推动了各地的人员往来和经济交流。

在 7 世纪后半期的天武天皇时期，出现了政府铸造的"富本钱"，也是日本历史上最早的钱币。708 年，武藏国（今埼玉县）将该地冶炼的铜献给朝廷，朝廷为此将年号改为"和铜"，并模仿唐朝货币的式样，铸造"和同开珎"钱币。其后不断铸造，到 10 世纪中期共有 12 种类的钱币，称为"本朝十二钱"。

为推动钱币的广泛使用，政府颁布《蓄钱叙位令》，即以赐封官位的方式鼓励存钱、用钱。但在京城一带之外，仍然以物物交易为主。尽管如此，因铸造钱币以及建筑宫殿、官衙、寺院和军事装备等的需要，采矿业在奈良时代有较大的进步。中央政府专门设置典铸司、锻冶司、造兵司等机构，将采矿业置于国家管辖之下。当时开采的矿业资源主要有美作国（今冈山县）、备中国（今冈山县）、备后国（今广岛县）、近江国的铁，周防国（今山口县）、长门国（今山口县）、丰前国（今大分县）的铜，下野国（今栃木县）、陆奥地区（今青森、岩手、宫城、福岛等县）的金，对马国（今长崎县）的银，伊势国（今三重县）的水银，等等。

在奈良时代，中央集权体制下的天皇朝廷在实力增长的基础上不断开拓疆域。一方面朝本州岛的东北方向扩展，征服那里的虾夷族。通过封官许愿拉拢虾夷族统治者和武力征服两种手段，逐渐扩大了奈良朝廷在东北地区的治理范围。724年，在太平洋沿岸设多贺城，733年，在日本海沿岸设秋田城。另一方面，在南九州隼人居住地区，中央政府设置大隅国，并将种子岛、屋久岛等近海岛屿也纳入奈良朝廷控制的范围内。到8世纪末，律令体制下的天皇朝廷基本控制了四国岛、本州岛和九州岛。

经济发展

天皇朝廷主要从"食之为本，是民所天，随时设策，治国要政""用兵之要，镇无储粮，何堪固守"的观念出发，积极奖励开垦土地，兴修水利，同时派养蚕、丝织的技术人员到各地指导蚕丝的生产。另外制定有关条例，以"务课农桑"的好坏来考核地方官吏。凡"劝课农桑，国阜家给""繁殖户口，增益调庸""敦本弃末，情务农桑"的官吏，将给予褒奖或晋升，而对那些"田蚕不修，耕织废业"，管辖境内"农事荒，奸盗起"的官吏，则予以贬斥或罢官。另外，由于铁制农具的广泛普及、牛耕及插秧技术的运用，农业生产力得到迅速提高，社会经济因而逐渐繁荣起来。

在西日本地区，农户的住宅已从竖穴居住式建筑逐渐演变为平地立柱式建筑。在婚姻方面，虽然男性15岁、女性13岁就可以结婚，但婚后一段时间仍然住在各自的父母家，流行男性到女方家的走婚制，生育之后建立单独的家庭。另外，女性结婚后也不改姓，并拥有自己的财产，在子女的归属问题上，女性具有较强的决定权。

当时的手工业也有了较大的进步。手工业分为官营手工业和家庭手工业，中央政府的下属机构设手工业作坊，生产较为高级的手工产品；家庭手工业则生产较为简单的产品。在诸多手工业中，最发达的是纺织业。官营作坊生产锦、绫、罗、绮、缣等高级纺织品，供皇室和贵族享用。家庭纺织业一般生产布、绝、绢之类，其目的主要是家庭自用或交纳庸及调。除纺织业外，奈良时代的造纸技术和漆器技术也相当发达。

在农业和手工业发展较快的基础上，商品交换也日趋兴盛。在国司的所在地、水陆交通的要道、较大的寺院或较大的神社门前，陆续出现了较大的集市。当时较为著名的集市有京城的东西两市、大和地区的轻市、海石榴市、河内的饵香市，另外在摄津、近江、美浓（今岐阜县）、播磨（今兵库县）、备后、纪伊（今和歌山县）、骏河（今静冈县）、越后（今新潟县）等地也出现了较大的集市。除集市贸易外，各地之间的行商贸易也相当活跃，"往来商贾，相继不绝"。

藤原家族崛起

在政治方面，天皇政权却经常处在不稳定状态，其主要原因是藤原家族的影响以及藤原家族与其他贵族之间的矛盾。藤原镰足之子藤原不比等是确立律令制的功臣，他通过将两个女儿分别嫁给文武天皇及其子圣武天皇，对朝政拥有较强的政治影响力。藤原不比等的四个儿子均为政界高官，720 年藤原不比等去世，天武天皇之孙长屋王成为政界的最高首领。729 年，藤原四兄弟设计逼死时任左大臣的长屋王，破例立其姊妹光明子为圣武天皇的皇后，掌握了朝政。737 年，日本全国流行天花，四兄弟均染疾去世，藤原家族的权势暂时衰落下去。

此后出身皇族的橘诸兄掌握朝政，重用从唐朝留学归国的玄昉、吉备真备等人，引起贵族阶层的不满。740 年，藤原家族的藤原广嗣在九州起兵，要求清除玄昉等人，结果兵败被杀。由于当时瘟疫和饥荒不断，社会动荡，圣武天皇在不断迁都的同时，于 741 年下诏在各国建造国分寺和国分尼寺，743 年下诏修造大佛。749 年，圣武天皇让位其女，称孝谦天皇。752 年，高达 16 米的东大寺大佛建造完成，当时举行了盛大的开眼供养仪式。圣武太上天皇、光明皇太后、孝谦天皇与文武百官，以及包括时在日本的印度及中国僧侣在内的万名僧侣参加了这一仪式。

藤原家族的藤原仲麻吕以光明皇太后为后盾，迫使高龄的橘诸兄引退，自己掌握朝廷大权。757 年，橘诸兄之子奈良麻吕联合对藤原仲麻吕不满的皇族及贵族，计划将其铲除，但被仲麻吕所杀。第二年，仲麻吕迫使孝谦天皇退位，拥立淳仁天皇，自己升任太政大臣，掌握最高权力。但光明皇太后去世后，孝谦太上天皇及其亲信僧侣道镜与淳仁天皇对立，感到危机的仲麻吕在 764 年起兵征讨政敌，但战败被杀，淳仁天皇退位，被流放淡路岛，孝谦天皇再次登位，为称德天皇，藤原家族再次受到压制。

770 年，称德天皇去世，道镜被流放，并很快死在当地。在藤原家族的藤原百川的大力活动下，光仁天皇即位。为稳定朝廷政权、平息社会混乱，天皇陆续采取了精简机构、节约财政以及减轻公民负担的改革措施。

781 年到 806 年在位的桓武天皇进一步推行改革政策，例如长期不设左大臣以抑制大贵族的政治势力，制定国郡司考绩条例 16 条，考核地方官吏政绩，打击贪官污吏，减少定员以外的官吏，任用有才能者，设"勘解由使"监督新旧国司的交接事宜，延长班田的间隔时间，允许良民与贱民之间通婚、其所生子女皆为良民，废除军团制，设健儿制，即将征兵制改为募兵制，尽量减轻班田农民的负担，禁止滥造寺院并限制寺院的特权，禁止贵族或寺院兼并农民土地等。

794 年，桓武天皇在贵族的支持下，将都城自平城京迁往平安京（今京都）。因此，自 794 年到 1192 年镰仓幕府建立的 400 年，史称"平安时代"。平安京的规模大体与平城京相似，也是棋盘式的城市格局。

另一方面，为平息东北地区虾夷族的反抗，并进一步扩展疆土，桓武天皇不断向东北地方派遣军队。788 年，派遣的军队被当地的虾夷族打败。797 年，朝廷任命坂上田村麻吕为最早的"征夷大将军"，并获得较大的战果，逐渐拓展了天皇朝廷的统治区域。因大规模建造京城和征服虾夷族花费了较多的人力及物力，桓武天皇的改革未能取得较大成果，但其根本原因则是班田制的衰退及庄园的出现。

庄园与摄关政治

班田制的崩溃

班田制在实施半个多世纪之后就开始动摇，其主要原因有以下几点：第一，人口增长迅速，难以按时如数班田，特别是在本来就存在人多地少现象的畿内及其周边地区更是如此。为解决这一矛盾，722 年，朝廷制订了"百万町步土地开垦计划"，具体做法是向农民提供粮食和农具，让其参加为期十天的开垦新田活动，但由于规模过于庞大，该计划仅停留在探讨阶段，未能实施。于是，朝廷在 723 年将奴婢的受田年龄提高到 12 岁，801 年，又将班田年限从 6 年延长为 12 年。尽管如此，仍然有许多地区 30 年乃至 50 年未能班田。

第二，因手续烦琐，不能按时班田。进行班田时需要编制口账和校田账，然后呈报太政官，太政官核定批准后方能实施。完成这一程序往往需要数年时间，行政能力低下的地区需要时间更长，因而使得班田不能如期进行。

第三，由于各级贵族或寺院拥有不同程度的私田，一些有势力的贵族或地方官吏便利用职权"多占山野，妨百姓业"，兼并公有土地，将公田公民变成私田私民，严重影响到班田制的实施。当时，制度上也允许农民在耕种自己的口分田外，租种贵族或寺院的土地，并交纳五分之一的收获物作为地租。

第四，除缴纳口分田的地租外，农民还要服兵役和徭役，并亲自将庸、调运到京城，其负担十分沉重。如果再遭遇较大的自然灾害，农民便很难生存下去。尽管桓武天皇时期也采取措施减轻农民负担，但编造假户籍或逃亡已经成为农民经常使用的反抗手段，甚至出现了453人的村庄里有376名女性的户籍，严重影响到律令体制下的财政体系。破产的农民为逃避租税流浪到外地，或者寄身于大贵族的名下。即使那些富裕的农民也通过寄身寺院或贵族名下，逃避租税、徭役。

第五，土地私有化。为弥补田地的不足，朝廷在723年宣布"三世一身法"，以鼓励开垦荒地。也就是规定新垦生荒地，可传三代，而后归公；开垦熟荒地，开荒者本人享受一生，死后归公，但该措施收效不大。因为随着归公期限逐渐临近，土地就会重新变为荒地。因此，政府在743年颁布"垦田永世私财法"，即根据身份地位，开垦一定数额的土地可永久私有。身份最高的贵族可开垦500町步，普通农民可开垦10町步。这一措施推动了土地私有化的迅速发展。

庄园的出现

贵族、寺院利用权势和钱财，强行圈占荒地，驱使自己所有的奴婢、附近的班田农民以及逃亡的农民或奴婢进行大规模开垦，并在开垦的土地上修建住宅和仓库，这些建筑称为庄家或庄所，管理者称为庄长，他们管理的垦田称为庄或庄园。除垦荒外，各级贵族及寺院还利用买卖或霸占的方式，将附近班田农民的口分田或垦田纳入自己的庄园内。最初庄园大多委托庄长管理，也有土地所有者直接经营的庄园，但大部分土地仍然出租给附近的班田农民耕种。虽然庄园的出现使得国家土地所有制向土地私有制转化，但当时仍保留了国家土地所有制的形式。也就是说，不仅庄园的经营大多依靠各级行政机构，而且土地所有者需要向国家交纳田租，庄民也要向国家交纳庸、调。另外，国家的检田使和征税使等各种"国使"有权进入庄园检田、收租和征调劳力。

为维持国家财政，天皇朝廷除加强对国司、郡司征收租税的监督力度外，823

年在九州大宰府设置"公营田"，879 年在畿内设置"官田"，雇佣农民耕种，收取地租，以增加朝廷的财政收入。不久，中央政府各行政机关为拥有单独财源而设置"诸司田"，给那些领不到国家俸禄的官员提供生活保障。天皇也拥有称为"敕旨田"的私田，并以"赐田"的名义赏给皇族。

桓武天皇之后的平城天皇和嵯峨天皇继续进行改革。平城天皇实施精简行政机构及其人员的措施，以减轻财政负担；嵯峨天皇设置相当于天皇秘书官的"藏人头"，并任命藤原冬嗣等人担任该职务，其机构称"藏人所"。由于"藏人头"作为天皇的亲信，负有将天皇命令传达给中央行政机构的使命，因而其政治作用十分重要，藤原家族借此重新崛起。另外，嵯峨天皇还根据现实情况对原有的律令进行修正，由此修正的有关法令称为"格"，其实施细则称为"式"，并为此编纂了"弘仁格式"。清和天皇时编纂了"贞观格式"，醍醐天皇时编纂"延喜格式"，统称为"三代格式"。

上述天皇在位时期，其政治权力较强，少数皇族、贵族以其为后盾，聚集了许多私有土地，而且许多下级官员或富裕农民也将自己的土地集中在他们名下。因此，尽管朝廷在 10 世纪初颁布了整顿庄园的法令，取缔那些非法出现的庄园，试图阻止土地的私有化，但因承认例外，反而推动了被许可庄园的增加。

面对班田制的崩溃，朝廷不得不改变对地方的支配政策。国司可以承包其管辖地域的租税，并在地方行政上取得相当的自主权，由此改变了过去在中央政府的监督下地方行政主要由郡司掌握的方式。国司对地方的统治权加强，而郡司的权力逐渐削弱。国司将土地分包给有实力的农民——"田堵"，由这些农民承担这些土地上的租税和徭役。"田堵"为表示自己对土地的所有权，以自己的名字命名其所拥有的土地，这些田地称为"名田"，其所有者也被称为"名主"。与国司关系密切的"田堵"通过开垦土地而不断扩大自己的土地规模，成为"开发领主"。国司也因提高税率获得了巨额财富，并逐渐将其统治区域变成自己的独立王国。这种状况不仅引起严重的社会矛盾，使得对国司暴政的控诉接连不断，而且也导致地方政治的混乱，以及律令体制的崩溃。

与此同时，有势力的庄园主开始争取"不输"特权，即利用各种借口向朝廷申请免除庄园的赋税。10 世纪中期，随着国司对地方统治权的加强，国司批准具有"不输"特权的庄园迅速增加。其后庄园主又开始争取"不入"特权，即国家检田使、征税使等官员不得进入庄园，甚至不承认国家在庄园里拥有的司法权和警察权。这种"不输不入"特权将庄园主变成领主，庄园也变成该领主的私人领地。

实际上，庄园主为获得"不输不入"特权，通常是将自己的庄园进献给中央大贵族或大寺院，奉其为"领家"，并交纳一部分租税。如果"领家"认为自己的权势仍然不足与国司相抗衡，则将庄园进献给更有权势的贵族，奉其为"本家"。于是，"本家"成为更高一级的领主，从而形成一种领主等级土地所有的体制。由于藤原家族在中央政权中最有政治影响力，因而也成为最大的"本家"，并由此奠定了"摄关政治"的经济基础。

因具有"不输不入"特权的庄园迅速增加，严重影响到国库收入，天皇朝廷曾先后四次对庄园进行整顿，限制或取消庄园的特权，但均因中央贵族特别是藤原家族的反对而未能成功。到 11 世纪中叶，寄进式庄园已遍及日本各地，之后逐渐成为普遍现象。

在尚存的国有（公领）土地上，国司将区域内的各级行政机构改组为郡、乡、保，任命那些具有较强势力的开发领主为郡司、乡司、保司，让其承包区域内的租税，派遣名为"目代""在厅官人"的官员处理具体的政务。

无论是在庄园土地上，还是在公领土地上，土地均为有势力的农民——"名主"所承包，他们向领主交纳称为"年贡"的租税和称为"公事""夫役"的徭役。土地上的耕种者一部分是称为"下人"的"名主"所属农民，另一部分是称为"作人"的身份自由的农民。

摄关政治

810 年，藤原家族的藤原冬嗣不仅靠才能被嵯峨天皇任命为"藏人头"，同时还将自己的女儿顺子送入宫中嫁给仁明天皇，作为外戚插手朝政。842 年，藤原冬嗣之子藤原良房利用嵯峨太上天皇去世之际，废黜原来的皇太子恒贞亲王，立其妹顺子与仁明天皇所生之子道康亲王为皇太子，并将自己的女儿明子嫁给道康亲王为妃，还利用权势将两个主要的政敌伴氏和橘氏流放外地。

850 年，道康亲王即位为文德天皇，藤原良房胁迫其册封由明子所生、仅 9 个月大的惟仁亲王为皇太子，自己在 857 年成为非皇族出身的第一任太政大臣。858 年，文德天皇突然去世，年仅 9 岁的惟仁亲王即位为清和天皇，良房以太政大臣和天皇外祖父的身份独揽朝政。866 年，良房利用皇宫应天门失火事件，再次将世家贵族源信和伴善男驱逐出权力中心，正式"摄行天下之政"，担任"摄政"之职。

藤原良房死后，清和天皇试图收回权力，不再任命太政大臣，结果引起良房养子藤原基经的不满。877 年，基经胁迫清和天皇退位，另立年仅 9 岁的皇太子为阳成天皇，之后又将其废黜，立 55 岁的时康亲王为光孝天皇。作为对基经的报答，年迈的光孝天皇委任基经"万政领行，入辅朕躬，出总百官"，并赐称号"关白"。887 年，宇多天皇即位后立刻颁布诏书，明确规定"万机巨细，百官总己，皆关白于太政大臣，然后奏下"。从字面上看，"关白"本是"禀报"之意，但后来逐渐转化为官职：天皇幼年时辅政者称"摄政"，天皇成年后，辅政者称"关白"。

891 年，藤原基经去世，宇多天皇提拔当时有名的学者菅原道真任高级官职，以对抗基经之子藤原时平。醍醐天皇时进一步将菅原道真提拔为右大臣，但在时平的谋划下，901 年菅原道真被外放北九州大宰府，并死在那里。尽管醍醐天皇及村上天皇在任时期没有设置摄政和关白职位，但藤原家族的势力依然强大。自 967 年开始，特别是 969 年将醍醐天皇之子、时任左大臣的源高明外放北九州后，一直到 1084 年，藤原家族利用担任"摄政"或"关白"职务独揽朝廷大权的"摄关政治"持续了百余年时间。

藤原家族作为全日本最大的庄园领有者，拥有剥夺天皇部分权力并操纵国政的坚实经济基础。当时贵族的生活习惯也有利于藤原家族以外戚身份操纵皇室。贵族们通常实行一夫多妻制，但结婚后妻子仍然生活在自己父母家，生育的子女由外祖父照顾并聘请优秀的家庭教师，家族中的女孩一般被努力培养成精通琴棋书画、魅力十足的女性，以期嫁入宫中得到天皇或皇太子的宠爱，生下皇子。藤原家族正是通过这种途径控制了皇室，在整个 11 世纪，藤原家族作为外戚，专擅朝政，随意废立天皇。管理藤原家族事务的"政所"同时也是国家的权力中心，朝廷变成只用于举行仪式的场所。藤原家族由此又掌握了国司的任命大权，不仅得到巨额贿赂，而且还可以将国司变成自己的亲信。

"摄关政治"在藤原道长及其子藤原赖通时期达到鼎盛。本来道长是藤原兼家的第四个儿子，但长兄相继去世，侄女定子嫁给一条天皇，没有生子，道长遂将自己的女儿彰子也嫁给一条天皇，所生两个儿子分别成为后一条天皇和后朱雀天皇。其后道长又将其他三个女儿妍子、威子、嬉子分别嫁给三条天皇、后一条天皇、后朱雀天皇，嬉子所生之子为后冷泉天皇，妍子所生之女嫁给后朱雀天皇，生下后三条天皇。

作为外祖父的道长不断在外孙之间更换天皇，从 995 年到 1017 年一直担任摄政职位。1017 年，道长将摄政之职传给其子赖通，自己出家当和尚，但直到 1027

年去世前，道长仍然具有强大的政治影响力。藤原道长曾赋诗表达其专权三十多年的得意心情，其中一句便是"此世即我世，如满月无缺"。

道长之子赖通作为舅父，在后一条天皇、后朱雀天皇、后冷泉天皇时期任摄政、关白职务长达五十多年。但赖通的女儿宽子嫁给后冷泉天皇后没有生子，导致藤原家族对朝政的控制力迅速减弱。1068 年赖通辞去"关白"职务，特别是 1074 年他去世后，摄政（关白）之职不再具有实际的权力。实际上，武士阶层的出现及建立在其基础之上的院政政治是藤原家族政治影响力下降的重要社会背景。尽管如此，其后藤原家族（亦称"摄关家族"）仍然作为重要的政治势力，起到辅助天皇政权的作用。

虽然藤原家族作为外戚控制了国家政权，但摄关政治并没有突破律令体制延续下来的政治框架。也就是说，国家政策的决定依然是在天皇、摄政（关白）、大贵族之间进行。重要的政策由天皇或摄政（关白）提出后，提交由太政大臣、左大臣、右大臣、大纳言、中纳言、参议等大贵族组成的会议加以讨论，其结果报请天皇或摄政（关白）批准。尽管在授予冠位或任命官吏方面，摄政（关白）拥有较强的决定权，但皇族、公卿贵族仍具有相当的推荐权。因此，即使在"摄关政治"时代，国家权力仍集中在天皇和摄政（关白）、公卿等中央大贵族手中。

除皇族、藤原家族、公卿贵族以外的中央贵族或高级官僚虽然通过担任国司等职务聚集了大量的财富，但无法成为最高权力所有者，大多通过特定的学问或技能为朝廷、皇族或藤原家族提供服务，从而形成了不同等级的贵族阶层。另一方面，那些不能回到京都的贵族子孙成为地方政治势力的核心，从而为新兴阶层的出现奠定了基础。

武士与院政政治

武士及武士团

随着庄园制的不断发展，庄园之间以及庄园与国家各级政权之间的矛盾和斗争日渐突出。有实力的庄园主为保护自己的利益，甚至兼并其他庄园，将一部分庄民武装起来。最初这些人以农为主，以武为辅，平时务农，战时从武，后来逐渐变成以武为主，甚至完全脱离农业，成为保卫庄园和对外争斗的职业军人，称为"兵"。他们通常按照家族的形式组织起来，族长为最高首领，称为"惣领"，成员称为"从者"，其中家族成员称为"家子"，非家族成员称为"郎党"，结成很强的主从关系。

在较大的寺院、神社所属的庄园里，也出现了以僧侣、神职人员为主的武装团体，特别是延历寺、福兴寺、东大寺等势力强大的寺院，均组织了拥有数千成员的兵队。庄园武装的出现对地方治安以及国司、郡司的权力和利益形成威胁，于是这些朝廷命官也纷纷组织自己的私人武装团体，其成员与国司、郡司结成主从关系。以天皇为首的皇族、中央贵族也聘请其中的兵士作为自己的警卫，称其为"武士"。

最初这些职业军人以庄园或公有土地为单位组成小武士团，其后逐渐以地方贵族为中心组成较大的武士集团，相互之间不断进行争斗，最后形成了关东地区的桓武平氏和畿内地区的清和源氏两大武士集团。

图 2-3 武士团结构图

桓武天皇的曾孙高望王被赐姓平氏，并派往关东地区担任官职。高望王任期结束后未回京都，其八个儿子分别担任关东地区各国的官职，势力不断扩大，各养私兵，家族内部也经常发生冲突。935 年，孙辈的平将门杀其叔父国香，然后联合反抗国司的地方贵族藤原玄明在 939 年发动叛乱。平将门攻城略地，占领关东大部分地区，自称"新皇"。京都朝廷任命藤原忠文为征东大将军，率兵前往镇压，但尚未到达关东地区，国香之子平贞盛在地方贵族藤原秀乡的支持下已将平将门杀死。

与此同时，伊予国（今香川县）国司藤原纯友在四国发动叛乱，甚至向南攻占了北九州的大宰府。朝廷再次任命藤原忠文为征西大将军，率兵前往镇压，同样在尚未到达之际，清和天皇之孙源经基已将藤原纯友打败。被称为"承平之乱"和"天庆之乱"的两次叛乱使朝廷和中央贵族认识到地方武士的实力，纷纷将其作为保护自己的"侍"。例如源经基的儿子源满仲以摄津为根据地，向摄关家族提供警卫服务，满仲的两个儿子——赖光、赖信——在摄关家族的关照下，政治地位迅速上升。

平将门叛乱之后，平氏一族仍然占据关东地区，原上总国（今千叶县）国司平忠常在 1028 年发动叛乱。朝廷任命源赖信为甲斐国（今山梨县）国司，命令他征讨平忠常。平忠常因源赖信武名不战而降，源氏家族由此开始进入关东地区。

1051 年，陆奥地区势力强大的贵族安倍家族与国司发生纠纷，源赖信之子源赖义被任命为陆奥守兼镇守府将军，但遭到安倍家族成员拼命抵抗，战乱长期化。源赖义之子源义家率关东地区武士前往陆奥支持其父，并得到出羽地方（今秋田县、山形县）贵族清原氏的支持，终于在 1062 年消灭了安倍家族。此后清原家族势力强大起来，但在 1083 年发生族内纠纷。先是清原真衡与清原家衡兄弟相争，清原真衡死后，清原家衡又同异父之弟藤原清衡相争。源义家与藤原清衡联合，经过三年苦战后平息其内乱。

称为"前九年之战"及"后三年之战"的两次战事，加强了源氏家族与关东武士团的主从关系，并巩固了其作为最大武士团首领的地位。因此，关东地区其他的庄园领主或公领名主也纷纷求其保护，并作为源氏的家人被组织到武士团中。

桓武平氏家族因"平忠常之乱"失去了关东地区，但在平息"平将门之乱"中立有战功的平贞盛之子平维衡将地盘转移到近畿地区的伊贺、伊势（均为今三重县）地方，同时集结了较大的新武士集团，等待时机再起。

进入 11 世纪以后，由于武士阶层逐渐壮大，地方各国的行政事务官员逐渐由武士担任，同时因为国司不到任地，地方文化的中心也逐渐从国司之馆转移到武士之馆，武家社会的色彩已初见端倪。

院政政治

1068 年，与时任摄政（关白）没有直接血缘关系的后三条天皇即位。人到壮年且具有较强个性的天皇力图摆脱藤原家族的控制，联合对藤原家族不满的贵族，任命有才能者担任重要官职，并实施了加强天皇权力的改革措施，其中最主要的改革是整顿庄园，以此达到打击藤原家族势力的目的。

针对庄园不断增加、朝廷直辖领地逐渐减少的局面，后三条天皇在 1069 年颁布内容严厉的《延久庄园整理令》，并成立"记录庄园券契所"，任命亲信担任其官员，对庄园文书进行严格的审查。除庄园主提交有关证书外，国司也要提交相关的报告书。如果有关的证书不全，将没收其庄园，即使是摄关家族的庄园也如此办理。此次整顿庄园取得了较好的收效，例如在石清水八幡宫寺所有的 34 所庄园中，有 13 所因证书不全而被没收为公领。这样一来，不仅加强了朝廷的经济基础，而且使许多寄进在藤原家族名下的庄园与其脱离关系，纷纷投靠皇室，结果天皇拥有的庄园数量迅速增加。

1072 年，后三条天皇让位给其子白河天皇，自己设置"院厅"，准备以上皇的名义继续掌握政权，推进改革，但很快去世。白河天皇即位 14 年后让位给年仅 8 岁的堀河天皇，自己成为上皇，也在其居住的宫殿内设立"院厅"，亲自掌握朝政，从此开始了由上皇"执天下政"的百余年"院政时代"。

上皇实施的院政得到了中下级贵族，特别是国司的支持，因为他们不满藤原家族的专权，并对整顿庄园持欢迎态度。此外，设置"北面武士"和"武者所"等机构，将源氏和平氏的武士团作为其主要成员，担任守卫工作，由此大大强化了"院厅"的权力。"院厅"的职员称为"院司"，由地位不高的天皇亲信担任。"院厅"下达的文书称为"院厅下文"，上皇颁布的诏令称为"院宣"，其效力大大超过天皇的诏令。

除拥有大量的寄进庄园以外，院政的经济基础还包括实施"知行国"制度。也就是将一国的支配权封给特定贵族，该国的大部分租税上交朝廷。另外，上皇本身也拥有许多"知行国"，并任命自己的亲信担任国司，收取该国的全部租税。

院政时代共经历了白河上皇、鸟羽上皇和后白河上皇三代，而且三代上皇均出家到寺院为僧，称为"法皇"。上皇可以在京都近郊建造华丽的离宫，法皇则建造许多寺院、佛像。为弥补巨额财政支出，"院厅"在卖官鬻爵的同时，也通过对庄园和公领的调整增加收入。例如鸟羽法皇将百余所寄进庄园转赠给皇女八条院，后白河法皇将百余所寄进庄园赠给长讲堂寺院，具有"不输不入"权的庄园因此迅速增加，以兴福寺、延历寺为首的寺院势力也急剧增强。其结果不仅激化了朝廷与领主、领主与领主之间的矛盾和冲突，而且引发了皇族、氏族贵族、武士集团内部的矛盾与冲突。皇族与贵族纷纷依靠武士保护自己的利益，从而为武士干预政治提供了条件。

1091 年，朝廷禁止关东地区的领主向源氏家族寄进土地，受其打击，源义家之子源义亲、源义国分别起兵反抗，但遭到镇压。1106 年，源义家去世，源义亲在流放地出云（今岛根县）再次发动叛乱，仍然被镇压下去。与此同时，平氏家族的势力迅速增强。平维衡的曾孙平正盛将伊贺国的庄园寄进给白河上皇，由此进入政界，并因平息源义亲叛乱得到重要官职。平正盛之子平忠盛因平定濑户内海的海盗而得到鸟羽上皇的器重，被赐予上殿的资格，从而获得贵族身份。到平忠盛之子平清盛一代，平氏家族的势力达到鼎盛。但源氏家族并没有彻底衰败，源义亲之子源为义接近摄关家族，以图复兴。源为义之子源义朝再次回到关东地区，以镰仓为基地，结成主从关系较强的大武士集团。

1156 年鸟羽法皇去世，崇德上皇为掌握实权与后白河天皇发生冲突。与此同时，藤原家族的藤原忠通与藤原赖长兄弟、平氏家族的平忠正与平清盛叔侄、源氏家族的源为义与源义朝父子均围绕家族的继承权发生矛盾。结果，以崇德上皇、藤原赖长、平忠正、源为义为一方，后白河天皇、藤原忠通、平清盛、源义朝为另一方，展开激烈的争斗。后白河天皇一方先发制人，崇德上皇落败，被流放到讃岐（今香川县），藤原赖长、平忠正、源为义等人被杀，史称"保元之乱"。

1159 年，后白河上皇的近臣之间发生冲突。其原因是"保元之乱"中立有大功的源义朝不满受封官位低于平清盛，转而与藤原信赖合作，在平氏家族离开京城到外地参拜神社时，趁机起兵拘禁后白河上皇，并杀死天皇的亲信藤原信西。武力较强的平清盛得知消息后立刻率兵回到京城，藤原信赖被杀，源义朝被追杀，其直系家族几乎全遭株连，只有年仅 13 岁的源赖朝及其同父异母之弟源范赖、源义经幸免一死，史称"平治之乱"。

前后两次动乱均有武士集团参加，并且以京城为舞台，不仅显示了贵族统治阶层的迅速没落，而且也显示出武士阶层已经成为主导社会的力量，其首领平清盛甚至成为掌握最高权力者。

平氏专权

"平治之乱"后，平清盛得到后白河上皇的信任，很快从正三位的参谋升任为纳言和内大臣，1167 年成为太政大臣，获得了显赫的政治地位。其后平清盛采取各种方式巩固自己的权力，不仅将亲属以及亲信安插在中央和地方机构中担任重要官职，而且通过联姻的形式控制皇室和以藤原家族为首的中央贵族，同时不断增加自己拥有的庄园，以加强经济实力。据统计，平氏家族在全日本拥有的庄园多达 500 余所，其拥有的知行国最多时达到全日本的一半。平清盛将追随自己的武士任命为管理庄园或公领的"地头"，成功地将畿内和西日本地区的武士变为家臣，同时通过担任镇压各地叛乱的重要官职，将势力渗透到关东地区。

另一方面，平清盛将自己的女儿德子嫁给高德天皇，然后立其外孙为安德天皇，进一步强化了政治权力。平氏家族成员不仅纷纷成为公卿贵族，而且把持了朝廷的高级官职，甚至因平清盛的住宅在京都六波罗而产生了"六波罗政权"。同时，平氏政权积极修建港口，保障海路安全，推进与朝鲜半岛、中国大陆南宋王朝的贸易，大量进口大陆的铜钱、书籍、货物、珍宝等。对外贸易的巨额利润不仅加强了平氏的执政基础，而且对日本的经济与文化也产生了重大影响。

但平氏的专权不仅招致了以天皇为中心的旧的大贵族阶层的不满，还引起广大地方武士阶层的反对。1177 年，后白河法皇的近臣藤原成亲等贵族密谋推翻平氏，但因事先泄密而失败；1179 年，再次出现了以后白河法皇为中心的反抗平氏动向，平清盛对此采取了严厉的打击措施，禁闭法皇，剥夺"摄关"等众多贵族的官职；1180 年，后白河法皇之子以仁王联合寺院武装起兵反对平氏，虽然被平清盛打败身亡，但以仁王撰写的呼吁起兵反抗平氏的文书却传到全国各地，那些不满平氏家族专权的地方武士纷纷起兵，其中势力最强的是关东地区的源赖朝。

"平治之乱"后被流放伊豆半岛的源赖朝在该地苦心经营多年，身边聚集了许多源氏家族的旧武士，同时当地的武士也不断集中在其旗下，逐渐形成了较大的武士团。1180 年 8 月，源赖朝与其岳父北条时政举兵讨伐平氏，但在石桥山之战中大败，源赖朝从海路逃到安房国（今千叶县）。由于得到关东地区武士团的支持，遂以镰仓为基地，集结反对平氏的势力，同年 10 月在富士川之战中打败了前来征讨的平氏大军。赖源朝并没有乘胜追击平氏军队，而是回到镰仓，积累实力，等待时机。

近江、畿内地区也出现了反对平氏家族的势力，平氏家族对其进行镇压，但因平清盛在 1181 年去世，而且畿内和西日本地区发生大灾荒，平氏政权受到严重打击。1183 年，源赖朝堂兄源义仲在北陆地区打败支持平氏的势力以及前来征讨的平氏军队，并乘胜追击，在畿内武士和寺院僧兵的配合下，同年 7 月将平氏家族赶出京都。但源义仲未能处理好与后白河法皇的关系，法皇催促源赖朝进入京都，由此挑起了源氏家族的内部矛盾。源赖朝派其两个同父异母的兄弟源范赖和源义经率军攻击源义仲，缺乏武士支持的源义仲战死在近江国的粟津。

在源氏家族内部争斗之际，平氏趁机回到京都附近。后白河法皇向源赖朝下达征讨平氏的"院宣"，源赖朝随即进攻平氏，并在一谷之战中打败了平氏军队。其后源赖朝向全国各地派遣军队，平息平氏和源义仲的残余势力。1185 年 2 月，逐渐得到四国、九州地区武士支持的源义经进攻讚岐国的平氏，并乘胜追击到长门国（今山口县）。经过一场海战，同年 3 月，平氏家族成员与安德天皇沉海身亡。

担心源赖朝势力过大的后白河法皇重用具有军事才能的源义经，试图再次挑起源氏家族的内部矛盾。法皇任命源义经统率九州、四国的武士征讨源赖朝，但因各地武士拒绝服从其命令，源义经被迫投靠奥羽地区的藤原秀衡。1187 年藤原秀衡去世后，其子藤原泰衡杀死源义经以求和解。1189 年，源赖朝亲率大军进攻奥羽，最后将该地的藤原家族消灭，由此确立了源赖朝统治日本全境的地位。

唐风文化与国风文化

遣唐使及对外交往

618 年唐朝建立后，很快出现国力强盛、各方来朝的局面。623 年，曾为遣隋使成员的惠日上书天皇，认为"唐律令齐备"，应派遣使者前往。630 年，朝廷任命犬上御田锹为最初的遣唐使，出使唐朝。一直到 894 年菅原道真建议停止派遣，日本前后共 20 次任命遣唐使节团，成行 16 次。另外还有 10 次非正式的出使，唐朝也曾 10 次派使节团访问日本。遣唐使节团成员有大使、副使、留学生、留学僧、水手、医师、护卫等，早期有 200 人左右，后期多达 500 人左右，分乘四艘船。但到达长安或洛阳的使节仅几十人，其他多数留在中国沿海地区进行交流或学习。留学生、留学僧在唐朝逗留时间较长，深受中国文化的影响，回国后往往积极传播中国文化。

遣唐使团最初从北九州出发，经对马岛到达朝鲜半岛，再沿朝鲜半岛西岸向北航行，横渡渤海登陆山东半岛，然后从陆路到唐朝京城长安，这条路线称"北路"。进入 8 世纪后，日本与新罗的关系处在紧张状态，因而只能从北九州向西南横渡中国东海，在长江口登陆，然后从陆路到长安。但在造船、航海技术尚不发达的当时，这条线路充满危险，常常因风暴船破人亡或漂流到边远地区被杀害，据说使团人员的死亡率接近 50%。例如第九次遣唐使团在 734 年 10 月返回日本时，从长江口出海后不久就遇上风暴，团队的四条船被吹散，大使乘坐的船同年 11 月到达日本九州南部的种子岛，副使乘坐的船 736 年 8 月才回到日本。判官平群广成乘坐的船漂流到东南亚的昆仑国，其乘员或被杀，或逃亡，该船 115 人最后仅剩平群广成等 4 人，并受到软禁。735 年，平群广成等人躲藏在昆仑商人的船中回到唐朝长安，在唐玄宗信任的阿倍仲麻吕的斡旋下，获准经由渤海国回日本。但从渤海国出发横渡日本海时，他们再次遇上风暴，渤海国大使等 40 余人落海遇难，平群广成漂流到东北地方的出羽，回到奈良时已是 739 年 10 月。从长江口出发的另外一艘船则始终没有消息，下落不明。在这样的风险下仍不断派出使团，可见当时的日本政权积极吸取大陆先进文化的决心。

遣唐使的任务除在政治上发展同唐朝的睦邻关系以及在经济上换取宫廷贵族需求的珍贵物产外，更重要的是护送留学生和留学僧到中国，学习唐朝先进的政治制度、律令、文化及佛教等。这些留学生或留学僧在唐朝居留时间较长，有些长达 20 年左右，十分熟悉中国文化的精髓，回国后大多身居高位，对中日文化交流以及日本社会文化的发展起到了巨大推动作用。其中最为著名的有阿倍仲麻吕、藤原清河、玄昉、吉备真备、空海、最澄、山上忆良等人。阿倍仲麻吕、藤原清河等留学生因故没有回国，在唐朝任高官直到去世；玄昉、吉备真备等留学生回国后被天皇任命为高级官员，对完善律令体制起到了很大的作用；而空海、最澄等留学僧学成回国后分别创建不同的佛教流派，对社会产生了较大的影响；山上忆良则是著名诗歌集《万叶集》的作者之一。

实际上，日本最后一次成行的遣唐使团是在 838 年，也是规模最大的使团，由 600 余人组成。本来此次使团是在 836 年出发，但因暴风雨损失了一艘船，100 多人不幸遇难。第二年三艘船出发时再次受挫，第三次出发时副使小野篁称病拒绝参加使团。三艘船回国时也遭受了许多困苦，又有一艘船遇难。半个多世纪后的 894 年，朝廷任命菅原道真为大使，但鉴于海上航路的危险，同时又收到入唐僧中瓘通报"大唐凋敝"的书信，于是停止派遣。在中国大陆，875—884 年爆发了大规模的黄巢农民起义，严重地打击了唐王朝，其后各地军阀割据。对于日本来讲，派遣使团的必要性大大降低。尽管如此，两国之间连续 200 多年的频繁往来，对日本的政治、经济、社会、文化等均产生了巨大的影响。

在唐朝东渡日本的中国人中最值得一提的是鉴真和尚。鉴真是扬州地区著名的律宗权威和授戒大师，应日本朝廷的邀请，在 743—748 年曾五次计划东渡，均因风暴或人祸没有成行。特别是在第五次东渡时，因风暴漂流到海南岛，千辛万苦回到扬州时，已双目失明。753 年，日本遣唐大使藤原清河邀请鉴真一同赴日，尽管藤原清河乘坐的船被风暴吹到安南，后又回到长安，客死他乡，但鉴真却成功到达日本。鉴真在日本不仅为众多信徒授戒，而且也使律宗成为一个独立且有影响的教派。

907 年，唐朝灭亡，大陆进入"五代十国"的动乱时期。979 年北宋王朝统一中国，但经常受到北方少数民族政权的侵扰，因此，除民间贸易和双方僧侣往来并推动了更为频繁的文物交流之外，日本朝廷与中原王朝之间没有恢复政府间的关系，这种状况一直持续到 15 世纪初的室町幕府时期。

676 年，新罗统一朝鲜半岛，与唐朝的关系冷淡，与日本的关系较为密切，新罗派往日本的"新罗使"和日本派往新罗的"遣新罗使"往来频繁。但进入 8 世纪以后，新罗与唐朝因共同对付渤海国而恢复密切关系，日本与新罗却因在东亚"朝贡体系"中的地位问题产生矛盾，即日本将新罗作为朝贡国，为此发生了数次拒绝"新罗使"的事件。755—763 年，唐朝发生"安史之乱"，时任太政大臣的藤原仲麻吕甚至制订了入侵新罗的战争计划。虽然此后双方还有官方往来，但次数非常少。9 世纪中期以后，新罗国内混乱，其流民与海盗经常出现在西日本，日本对新罗的态度进一步消极化。935 年，王氏高丽取代新罗统一朝鲜半岛，多次遣使到日本要求恢复两国关系，但没有成功。虽然双方的民间贸易频繁，但海盗的不断骚扰加强了日本的对外孤立主义倾向。

713 年，居住在中国东北地方的靺鞨人建立渤海国，为对抗唐朝和新罗，在 727 年遣使到日本，要求建立邦交关系。日本出于牵制新罗的战略也希望与其交好，于是双方正式使节往来不断。8 世纪中期以后，渤海国与唐朝的关系好转，因而其对日关系开始转向以贸易为主，一直持续到 926 年渤海国被辽国所灭为止。正如遣唐使有时也取道渤海国路线那样，日本与渤海国的交往是日本吸收中国文化的一个重要途径。

综上所述，9 世纪中期以后，东亚大陆地区再次呈现出混乱状态，日本天皇朝廷为防止这种混乱影响到日本，开始从积极的对外主义转向消极的孤立主义，因而推动了其文化从"唐风"向"国风"的转化。换句话说，其文化状态从全面引进阶段过渡到消化吸收阶段，并在传统文化的影响下逐渐呈现出日本特色。

图 2-4　遣唐使航路图

8 世纪之前，遣唐使船多沿朝鲜半岛近海到大陆，其后为横渡东海的南路，遇难率近 50%。

唐风文化

在与东北亚大陆各国的交往，特别是以遣唐使为中心的中日两国频繁交往的影响下，日本相继出现了深受大唐文化影响的白凤文化、天平（奈良）文化以及平安前期（弘仁·贞观）文化，通常统称为唐风文化。

白凤文化是指从 645 年大化改新到 710 年迁都奈良为止这段时期的文化，因"白雉"年号（650—654）而得名。尽管这一文化仍以佛教文化为中心，但前期受大陆六朝文化影响，后期受唐朝文化影响。天武天皇时期确立了以伊势神宫为中心的神祇制度以及新天皇即位的"大尝会"制度，同时大力保护佛教，实施佛教国教化，为此建造大官大寺、药师寺等官寺，举行讲解护国经典的法会。各地贵族也纷纷建立自己的氏寺，692 年时，全日本共有 545 所寺院。

作为白凤文化的遗产，至今保留下来的代表性建筑物有法隆寺金堂及五重塔、药师寺东塔、山田寺回廊等。法隆寺的建筑虽然是重建之物，但仍然保留了当时的风格；药师寺东塔是原物；山田寺回廊 7 世纪建成后突然在地基上倒塌，1982 年才作为文物被挖掘出土，可以反映当时的建筑风格和技术。雕像作品有药师寺金堂药师三尊像、药师寺东院堂圣观音像、兴福寺佛头、法隆寺阿弥陀三尊像等。这些金铜像线条明晰，表情柔和，初唐风格明显。代表性绘画有法隆寺金堂壁画、高松冢古坟壁画等，前者吸取了印度石窟壁画和中国敦煌石窟壁画的技巧，虽然后者受高句丽古坟壁画的影响，但从画中人物的形态、服饰以及色彩、技巧来看，类似中国的永泰公主墓壁画，盛唐时期的风格很突出。

当时的文学作品有汉诗与和歌。白村江之战后，不少百济贵族和文人流亡日本，推动了汉诗的盛行，大友皇子、大津皇子创作了许多优秀的汉诗作品。和歌本来是流传在日本民间的歌谣，受汉诗的影响，发展成五音或七音的长短歌。天武天皇时开始用汉字表述日语的发音，最终形成了和歌这种艺术体裁。当时的作者以额田王、柿本人麻吕等皇族成员为主，但其作品不仅体现了中央集权制国家形成时期的社会状态，也体现了包括民众在内的氏族集团精神。当时没有文集保留下来，时人创作的汉诗与和歌大多收录在奈良时代编撰的《怀风藻》和《万叶集》中。

虽然天平文化取自圣武天皇在位时的天平年号（724—748），但在广义上指整个奈良时代（710—794）的文化。这一时期的文化深受盛唐文化的影响，并形成了包含佛教文化在内的贵族文化，首先体现在为树立天皇家族神圣权威而编撰国史上，712年，由太安万侣编撰的三卷本《古事记》成书。该书利用假名表记，以天皇家族为中心，记述了从神话时代到628年推古天皇去世的历史。内容多神话传说，例如天神伊奘诺及伊奘冉创造日本列岛，其女天照大神之孙迩迩芸神统治大地并得到镜、剑、玉三件神器，迩迩芸神之孙神武天皇从九州的日向国东征并于公元前660年在大和地区建国，等等，但从中也可以看出日本民族最初形成时期的某些痕迹。

720年成书的30卷本《日本书纪》，由舍人亲王等人编撰，为汉文编年体史书，内容从神话时代一直到697年的持统天皇，具有一定的史料价值，但仍需要分析使用。官府修史一直持续到平安时代中期，共有六部用汉文撰写的历史书籍，即《续日本纪》《日本后纪》《续日本书纪》《续日本后纪》《日本文德天皇实录》及《日本三代实录》，包括《日本书纪》在内，统称"六国史"。另外在713年，朝廷命令诸国收集山川名称来源、乡土特产、古老传说等，并编撰成书，即汉文记载的地方志《风土记》，目前仅剩常陆（今茨城县）、出云、播磨、丰后（今大分县）、肥前（今佐贺县）五国的《风土记》，而且大多残缺不全。

在统治思想方面，天皇朝廷大力提倡儒学和佛教。例如在"大学"的课程中，有习《论语》《孝经》等经书的明经道、习律令的明法道、习汉文历史的纪传道等，另外，还教授阴阳、历法、天文、医学等学问。为让自己家族的子弟能够掌握更多的知识，大贵族建造附属"大学"的寄宿设施——"大学别曹"，例如藤原家族的"劝学院"、和气家族的"弘文院"、橘氏家族的"学馆院"、在原家族的"奖学院"等。学生住在其中，利用其藏书，同时在"大学"里接受教育。

佛教在国家保护下继续兴盛，圣武天皇在 741 年下诏建立国分寺，即每个"国"建立一个国家寺院，同时在 743 年下诏造大佛塑像，历经 10 年终于建成东大寺大佛。当时还有"七大寺"以及"南都六宗"之说，也就是药师、大安、元兴、兴福、东大、西大、法隆七个较大的寺院及三论、成实、法相、俱舍、华严、律六个佛教流派。但在奈良时代的初期，主张"若顺经典，能护国土，如违宪章，不利人民"的法相宗深得朝廷的支持，因而比较兴盛。754 年，大唐和尚鉴真东渡日本以后，天皇朝廷赐田地、建寺院，予以支持，因而律宗在日本得到广泛传播。由于佛教的国家化，当时名声较大的僧侣既是宗教家、学者，又是地位较高的政治家，深受天皇的信任。

在文学艺术方面，奈良时代也较前一个时代出现了长足的进展。其中以假名写成的《万叶集》收集了 759 年以前的约 4500 首和歌，作者有天皇也有平民，包括关东的农民及服兵役的防人等。继白凤文化时期的额田王、柿本人麻吕之后，山上忆良、大伴家持为奈良时代的歌人代表，统称为四代歌人。奈良时代留下的代表性建筑有东大寺法华堂、正仓院、唐招提寺等，代表性雕塑有东大寺法华堂执金刚神像等，代表性绘画有鸟毛立女屏风——树下美人图等，均具有盛唐文化影响的痕迹。特别是在收藏皇室宝物的正仓院中，来自大陆各国的物品充分显示了东西文化交流的结果。

8 世纪末到 9 世纪末的平安初期文化也称弘仁·贞观文化，"弘仁"是嵯峨天皇（809—823 年在位）的年号，"贞观"是清河天皇（858—876 年在位）的年号。虽然这一时期遣唐使基本停止，但文化仍深受大唐的影响，其特征是出现了与国家佛教不同的新佛教流派以及"神佛共祀"风俗，汉文学兴盛，等等。

著名僧侣最澄 804 年随遣唐使到唐朝，在天台山国清寺学密教，回日本后创天台宗，自建大乘戒坛，确立了延历寺在日本佛教界的中心地位。最澄的弟子圆仁、圆珍也先后到唐朝学习密教，回国后弘扬天台宗密教。另外一位著名僧侣空海亦在 804 年到唐朝习密教，回国创真言宗。天台宗、真言宗在祈祷国泰民安的同时，更主张驱灾求福的现实利益，因而吸引了包括皇族、贵族在内的众多信徒。

另一方面，两派作为密教，均主张山中修行，因而其寺院据山形而建，留下的代表性建筑有室生寺金堂、五重塔等，其中塑造的诸多佛像也大多带有神秘感。

密教追求现实利益以及在山中修行的主张与传统的神道教相吻合，结果推动了外来宗教与本地宗教的融合。因为以自然崇拜和祭祀氏族之神为中心的神道教大多坐落在远离人群的山中，为高大树木所环绕。尽管推古朝以来政府极力推崇佛教，但神道教仍然保存下来，随着佛教向民间的传播，将神佛同等看待的"神佛共祀"习俗逐渐流传开来——或在神社中建造寺院，或在寺院中祭祀守护神，或在神前诵经，等等。神像也多带有佛像的特征，代表作有药师寺的僧形八幡神像、神功皇后像等。

唐朝书法深受贵族喜爱并得到模仿，嵯峨天皇、空海、橘逸势作为最有名的书法家，被称为"三笔"。唐朝宫廷礼仪也受到朝廷重视，嵯峨天皇时甚至编纂了以唐朝为标准的礼仪书《内里式》。由于政府官员多为通晓唐文化的文人、学者，而且宫廷时常举行咏汉诗的宴会，因而出现了许多优秀的汉诗集，如《凌云集》《文华秀丽集》《经国集》等，致使该时代在文学史上被称为"国风黑暗时代"。

国风文化

遣唐使停派，特别是在唐朝于 907 年灭亡后，日本逐渐形成在吸收、消化中国文化基础上的独特审美意识，并出现了体现其意识的假名文字、美术、生活观念，因而被称为国风文化。即使如此，日本文化仍然继续受到中国文化的影响。国风文化包括 10—11 世纪摄关政治时期的藤原文化，以及 11 世纪末至 12 世纪末院政时代的平安末期文化。

藤原文化仍然是以京城贵族为中心的文化，其特征包括外来宗教与本地宗教进一步融合，假名文字基础上的女性文学以及具有日本特色的艺术、建筑的流行，等等。

平安时代出现的"神佛共祀"习俗，此时进一步发展为"佛神合一"（即"本地垂迹说"）的意识，也就是用佛教释迦现身、普济众生的思想来解释日本历来崇拜的神灵，甚至将天照大神看作是大日如来之化身。这种习俗不仅将消除灾难的神道信仰与祈求冥福的佛教思想相结合，其对亡灵作祟的担忧甚至推动了神社的发展，当时著名的神社有北野神社、八坂神社、贺茂神社等。

另外也出现了以民间传播为社会基础的净土宗，与过去追求现世利益的佛教不同，净土宗主张逃脱今世的苦难，最终进入极乐净土。最初它由天台宗的圆仁从大陆传来，因不需特定的仪式或供奉，只要诚心念佛便可得救，获得信徒的欢迎。其后空也、源信、良忍及源空等僧人积极传播净土宗，特别是进入 11 世纪以后，频繁的自然灾害和社会混乱加重了人们对来世的追求意识，信徒因而增加很快，甚至吸纳了藤原道长等大贵族，并出现了《往生要集》《日本往生极乐记》《拾遗往生传》等宣扬净土宗的书籍。

尽管从 5 世纪开始日本人就利用汉字表述其发音，并出现了"万叶假名"，但假名字母到 11 世纪初才大体成型。当时贵族女性特别是宫廷女性大多数没有接受过严格的汉文教育，而是利用草体假名，即平假名撰写书信、日记或歌词；僧侣用汉字的偏旁，即片假名记述佛经，平安中期以后逐渐统一成完善的语言体系。而当时的男性贵族依然利用汉文作为正式的书面语言，因而假名日记或文学大多由女性创造。即使第一部男性假名日记，即纪贯之的《土佐日记》也是以女性的名义撰写的。

女性文学发达，除因女性最先使用平假名文字外，贵族社会逐渐成熟亦使有闲文化女性增加，摄关家族的女性常以其文学修养获得天皇的宠幸等也是重要因素。女性文学的代表性作品有紫式部的《源氏物语》和《紫式部日记》、藤原道纲之母的《蜻蛉日记》、和泉式部的《和泉式日记》、清少纳言的《枕草子》、菅原孝标之女的《更级日记》等，其中最为引人注目的是清少纳言的《枕草子》和紫式部的《紫式部日记》及其长篇小说《源氏物语》。清少纳言和紫式部均为宫中女官，却因分别服侍藤原道长的侄女和女儿而成为政敌，因为藤原道长将自己的女儿彰子嫁给一条天皇作妃，是希望击败作为一条天皇之皇后的侄女定子及其兄藤原伊周。她们的日记深刻记录了宫中浪漫多情与钩心斗角并存的生活。

但紫式部名扬天下却是因其长篇小说《源氏物语》。紫式部本姓藤原，因为父兄均任过"式部丞"一职，《源氏物语》中的女主角紫姬又被传诵一时，因而被称为紫式部。《源氏物语》中的故事发生在藤原道长执政下的平安王朝贵族社会盛极而衰的转折时期，主人公源氏本是天皇桐壶与一爱嫔所生之子，长大后相貌堂堂，多才多艺，极受天皇宠爱。但源氏竟与皇妃藤壶私通，并生下一子。其后源氏凭着他的才情与特殊权势，狂热追逐女性。其异母兄长接任皇位后，源氏被逐山乡，但在源氏与藤壶的私生子冷泉天皇登基后，源氏东山再起，执掌朝廷，享尽荣华富贵。但由于其最后一位夫人与他人私通并生一子，万念俱灰的源氏出家，很快死去。小说艺术地再现了贵族内部尔虞我诈的权力斗争，揭露了贵族统治阶级的腐朽和罪恶及其必然崩溃的趋势，展现了日本从贵族社会向武家社会过渡的历史画卷。

除假名日记或文学之外，大量和歌集的出现也体现了国风文学的发展与兴盛。尽管在宫廷活动中汉诗仍占一定地位，但吟诵和歌逐渐成为时尚。从902年到1205年，共有《古今和歌集》等八部根据天皇或上皇敕令编纂的和歌集。另外，也出现了许多作者不详、民间故事体裁的"物语"小说，如描述竹生之女故事的《竹取物语》、用和歌讲述爱情故事的《伊势物语》以及《宇津保物语》《落洼物语》等。

在艺术方面，出现了利用中国画技巧描绘日本风景的"大和绘"，其作品大多绘制在屏风和卧具上。在建筑方面，出现了日本式的寺院，也就是以水池为中心、正面建造佛殿的建筑群，其代表为藤原赖通建造的平等院凤凰堂等。与此同时，贵族住宅也形成了称为"寝殿造"的宫殿式建筑风格，即在一公顷左右的土地上，建造以寝殿为中心的对称建筑物，以走廊相连，寝殿前方为水池、庭园、水阁。房间较少墙壁，大多用屏风和帏幛相隔，可以随时隔成适用的房间。

平安末期文化的特征是贵族文化融入了以武士、平民为中心的地方文化色彩。例如藤原明衡的《新猿乐记》、大江匡房的《傀儡子记》和《永长田乐记》均描绘了社会各阶层，特别是艺术界的状况。"田乐""猿乐"等平民艺术也深受贵族的喜爱，后白河天皇甚至搜集编写了民间的流行歌谣，起名为《梁尘秘抄》。

图2-5 平等院凤凰堂

建于1053年，是藤原赖道建成的阿弥陀堂，位于京都近郊的宇治市。因屋顶饰以凤凰，建筑本身有左右翼廊，形似展翅欲飞的凤凰，后世称凤凰堂。作为现存的唯一日本平安时期贵族遗构，是日本贵族文化的象征性建筑，被列入世界文化遗产。

在平安时代末期，物语文学也带有较多的民间或军事色彩，例如收集印度、中国、日本民间故事的《今昔物语集》，描述平将门之乱的《将门记》，描述陆奥地区前九年之战的《陆奥话记》等军旅物语。这些作品均描述了地方武士及平民的生活。另外还有叙述藤原家族等贵族盛衰的《荣华物语》《大镜》《今镜》等国文体历史书籍。

受净土宗末世思想的影响，同时作为文化从城市向地方乡村普及的象征，日本全国各地均建造了能够通往来世的阿弥陀堂，其中代表性的建筑有陆奥地区的中尊寺金色堂和白水阿弥陀堂、九州丰后的富贵寺大堂及其臼杵石佛等。

特别在绘画方面，不仅出现了类似连环画的"绘卷"，题材上也开始包括武士、平民的生活情形。著名的作品有描述京城平民生活的《年中行事绘卷》、描述宫廷贵族女性的《源氏物语绘卷》、描述应天门之变的《伴大纳言绘卷》、描述平民宗教信仰的《信贵山缘起绘卷》、描述平氏家族荣华富贵及其贵族生活的《平家纳经》、描述地方平民生活的《扇面古写经》等。除此之外，还有以动物形象讽刺贵族的《鸟兽戏画》等。

结　语

从表面上看，在律令体制的建设过程中，日本受隋唐的影响很大。例如在经济制度方面，模仿隋唐的均田制和租庸调制实施"公地公民制""班田收授制""租庸调制"；在行政制度方面，仿照隋唐三省六部制在中央设置两官八省制，地方设国、郡、里等行政机构；在法律制度方面，隋唐有五刑、八议、十恶诸刑律，输入日本后就变成了五等、六议、八虐等；另外在官僚制度方面，日本学习隋唐的科举制度，京都设大学，地方设国学，按照考试成绩录用官吏；等等。但是，这些制度性建设并没有在日本扎下根。公地公民制和班田收授制实施了不到半个世纪就发生动摇，很快被具有"不输不入"权的庄园制所取代；中央行政机构也逐渐演变为藤原家族专权的"摄关政治"、上皇掌权的"院政政治"，以及武家统治的"幕府政治"；地方行政机构也演变成世袭的家族领地；公法制度转化为武家"家训""家法""分国法"等私法制度。即便是被看作中国政治制度核心的科举制度，在日本一开始就没有得到认真对待。尽管在中央设置"大学"、地方设置"国学"作为培养各级官僚的学校，但只有三位以上贵族的子孙以及五位以上贵族之子才能进入"大学"，即使他们不进入"大学"或者不能从"大学"毕业，仍然可以获得相应的官职，即所谓的"荫位制"。地方"国学"的学生也主要是地方贵族子弟，从而使贵族阶层完整地保留下来。包括佛教、建筑、绘画、音乐、雕刻、文学甚至史学在内的技术性文化在制度性文化的制约下迅速发生变化，从短暂的"唐风文化"转向"国风文化"。

大 事 记

时　　间	日　　本	东北亚
527 年	磐井之乱	
538 年	佛教传入	
589 年		隋统一中国
603 年	制定"冠位十二阶"	
604 年	制定《十七条宪法》	
607 年	小野妹子使隋	
618 年		隋灭亡，唐朝建立
630 年	第一次派出遣唐使	
645 年	大化改新	
660 年		唐与新罗联军灭百济
663 年	白村江之战	
668 年		唐灭高句丽
672 年	壬申之乱	
674 年		唐出兵新罗
676 年		新罗统一朝鲜半岛
694 年	迁都藤原京	
698 年		渤海国建立
710 年	迁都平城京	
712 年	太安万侣撰《古事记》	
720 年	舍人亲王等撰《日本书纪》	

（续表）

时　间	日　本	东北亚
729 年	长屋王之变	
740 年	藤原广嗣之乱	
741 年	颁诏建立国分寺、国分尼寺	
755—763 年		安史之乱
757 年	橘奈良麻吕之乱	
788 年	最澄于比叡山建一乘止观院（后之延历寺）	
794 年	迁都平安京	
806 年	空海归国	
810 年	藤原药子之乱	
842 年	承和之变	
866 年	应天门之变	
887 年	阿衡纷争	
894 年	遣唐使废止	
901 年	菅原道真左迁太宰府	
902 年	首次颁布庄园整理令	
907 年		唐灭亡，大陆进入五代十国时期
916 年		契丹建国
918 年		高丽建国
926 年		契丹灭渤海国
935—941 年	承平、天庆之乱	
936 年		高丽统一朝鲜半岛
939—941 年	藤原纯友之乱	
946 年		契丹灭后晋，称辽
960 年		北宋建立
969 年	安和之变	
1004 年		辽宋议和
1017 年	藤原赖通成为摄政	

（续表）

时　间	日　本	东北亚
1051—1062 年	前九年之战	
1083—1087 年	后三年之战	
1086 年	白河上皇开始院政	
1125 年		金灭辽
1127 年		金灭北宋，南宋开始
1156 年	保元之乱	
1159 年	平治之乱	
1167 年	平清盛成为太政大臣	
1177 年	鹿之谷阴谋	
1180 年	以仁王下达平氏追讨令，源赖朝伊豆举兵	
1184 年	设置公文所和问注所	
1185 年	坛之浦战役，设置守护、地头	
1191 年	荣西归国，传禅宗（临济宗）	

✿✿ 进一步阅读书目

　　吉田孝的《飞鸟·奈良时代》（"岩波日本史"第二卷，新星出版社，2019 年）指出早期日本的历史只能从中国的史书和东亚各国的古代文献中略窥一二，因而该书从"日本"国号入手，按照"倭"到"日本"的发展脉络，讲述了日本作为一个国家诞生的过程。遣隋（唐）使、发现金矿、引进姓氏制度、建立律令制、佛教传入、创造假名文字等大事件都对日本的历史进程起到了不可忽视的推动作用。日本与中国、朝鲜半岛各国的交流尤为重要——既有文化贸易往来，也有纷争与战乱。早期日本国家的特点、日本民族的个性正是成形于这种复杂的国际关系之下，今日日本与周边国家的矛盾，其根源也深埋于这段古老的历史之中。

　　自 794 年桓武天皇迁都平安京开始，日本进入从 8 世纪末到 12 世纪末的长达 400 年的平安时代。从表面上看，京都的宫廷贵族们享受着荣华与奢靡，但大大小小的政治纷争从未间断。保立道久的《平安时代》（"岩波日本史"第三卷，新星出版社，2019 年）立足于政治史视角，同时兼及社会经济史和对外关系史，将平安时代天皇在即位后颁布"新制"与"德政"的传统作为关键线索，以平安时代的三十一代天皇的承继和姻亲关系为主轴，细述了皇室、贵族、武士等各方势力内部和相互之间围绕着王权的争夺而出现的对立和抗争，为读者提供了解读平安时代历史的全新视角。

即使教育程度较高的日本人也难以厘清的日本 9 世纪的历史恰恰是其历史发展的关键转折点，坂上康俊的《律令国家的转变：奈良时代—平安时代前期》（"讲谈社·日本的历史"，文汇出版社，2021年）从中国读者尚不熟悉的二所朝廷、国忌、唐决、调伏、年分度者、格式、朝座政、外记政、勘解由使、反经制宜、荷前别贡币、公出举、返举、里仓、受领、负名等专有词汇，从天皇权力、国际秩序、佛教传播、政务处理、征税理论、地域社会等方面论述了从律令国家向王朝国家转换的"开始的结束、结束的开始"之时代，从中也可以理解"唐风文化"很快变为"国风文化"的深层次历史背景。

下向井龙彦的《武士的成长与院政：平安时代后期》（"讲谈社·日本的历史"，文汇出版社，2021年）通过一连串的故事，将律令国家、虾夷俘囚、平将门之乱、王朝国家、前九年之役与后三年之役、国衙军制、院政政治、庄园公领制、源平之争等著名历史事件系统地贯穿起来，阐述了从古代日本向中世日本过渡时期武士的起源、成长、壮大及相应国家军制的形成过程，颠覆了至今教科书所说"有实力的农民为了保护自己的土地而武装起来，成为武士，即在地领主"的传统观点，甚至将虾夷俘囚及其武器纳入武士及日本刀的起源过程中，读来趣味横生，引人入胜。

第三章

武人政权

　　源赖朝心狠手辣，为保住家天下，吸取平家未能斩草除根的教训，不仅将平氏家族赶尽杀绝，而且寻机将最后一个兄弟、衷心耿耿的范赖除掉。1198 年末，赖朝参加相模川大桥建成典礼仪式，突然从马上跌落下来，伤重不治，第二年正月去世，年仅 53 岁。作为整天在马上晃荡的武士最高首领，坠马而死不可思议，因而引发许多猜想。特别是专门记录幕府活动的《吾妻镜》不仅在赖朝去世之日没有任何记事，而且缺少赖朝死前三年的记录。有人推测赖朝长期患糖尿病，因腿脚虚弱而落马；也有传说在典礼仪式时突然刮来一阵怪风，安德天皇、平清盛、源义经等怨魂陆续显现在河面上，赖朝惊而坠马；甚至有人猜想是北条政子毒杀了赖朝。源赖朝的两个儿子及孙子均在年少时非正常死亡，其原因都成为历史之谜。

镰仓幕府

幕府机构与御家人

在源平之战的过程中，镰仓幕府的统治机构陆续建立起来。1180 年，富士川之战获得胜利后，源赖朝在镰仓（今神奈川县镰仓市）设置统率"御家人"的"侍所"，其长官"别当"由源赖朝的亲信和田义盛担任；1183 年，源赖朝从后白河法皇处获得统治关东、东北地区的任命；1184 年，设置处理行政事务和财政事务的"公文所"（后改称"政所"）、司法机构"问注所"，其长官"别当""执事"分别由原朝廷下级官员大江广元及三善康信担任；1185 年，源赖朝又从后白河法皇处获得往各国派遣"守护"、往庄园或公领派遣"地头"，以及每段田收 5 升兵粮米和向地方官员下达命令的权力；1186 年，源赖朝在京都设置"京都守护"一职，由其妹夫一条能保担任，其职责是维护京都的治安和统帅在京都的御家人；其后又在北九州大宰府设置"镇西奉行"、在东北设置"奥州总奉行"职位，分别统率当地的御家人。

1190 年，源赖朝到达京都，被朝廷任命为近卫大将。1192 年，源赖朝从二条上皇处得到"征夷大将军"的称号，正式成立武家政权——幕府。因设在镰仓，所以史称"镰仓幕府"，其存在的 1192—1333 年称为"镰仓时代"。

守护最初称为"总追捕使"，原则上每国一人，由关东地区与源赖朝结成主从关系的高级御家人担任。守

图 3-1　源赖朝像

尽管源赖朝创建了日本历史上第一个武家政权——镰仓幕府，但莫名其妙地坠马而死，而且家族世系很快断绝，这也许是因果报应的迷信，也许是公武之争的必然。

护平时的职责为"大犯三条",即监督区域内的御家人定期到京都或镰仓担任警备,逮捕谋反者和杀人犯,行使警察权。守护战时的职责是率领任职国的御家人为将军作战。在镰仓时代,尽管朝廷任命各国的国司,但守护可以向国衙的官员下达命令,因而也具有较强的行政权,后来逐渐演变成一国的实际统治者。

作为庄园监管人的地头也由御家人担任,其职责是督促土地耕种者向领主或国衙缴纳租税,同时也负有镇压庄民反抗以及追捕强盗、维持治安的任务。最初没有规定地头的具体收入,"承久之乱"以后幕府颁布《新补率法》,规定地头的收入为每 11 町步土地中 1 町步的收成、每段田加征 5 升米、山野河海收益中的一半等。

由此可见,镰仓幕府的统治基础是"御家人制度"。御家人是在源平战争中同源赖朝结成主从关系的武士,即其家臣。本来这些武士是各地的在乡领主、庄官或名主等,源赖朝为得到他们的长期效忠,明确宣布"私领本宅,领掌如故",也就是所谓的"本领安堵",即承认并保护他们原有的土地所有权。除此之外,还根据战功授予他们新的领地,即所谓的"新恩给与"。为此,御家人要无条件地服从主君源赖朝,并在战争中为其出生入死,从而形成"恩给"与"奉公"的主从关系。镰仓幕府成立后,将军任命高级御家人担任各地的守护或地头等官职,作为回报,御家人率领自己的随从定期前往京都或镰仓,承担警备的任务,其费用完全由自己支付。

镰仓幕府通过任命守护或地头的方式建立了覆盖全日本的统治机构,形成了与京都朝廷并立的双重政权结构,天皇朝廷的权力也因此受到严重削弱。尽管朝廷对其进行了抵抗,最初地头的设置也仅限于平氏家族或与平氏家族关系密切者被没收的领地,但随着幕府的权力越来越大,地头遍及全日本所有土地,与守护一道成为幕府统治的重要支柱。但是,地头仅拥有土地的监督权,并没有否定天皇朝廷的土地所有权,正是在这种经济基础上,"公家政权"得以保留。另一方面,虽然"武家政权"具有压倒性的军事力量,但其统治的合法性仍需借助天皇的精神权威,例如将军职位的继承须得到天皇的任命,在形式上京都政权仍然通过任命国司掌握着全日本的行政机关,等等。正因如此,在此后的几个世纪中,双方围绕实际的统治权时常发生冲突。

镰仓幕府的经济基础以将军所有的封地和直辖领地为中心,即"关东知行国"和"关东御领"。"关东知行国"也称为"关东御分国",为将军的封地,最多时达到九个,即为相模(今神奈川县)、伊豆(今静冈县)、上总(今千叶县)、信浓(今长野县)、越后(今新潟县)、骏河(今静冈县)、武藏(今埼玉县)、下总(今千野县）、丰后（今大分县）。在这些封地上，将军可推荐知行国的长官国司，并获得该国的部分收入；"关东御领"是以源赖朝为本家或领家的庄园和公领，以及被没收的平氏家族领地，共有 500 所。"关东御领"是将军的直辖领地，由幕府政所统一管理及征收租税，是幕府的主要财政来源。

北条氏专权

1199 年初，镰仓幕府的创始人源赖朝去世，其子年仅 18 岁的赖家继任将军。赖家精于弓箭马术，但缺乏其父的政治才能及权威，而且独断专行，重用其岳父，排挤幕府元老，遂引起许多高级御家人的不满。源赖朝死后出家为尼的北条政子重新回到幕府，并在其父北条时政以及大江广元、三善信康等幕府元老的策动下，首先剥夺了赖家的裁判权，然后建立由 13 名元老决定重大政策的协议制，实际上是以北条家族为中心的决策体制。

1199 年底，北条家族将赖家的亲信、时任侍所别当的梶原景时驱逐出镰仓，第二年又将梶原家族消灭。1203 年，赖家病倒，北条时政与北条政子乘机策划分割将军权限，由赖家的弟弟实朝和赖家的儿子一幡同时继承其职位。赖家及其岳父比企能员计划反击，结果北条家族先发制人，一幡、比企能员及其家族成员均被杀死，赖家被软禁，实朝成为将军。北条时政成为政所别当，以辅佐将军的名义掌握幕府大权，被称为"执权"。

1204 年，北条时政杀害赖家，准备立自己的女婿平贺朝雅为将军，但遭到北条政子等人的反对，时政被迫引退，其子北条义时担任执权职位。1213 年，义时灭侍所别当和田义盛及其家族，巩固了执权的地位。但此时实朝已经成人，并积极参与幕政，喜爱公家文化，与朝廷关系颇佳。1219 年，实朝在就任右大臣仪式的途中被其侄公晓所杀，公晓亦被杀，源氏一族断绝。义时希望立皇族亲王为将军，但遭到后鸟羽上皇的反对，只好立源氏远亲摄关家三岁的藤原赖经为将军，自己继续掌握幕府政权，自此以后将军成为虚设。

面对武家势力的不断增长以及幕府的建立，公家政权充满了危机感，特别是随着地头逐渐渗透到朝廷、贵族拥有的庄园中，朝廷及贵族对幕府的不满进一步增加，而幕府内部的争斗为天皇提供了恢复公家权力的机会。1198 年，后鸟羽上皇开始执掌院政，他重用反幕府人士，并将分散在各个皇族的领地集中到天皇手中，以加强朝廷的经济实力。

另外，天皇通过恩赐土地的方式吸引近畿地区的武士以及对北条家族不满的御家人。为安置这些武士，在"北面武士"机构之外，还增设了"西面武士"组织。后鸟羽上皇利用源氏家族与北条家族的矛盾，热情对待将军源实朝，赐其高官厚禄，并将皇后家族之女嫁给源实朝。因此，源实朝被杀后，朝廷与北条家族掌握的幕府关系恶化，后鸟羽上皇不仅拒绝了皇子做幕府将军的请求，而且在1221年5月向各国武士颁布讨伐北条义时的"院宣"，双方迅速进入战争状态。因时值承久三年，所以被称为"承久之乱"。

虽然也有支持朝廷的御家人，但大多数御家人在北条政子的鼓动下，重新集结在幕府旗下。在北条义时之子北条泰时率领下，从镰仓出发，分兵东海、东山、北陆三路向京都方向进攻。面对19万之众的幕府军队，万余人的朝廷军队一击即溃，不到一个月，幕府军就打败了朝廷军，并占领了京都。幕府迫使仲恭天皇退位，拥立后堀河新天皇，同时将后鸟羽上皇、顺德上皇、土御门上皇三人分别流放到隐歧岛（今岛根县）、佐渡岛（今新潟县）、四国岛，并处死参与讨幕的贵族与武士。天皇被处罚以及贵族被处死的事情前所未有，从中不仅可以看出武家势力的增长，而且对当时的社会也产生了较大影响。

幕府没收了参与讨幕的贵族及武士的3000所领地，将其作为幕府的直辖领地，并任命在此次平息内乱中立有战功的御家人为新地头，称其为"新补地头"，同时决定了新地头的俸禄标准。另外，幕府在京都设"六波罗府"，由北条义时之弟北条时房及其子北条泰时担任其长官——"六波罗探题"，取代过去的京都守护。六波罗府的职责除警卫京都、监督皇室活动外，还兼有统帅西日本御家人以及执掌西日本的行政、司法等事务之责。六波罗探题的权力仅次于执权，通常由北条家族的重要成员担任。"承久之乱"后朝廷拥有军队的权力受到严格限制，皇位继承及朝廷政治也由幕府决定，国家权力严重倾向武家。

1224年，北条义时去世，翌年大江广元、北条政子亦去世，继任幕府执权的北条泰时针对时弊进行了一系列改革。首先改变执权独断的体制，在1125年设置"联署"一职，并由其叔父北条时房担任此职，辅助执权掌管政务；同时任命11名精通政务的御家人组成"评定众"，作为幕府的最高决策机构，与执权、联署协商决定重大行政、司法事务；此外，在1232年制定了名为《御成败式目》（亦称《贞永式目》）的武家法规，由51条组成。该法规以简单易懂的语言概述了行政、司法的规则以及武士应遵守的行为准则和道德规范，要求各级武士严守自己的职责，向公背私，不得越权妄为，严禁"非国司而妨国务，非地头而贪地利"等。

原始文献

《御成败式目》（摘录）

"式目"为条款，"成败"为裁决是非。该法规是依据当时武士社会公认的"道理"而制定的行为规范，其宗旨是将审判基准的重要法规成文化，统一判案尺度，是武家社会的基本法典。最初适用范围限于幕府管辖区域，后逐渐扩大，其内容也不断增加。

可修理神社专祭祀事

神者依人之敬增威，人者依神之德添运。……

诸国守护人奉行事

右大将家御时所被定置者、大番催促谋叛杀害人〈付、夜讨强盗山贼海贼〉等事也、而至近年分补代官于郡乡、宛课公事于庄保、非国司而妨国务、非地头而贪地利、所行之企甚以无道也、抑虽为重代之御家人、无当时之所带者、不能驱催、兼又所々下司庄官以下、假其名于御家人、对捍国司领家之下知云々、如然之辈可勤守护役之由、纵虽望申一切不可加催、早任大将家御时之例、大番役并谋叛杀害之外、可令停止守护之沙汰、若背此式目相交自余事者、或依国司领家之诉讼、或依地头土民之愁郁、非法之至为显示然者、被改所带之职、可补稳便之辈也、又至代官者可定一人也……

诸国地头令抑留年贡所当事

抑留年贡之由、有本所之诉讼者、即遂结解可请勘定、犯用之条若无所遁者、任员数可弁偿之、但于少分者早速可致沙汰、至于过分者三个年中可弁济也、犹背此旨令难涩者、可被改易所职也

国司领家成败不及关东御口入事

右国衙庄园神社佛寺领、为本所进止、于沙汰出来者、今更不及御口入、若虽有申旨、敢不能叙用、次不带本所举状、致越诉事、诸国庄公并神社佛寺领、以本所举状可经诉讼之处、不带其状者既背道理欤、自今以后不及成败……

女人养子事

右如法意者、虽不许之、大将家御时以来至于当世、无其子之女人等让与所领于养子事、不易之法不可胜计、加之都鄙之例先踪惟多、评议之处尤足信用欤……

——选自日本历史学研究会编：《日本史史料·2·中世》，岩波书店，2007 年，第 123—126 页

※ 试从选文分析镰仓时代武家社会的特征。

到北条泰时之孙北条时赖任执权时，以执权为中心的政治体制进一步完善。1249 年设置数名官员组成的"引付众"，其职责是协助评定众审理文书及裁判；通过各种手段清除了北条旁系家族，将幕府权力集中在北条嫡系家族——"得宗"，同时铲除了对北条家族形成威胁的名越家族和三浦家族；连续废除藤原家族出身的两任将军，拥立完全由幕府摆布的皇族亲王为将军。

武士领主化

在镰仓时代，武士领主化的现象越来越明显。御家人武士担任地头，那些非御家人武士通常被任命为庄官，监督"下人""所从"、农民进行农业生产。武士的所有子女均有继承权，分家后亦听从本家的调遣，形成一个大家族，族长称为"惣领"，战时率家族成员作战，平时带领子弟到京都或镰仓履行警备义务。在这种家族基础上构成的武士团称为"惣领制"。武士家族的女性成员不参与军事活动，但也有可能成为地头或御家人。当时流行出嫁婚姻制，但结婚后仍用原姓氏。武士住在"武士馆"中，平时练习骑、射武艺，逐渐形成重武勇、礼节、廉耻、正直及节俭等内容的"兵道文化"。

农民分为上层农民"名主"和下层农民"作人""下人""所从"，前者拥有少量土地，后者没有自己的土地，但都是从事农业的主要劳动力。名主向领主交纳30%左右的收成作为"年贡"，另外还有交纳土特产的"公事"，并需提供称为"夫役"的徭役。当时已开始采取水稻和小麦轮作的两季农业，并普及了牛耕、肥料及水车灌溉等，因而推动农业生产力有了较大提高。在此基础上，包括金属冶炼、锻造、纺织、酿酒、陶瓷在内的手工业以及出售这些产品的商业也得到发展，并出现了定期集市和货币经济。到镰仓幕府末期，84%的货物交易使用货币，因而出现了高利贷"借上"、远距离汇兑"替钱"、同业公会"座"以及从事货物管理、运输、贩卖的"问丸"。

元军征日

两次征日

金王朝于1115年在东亚大陆北部建立，并于1125年灭辽，在1127年占领了北宋都城汴梁（今河南开封），宋王朝被迫南迁，在临安（今浙江杭州）建立南宋王朝。1206年成吉思汗的蒙古王朝出现，迅速发展为横跨欧亚大陆的帝国。在东亚地区，蒙古军队1234年消灭金王朝，1259年征服高丽王朝。1260年，成吉思汗之孙忽必烈成为蒙古大汗，并在1267年将都城迁至大都（今北京）。其后将目光转向日本，在1268年、1269年、1271年，忽必烈连续三次遣使要求日本朝贡，均被幕府拒绝。执权北条时宗命令在九州具有领地的关东地区御家人奔赴北九州，加强当地的防守。1271年，忽必烈定国号为元，在加紧攻击南宋的同时，集结兵力进攻日本。

图 3-2　九州武士竹崎季长与元军对阵图

1274 年 10 月，2 万元军和 1 万高丽军乘坐 900 艘战船，从朝鲜半岛南端出发，占领对马、壹岐两岛后在北九州登陆，筑前（今福冈县）守护少式资国率九州御家人迎战。元军采用集团作战方式，并有火器助威，以骑射为主的日军苦战不敌，不断败退。日落时分元军回船休息，但当晚暴风雨骤起，多数兵船沉没，元军损失惨重，被迫退回朝鲜半岛。因为此战发生在文永年间，遂史称"文永之役"。

1275 年，元朝再次派使节到日本要求臣服，执权时宗下令斩杀来使，并命令京都以西的御家人、非御家人武士，寺院，贵族等均由各国守护率领，加强备战，同时在北九州沿海修筑防止元军登陆的堤坝。

1279 年，元灭南宋后，忽必烈再次筹划远征日本。1281 年，元军分东、南两路进攻日本。5 月，4 万东路元军从朝鲜半岛出发，经对马岛攻入北九州的博多湾，但因日军防守严密，未能登陆，于是退守鹰岛等待援军。7 月，从中国宁波出发的 10 万元军出现在北九州海面，两路大军合流，准备发动总攻击。然而，由于遭到大型台风袭击，元军 4000 艘船只沉没大半，兵力损失 3/4，又一次被迫败退。因为此次战役发生在弘安年间，所以史称"弘安之役"。

幕府衰退

尽管元军征日未能成功，但两次战役对镰仓幕府产生了重大的影响，首先是加强了幕府的专制统治。早在北条时赖执政末期，集体协商制度就遭到破坏，北条嫡系家族"得宗"时常决定重要事项。1268 年，任幕府执权的北条时宗进一步发展了北条家族专制的趋势，以防御元军来犯为借口，不仅"评定众""引付众"的多数成员来自北条家族，而且各国的守护职务也多更换为北条家族成员。

在镰仓时代初期，担任守护职务的北条家族成员只有两名，到元军第二次败退后的 1285 年增加到 33 名，占全部 60 名守护的半数以上，到镰仓时代末期进一步增加到 38 名。

1185 年，幕府将北九州的"镇西奉行"改为"镇西探题"，其所在地也由大宰府迁移到沿海的博多。"镇西探题"由北条家族成员担任，其职责为统帅九州地区的御家人及处理该地区的行政、司法事务。北条时宗这种任人唯亲的做法使御家人发生分裂，被称为"御内人"的得宗家臣掌握大权，其他御家人受到歧视。1284 年，时宗去世后第二年，御内人首领平赖纲与大御家人安达泰盛发生冲突，安达家族被灭。在得宗专制政治形成的同时，也削弱了幕府的统治基础。

另一方面，抗元战争后镰仓幕府没有土地或财力赏赐那些有战功的御家人，破坏了由"奉公"而得到"恩赏"的幕府与御家人的关系基础，加剧了御家人对幕府的不满情绪。镰仓时代中期以后，御家人的收入因分割继承家产而逐渐减少，在削减家庭女性所继承家产之后演变成单子继承制，从而出现了大量生活困难的御家人。这些御家人因战争负担而进一步穷困没落，开始将自己拥有的少量土地典当给高利贷者或出卖。幕府为维持其政治和军事体制，曾禁止御家人出卖或典当土地，难以取得实效后又在 1297 年颁布《德政令》，命令商人归还购买或抵押的御家人土地，结果引起经济混乱以及商人的不满，不得不很快将其取消，这进一步刺激了御家人的不满。

更为重要的是，御家人为弥补战争给自己造成的经济损失，恢复经济实力，在加紧侵占公有领地的同时，那些担任地头的御家人拒绝向领主交纳赋税，并蚕食庄园土地。这种行为不仅使统治阶级内部产生严重的对立，也加剧了领主、地头与土地耕种者之间的阶级矛盾。因为领主与地头均加重了对农民的剥削，导致许多庄园农民或被迫逃亡他地，或铤而走险沦为强盗。他们以非御家人出身的新兴武士为中心，占山为王，时常成群结队地攻击庄园，掠夺财物，时称"恶党"运动。

进入 14 世纪以后，幕政更为混乱。1317 年，14 岁继任执权的北条高时热衷于歌舞与斗狗，不理政事，大权旁落。1322 年，奥州地区的豪族安东氏因领地问题与其他家族发生纠纷，上诉幕府以求解决。独揽幕府大权的内管领（首席家臣）长崎高资收受双方贿赂，故意拖而不决，结果导致安东家族叛乱。尽管叛乱被镇压了下去，但幕府的权威一落千丈，御家人的离心倾向进一步加剧。

对外交往与文化

尽管从平安时代末期到镰仓时代的日本与中国南宋王朝没有正式的邦交关系，但官方许可下的民间贸易却十分盛行，镰仓时代中期以后，幕府也派船到中国进行贸易。日本积极贸易的一个主要原因是，随着商业的发展，缺乏铜钱的日本需要从中国进口。铜钱大量外流甚至使南宋一度出现"钱荒"，南宋朝廷不得不下令加以限制。除铜钱以外，陶瓷器、丝绸、书籍、茶叶、砂糖以及来自东南亚的香料、药品也是日本从南宋进口的物品，日本向南宋出口的主要商品为金、水银、硫黄、木材、漆器、刀剑等。

即使在元军征日以后，日本与中国的民间贸易仍然十分频繁，其形式大多是日本船只到元朝指定的港口进行贸易。日本从元朝进口的商品有铜钱、经卷、书籍、佛事用具、茶具及绘画等，其中铜钱仍然是主要商品，元朝政府也曾一度禁止铜钱外流。

在镰仓时代特别值得注目的是两国宗教界人士的交往，南宋期间有八十多名日本僧侣到中国，二十多名宋朝僧侣到日本列岛，元代双方僧侣的往来就更加频繁。其中著名的日本僧侣有荣西、道元等，中国僧侣有兰溪道隆、一山一宁等。这些僧侣的交往推动了禅宗在日本的兴盛，而且将程朱理学、饮茶风俗等传到日本。

如果说奈良时代日本吸收中国先进文化的方式为官方主导，那么镰仓时代则是民间主导。也就是说，正是在民间贸易和民间僧侣的频繁往来中，以禅宗及朱子学为中心的中国文化传到日本。因此，镰仓文化在具有平民化、武士化特征的同时，也受到宋元文化的浓厚影响，其主要体现是新兴佛教及武士文学的出现。

平安时代末期社会动乱，而且随着武士阶层的兴起，社会结构发生较大的变化。过去以贵族利益为中心的宗教思想已不适应普通民众在"末世"中寻求拯救的心愿，因而在镰仓时代形成了六个新的佛教流派。它们分别是法然在 1175 年创立的净土宗、亲鸾在 1224 年创立的净土真宗（一向宗）、一遍在 1274 年创立的时宗、日莲在 1253 年创立的日莲宗（法华宗）、荣西在 1191 年创立的临济宗、道元在 1227 年创立的曹洞宗。前四个流派均是从本土的旧佛教中产生，主张简单修行就可以得救，因而在普通民众中影响很大。例如净土宗主张只要专心念诵"南无阿弥陀佛"就可以得救；净土真宗甚至主张只要有一次真心念佛就可以得救，而且恶人优先得救；时宗主张所有的人均可通过念佛得救；日莲宗主张信奉《法华经》，口念"南无妙法莲华经"就可以得救；等等。

创立临济、曹洞两禅宗的荣西和道元均曾到中国大陆的宋朝修学，回国后大力传播佛法。禅宗宣扬"自力本愿"，即通过主观意志便可以"成佛"。虽然禅宗修炼方式简单，但追求"一念不生"的最终境界，因而适合缺乏文化修养且强调视死如归的武士。在具体的修行上，两宗有所不同。临济宗主张通过坐禅激发内心的佛性，同时通过"公案"问答，达到大彻大悟的境地。荣西撰写了《兴禅护国论》等著作，由于将军源赖朝、执权北条氏等均信仰该教，因而临济宗在上层武士中的影响较大，成为幕府的宗教。曹洞宗也主张坐禅省悟，但"只管打坐"，否定在家修行。道元数次拒绝幕府的邀请，但其修行方式更适合武士的风格，因而信仰该教的中下层武士很多。

程朱理学在日本被称为"朱子学"，也称为"宋学"，主要指以南宋朱熹为中心形成的儒家学派，在镰仓时代末期传入日本。"理学"宣扬精神先于物质，认为"理"是世界万物产生的根源，其中包括社会秩序以及忠、孝、仁、义等社会道德。"理学"提倡万民百姓要"各依本分，凡事循理"，绝不能"以下犯上，以卑凌尊"，更不可有"悖逆作乱之心"。由于这些主张十分适合幕府的统治，所以受到执政者的大力支持和宣扬。但由于"理学"当时是与禅宗融合在一起传到日本并渗透到武家政治中的，因接受者各自立场不同，对"理学"的理解也有很大差别。例如在镰仓幕府末期朝廷的倒幕运动中，"理学"的"大义名分论"对后醍醐天皇产生了较大的影响。

镰仓时代的文学艺术超越宫廷贵族文学的局限性，出现了大量描写武士阶层和民间世俗人情的作品，例如《平家物语》《保元物语》《平治物语》等。特别是讲述平清盛一族兴衰故事的《平家物语》，着重渲染了"诸行无常、盛者必衰"的观念。这部作品原本是说唱艺人的剧本，后经人加工整理，广受欢迎，后来又改编成《源平盛衰记》等作品。随笔的代表作有鸭长明的《方丈记》和吉田兼好的《徒然草》，两位作者均为僧侣，他们从佛教思想出发，在其作品中深刻反映了当时的自然灾害、饥荒、病疫以及社会动乱。和歌的代表作有宫廷贵族的《新古今和歌集》以及第三代将军源实朝的《金槐和歌集》，前者感伤，后者威武。游记文学有《东关纪行》《海道记》《十六夜日记》等，主要记述从京都到镰仓的东海道沿途的风俗人情与抒怀。史书方面的代表作有僧侣慈元所著《愚管抄》和幕府编撰的《吾妻镜》，前者描述了从神武天皇到顺德天皇的历史，试图从中寻找社会发展的规律，但充满了佛教的末世思想；后者以日记体的形式记录了幕府的历史，贯穿着将北条家族统治正当化的主题。

在雕刻、绘画方面，受宋朝影响的写实作品逐渐增加。例如东大寺的佛像、世俗肖像雕刻、水墨画等均以宋朝式样为标准。大陆文人咏诗作画的习俗也由禅僧传入日本，在茶室或厅堂里悬挂诗轴画成为上流社会的风俗。

在建筑方面，出现了称为"和样"的日本式寺院和"武家造"的武士住宅，前者纤细精巧，后者简洁实用。

南北朝

后醍醐天皇

1221 年"承久之乱"后，朝廷仍然是上皇主持院政，但皇位的继承和上皇的院政由幕府决定。围绕皇位及皇室所属庄园的继承问题，皇室逐渐分为持明院系及大觉寺系两派。1317 年，在幕府的劝告下，两派协商决定轮流出任天皇，幕府也表示不再干预皇位的继承。1318 年，大觉寺系的后醍醐天皇即位，他深受朱子学影响，渴望恢复天皇直接掌握国家大权的局面。因此，后醍醐天皇停止其父后宇多上皇的院政，亲自执政，录用政治人才，并利用幕府权威下降、"恶党"盛行之机秘密进行武力倒幕活动。

1324 年，天皇与近臣商议发动畿内武士、僧兵袭击六波罗探题，但计划泄露，近臣被逮捕、流放，史称"正中之变"；1331 年，天皇又派自己的两个儿子——护良亲王、宗良亲王到延历寺发动僧兵反对幕府，计划再次泄密，天皇被迫逃出京都，"恶党"楠木正成起兵响应，但很快被幕府镇压下去。后醍醐天皇被捕并被流放到隐岐岛，数名近臣被斩首，持明院系的光严天皇即位，史称"元弘之变"。

尽管如此，各地武士的反幕府

图 3-3 后醍醐天皇像

后醍醐天皇希望自己像 10 世纪末的醍醐天皇那样亲掌大权，不受摄政、关白牵制。但时过境迁，武人专政，后醍醐天皇明知不可为而为之，并没能达到目的。不过他打破天皇死后才追赠谥号的惯例，生前亲自决定自己的谥号为"后醍醐"。

运动开始高涨，以楠木正成为中心的畿内"恶党"尤为活跃。护良亲王在近畿山区招募武士，播磨（今兵库县）的赤松元心起兵响应。后醍醐天皇也很快从流放地隐岐岛逃到伯耆（今岛根县），并在其旗下集结了许多武士。

镰仓幕府为镇压这些反幕活动，在1333年派遣大将足利高氏前往京都。足利氏系源氏后裔，世代与北条氏关系密切，但高氏在赴京都的途中却与后醍醐天皇秘密联系，并表明自己的反幕态度。在其影响下，各地的武士纷纷倒戈，攻击幕府及北条氏的据点。足利高氏与畿内的"恶党"攻陷六波罗府，上野（今群马县）的源氏后裔新田义贞率关东地区的反幕武士攻入镰仓，激战之后北条家族及近臣八百余人自杀，镰仓幕府灭亡。后醍醐天皇回到京都，废黜光严天皇，重登皇位，建立公家政权。

建武新政

后醍醐天皇重新即位后，改元"建武"，实施新政。他任命高级贵族为中央各机构的大臣以及地方的国司，并强化天皇本人的权限。一方面否定对天皇权力构成威胁的幕府、院政、摄政、关白等机构或职务；另一方面，废除知行国制度，土地所有权的证书均由后醍醐天皇亲手所写。中央机构设有处理重要政务的记录所、处理诉讼的杂诉决断所、统率军队的武者所、掌管奖赏的恩赏方等机构。地方机构每国均设守护、国司，同时设镰仓将军、陆奥将军，由后醍醐天皇的两个儿子成良亲王和义良亲王担任。

后醍醐天皇实施的新政不到三年就失败了，其主要原因首先是权力过于集中，赏赐严重不均。重要的政务完全由天皇本人决定，并亲自签发每份土地所有权证书，难以做到客观公正。其次是讨幕各派之间的矛盾。公卿贵族希望恢复公家政治，武士希望恢复武家政治，传统势力要求复古，新兴势力要求革新，没有强大武力做后盾的后醍醐天皇难以平衡各派的利益冲突。另外，在百废待兴之际，朝廷还大兴土木，修建宫殿，并为此发行大量货币，增加税收，结果引起社会各界，特别是农民的不满。最重要的是，在进入武家时代以后，难以恢复律令时代的天皇制政治结构。虽然镰仓幕府倒台，但武士的力量反而有所增强，他们对天皇朝廷未满足其要求而心怀怨恨。

镰仓幕府灭亡以后，统帅旧御家人的是足利高氏，因倒幕有功，后醍醐天皇将自己名字中的"尊"字赐予足利，称足利尊氏。作为新兴武士领袖的护良亲王为对抗足利尊氏，希望自己就任征夷大将军，但遭到后醍醐天皇的怒斥，因为这个职位容易使人联想到武家政权。护良亲王被流放到镰仓，很快被足利尊氏之弟足利直义杀死。对新政不满的武士大多集中到足利尊氏旗下，为其恢复武家政治奠定了基础。

1335 年，北条高时之子北条时行在信浓（今长野县）起兵，进军关东并打败足利直义军队后占领镰仓。足利尊氏要求率兵东征，同时要求得到征夷大将军的称号，但遭到后醍醐天皇的拒绝。足利擅自率兵进军关东，打败北条时行，夺回镰仓，同时明确表示反对天皇朝廷的新政。后醍醐天皇又派遣新田义贞率兵攻打足利尊氏，但在箱根被足利尊氏打败。后者乘胜追击，进入京都。

1336 年，足利尊氏被从东北地方进军京都的北畠显家打败，流落北九州地区，但各地武士纷纷投奔足利尊氏。足利率军返回近畿地区，在凑川打败楠木正成，重新占领京都。他废黜后醍醐天皇，另立持明院系的光明天皇即位，并颁布了显示其执政方针的《建武式目》。这一文件由 17 项条款组成，其主要内容包括禁奢侈，行俭约；镇暴行，止贿赂；戒官员缓怠，选贤者为吏；京中空地归还原主；受理贫弱之辈的诉讼；兴办专营金融借贷的土仓等。与此同时，足利尊氏决定在京都建立幕府。1338 年，足利尊氏从光明天皇那里正式得到"征夷大将军"的称号。

南北朝对立

1336 年底，被废黜的后醍醐天皇逃出京都，在奈良吉野山组成另外一个朝廷，并声称自己是正统天皇，从而形成南北朝对峙的局面。最初两年南北朝尚有战事，但支持南朝的北畠显家、新田义贞等相继战死，1339 年后醍醐天皇去世后，南朝已经没有实力与北朝对抗，只剩下北畠亲房领导的东北、关东、九州等地区的少数反抗幕府据点。偏居一隅又缺乏武力的南部朝廷之所以能够经历四代天皇、维持 57 年的时间，是室町幕府内部足利兄弟争权夺利的结果。

幕府成立之初，将军足利尊氏作为最高的统治者执掌恩赐、军事大权，其弟足利直义行使政务实权，但两人因统治理念的差异而发生冲突。足利尊氏的亲信高师直是打败北畠亲房及楠木正成之子楠木正行的高级将领，他藐视传统权威，否定庄园制，并主张尽快建立全国性武家政权。足利尊氏赞成高师直的主张，但足利直义尊重传统权威，主张在协调的基础上渐进统一。足利兄弟之间的矛盾后来发展成全国性的动乱，且二者轮流与南朝合作。首先是 1350 年足利直义转向南朝，打败北朝军队后兄弟和好，但足利尊氏在取得南朝天皇的支持后，在 1352 年消灭了足利直义。其后，尊氏及其子义诠、直义的养子直冬、南朝势力三方继续混战，反幕府势力曾数度攻入京都。

足利家族内部混战的背后是武士家族结构的变化。在从过去的分割继承制向单独继承制过渡的过程中，以家族关系为基础的"惣领制"逐渐瓦解，由此产生了以地缘为基础的武士团，相互之间为争夺地区的主导权而战。即使在武士家族内部也是如此，从而使整个社会处在不稳定状态。直到第三代将军足利义满1368年执政后，采取各种措施成功削弱了称霸一方的守护势力，并将各地武士编入幕府任命的守护之下。此举在逐步巩固幕府统治的同时，使南朝丧失了抵抗幕府的社会基础。

1392年，足利义满呼吁南北朝统一，并得到南朝的积极响应。南朝后龟山天皇回到京都，将象征天皇权威的三件神器交给北朝的后小松天皇，长达半个多世纪的南北朝对立基本结束。但幕府并没有履行两派皇室轮流出任天皇的约定，而是不断迫使南朝皇族成员出家为僧，使其不能继承皇位，结果引起南朝皇族的怨恨和反抗，成为室町时代社会始终难以稳定的一个原因。

室町幕府

幕府机构

1368年，10岁的足利义满任幕府将军，最初由细川赖之辅助，后亲掌大权并采取诸多措施，在强化将军权力的基础上巩固了幕府的统治。1378年，义满在京都室町建成称为"花之御所"的豪华住宅，"室町幕府"由此得名。

室町幕府的统治机构在足利义满时期逐渐完善。辅助将军执掌幕政的人称为"管领"，由斯波、细川及畠山三个家族的守护轮流担任，俗称"三管领"。三个家族均与足利家族有血缘关系。管领统辖侍所、政所、问注所等机构，同时传达幕府将军的命令给各国守护。掌管京都守卫及诉讼的侍所长官"所司"通常由山名、赤松、京极、一色四家族的守护轮流担任，俗称"四职"。

在掌管幕府财政以及行政事务的政所，虽然有长官"执事"，但具体事务由直属将军的家臣"奉行人"处理。问注所的权限也大大缩减，仅负责保管幕府的文书和审理诉讼等事务。因此，虽然也设置了"评定众"或"引付众"等机构，但其作用逐渐减小。

足利义满将足利家族的家臣、担任守护的家族成员、地方有实力的武士编成直辖于将军的军队，称为"奉公众"。奉公众除定期率家臣到京都守卫幕府外，还被任命为将军直辖地的管理者——"代官"，以部分"年贡"为俸禄，并负有监督守护的使命。奉公众被编为五支军队，足利义满依靠它们陆续打败了那些不听从幕府命令的守护，将全日本统一起来。

1390 年，义满率军征讨管辖美浓、尾张、伊势三国的守护土岐康行，将其变为美浓一国的守护，此役史称"土歧氏之乱"。1391 年，义满再次率军征讨山阴地方（西日本面向日本海的地区）的山名家族。该家族原追随足利直义，担任 11 国的守护，其领土相当于全日本的 1/6。义满利用山名家族的内乱，消灭了山名氏清等有实力的武士，将其余山名家族成员转为管辖三国的守护，史称"明德之乱"。1394 年，义满把将军职务让给其子义持，自己任朝廷的太政大臣职务，成为名副其实的最高统治者。1399 年，义满再次率领大军征讨周防的大内义弘，最后消灭了这位掌握对外贸易的守护，史称"应永之乱"。

在稳定全日本统治的基础上，地方机构也陆续健全。除在各国设守护外，还专门在镰仓设"镰仓府"，其长官"镰仓公方"由第二代将军足利义诠之弟足利基氏及其子孙世袭，管辖关东 10 国。辅助镰仓公方的管领称"关东管领"，由上杉家族世袭。镰仓府下设机构与幕府机构相同，有政所、侍所、问注所、评定众等，俗称"第二幕府"。另外，幕府分别在九州、东北东部、东北西部设九州探题、奥州探题和出羽探题，统辖那里的军事与民政。无论守护还是探题，均由足利家族成员或将军的亲信担任。近畿地区及其附近的守护大多在京都幕府机构任职，因而多由其代理人——"守护代"对其任职国进行治理。

在室町时代，特别是足利义满任将军之后，公武之间的关系发生变化。朝廷拥有的许多权限转移到幕府手中，例如确认领地所有权、审判领地纠纷、皇室重大仪式时的临时课税权、京都的警察权、对都市商人的征税权、外交权限等。同时，过去将军在朝廷的官职仅到二位、权大纳言，但从足利义满开始可升为最高的太政大臣，将摄关家族以下的公卿贵族均视为臣下。因此，天皇朝廷失去了作为政权存在的意义，镰仓时代以来的公家政治、武家政治并存的二元政治体制已基本转化为武家政治体制，其变化的经济基础是庄园制崩溃过程中形成的守护领国制。

室町幕府的财政结构特征是取自流通领域的税收比例增加，这反映了货币经济发展的状况。将军的直辖地称为"御料所"，大多为足利家族的旧领地以及南北朝动乱时期得到的领地，规模不大，且分散在全日本各地，大约有 200 处。直辖地大多由奉公众管理，上缴部分税收给"政所"；除守护以各种名目征收的赋税外，建造宫殿或者皇位继承时会征收临时货币赋税，如按"段"征收的土地税——"段钱",按"间"征收的房屋税——"栋别钱";另外还有对仓库业者和金融业者征收的"(土)仓役",对酒店、高利贷者征收的"酒屋役",在通往京都的主要道路设"关所",征收"关钱",征收的港口使用费称为"津料",对明贸易征收一成税,称为"抽分钱"。

在室町时代,农业呈现出多元化、集约化的趋势,即在米、麦双季作普及的基础上,畿内地区出现了米、麦、荞麦三季作以及早稻、中稻、晚稻,并且,因水车、农家肥、草木灰的普及使用,单位产量也有较大提高。与此同时,在近畿地区,桑、麻、茶等经济作物得到普遍栽培,推动了以此为原料的手工业的发展。其中以铸造出口刀剑、炊具为主的冶金业较为发达,从明朝进口生丝也推动了丝绸业的发展。

在农业和手工业发展的基础上,商业也兴盛起来。每月举行六次的六斋市、从事批发行业的"问屋"、工商领域的行会组织"座"等纷纷出现。因输入铜钱不足,劣质的"私铸钱"盛行,但其币值较低,幕府屡次颁布禁止不等价交换的《撰钱令》,促进货币流通。由于货币经济的发展,经营借贷业务的土仓、酒屋逐渐增多,仅在京都一地就有350家。同时因各地间交易频繁,由从事沿海运输的船业者、出租车马的租赁业者、工商业者构成的新兴城市——"城下町"也发展起来。

社会动乱

在整个室町幕府统治的近240年间,前后共有15代将军,但除第三代将军足利义满执政时期有过短暂的社会稳定外,其余时间均处在动乱之中。尤其是进入15世纪后,在庄园制逐渐瓦解造成土地所有制发生变化、在此基础上社会及阶级关系发生变化的背景下,社会愈发混乱,其主要表现形式是守护大名的崛起和下层人民的反抗。

室町幕府的统治基础并不是镰仓幕府时期御家人那种主从关系很强的家臣,而是各国的守护。1336年的《建武式目》中明确规定,"委任守护之本意,为治国安民也",各国的守护大多出自足利家族。为加强守护的权力,1346年规定除镰仓时期守护已拥有的三项职责外,增加可以调查处理有关领地纠纷或领地继承,以及执行幕府诉讼案件裁决的权力。1352年,幕府又颁布《半济法》,规定守护有权以"兵粮米"的名义征收公家领地、庄园和寺院领地的半数年贡。开始时仅在战事较为频繁的近江、美浓、尾张三国实行,而且限期一年,但后来在守护的要求下，逐渐扩展到全日本，并成为永久性权力。1368 年，幕府再次颁布《半济令》，规定守护可获得任职国的半数土地，庄园、公家领地也成为蚕食的对象，庄园制经济不可避免地趋于解体。

后来守护一职逐渐世袭化，由于他们经常住在京都参加幕政，因而委托"守护代"管理任职国。同时，守护又获得了承包其任职国内上缴幕府的年贡，以及在其管辖区域内征收土地税、房税和其他赋税的权力，称为"守护请"。守护利用这些权限，拖延甚至侵吞应上缴庄园主乃至幕府的年贡，插手庄园事务并将其所有者培养成自己的家臣，收编任职国内大大小小的武士，并与他们结成主从关系。尽管被称为"国人"的在乡武士对其进行了反抗，但进入 15 世纪后，守护完全确立了对任职国的统治权，成为割据一方的大领主。

当时这种守护称为"守护大名"，其任职国称为"领国"或"分国"，这种统治体制称为"守护领国制"。因此，室町幕府在很大程度上是守护大名的联合体。面对尾大不掉的守护，15 世纪中期以后的幕府将军也曾试图像足利义满那样削弱其实力，但没有取得多大实效，幕府内部、幕府与守护大名、守护大名之间的矛盾日益激化。

在上述变化过程中，社会主要生产者——农民——不仅时刻处在不稳定状态，而且承担了所有的经济负担，"公事课役重叠，年贡难以按约缴纳"。因此，室町时代后期农民斗争的目标主要是减免年贡和繁杂的赋税、劳役，而且这一时期出现了由自然村落组成的自治组织。被称为"惣""惣村""惣庄""惣乡"的这些自治组织有自己的领导人物、议事规则和裁决方式，农民大多以其为单位，或集体请愿，或集体起义、逃亡。

1428 年，京都爆发要求取消债务的起义。1429 年，播磨国爆发要求解除该国守护的起义。1441 年，京都地区再次爆发要求减免债务的大规模起义，幕府被迫颁布减免债务的《德政令》。1446 年，上久世村的农民集体请愿，并坚持了 30 个昼夜。1457 年，河内国的农民及脚夫起义，反抗沉重的赋税，一连捣毁了 600 余处税卡、关所。1462 年，连续几年的自然灾害造成生活困难，近畿地区的农民被迫揭竿而起，围攻京都达 10 天之久。室町时代这些持续不断的农民起义或暴乱被称为"德政一揆"或"土一揆"。

与此同时，幕府内部的矛盾也激化起来。尽管继足利义满任将军的足利义持尚能维持实力大名之间的平衡，但在 1416 年仍然爆发了关东管领上杉氏宪的叛乱。1423 年，四代将军义持让位给其子义量，但义量因嗜酒而早逝，重新担任将军职务的义持亦很快去世，由其四个弟弟抽签决定将军人选，结果已出家为僧的义教成为六代将军。义教试图加强将军的专制统治，引起各国守护的不满。1438年，任镰仓公方的足利持氏图谋将军职位，并与关东管领上杉宪实产生对立，义教乘机出兵关东，打败持氏。1440年，义教设计谋杀了实力守护一色义贯、土岐持赖，结果引起其他守护的恐慌。1441年，义教被播磨国的守护赤松满祐杀死，赤松也被幕府军镇压。

1443年任八代将军的义政沉迷享乐，不理政事，其妻日野富子玩弄大权，本来内定义政之弟义视为下一代将军，但日野富子生子义尚后推翻先前决定，立义尚为下一代将军。掌握幕府实权的细川胜元、山名宗全因双方矛盾而分别支持一方，明争暗斗，其他幕府高级官员和各国守护也因家族内外矛盾卷入其中，最后形成两大武装集团，终于在1467年5月爆发了称为"应仁之乱"的大规模内战。

细川胜元率领的东军共有24国、16万兵力，山名宗全率领的西军共有20国、11万兵力。最初战事对拥护足利义政的东军有利，之后得到援助的西军逐渐占上风，并拥立足利义视为将军，形成两个幕府对立的局面。但此后战事处于胶着状态，作为主要战场的京都大部分地区化为灰烬，同时战事向地方蔓延。1473年，细川胜元、山名宗全相继死去，厌战的双方终于在1477年握手言和。尽管此次战乱最终未见胜负，但幕府权威却一落千丈，沦落为只能控制京都及其周边领地的地区性政权，各国守护大名却发展成为拥兵自重、雄霸一方的有实力者。因此，从"应仁之乱"开始的1467年，日本历史进入战国时代，原来的守护大名也变为与幕府对立的"战国大名"。

正当守护大名们在京都忙于战事时，其领国的实权逐渐转移到守护代和有实力的国人手中，这些国人为维护自己的权益经常团结起来进行斗争，称为"国人一揆"。1485年，在山城国国人的集体压力下，畠山家族内战双方军队被迫撤离山城国。其后山城国组成36人的代表机构，制定相关法规，召开集会决定重要事项，推举人员处理日常政务等。这种自治状态持续了8年，类似的现象在其他地区也可以看到，史称"下克上"。1488年加贺国发生一向宗起义，信徒和国人联合推翻守护富樫政亲的统治，自治长达近一个世纪。

对外关系

元军征日失败后，尽管日本与元朝没有建立邦交关系，但民间贸易依然频繁。镰仓幕府为修缮建长寺在1325年派遣建长寺船到中国进行贸易，室町幕府的创始人足利尊氏为建造天龙寺也从 1342 年开始派遣天龙寺船数次到中国进行贸易。其后，两国间贸易受到倭寇的严重骚扰。

因镰仓时代末期与南北朝时期的社会混乱，日本西南沿海地区许多生活没有着落的武士和农民组成武装集团，以对马岛、壹岐岛、北九州的松浦为根据地，侵扰中国大陆和朝鲜半岛，掠夺财富，转卖人口，这些海盗史称"倭寇"。

实际上，倭寇从 13 世纪中期就出现在朝鲜半岛沿海，镰仓幕府灭亡后骤然增加，其主要掠夺对象也是朝鲜半岛。在 14 世纪，有记录的倭寇对朝鲜半岛的骚扰就有 400 件。这些海盗不仅蹂躏半岛南部沿海地区，而且深入内地，"妇女婴孩，屠杀无遗"，"掳我人民，焚荡我府库，千里萧然"，成为高丽王朝的重大灾难。高丽曾派使节前往日本要求禁止倭寇，但处在南北朝混乱时期的幕府无能为力，猖獗的倭寇成为高丽王朝崩溃的一个重要原因。与此同时，倭寇也不断骚扰中国沿海地区。

1368 年明朝建立，第二年便因邦交和倭寇问题派使节赴日交涉，当时控制九州地区的是后醍醐天皇之子、征西将军怀良亲王。但因正值日本南北朝对立时期，怀良亲王对明朝也不了解，不仅态度较为消极，还杀死了几名使节。1372 年，明太祖派遣的使节见到幕府将军足利义满，但也因南北朝尚未统一，没有达到目的。

南北朝统一后，利用对明贸易经济上可充实幕府财政，政治上亦可借助明帝国的声望巩固将军地位，因而在 1401 年，足利义满派使节赴明朝，约定以明朝属国的名义进行朝贡贸易。1406 年，双方签订协议，规定"十年一贡，人止二百，船止三艘，不得携军器，违者以寇论"。当年明成祖派使节赴日本，带去永乐年号"勘合"一百道，并赐足利义满"日本国王"金印一枚。双方进行贸易时，须出示各持一半的勘合加以验证，因而称为"勘合贸易"。日本船只需首先到宁波进行验证，然后到北京朝贡进行贸易。

1408 年，义满去世后，继任将军的义持反对向明称臣，中断贸易。1428 年足利义教任将军后，迫于财政上的困难，通过琉球国王的斡旋，再开勘合贸易。1404 年到 1547 年，日本共 17 次派遣贸易船到明朝。因在中国大陆的逗留费、搬运费均由明朝承担，因而日本获利甚大。

除幕府外，有实力的守护和寺院也参加勘合贸易。本来规定每次朝贡贸易由 3 艘船参加，但有时会达到 10 艘。"应仁之乱"后，幕府实力大为衰退，贸易的主导权转移到以堺市商人为基础的细川家族和以博多商人为基础的大内家族手中。

双方竞争激烈，1523 年在中国宁波发生冲突，细川家族的人员被杀，船只被焚，史称"宁波之乱"。其后大内家族垄断对明贸易，直到 1551 年该家族灭亡。

从日明贸易的商品看，日本向明朝出口铜、硫黄、刀剑等，从明朝进口生丝、铜钱、瓷器、书籍、字画等。其结果不仅对室町文化产生了较大的影响，而且铜钱的大量进口也进一步推动了日本国内的货币流通。

在朝鲜半岛，1392 年，在打击倭寇中卓有声望的武将李成桂推翻高丽王朝，建立李氏王朝，同时派遣使节到日本，要求禁止倭寇，恢复邦交。1404 年，两国恢复了中断六百多年的邦交，同时开展贸易。1419 年，朝鲜为彻底消灭倭寇，派大军袭击对马岛，称为"应永外寇"的此次军事行动使日朝贸易一度中断，但很快又恢复。

朝鲜开设富山浦（今釜山）、乃而浦（今齐浦）、盐浦（今蔚山）三个港口允许日本商人从事两国贸易，史称"三浦贸易"。朝鲜在三浦和首都设倭馆，接待日本使节及其商人。15 世纪末住在三浦的日本商人达到 3000 余人，1510 年曾因贸易纠纷发生暴动，史称"三浦之乱"，其后日朝贸易逐渐衰落。

日本除向朝鲜出口铜、硫黄外，还经营东南亚地区出产的胡椒、药材、香木等商品。日本从朝鲜半岛进口纺织品，其中棉制品为多，对日本人的生产及生活方式产生了较大的影响。

1429 年，琉球群岛建立琉球王国，同明朝和日本均建立了邦交关系，并积极进行海外贸易。琉球船只往返于东南亚和东北亚各国，那霸港口充斥着来自各国的特产，由此形成了以琉球为中转地的东亚多角贸易圈。

图 3-4 东亚贸易圈示意图

1372 年明朝派遣杨载出使琉球三国，1392 年太祖派闽人善操舟者三十六姓到琉球，允许其一年一朝贡，但琉球往往一年数贡，"天朝虽厌其烦，不能却也"。琉球将明朝的产品贩卖到东北亚、东南亚各地，遂在 15 世纪形成以其为中心的东亚跨海域贸易圈。

文化的演变

南北朝文化

尽管经过了镰仓幕府时代的武家政权，但后醍醐天皇时期的"建武中兴"又为朝廷贵族带来恢复传统政治、经济制度的希望，因而出现了历史上最后的贵族文化，它与武家文化和平民文化共存，相互之间不断渗透与融合。

在历史文学方面，因镰仓幕府末期及南北朝时期的社会动乱，公家的历史意识与武家的时代意识相互对抗，催生了从不同角度叙述史实的历史书籍和军事小说。

公家方面的历史书籍有《神皇正统记》和《增镜》。"朱子学"在南北朝时代经过义堂周信等人的传播，不仅对社会形成较大的影响，而且也成为"建武新政"失败后南朝对抗幕府的思想武器。例如，以伊势神道思想为背景论述从上古时代到后村上天皇时期历史的《神皇正统记》，作者为奥州地区的统治者北畠亲房。该书站在公家的立场上，大力宣扬"大义名分论"，抨击"乱臣贼子"，列举大量史实论证皇位的神圣性，并通过"神器授受论"说明南朝皇室的正统性。从皇位继承和贵族情爱角度描述从源平之争到建武新政150年历史的《增镜》，作者不详，但其明显的公家意识使该书很少涉及幕府和武士。

作为贵族文化的象征，和歌在南北朝时代得以回光返照。除《风雅和歌集》《新千载和歌集》《新拾遗和歌集》《新后拾遗和歌集》等四部敕撰和歌集外，还有后醍醐天皇之子宗良亲王编辑的《新叶和歌集》以及《李花集》，前书作者是辗转各地的南朝歌人，后书作者是皇室成员。随着公家政权的衰弱，和歌这种艺术形式逐渐衰落下去，1439年出现的《新续古今和歌集》成为最后的敕撰和歌集。与此同时，也出现了怀念贵族政治的书籍，其中较具代表性的有北畠亲房的《职原抄》和后醍醐天皇的《建武年中行事》，前者系统分析了日本历史上的官职制度，后者详细描述了宫中的各种仪式。另外，还有四辻善成编写的《河海抄》，是注释《源氏物语》的书籍。

武家文化也兴盛起来，例如从武家的立场记述从皇室分为两大派系到足利家族获得政权历史的《梅松论》；以军事题材写成的小说《太平记》，其内容为从后醍醐天皇计划倒幕到足利义满任第三代将军的50年历史，其中重点描述了镰仓幕府灭亡、建武新政、南北朝对立等历史事实。该书最初出现在1370年，作者是惠镇上人等僧侣；另外还有描写源义经生平的《义经记》、描写镰仓初期关东地区武家社会的《曾我物语》等。

与此同时，公家、武家均喜爱的连歌流行起来。连歌将和歌分成上下句，由众多参与者依次接下去，有的甚至长达百句。二条良基为此撰写了《莬玖波集》和《应安新式》，论述了连歌的艺术性和规则。另外，随着饮茶习俗逐渐成风，除各地经常举行茶会外，还兴起斗茶的风俗，即带有赌博性质的饮茶活动。

在佛教方面，镰仓时代在武家上层盛行的临济禅宗因足利尊氏的皈依而得到发展，并在著名僧侣梦窗疏石的提议下，实行一寺一塔制，即每个国均建造安国寺、利生塔，以祭祀战死者的灵魂。梦窗疏石还是著名的庭园建造大师，其代表性建筑有西芳寺庭园、天龙寺庭园等。梦窗疏石与幕府将军的密切关系不仅扩大了临济禅宗的社会影响，而且也推动了禅宗文化的兴盛。

北山文化

北山文化是室町幕府第三代将军足利义满时期的文化，因义满在京都北山山庄建造豪华的新将军府邸而得名。其特色是公家文化与武家文化的相互融合，以及大陆禅宗文化的深刻影响。这一特色在很大程度上是武家文化贵族化的结果，足利尊氏将其开创的幕府设在京都，体现了足利家族对宫廷贵族生活的追求。

集中体现北山文化的建筑物是金阁，它是传统贵族统治时代结构复杂的宫殿式风格与禅宗寺院简洁实用的书院式风格相结合的产物，书院是指建筑物中配有悬挂字画的壁龛以及书架、书桌的房间。金阁最初为北山山庄的佛殿，为三层楼阁式建筑，一层是平安时代的寝殿式风格，二层是镰仓时代的日本式风格，三层是禅宗的书院式风格，西侧有水阁式建筑。足利义满去世后，北山山庄改名为鹿苑寺。

义满对临济禅宗厚爱有加，除仿照祖父足利尊氏的天龙寺建造相国寺外，还为寺院制定了不同的等级，即"五山十刹制"。禅宗在镰仓时代末期传入日本后，幕府的执政者北条家族就设立了"五山制"，也就是在京都和镰仓分别规定五个寺院为禅宗最高寺院，其完善是在足利义满执政时期。京都的"五山"是南禅寺、天龙寺、建仁寺、东福寺、万寿寺，镰仓的"五山"是建长寺、圆觉寺、寿福寺、净智寺、净妙寺。"十刹"并非十个寺院，总数不定，室町时代末期有230个。幕府专门设置"僧录司"机构和"僧录"职，管理官寺，任命寺院住持等。

"五山"寺院的禅僧精通中国文化，不仅将禅宗精神融入水墨画、建筑物中，而且还创作了大量的汉诗、日记、语录、文章等文艺作品，被誉为"五山文学"。前者的代表作有如拙的《飘鲇图》、周文的《寒山拾得图》、永保寺开山堂等；后者的代表人物有绝海中津、义堂周信等。

在民间艺术"猿乐""田乐"的基础上，出现了称为"能"的艺术形式，其高度程式化的情节通过音乐、舞蹈、诗歌、服饰等表现出来，讲述古代武士、鬼魂和冤妇的故事。演出时演员戴着各种面具，其动作缓慢而有节奏。"我孤独寂寞，似苇叶飘零，与溪水相约，定将随它而去"，具有某种禅宗精神的台词吸引了将军与权贵。"能"最初经常为建造寺院募集费用，因而在寺院的保护下结成剧团"座"。其后逐渐形成观世座、宝生座、金春座、金刚座四大"能"剧团。观世座的著名演员观阿弥、世阿弥父子受到将军足利义满的支持，不仅写有许多剧本和《风姿花传》《花镜》等理论书籍，大大提高了"能"的艺术性，而且使观世座的艺术风格成为"能"戏的主流。

在建筑方面，代表性作品有池泉回游式的庭园西芳寺，其林中小径、木屋及流水的布局反映了对空寂、幽静的禅宗精神的追求。

东山文化

尽管室町幕府第八代将军足利义政在任期间（1443—1473）基本不务政事，而且爆发了几乎将京都化为灰烬的"应仁之乱"，但这位热衷于艺术与娱乐的将军不仅在京都东山建造了具有特色的府邸，同时也创造了著名的"东山文化"。虽然这一文化带有浓厚的武家文化色彩，但在中国文化、传统文化、地方文化的影响下，同时融合了贵族文化和平民文化，逐渐形成了流传至今的日本民族文化。

东山文化最为著名的代表性建筑"银阁"是传统文化与禅宗文化结合的典范，原为东山山庄的佛殿。该两层楼阁建筑起初称为"观音殿"，下层是书院风格的心空殿，上层是禅宗风格的潮音阁。足利义政死后，银阁成为禅宗的慈照寺。书院式建筑用木板隔出不同房间，地板全部铺有草垫，装饰天花板，有透明度较强的拉门，成为延续至今的日本式住宅建筑。

具有禅宗特色的庭园在此时大量建造，例如在书院式住宅和禅宗寺院中，以岩石、砂砾构成的枯山水式庭园或者青翠花园、曲径通幽式庭园均体现了"山水草木悉皆成佛"，"枯淡幽寂、简素闲静"，"无心"，"宗法无门、千径相连、悟得此道、达天通地"的禅宗精神，其代表性建筑有大德寺的大仙院、龙安寺的石庭等。另一方面，禅宗强调与大自然统一的主张适应了日本的传统，在庭园艺术

图 3-5　东山山庄

在经济社会尚未恢复元气的 1482 年，义政开始着手建造东山山庄（现在的银阁寺），以便"品赏茶道，收集字画"。幕府为筹措巨额费用增加赋税，寺院与大名为缴纳摊派，还向将军夫人借钱。然而，本来想向义满金阁寺叫板的银阁寺，最终因钱财不足未能贴上银箔，但"东山文化"却由此形成。

上巧妙地与自然环境融为一体的建筑风格也是东山文化的一个重要特征，被称为"借景"，这一特征至今仍影响着日本人的生活方式。

在这一时期，日本的绘画艺术有了较大的提高。曾游学明朝的雪舟创造了日本水墨画的技法，其代表性作品有《四季山水图卷》《秋冬山水图》《天桥立图》等。另一方面，狩野正信、狩野元信父子在水墨画中融入传统的大和绘技法，形成了被称为"狩野派"的日本画流派。其强烈的装饰风格通常以金色为背景描绘四季变化中的大自然，由此构成的山水壁画异常精美，光彩夺目。

被视为日本传统文化代表的茶道以及花道也在这一时期逐渐奠定基础。村田珠光首创在简朴的茶室中追求心静的清寂之茶，经武野绍鸥的传承，到战国末期的千利休确立了融入禅宗精神的茶道艺术。花道为插花艺术，由佛前供花而来，多用于装饰书斋、客厅，逐渐演变成一种欣赏艺术，并渗透到平民生活中。

平民文化在室町时代末期也兴盛起来，例如出现了穿插在"能"剧幕间演出的滑稽戏"狂言"。与"能"注重歌舞不同，"狂言"着重模仿，其题材也大多来自民间，并使用日常会话，因而深受平民的喜爱。由于以连歌为职业的连歌师云游四方，连歌的内容也逐渐生活化，因而在民间流行开来。另外还出现了一种图文并茂的民间故事书"御伽草子"，其作品《一寸法师》《浦岛太郎》等流传至今。

在宗教方面，随着幕府权威的衰落，不在"五山"之列的寺院开始活跃起来，例如大德寺、妙心寺等。特别是大德寺的一休宗纯，作为南北朝统一后的后小松天皇之子，受到幕府的严厉监视，因而形成蔑视权贵和荣华的意识，追求放荡不羁的生活方式，并撰有诗集《狂云集》。净土宗、日莲宗、一向宗等佛教流派此时也深入民间，迅速扩大了势力。如前所述，一向宗将信徒组织起来，与守护大名等领主进行了长期的斗争。

结　语

日本史学大家内藤湖南曾说过，研究日本历史知道室町时代之后就完全可以了，因为以前的日本完全如同外国一样，具体来说就是，对于"应仁之乱以前的事，我们只会觉得和外国历史一样，而应仁之乱以后的历史才是与我们的身体骨肉息息相关的"（引自《日本文化史研究》）。确实如此，日本现在的生活方式以及社会文化大多从室町时代肇源，例如插花、茶道、水墨画、能剧、狂言剧、壁龛、挂轴、庭院、纳豆、豆腐等。无论从社会、文化上看，还是从政治、经济上看，室町时代确确实实是日本历史上的转折时期：政治上武家政治彻底取代公家政治；经济上领主制彻底取代庄园制；社会上从分割继承制向单独继承制转化，因而导致家族关系迅速向地缘关系过渡；文化上融合贵族文化、武家文化、平民文化的日本传统文化也逐渐形成。

大 事 记

时 间	日 本	东北亚
1192 年	源赖朝就任征夷大将军	
1221 年	承久之乱，六波罗探题设立	
1224 年	北条泰时成为执权	
1226 年		倭寇开始活跃
1227 年	道元归国，传曹洞宗	
1234 年		蒙古灭金
1253 年	日莲在镰仓传法华宗	
1259 年		高丽向蒙古称臣
1268 年	北条时宗成为执权。金泽文库约于此时创立	
1271 年		蒙古改国号为元
1274 年	文永之役。一遍初传时宗	
1279 年		元灭南宋
1281 年	弘安之役	
1285 年	霜月骚动	
1297 年	幕府初行《德政令》（永仁德政令）	
1317 年	文保御和谈	
1324 年	正中之变	
1331 年	元弘之变	
1333 年	镰仓幕府灭亡，建武新政开始	
1336 年	足利尊氏再入京，室町幕府建立。后醍醐天皇走吉野，南北朝开始	
1342 年	幕府设定"五山十刹"	
1350 年	观永扰乱	
1368 年	足利义满任幕府将军	明建国
1392 年	南北朝统一	高丽灭亡，李氏朝鲜建立
1399 年	应永之乱	

（续表）

时　间	日　本	东北亚
1402 年	足利义满接受明国书	
1404 年	勘合贸易开始	
1405—1430 年		郑和下西洋
1438 年	永享之乱	
1439 年	上杉宪实复兴足利学校	
1441 年	嘉吉之乱	
1454 年	足利成氏诱杀上杉宪忠，关东乱	
1467—1477 年	应仁之乱	
1523 年	宁波之乱	
1549 年	耶稣会士沙勿略来日传教	
1557 年		倭寇头目汪直降明，葡萄牙人获准居住在澳门
1573 年	织田信长追讨将军足利义昭，室町幕府灭亡	

〇〇〇 进一步阅读书目

　　陈小法的《坐看风云起：日本室町时代史研究》（中国社会科学出版社，2019 年）主要描述了日本室町时代的历史演变，也涵盖了"两帝双京"的南北朝时代和"群雄纷争"的战国时代。室町时代上承武士开始掌权的镰仓时代，下启闭关乃至锁国的江户时代，在日本历史中占据特殊位置。室町时代史不仅是日本历史的重要部分，也是东亚区域史不可或缺的组成部分，仅倭寇这一"不光彩"群体，就使中、日、朝等国被动相联，甚至在一定程度上影响和改变了东亚地区的国际政治秩序。勘合贸易这一"趋利性"行为，又主动联结起上述国家的商品、人员，形成了东亚文化环流的现象。

　　五味文彦的《武士时代》（"岩波日本史·第四卷"，新星出版社，2019 年）讲述了从源平之争到镰仓幕府成立，经过蒙古来袭，直到"应仁之乱"前夜的刀锋与信仰并存的动乱时代。这一时期艺人说书、能剧、花道等对后世影响深远的文艺和审美倾向蓬勃发展。佛教开花展叶，开始异常普及，深入普通百姓生活。幕府将军对唐物的追求，影响了民间的审美，也带动了东亚的贸易和文化交流。

山本幸司的《源赖朝与幕府初创：镰仓时代》（"讲谈社·日本的历史"，文汇出版社，2021年）从"观念之冒险"的视角，对统治体制从贵族政治转向武士政治、权力中心从关西京都转向关东镰仓的时代转换进行了阐述，关注"个人与时代、社会的关系以及思想之效用"。通过对诸多趣闻轶事的详细叙述，展现了源氏兄弟及其家族、朝廷与幕府、天皇与将军、武士道起源、新兴佛教等镰仓幕府早期的历史，特别是对源赖朝的个人经历及其政治思想、北条政子所代表的女性地位的细致描写，处处显示出作者的独特观点，读来颇有耳目一新之感。

新田一郎的《〈太平记〉的时代：南北朝时代—室町时代》（"讲谈社·日本的历史"，文汇出版社，2021年）以《太平记》为线索，从"物语"的角度切入历史，大胆提出历史在很大程度上是后人"虚构"的观点，并重申了讲述历史、回溯过往对当下和现代人的意义。京都与吉野朝廷并立，哪个朝廷才是正统的问题一直延续到后世，甚至曾引起政治纷争。同一时期，镰仓幕府被推翻，室町幕府建立，天皇与将军之间的矛盾正是南北朝分裂的导火索。本书聚焦一个不为国内读者所熟知的时代，以生动的笔法展现了日本历史上朝廷与武家之间的最后一次拉锯战，描写了京都在毁于"应仁之乱"前最后的繁华。

第四章

前近代社会

　　织田与丰臣既没有成为征夷大将军，也未开幕府，原因来自当时的两大政治思想，即武家栋梁源平两氏轮流担任将军；源氏若为将军，平氏则担任公家职务。历史上首先是源氏当权，然后是平清盛政权、源氏三代的镰仓幕府、平氏北条氏专权。室町幕府出自源氏的足利氏，因而足利氏之后应轮到平氏掌权。织田本为忌部氏，有时署名藤原信长，后来转为平氏。秀吉也是如此，从本能寺之变到 1585 年以平秀吉的身份获取官职，以表示自己是织田的继承者。但按照源平轮流的思想，平氏的织田之后应是源氏掌权，因而秀吉寻找成为源氏的机会，与卸任的第 15 代将军足利义昭商议成为其"犹子"（不是养子而是名义上的儿子），但义昭倒驴不倒架，拒绝了秀吉的要求。

　　没有办法，秀吉只好担任公家的最高职务"关白"，但该职务只能出自藤原氏分出的五大家族（五个摄政家族）——近卫、鹰司、一条、三条、九条。秀吉以近卫前久的"犹子"身份，获得"关白"职务，但因得到天皇赐姓"丰臣"，"五摄家"变成了"六摄家"。从制度上看，"关白"地位远高于"将军"（1583 年秀吉得到正三位的权大纳言官位，相当于征夷大将军），因而这是个公武统一政权。秀吉建造富丽堂皇的聚乐第，邀请天皇临幸，并接受文武百官的祝贺。后来秀吉将"关白"职务让给养子秀次，自己作为太阁掌握大权。太阁原指卸任的"关白"，但慢慢演变成专指秀吉的称呼。像织田、秀吉这样的有实力者可能不相信源平轮流的思想，但为使其他武人臣服，也需利用这种惯例。

战国大名

战国大名来源

室町幕府九代将军足利义尚 1489 年病死后，继任为十代将军的足利义植，因与管领细川政元对立，1493 年被废黜。细川政元立足利义澄为十一代将军，但实权很快从细川转到其家臣三好长庆手中，之后又转到三好家臣松永久秀手中，松永甚至暗杀了十三代将军足利义辉，幕府的统治机能完全丧失。地方独立趋势进一步增强，各国实力大名纷纷建立自己的独立王国，成为独霸一方的统治者——战国大名。

战国大名与守护大名不同，后者由幕府任命，虽在其管辖区域内有一定的独立性，但受到幕府的制约；战国大名则独立于幕府统治体制之外，以军事力量为基础，将其管辖区域变成独立王国，并为争夺或扩大领地相互争斗不已。

图 4-1　主要战国大名的势力范围

由于电子游戏的盛行，即使在中国，青少年对日本战国时代的名将及战役也不陌生。当然其中有渲染、夸张的成分，例如在上杉谦信与武田信玄的川中岛之战中，双方的兵力总共近三万人，比想象中要少得多。除战场激烈画面的刺激外，能够以武力、智慧甚至阴谋诡计达到地位迅速上升的目的，也是人们热衷战国时代的主要原因。

战国大名的主要来源有两种：一是来自原来的守护大名，他们乘战乱之际宣布独立，这种状况大多发生在偏远落后的东北、关东和九州地区，例如南九州地区的岛津氏、关东地区的今川氏、武田氏，但数量较少；大多数战国大名来自守护大名的家臣或地方武士，他们凭借武力或权术，排挤或杀掉守护大名，跻身于战国群雄之列，这种状况大多发生在经济比较发达的中部地区，例如安艺国（今广岛县）的毛利氏、尾张国的织田氏、三河国的德川氏等。也有极少数的战国大名由其他人士转化而来，例如美浓国的斋藤氏原为卖油商人、关东地区的北条氏是来自京都的伊势氏等。

之所以会出现这种被称为"下克上"的现象，是因为室町幕府与守护大名是相互对立且相互依赖的关系。也就是说，尽管双方存在着矛盾和冲突，但幕府依靠守护大名维持自己在全日本的统治地位，守护大名则依靠幕府的权威实施对地方的统治，一旦大名不承认幕府的权威，那么其家臣或地位更低的人也会加以仿效，取代他们的位置。

推动经济发展

战国大名为巩固自己的统治、在相互间的斗争中获胜，均在其管辖区域内实施了诸多改革政策。在土地制度方面，将领内土地的一部分作为战国大名的直属领地，派官员加以管理，另一部分则以封地的名义授予自己的家臣。获得封地的家臣必须绝对服从自己的主君，按其封地的收入负担相应比例的兵役或其他义务。与此同时，战国大名削弱或剥夺原有小领主的经济及军事势力，虽然仍保留其原领地，但已在形式上变成战国大名恩赏给他们的封地，从而将其纳入自己的家臣行列，后者同样需对主君保持忠诚，承担兵役或其他义务。这样一来，战国大名就成为其管辖区域内的最高土地所有者，庄园制彻底崩溃。

获得封地的家臣与领地变为封地的家臣在身份上有所不同，前者是直属战国大名的亲信，属上层家臣，在战国大名侧近担任较为重要的行政职务。后者是地方上的下层家臣，较少参与政权。有领地的武士称为"国人"，管理土地，仅领取俸禄的武士称为"地侍"，前者组成骑兵，后者组成步兵。家臣一般集中居住在战国大名所在城镇，形成城下町。为有效地控制这些家臣，多数战国大名均制定被称为"分国法"的家法，详细规定主君与家臣之间的关系以及家臣必须遵守的规则。这些家法除具有强烈的忠君色彩外，其主要内容还包括禁止领有土地的买卖和转移、实行长子继承制、婚姻和财产的继承须得到主君许可、家臣之间不得相争、对违法者根据情节实施不同惩罚等。

战国大名为增加自己的经济实力，在与其他战国大名的战争中获胜，均采取富国强兵的政策。例如推动金、银矿山的开采，著名矿山有甲州的金矿、大森的银矿等。完善水利灌溉系统，开发新田，增加粮食生产，如甲斐地区的武田氏就修筑了堤坝，大面积增加了水田种植。在长达一个世纪的战国时期内，日本全国的耕地面积增加了73%。撤销关卡，采取措施吸引商人在城下町居住，例如织田氏在尾张国取消行会"座"，实行自由买卖的"乐座""乐市"等。为征集农民参与战争，尽量不在农忙季节进行战争，从"应仁之乱"到17世纪初德川幕府建立，数百次的大会战多是在农闲时期进行的。整顿包括地租在内的赋税制度。战国大名的直辖领地较少，因而年贡也较少，其财政主要依靠普遍征收的"段钱""栋别钱"和"夫役钱"等。为提高征兵或征税的数量，多数战国大名均实施"检地"制度，即丈量或核实土地面积，并核算其收获量——"贯高"或"石高"。

商业与文化

战国大名积极发展工商业，将手工业者和商人集中到自己居住的城堡之下，推动了作为领国内政治、经济、文化中心的"城下町"的形成。著名的城下町有越前的一乘谷（今福井市）、关东地区的府中（今静冈市）、越后的春日山（今上越市）、长门（今山口县）的山口、九州的府内（今大分市）等。

除城下町外，在寺院的门前和大的寺院内也出现了自由市场"门前町""寺内町"，它们具有免税的特权，甚至出现在堺、博多、平野等自治城市。例如堺的市政运营掌握在36人组成的"会合众"手里，博多的市政运营掌握在12人组成的"年行司"手里。在其他一些较大的城镇中，被称为"町众"的富裕工商业者组成自治性团体，制定有关规则，组织祭祀等集体活动。

随着京都朝廷和幕府的衰败，服务公武两个政权的知识分子流落地方，战国大名对他们的到来持欢迎态度，并为他们提供讲授儒学、诗歌等的条件，由此也出现了不同地区的儒学流派。另一方面，地方的武士或富裕的工商业者也希望自己的子弟接受必要的教育，因而开办学校，聘请教师。武士子弟多在寺院中接受教育，学习的内容有武家法典、儒学、佛教等，工商业者的子弟除学习儒学外，更多的是需掌握读、写、计算等技能。各种学校的出现，提高了地方上的文化水平。

织丰时代

织丰统一日本

正当战国大名为争夺地盘混战时，西方人来到日本。1543年，葡萄牙人乘坐的中国走私船漂流到九州南部的种子岛，同时带来了火绳枪，岛主购买了两支火绳枪并加以仿造。火枪随即传到日本各地，大量生产的结果是对作战方式产生了重大影响。不仅各国大名均组成步兵火枪队，而且城堡的建筑方式也发生变化。城堡从山上迁移到平地，其规模也增大，并带有高墙、深壕、射击孔等。

最初来到东方的西方人以葡萄牙人、西班牙人为主，他们一方面从事贸易，一方面传播天主教。为了同他们进行贸易，西日本地区的各国大名不仅允许其传教活动，而且自己也接受洗礼，成为天主教徒。1546—1565 年任室町幕府第十三代将军的足利义辉许可传教活动，结果渴望结束动乱的下层民众纷纷加入教会。

与此同时，强有力的战国大名开始积极谋求全日本的统一，其中以地处中部战略要地的尾张、远江等国最为积极。尾张国（今爱知县）面积不大，但因最早种植棉花以及地处近畿与关东之间的交通要道，农业经济与货币经济较为发达。织田信长的父亲为尾张国守护代的家臣，1555 年，信长灭掉守护代，成为尾张国的统治者。他一方面采取各种措施充实经济实力，另一方面为加强军事力量，推行"兵农分离"政策。上层农民不再从事农业，组成称为"足轻"的步兵，同时利用梯队轮流射击的方式大大提高了火枪的效率，其战斗力得到迅速提高。

距尾张国不远的远江国（今静冈县）大名今川义元势力比较雄厚。今川首先迫使近邻三河国（今爱知县）领主德川家康向自己臣服，然后与关东地区的武田信玄、北条氏康结成同盟，在 1560 年借"上洛"（进京觐见将军）为名率 25000 人的军队进入尾张国，但因初战告捷而轻敌，夜宿桶狭间时被织田率领的 3000 人军队击败，今川也被杀。织田将今川的领地让给德川家康，并与其结成同盟（清洲盟约），约定织田向西发展，德川向东发展。

1567 年，织田借口美浓国斋藤家族的内乱进军其地，并将美浓国首府稻叶山城改为岐阜，作为自己的大本营。同年，织田开始使用"天下布武"的印章，表明统一全国的决心。1568 年，织田应天皇和足利义昭之邀率兵进入京都，废黜幕府十四代将军足利义荣，扶植义昭为十五代将军，挟天皇和将军号令天下。

1569 年，织田迫使实施自治半个多世纪的堺市服从其控制，从而掌握了富裕的近畿地区城市与农村。1570 年，织田打败近江国浅井长政和越前国朝仓义景的联合军队，并在第二年攻占寺院武装的重镇延历寺，焚烧该寺。幕府将军足利义昭不满于自己的傀儡地位，联合部分战国大名反抗织田。1573 年，织田打败其联军，同时将足利义昭驱逐出京都，室町幕府正式灭亡。

1574 年，织田镇压越前国、加贺国（今石川县）等地的"一向宗"农民起义，屠杀数万民众。1575 年，织田与德川家康联手在三河国长筱城与武田胜赖进行决战，以火枪与栅栏相结合的战术打败了武田的强大骑兵，排除了关东地区的劲敌。1576 年，织田在琵琶湖畔筑安土城，作为控制近畿地区的根据地。1580 年，织田征服地处大阪的一向宗大本营本愿寺，全日本半数地区统一在织田名下。1582 年，织田在甲斐（今山梨县）的天目山彻底打败武田胜赖，同年织田派遣部下大将羽柴（丰臣）秀吉进攻备中国（今冈山县）的高松城，但陷入重围。织田率军前往救援，途中停留京都本能寺时，家臣明智光秀叛变，经过激战后被迫自焚而死。

织田信长死后，羽柴秀吉继承了其统一事业。秀吉出身尾张国的上层农民家庭，其父为织田亲兵，初称木下藤吉郎秀吉。他参加织田的军队后因表现突出而成为重要将领，并在 1573 年改称羽柴秀吉，以期成为丹羽长秀、柴田胜家那样的织田家臣。"本能寺之变"后，秀吉与作战对手毛利氏讲和，然后率军返回京都，打败明智光秀，迫使其自杀，并以织田的后继者自居。1583 年，秀吉在近江打败柴田胜家，并迫使与其联合的织田信长之子信孝自杀。同年秀吉修建壮观的大阪城，作为自己统一全日本的根据地。

与织田信长一味使用战争手段不同，秀吉在统一日本的过程中采用战争与和谈相结合的手段。1584 年，秀吉与织田信长之子信雄及德川家康的联军在尾张进行激战，结果未分胜负，双方讲和。1585 年，秀吉进军四国，迫使长宗我部氏投降，天皇授秀吉"关白"职务。1586 年，天皇任命秀吉为太政大臣，并赐姓"丰臣"，遂称丰臣秀吉。

1587 年，秀吉南征九州，岛

图 4-2　丰臣秀吉像

福泽谕吉在《文明论概略》中批判明治时期最有声望的丰臣秀吉，"尾张的木下藤吉成为太阁后也没有改变百姓的习性。藤吉只是脱离了百姓集团而成为武家一员，没有提高普通百姓的地位"。岂止如此，秀吉本人也未改变农民的习性，结果把江山拱手送给了家康，这才有了"信长找米，秀吉做饭，家康就餐"的说法。

津义久投降。1590 年，秀吉率军出征关东地区，包围小田原城，迫使北条氏政自杀，并使东北的伊达政宗臣服，同时平息奥羽地区的叛乱，至此统一大业终于完成。1591 年，丰臣将"关白"之职让给养子秀次，自称"太阁"。1593 年，秀吉之子秀赖出生，次年，秀吉以谋反的名义处死秀次。秀吉晚年在京都伏山筑城居住，伏山因种植大量桃树而被称为桃山。因此，织田、秀吉时代也被称为"安土桃山"时代。

丰臣侵朝战争

丰臣秀吉在世时大权独握，因而中央政府组织并不完备。最初设"五奉行"，由前田玄以、浅野长政、增田长胜、石田三成、长束正家五名亲信分别掌管行政、司法、财政等事务。平时各司其职，如有重大事务则"五人合议，妥善裁决"。后来又任命德川家康、前田利家、毛利辉元、小早川隆景、宇喜多秀家五位实力最强的大名为"大老"，小早川隆景死后由上杉景胜继任，称为"五大老"，共同商定重大事务。这种因人设位的做法隐藏着危机，一旦丰臣去世，平衡立即被打破。丰臣政权的经济基础主要是直辖领地，其收获量约 200 万石，占全日本的 1/9。另外，丰臣秀吉控制了主要金银矿山的开采和货币铸造，以及京都、大阪、堺等工商业城市的税收。

除丰臣秀吉的直辖领地外，其他大部分土地赐封给各大名，受封者在自己的领地内具有统治权。尽管丰臣采取转换封地的方式削弱大名实力，但其措施并不彻底。例如德川家康从东海地区转封到关东地区后，其领地的收获量仍高达 250 万石，上杉氏、毛利氏的封地也有百万石以上。

为巩固对全日本的统治，丰臣秀吉政权采取了诸多严厉的措施。第一，在 1588 年颁布《刀狩令》，借口铸造京都方广寺大佛需要铁钉，收缴农民手中的武器。其真正目的是防止"贮藏武器，必使年贡杂赋滞纳，企谋暴动"，因而必须没收"诸国百姓所持刀、腰刀、弓、枪支等武器"。第二，实施"太阁检地"，即通过丈量全日本的土地面积，确定土地耕种者以及年贡（即赋税）的承担者。在 1591 年全日本检地完成后，命令各国大名提交账册和地图，以总收获量即"石高"核定其提供军役的准确数量。第三，颁布《身份统制令》，规定武士、町人、百姓各守其业，实施兵农分离、农商分离政策；禁止农民流动，武士脱离农业，居住在主君所在的城下町，并随主君移动。第四，统一度量衡，推动手工业、商业的发展，如废除行业垄断制度、减轻商人的赋税负担、撤销关卡、修建道路等。

丰臣秀吉在征服西南地区各战国大名时，虽对天主教在该地区的传播感到威胁，因而对大名信仰天主教采取了许可制，甚至颁布了《驱逐传教士令》，但为推进对外贸易，并没有采取严厉的禁教措施，只是在扫除倭寇等海盗的同时，因葡萄牙人的挑拨，镇压了西班牙的传教士和信徒。

与此同时，为继续提高自己的声望，同时也为满足领主对土地的追求以及商人进行海外贸易的需要，转移丧失土地者的不满情绪，迎合武士们的好战心理，丰臣秀吉积极发动对外战争，试图建立以日本为中心的东亚新秩序。丰臣不仅要求印度果阿的葡萄牙政权、菲律宾马尼拉的西班牙政权以及中国台湾等地对其臣服与纳贡，而且早在 1587 年就派使节到朝鲜，要求其臣服，并作为进攻明朝的向导。朝鲜明确拒绝其要求后，丰臣在北九州设立大本营，并在 1592 年派遣 15 万大军入侵朝鲜半岛。

因长期内战以及火枪的利用，由武士组成的日本军队战斗力较强，所以战争初期日军进展顺利，很快攻占了汉城和平壤，其先头部队甚至沿朝鲜半岛东岸到达最北端的图门江畔会宁，丰臣也开始计划迁都北京，但其后日军遭到朝鲜军民的顽强抵抗和明朝援军的打击。首先是朝鲜水军在李舜臣指挥下，利用灵活作战的龟甲船连连击败日本水军，完全掌握了制海权。接着明朝援军入朝作战，一番激战后占领平壤，在朝日军被追求和。明朝万历皇帝按照惯例封丰臣为日本国王，允许朝贡，结果引起丰臣极大不满。1597 年 1 月，丰臣再次派遣 14 万大军、数百艘舰船入侵朝鲜。

尽管日军在海上初战告捷，但朝鲜重新起用李舜臣后，日水军大败，陆上之战也因明朝军队与朝鲜军队联合进攻而节节败退，龟缩在朝鲜半岛南端一隅。1598 年 8 月，丰臣秀吉病死，"五大老"决定结束侵朝战争，同年底，日军撤回国内。史称"文禄之役"和"庆长之役"的两次侵朝战争不仅给朝鲜人民带来巨大灾难，而且其巨额战费也是丰臣政权垮台的主要原因。

安土桃山文化

安土桃山时代不仅指织田信长、丰臣秀吉统治时期，也包括 17 世纪初德川幕府时代初期的文化。虽然经历了长达一个多世纪的战乱，日本各地的经济文化交流依然频繁，财富与权力逐渐集中在战国大名手中，佛教势力急剧衰落，同时西方人带来了不同的商品与文化，诸多因素赋予安土桃山文化以豪华、现实、新颖等特色。其中最具代表性的遗产有城堡建筑及其内部的装饰性壁画、以茶道及歌舞伎为代表的平民艺术、西班牙人与葡萄牙人带来的"南蛮文化"等。

与过去的山城不同，战国时代的城堡多建在平地或高地上，在具备军事功能的同时，又作为大名处理政务、生活居住的场所。如同当时的名城安土城、大阪城、伏见城那样，气势雄伟，面积广阔，内部装饰华丽。主城堡周围有数层高的城墙及深壕沟，内部还设有居住场所和军营，尤其作为瞭望塔的最高建筑天守阁，更是构思巧妙，十分壮观。尽管17世纪初建造的城堡返璞归真，但其雄伟之风依然不改，其代表性城堡还有保留至今的姬路城、松本城、彦根城、二条城等。

豪华壮丽的城堡内部装修推动了绘画的发展，尤其是狩野派的绘画。狩野永德进一步发展了水墨画与大和绘相融合的绘画技法，即在壁画上镶嵌称为"浓绘"的金箔，其鲜艳的色彩、有力的线条、宏伟的构图形成新的装饰，保留至今的作品有《唐狮子图屏风》《桧图屏风》等。同时，狩野派绘画也突破了传统的绘画题材，出现了表现城市平民生活及其风俗的绘画，例如狩野长信的《花下游乐图屏风》、狩野吉信的《职人尽图屏风》等。与此同时，以海北友松、长谷川等伯为代表的水墨画家也留下了《山水图屏风》《松林图屏风》等优秀作品。

随着京都、大阪、堺、博多等大城市的发展，富裕的市民阶层成为文化的创造者和承继者，其中以千利休的茶道最为著名。千利休以简朴、寂静的禅宗精神为基础，制定了饮茶的礼仪和程序，在狭窄的茶室中利用简单的道具追求禅僧打坐的功能，将其发展为茶道。也就是将煮茶、饮茶与诗歌、艺术相结合，构成一种"生活艺术的宗教"，为人们提供一个体验生活真谛的机会，即在饮用苦涩的沉重之茶时清除自己的欲望。由于得到丰臣秀吉和众多大名的保护和提倡，茶道甚为流行。但丰臣追求茶道的情趣与众不同，不仅建造黄金茶室，而且经常举行上流社会参加的大规模茶会。千利休也成为政界的要人，甚至卷入丰臣家族的内部纠纷，后被迫自杀身亡。

另一方面，在茶道流行的刺激下，陶瓷业发展迅速。特别是作为俘虏的朝鲜工匠将朝鲜半岛较先进的陶瓷技术带到日本后，大大提高了日本陶瓷业的制造水平。在日本，有名的陶瓷器——佐贺的"伊万里烧（有田烧）"和"唐津烧"、山口的"荻烧"以及鹿儿岛的"萨摩烧"均为其产物。

17世纪初，出云地方的阿国到京都演出歌舞，因形式新颖受到平民的喜爱，被称为"歌舞伎"。最初演员为女性，但因风俗问题遭到禁止，后来由少年演出的"若众歌舞伎"也遭到德川幕府的禁止，再后来就演变成由成年男子担任演员的"野郎歌舞伎"，逐渐在民间流行开来。与此同时，以从琉球传来的三弦琴作为伴奏乐器、操纵木偶进行演出并伴以说唱的"人形净琉璃"也在民间广泛流行。

在日常生活方面，过去每日早、晚两餐的习惯改为每日早、中、晚三餐。贵族与武士多食用大米，普通百姓食用杂粮。在农村，住宅仍然是草屋顶的平房，城市多为瓦顶的两层楼建筑。

另外值得一提的是所谓的"南蛮文化"及其对日本文化的巨大影响。当时的日本人将葡萄牙人、西班牙人称为"南蛮人"，并将其乘坐的船只、从事的贸易、传来的文化称为"南蛮船""南蛮贸易"和"南蛮文化"。葡萄牙人及西班牙人不仅带来了机械钟表、眼镜、火绳枪、葡萄酒、乐器、烟草、西方绘画、金属活字的印刷术及印刷机、饮食、服装等西洋产品以及天文学、医学、地理学等科学知识，而且也带来了反对偶像崇拜及祖先信仰、主张神权高于君权、男女平等、个人自由等天主教伦理道德，均对日本文化产生了较大的影响。

早期德川幕府

幕藩体制

1590 年，德川家康被丰臣秀吉转封关东六国，成为拥有 250 万石领地的大名。德川家康以江户城为据点，苦心经营，势力大增，地盘稳固。不仅位居丰臣政权中"五大老"之首，同时也因未参加对朝战争而保存了实力。1598 年丰臣秀吉死后，其近臣分成两大集团。1600 年 9 月，拥戴丰臣之子秀赖的石田三成联合小西行长、毛利辉元等大名率 8 万西军东征，德川家康率 10 万东军迎战，两军会战于美浓国关原。因西军出现倒戈者，东军大获全胜。石田三成、小西行长被处死，没收、削减西军各大名的领地收获量高达 630 万石，德川家康将这些领地转封给了东军各大名。

"关原之战"确立了德川家康对全日本的统治地位。1603 年，德川家康从天皇处获得征夷大将军称号，并在江户（今东京）建立幕府，为江户幕府，亦称德川幕府，其统治时代称为江户时代或德川时代。

1605 年，德川家康让将军之位给其子秀忠，以表示家天下之意，但仍将丰臣秀吉之子秀赖看作心腹之患。秀赖居住在大阪城内，虽然其领地仅有 65 万石，但名义上继承了丰臣秀吉的地位。为彻底消除后患，1614 年，家康借口丰臣秀赖铸造的方广寺大钟所刻"国家安康，君臣丰乐"之文是诅咒自己，在当年 10 月发动战役，攻打大阪城，但未能达到目的。1615 年 4 月，他再次发动战役，终于攻陷大阪城，丰臣秀赖及其母自杀身亡。第二年德川家康亦去世。

1623 年，德川秀忠让将军之位给其子家光，如同其父家康那样作为幕后将军掌握最高权力。从家康到家光，前三代将军均以强大的军事力量为后盾，通过没收、减少、转封领地的方式削弱大名的实力，仅没收领地的大名就有 120 家，占全部大名的半数以上。这种武力政治不仅稳固了德川幕府，也完善了其统治体制。

在政权建设方面，德川幕府采用的是"幕藩体制"。即幕府为中央政权，地方分为 200 多个半独立的藩。幕府组织分为统治全日本的中央机构和负责幕府直辖领地的地方机构。中央机构在将军之下设大老、老中、若年寄三个职务，其中大老是非常设最高官职，老中是负责日常行政的最高常设官员，若年寄辅助老中管理旗本、御家人等。同时，设置监察大名的大目付、监察一般武士的目付、管理寺院的寺社奉行、管理幕府直辖领地的勘定奉行，以及大番头、小姓组番头、书院番头等军队首领。地方机构设有京都司代、城代、町奉行以及奉行等职，其中京都司代负责与皇室、公卿贵族的交涉和监督事务，城代是管理重要城市的官员，町奉行是管理特殊城市的官员，奉行是管理指定城市的官员。另外还设有相当于将军秘书的"御用人"，其通常职能是传达将军命令给老中，但因这些人员多为将军的亲信或政治顾问，容易掌握大权。

幕府之所以能够号令天下，其背景是强大的经济实力和军事实力。幕府拥有收获量 400 万石的直辖领地，另外还有 300 万石的家臣旗本封地，共 700 万石，约占全日本 3000 万石总收获量的四分之一，任何一个大名也难以与其对抗，即使最大的加贺藩前田氏的领地也仅有 102 万石。同时，幕府垄断金银矿山开采和货币铸造，并控制江户、京都、大阪、长崎、堺等大城市的工商税金。

全日本的军事指挥权也由幕府将军直接掌握，直辖将军的常备军称为"家臣团"，成员为拥有封地的旗本以及仅领取俸禄（大米）的御家人，两者均可觐见将军。旗本可构成 8 万人规模的军队，御家人也有 2 万人左右。旗本组成大番、书院番及小姓组番等军警机构，御家人组成徒士组、铁炮百人组等军警机构。旗本及御家人除平时担任幕府的守卫工作外，还担任幕府的中下级官员以及管理幕府直辖领地的代官等职务。

幕府将直辖领地及家臣封地以外的土地封给二百多个藩主（大名），这些大名按照与幕府的亲疏关系分为三类，即亲藩大名、谱代大名和外样大名。亲藩大名与德川家族具有血缘关系，其中有能够继承将军职务的御三家（水户、尾张、纪伊三藩）以及御三卿（田安、一桥、清水三藩）。谱代大名是在"关原之战"前臣服德川家族的大名，外样大名则是在其后臣服德川家族的大名。亲藩大名和谱代大名大多配置在重要地区，前者拥有较高的名誉，但没有实权，后者领地虽然较少，但可以担任幕府重要职务。外样大名虽然领地较多，但不仅被置于偏远地区，周边还有谱代大名对其进行监视，而且不能参与幕政。

为有效控制各藩大名，幕府在 1615 年颁布《一国一城令》，即规定一个藩只能修建一座城堡，供大名居住和处理政务。1635 年幕府颁布《武家诸法度》，其中规定大名负有"参觐交代"的义务，即在江户及领地间轮流居住一年。同时，还要负担幕府的军役和重大工程。另一方面，诸藩大名在自己领地内具有相对独立的统治权，设置藩机构和官职，武士组成家臣团。这种双重统治结构史称"幕藩体制"。

图 4-3　幕藩体制结构图

收获量为 18 世纪初的估算。

1611 年，德川家康拥立后水尾天皇，表示幕府拥有干预皇室的权利。1613 年，幕府颁布《公家众法度》，规定天皇及朝廷贵族以研究学问为第一要事。1615 年，幕府再次颁布《禁中并公家诸法度》，进一步限制天皇及公卿贵族的权力，例如规定武家官位须由幕府任命，防止大名与朝廷勾结。朝廷与幕府之间专设联络机构，禁止天皇出访，朝廷的领地也只有 10 万石。1620 年，第二代将军秀忠将其女嫁给天皇。1627 年，幕府借口大德寺、妙心寺违犯法规，处分其住持，并剥夺天皇所赐的象征最高荣誉的紫衣。1629 年，秀忠立其外孙女为明正天皇，成为奈良时代称德天皇之后的又一名女天皇。

德川幕府将整个社会划分为士、农、工、商四个等级。士即武士，是统治阶级，连其家属约占全日本总人口的1/10。其中又分为上自将军、大名、家臣，下至散居乡村的乡士和失去俸禄的浪人等20多个等级。尽管地位各有不同，但都有氏姓带刀和自行斩杀平民百姓的特权。

农指农民，他们被禁锢在土地上，交纳沉重的苛捐杂税。由于农业是当时最重要的经济基础，所以幕府十分重视对农村的统治，先后制定了许多有关法令，例如禁止农民出卖土地、禁止迁移、禁止过度分家、禁止过奢侈生活、禁止自由种植农作物等，并在农村实施"五人组"连座制度。没有土地的贫穷农民为"水吞百姓"，不能参加村政。拥有土地的"本百姓"选举三名村级官员——"名主""组头""百姓代"，接受幕藩官员"郡代""代官"的命令，统治村民。

工是手工业者，商是商人，他们均居住在城下町中，因而被称为町人。町人不到全日本人口总数的1/10，其中有资产的"地主""家持"才能参加町的政治活动，例如选举"町年寄""町名主"等。除上述四个等级之外，还有少数被称为"秽多""非人"的贱民，他们的住处、职业、婚姻均受到严格限制。

原始文献

禁中并公家诸法度

该法令以天皇和公卿贵族为适用对象，在历史上第一次对天皇的行为作出规定，但即使在如何解读该史料第一条"天子诸艺能之事、第一御学问也"上，国内学术界也存在不同看法。

天子诸艺能之事、第一御学问也、不学则不明古道、而能政致太平者未有之也、贞观政要明文也、宽平遗诫虽不穷经史、可诵习群书治要云々、和歌自光孝天皇未绝对、虽为绮语、我国习俗也、不可弃置云々、所载禁秘抄、御习学专要候事

三公之下亲王、其故者右大臣不比等着舍人亲王之上、殊舍人亲王、仲野亲王、赠太政大臣穗积亲王准右大臣、是皆

一品亲王以后、被赠大臣时者、三公之下、可为勿论钦、亲王之次、前官之大臣、三公、在官之内者、为亲王之上、辞表之后者、可为次座、其次诸亲王、但储君各别、前官大臣、关白职再任之时者、摄家之内、可为位次事

清花之大臣辞表之后、座位可为诸亲王之次座事

虽为摄家、无其器用者、不可被任三

公摄关、况其外乎

器用之御仁体虽被及老年、三公摄关不可有辞表、但虽有辞表、可有再任事

养子者连绵、但可被用同姓、女缘者家督相统、古今一切无之事

武家之官位者、可为公家当官之外事

改元、汉朝之年号之内、以吉例可相定、但重而于习礼相熟者、可为本朝先规之作法事

天子礼服、大袖、小袖、裳、御纹十二象诸臣礼服各别、御袍、麹尘、青色、帛、生气御袍、或御引直衣、御小直衣等之事、仙洞御袍、赤色橡、或甘御衣、大臣袍、橡异文、小直衣、亲王袍、橡小直衣、公卿着禁色雜袍、虽殿上人、大臣息或孙听着禁色雜袍、贯首、五位藏人、六位藏人、着禁色、至极臈着麹尘袍、是申下御服之仪也、晴之时虽下臈着之、袍色、四位以上橡、五位绯、地下赤之、六位深绿、七位浅绿、八位深缥、初位浅缥、袍之纹、辔唐草轮无、家家以旧例着用之、任槐以后异文也、直衣、公卿禁色直衣、始或拜领任先规着用之、殿上人直衣、羽林家之外不着、虽殿上人、大臣息亦孙听着禁色、直衣、直垂、随所着用也、小袖、公卿衣冠时者着绫、殿上人不着绫、练贯、羽林家三十六岁迄着之、此外不着之、红梅、十六岁三月迄诸家着之此外者平绢也、冠十六未满透额帷子、公卿从端午、殿上人从四月西贺茂祭、着用普通事

诸家升进之次第、其家家守旧例、可申上、但学问、有职、歌道令勤学、其外于积奉公劳者、虽为超越、可被成御推任御推叙、下道真备虽从八位下、衣有才智誉、右大臣拜任、尤规摸也、萤雪之功不可弃捐事

关白、伝奏并奉行职事等申渡仪、堂上地下辈于相背者、可为流罪事

罪轻重、可被守名例律事

摄家门迹者、可为亲王门迹之次座、摄家三公之时者、虽为亲王之上、前官大臣者、次座相定上者、可准之、但皇子连枝之外之门迹者、亲王宣下有间敷也、门迹之室之位者、可依其仁体、考先规、法中之亲王、稀有之仪也、近年及繁多、无其谓、摄家门迹、亲王门迹之外门迹者、可为准门迹事

僧正大正权、门迹、院家、可守先例、至平民者、器用卓拔之仁、稀有虽任之、可为准僧正也、但国王大臣之师范者各别事

门迹者僧都大正少法印任叙之事、院家者僧都大正少权律师、法印、法眼、任先例任叙勿论、但平人者本寺推学之上、犹以相撰器用、可申沙汰事

紫衣之寺往持职、先规稀有之事也、近年猥勅许之事、且乱臈次、且污官寺、甚不可然、于向后者、撰其器用、戒腊相积有智者闻者、入院之仪可有申沙汰事

上人号之事、硕学之辈者、为本寺撰正权之差别、于申上者、可被成勅许、但其仁体、仏法修行及廿个年者、可为正、年序未满、可为权、猥竞望之仪于有之者、可被行流罪事

——选自日本历史学研究会编：《日本史史料·3·近世》，岩波书店，2006年，第82—83页

※ 请从上述史料判断权威性天皇与权力性将军之间的关系。

禁教与锁国

最初幕府为对外贸易而默认天主教在日本的传播，但很快就采取了限制性措施。其原因首先是信奉新教的荷兰人与信奉天主教的西班牙、葡萄牙人在日本发生冲突，而西班牙及葡萄牙在传教名义下的殖民扩张行为也引起幕府的警觉。其次是天主教人人平等的教义与幕府身份等级制存在矛盾，而且离心倾向较强的西部大名多信奉天主教，普通民众信徒的迅速增加也使幕府感到担心。1550 年，西方传教士开始在日本传播天主教，到 1610 年，日本全国的天主教信徒已达到 70 万人。

1612 年，幕府颁布禁教法令，禁止直辖领地上的传教活动。1613 年，禁教法令在全日本实施，同时强迫天主教徒改变其信仰，其后幕府和各藩陆续对传教士和信徒采取刑罚或流放的打击措施。1622 年，幕府在长崎判处 55 名传教士和信徒死刑，史称"元和大殉教"。1637 年，九州南部岛原、天草的农民及浪人武士为反抗大名沉重的剥削，同时也为反对镇压天主教徒的政策而起义，因为当地多为天主教信徒。三万余人的起义军拥戴小西行长部下益田好次之子、16 岁的少年天草四郎时贞为首领，占据原城进行抵抗。幕府最初的镇压失败后，集合九州各大名的 12 万兵力经过两个月的激战，将起义镇压了下去。

在镇压"岛原天草起义"后，幕府在各地特别是九州地区实施"踏绘"制，即踩踏圣像以表示自己不是天主教信徒，否则将予以严惩。与此同时，由寺院提供证明其信仰的"寺请证文"。后来所有人员均须在寺院登记，形成了称为"寺请"的户籍制度。

在禁教的同时，幕府逐渐采取禁止私自对外贸易或往来的"锁国政策"。德川幕府成立之初，为确立德川家族对日本统治的权威性以及获取对外贸易的巨额利润，不仅积极与明政府联系，而且许可各藩大名、商人进行海外贸易。

早在 1599 年，德川家康就借送还战俘为由试图与明朝取得联系。1606 年，幕府通过萨摩藩与琉球向明朝表达了恢复两国邦交之意。1610 年，幕府再次利用中国商船到达日本之机委托转交"致福建道书"，1624 年，长崎代官致信福建官员希望进行朝贡贸易。但当时的明朝因倭寇及丰臣秀吉侵朝而对日本十分警惕，厉行海禁，同时因国内形势也不稳定，拒绝了幕府的要求。即使在清朝建立以后，双方也没有建立正式的邦交关系。

在 16 世纪后半期，日本对外贸易特别是对东南亚贸易发展迅速，当时在东南亚地区出现了许多日本人集中居住的城镇——日本町。幕府实施许可贸易制，即日本商船和外国商船均须持有幕府颁发的许可书——"朱印状"。1600 年，一艘荷兰商船漂流到北九州地区，德川家康将其中的一名荷兰船员和一名英国船员邀请到江户，聘请他们作为外交及贸易顾问。信奉新教、被称为"红毛人"的荷兰人和英国人受到幕府的欢迎，1609 年和 1613 年，荷兰、英国分别在九州平户设立商馆，但英国与荷兰竞争失败，1623 年放弃了在日本的贸易。

由于幕府希望垄断对外贸易，限制措施逐渐加强。1624 年禁止西班牙商船到日本；1633 年规定，除具有"朱印状"外，还必须具有幕府颁发的"老中奉书"方可进行海外贸易；1635 年，全面禁止日本人到海外，已在海外的日本人也不准回国；1639 年，禁止葡萄牙的商船到日本；1641 年，将平户的荷兰商馆迁移到长崎的人工小岛——出岛上，并禁止其与日本人自由交往，从而形成"锁国体制"。

尽管德川时代未能与中国大陆政权恢复邦交关系，但仍通过四个窗口与周边地区或国家进行频繁的交往，即通过对马藩与朝鲜进行的外交往来与贸易，通过长崎与荷兰商人、中国民间商人进行的对外贸易，通过萨摩藩与琉球进行的人员往来和商品贸易，通过松前藩与北海道的虾夷族进行的交往。

图 4-4　德川时代日本与周边地区或国家交往图

也有日本学者称其为"小型华夷秩序"。

1609 年，幕府与朝鲜签订《己酉条约》，通过对马藩主宗氏进行双边贸易和往来，朝鲜在釜山设倭馆与对马藩进行贸易，并通常在幕府新将军即位时派使节前往江户祝贺。从 1607 年到 1811 年，前后共派出 12 次使节团。前三次称"回答兼刷还使"，即对日本国书的回应，同时带回丰臣秀吉侵略朝鲜时被掠到日本的朝鲜人；其后称"通信使"。后来因使节团人员较多，费用负担过重，逐渐减少次数，最后一次仅到达对马藩。

在长崎，荷兰商人将生丝、毛纺织品、棉纺织品、药品、钟表、书籍带到日本，将日本的银、铜、瓷器贩卖到欧洲。除此之外，荷兰商船到日本时向幕府提供有关海外事务的"荷兰风见书"，每年还组成一百多人的队伍前往江户参拜将军。中国大陆民间商船也经常到长崎，初期这些中国商人与日本人杂居，1689 年幕府建设称为"唐人屋敷"的华人街，以方便对其进行管理。

1609 年，萨摩藩借口送还漂流民没有得到答谢，派兵入侵琉球，控制了尚氏王族。1663 年，清王朝遣使琉球，封尚质王为"琉球国中山王"，于是琉球王国在向清朝进贡的同时，还需在新幕府将军即位或新琉球王即位时向江户派遣"庆贺使"或"谢恩使"。在德川时代，前后共派出 21 次。

北海道古称"虾夷岛"，为虾夷人居住之地。从 14 世纪末开始，本州岛的日本人渡过津轻海峡到北海道南部居住，进行贸易。1593 年，统治该地区的蛎崎家族受到丰臣秀吉的委任，1599 年改姓为松前，1604 年得到德川家康的委任，成为松前藩的大名，同时垄断与虾夷人的贸易。1669 年，因不平等贸易，北海道爆发大规模虾夷人起义，但很快被镇压下去，贸易也完全被日本人垄断。

政治与经济

德川幕府前三代将军通过武力稳固了政权，但借口大名无继承人而没收其领地的做法使许多武士失去主君，这些被称为"浪人"的武士在三代将军家光去世时达到 40 万，其中一部分武士在兵学家由比正雪的率领下计划发动推翻幕府的起义。1651 年，11 岁的德川家纲继任第四代将军，在大老酒井忠胜、老中松平信纲的辅助下，镇压了谋反的浪人，同时修改不准收领养子的禁令，允许 50 岁以下的大名收领养子继承其家产。

1663 年，幕府颁布新的《武家诸法度》，禁止主君去世时下属殉死，提倡为新的主君尽忠效力，并提倡儒学的"仁政""忠孝"，对不孝父母者严加处罚，同时废除将大名家眷扣留江户的人质制度。1664 年，家纲向所有的大名颁发领地证书，将军的权力基础由此得到进一步的加强。在幕府和各藩政治稳定的基础上，不仅经济得到发展，许多藩还设立了讲授朱子学的学校。水户藩主德川光圀在其江户藩邸设彰考馆，并邀请明朝流亡学者朱舜水编撰《大日本史》等。因此，从四代将军开始，幕府实施"文治政治"，即利用儒家的治国理念维持其政权。

1680 年德州纲吉任五代将军，不仅自己笃信、钻研儒学，而且亲自向大名、旗本宣讲，并建造汤岛圣堂，聘请著名学者讲授朱子学；在 1683 年颁布的新《武家诸法度》中，将武士首先应遵守的"习文武弓马之道"改为"文武忠孝及礼仪之事"。另外，纲吉十分注重农村的稳定，认为官吏的首要职责是"常察民之辛苦，无饥寒之愁"，因此，对那些玩忽职守致使诸民贫困的官吏严加惩处，同时严禁武士之间或武士家族内部进行争斗。1701 年，赤穗藩主浅野长矩与幕府仪礼官吉良义央发生争执而受到切腹的惩罚，长矩的家臣大石良雄等 46 人杀死义央一家为主报仇，幕府命令他们全部切腹自杀，然后大肆宣传他们的"义举"，结果收到稳定思想与政治的双重效果。

从 1685 年开始，纲吉为获得男性继承人，听信谗言，禁止杀生，陆续颁布以《怜悯生类令》为首的 60 个爱护动物令，不仅禁止虐待猫、狗甚至昆虫，还花费巨额资金建造收容流浪狗的场所，其规模之大可收容 8 万条狗，并动用大量人力、物力、财力饲养。不仅如此，有几十万人因不小心伤害生灵而遭到逮捕，被流放甚至处死。此外，纲吉大兴土木，修建寺庙神社及其他建筑，过度开支，为弥补幕府财政亏空而大量铸造劣币，结果引起物价暴涨和社会的动荡。

1709 年纲吉去世，其外甥家宣任第六代将军，起用著名儒学学者新井白石辅政，实施了一些新政策，如废除《怜悯生类令》，释放因违反该法令而被逮捕的万余名犯人；修改《武家诸法度》，提倡"仁政"，强调武士之责在"修文武之道，明人伦，正风俗"以及"国郡家中之政务，各尽其心力，不致士民怨苦"；减少幕府财政开支，改善与皇室的关系，整顿财政与贸易，铸造新币等。家宣任将军三年后去世，其 3 岁的儿子家继任第七代将军。新井白石继续推行其改革政策，但 1716 年，任将军只有 5 年的家继去世，其改革政策未能获得较好的效果，从此幕府开始走下坡路。

在整个 17 世纪，社会经济得到迅速发展，体现为农业进步、手工业兴盛、全国交通发达、城市增加、商业兴旺与豪商的出现等。农民得到份地，社会环境较为稳定，尽管土地租税较高，但仍然提高了农民的生产积极性，因而在江户时代前半期，农业生产取得显著的进步。其首要表现就是耕地面积的增加，这主要得益于幕府鼓励开发新田。开发新田者既有乡村官吏，也有富裕的农民，还有富裕商人承包开发。同时，幕府和各藩积极进行的水利建设也有力地推动了新田的开发。例如在德川幕府初年，全日本的耕地面积为 163 万町步，到 18 世纪初增加到 297 万町步，增长了 80%。

其次是农业工具的进步，灌溉用水车、多种肥料的运用、备中锹及千齿机等先进农具的出现均提高了农业生产力。另外，经济作物得到普遍种植。各藩大名甚至幕府为获得更多的货币收入，允许农民在一定范围内种植经济作物。因此，桑、茶、棉花、麻、油菜、染料等推广到各地，同时也出现了有名的特定农作物生产地区，例如大阪的油菜、三河及尾张（今爱知县）的棉花、上野与武藏（今埼玉县、群马县）的养蚕生丝、宇治（今三重县）的茶叶以及最上（今山形县）的红花等。

经济作物的普遍种植首先促进了农村家庭手工业以及城镇手工业的发展，例如，桐生地区（今群马县）的丝织业、西阵（今京都府）的丝绸业、伊丹（今兵库县）的酿酒业、大阪的酱油酿造业、有田（今佐贺县）的陶瓷业都非常发达。在批发商控制下的家庭手工业基础上，甚至出现了手工工场。商品性农业及手工业的发展推动了城市人口的急剧增加和交通的发达，另外，德川幕府实行的参觐交代制和武士居住在城市中的规定也刺激了商品经济的发展和物资流通的频繁。在江户、大阪、京都等大城市，集中了许多大批发商和金融商人，并出现了鸿池、三井和住友等著名的商业家族。

后期德川幕府

享保改革

五代将军纲吉晚年的恶政以及商品经济的发展造成两个深远的影响。一是武士阶层的贫困，二是农民的分化。商品经济发展使得上至将军、大名，下至一般武士均追求奢侈，结果开支增大。另外，货币经济使得依靠地租收入的幕藩财政入不敷出。"国用不足年事已久，上下穷困日甚。"幕府以及各藩大名经常向商人借贷，最后只好克扣普通武士的俸禄，部分下级武士沦落为平民。"商人过富，武士贫困。武士贫乏，则取民之事益多。"统治阶级将负担转嫁到农民身上，不断提高地租，结果又造成农民的贫困与分化，直接影响到社会稳定。尽管在六代和七代将军时期新井白石曾对此进行改革，但因时间过短未能奏效。

1716 年，33 岁的纪州藩（今和歌山县）藩主德川吉宗因七代将军德川家继无嗣而成为八代将军，当时阶级矛盾激化，幕府财政危机严重。吉宗立志改革，首先改变三代将军以来不亲政的做法，大权独揽，提拔身份较低但有才能的人担任重要官职，为此设立提高这些官员俸禄的"足高制"。同时强化掌握民政与财政的勘定奉行所，以期改革幕府财政。

当时幕府实行的主要改革措施有：第一，调查全国土地与人口，颁布《节俭令》；第二，公布《上米令》，即要求各藩大名按照百分之一的比例贡献米给幕府，作为交换，大名参觐交代时在江户的时间缩短为半年；第三，实施"定免法"，即将地租固定化，废除过去的"检见法"，即每年根据收成决定地租的方式，同时提高地租，鼓励种植经济作物；第四，整顿司法制度，编纂法典，颁布不受理债务纠纷诉讼的《相对济令》；第五，加强对工商业的控制，通过组织流通业的行会来控制米价；第六，颁布《流地禁止令》，命令债权人将抵押过期的土地还给农民。除此之外，德川吉宗还解除洋学进口的禁令，奖励实学，建立城市消防制度，设立举报箱，"以广开言路，沟通下情"等。

吉宗实施的改革大多在享保年间，因而称为"享保改革"。其改革取得了一定实效，幕府财政有所好转，吉宗也被誉为"幕府中兴将军"。但也有许多改革措施因大名、新兴地主、商人的反对而未能贯彻到底，如《上米令》《相对济令》《流地禁止令》等。同时，其提高地租和对工商业的严厉统制措施引起农民、町人的强烈不满，再加上 1732 年出现了称为"享保饥馑"的大灾荒，致使农村中的农民起义、城市中的市民暴动频频发生。

实际上，18 世纪中期以后，构成幕藩体制的社会基础发生较大变化。在农村，有实力的村官以及富裕农民不断兼并土地，然后将土地出租给无地或少地的农民耕种，成为新兴地主阶层——"豪农"。一方面，无地农民、少地农民为降低地租或争取公正，不断与豪农进行斗争。另一方面，他们也利用农闲季节到城市中打工，甚至到城市居住，成为贫穷市民。这种现象反映了商品经济的发展以及城市人口的增加，在灾荒之时经常引发市民的抢米风潮。

宽政改革

1745 年，家重任九代将军，但其身体多病且喜酒色，智力也有缺陷，在任 15 年无甚业绩。尽管 1760 年成为第十代将军的家治十分聪明，亦得到祖父吉宗的亲自培养，但幕府权力为田沼意次所垄断。田沼之父为纪州足轻，随八代将军吉宗进入江户。田沼在家重任将军时成为幕臣，升迁迅速，其俸禄从 600 俵增加到 1万石，随后成为有实权的"侧用人"。1772 年，他开始担任老中职务，俸禄高达 5.7 万石，直到 1786 年，史称"田沼时代"。

田沼意次为改善幕府财政，积极利用商品经济。其具体措施包括：许可并强化工商业行会组织"株仲间",向其征收被称为"运上金""冥加金"的税金,并对铜、人参等商品实施专卖制度。进行货币改革,使其更加便利化,并计划扩大对外贸易,进口金、银等货币材料。鼓励商人开垦新田,同时准备开发虾夷地区(今北海道)。但田沼执政时期贿赂政治盛行,同时因浅间山火山爆发、关东地区洪水泛滥,各地暴乱不断,其政策遭到各阶层,特别是以松平定信为首的上层保守派的反对。1784年,担任若年寄的田沼之子被旗本暗杀,1786年,将军家治去世,田沼被迫辞职,其政策也随之终止。

1787年,15岁的家齐任十一代将军,30岁的白河藩主松平定信任老中。松平为八代将军吉宗之孙,因藩政改革成功而备受瞩目。他担任幕府老中时正值连年天灾、农业歉收、米价暴涨的"天明饥馑",江户发生了长达6天的市民捣毁米店运动,并迅速波及全日本35个城市。松平定信决心进行改革,因从1789年宽政元年开始,所以称为"宽政改革"。

"宽政改革"的核心思想仍然遵循享保年间改革的方针,即努力稳定农村,抑制商品经济的发展,以巩固幕藩体制。首先颁布严厉的《节俭令》,要求各藩大名、百姓、町人节衣缩食,将军后府经费压缩三分之二,朝廷亦被要求节约。为挽救穷困的旗本、御家人,颁布《弃捐令》,免除其债务。其农村政策的着眼点是恢复和增加农村人口以及耕地面积,保证年贡的稳定收入。增加农村人口的主要措施是命令流入城市的农民返回乡里,贷给口粮和农具,并禁止溺婴。同时向农村提供贷款,推动开垦荒地和修建水利工程,奖励业绩突出的代官。1789年颁布《粮食储备令》,即《围米令》,命令各大名按收入的千分之五比例储备粮食,以备荒年;取消田沼时代给予商人的专卖权,废除商业行会,借助大商人的力量稳定市场价格;建立收容所,培训流浪者从事各种手工业。在思想领域,推崇朱子学,严禁以兰学为主的异学。不仅取缔有伤风化的读物,连林子平主张加强海防以备外国入侵的《三国通览图说》和《海国兵谈》亦被禁止发行,其人也遭到监禁。

尽管松平定信实施的改革在一定程度上恢复了幕府的财政均衡,同时也提高了幕府的权威,但其严厉的统制引起民众的不满,加上与成年后急于亲政的将军家齐产生对立,松平定信在1793年被迫辞职。

幕府衰退

1837年,家齐将幕府将军职位让给其子家庆,但仍在幕后操纵政权,一直到1841年去世为止,史称"大御所(前将军)时代",又因其年号为文化、文政,所以亦称"化政时代"。家齐实行放任政治，很少理会幕政，喜爱家庭生活。他有40个妻子，其中16个妻子为其生育了28个儿子和27个女儿。家齐令其子女与大名子女通婚，共结下36个大名亲家，为此花费巨额钱财。

图 4-5　加贺藩第十二代藩主前田齐泰迎娶第十一代将军德川家齐女儿溶姬时建造的红门

大名迎娶将军家女儿时须建造红门，此门现为东京大学红门，为日本国家级重要文化遗产。

此时，西方列强逐渐接近日本。首先是沙皇俄国不断向东扩张，18世纪末沿千岛群岛南下，直接窥探虾夷。1792年，俄使节拉克斯曼到达虾夷的根室，要求通商，但遭到幕府的拒绝，其后双方在北方经常发生摩擦。1807年，幕府将松前藩及虾夷地区全部作为直辖领地，同时设松前奉行，以对抗俄国的入侵。在南方，因英国船只经常靠近日本港口并引起纠纷，幕府在1825年颁布《驱逐夷国船只令》，要求各藩驱逐靠近日本港口或近海的外国船只。洋学者渡边华山及高野长英等批判幕府的这种无差别攻击政策，结果遭到幕府的严厉处分，史称"蛮社之狱"。

因经营虾夷地区与将军子女嫁娶的费用惊人，幕府为弥补财政的严重亏空，这一时期大量铸造被称为"化政小判"的恶币。尽管幕府因此得到550万两黄金的利润，但引起物价的急剧上涨，结果进一步推动了商品经济的发展以及商人力量的壮大，并出现了以城市民众为中心的"化政文化"。与此同时，农民的分化与贫困造成社会治安上的严重问题，幕府专门成立了"关东取缔出役"机构，加强对犯罪活动的打击。

从天保元年即1830年开始，农业连年歉收。1832年到1833年，全国的农产品收获量减少一半。饿死者无数，社会动乱不安，农民起义与市民的捣毁运动接连不断。在大阪地区，富商们趁机囤积居奇，市政官员不仅不救济百姓，反而勾结奸商哄抬物价。信奉阳明学的大盐平八郎本是维持治安的下级武士，因对幕府腐败不满而辞职，开办洗心洞私塾教授学生。1837 年年初，大盐忍无可忍，率其门徒在大阪发动武装暴动，横扫 1/5 的市区，捣毁富豪住宅及米店等房屋万余间。尽管在幕府大军的镇压下这次暴动很快失败，但由于大盐平八郎是武士出身，暴动又发生在被称为"天下厨房"的大阪，同时提出了改革幕藩体制的要求，因而对幕府产生了较大的冲击。

　　1841 年 8 月，德川家齐去世，受十二代将军德川家庆信任的水野邦忠被任命为幕府首席老中，并主导进行"天保改革"。其改革内容有以下几点：第一，精简幕府机构人员，推行节俭政策，严禁买卖高价物品；同时严厉统制出版业，禁止出版批评幕府和有伤风化的作品。第二，抑制商业和手工业，颁布《解散行会令》，促进商品自由流通，以期实现物价的下降。第三，再次颁布《返乡令》，禁止农村人口流入城市，并将短期流入城市的农民送还乡里。第四，颁布《禁止藩国产专卖令》，试图减弱各藩的经济实力；颁布《上交知行地令》，即《上知令》，将江户、大阪周围的大名及旗本所属土地交换为幕府直辖领地。第五，取消 1825 年颁布的《驱逐异国船只令》，训练洋式军队，制造大炮，防止外敌入侵。

　　但是，各项改革措施大多执行不力，例如，《解散行会令》造成商业萧条、物价上涨，只好终止；《禁止藩国产专卖令》和《上交知行地令》也因大名、旗本的抵制而取消。此次改革失败的最大原因是，商品经济的迅速发展使得自然经济基础上的幕藩体制难以适应，因此不仅改革没有成功，反而进一步激化了社会矛盾。

　　实际上，进入 19 世纪以后，因货币经济的发展及工场手工业的发展，农村人口急剧减少，城市人口增加迅速。例如，关东北部下野国（今栃木县）的人口在 18 世纪初到 19 世纪初的百年间减少了 1/3 一，流入城市的农民多成为批发商控制下的家庭手工业或集中手工业工场的劳动者。

　　与此同时，许多藩为解决财政困难，不仅大力推行藩政改革，而且积极适应商品经济的发展，实施藩营专卖制度，并设立藩营的工场，尤其是地处西南的萨摩、长州、佐贺、土佐等外样大名之藩。例如，萨摩藩在 1827 年集资进行离岛的砂糖专卖，并通过琉球与清朝进行走私贸易；同时实行"殖产兴业"政策，即在外国技师的指导下，建造造船厂、炼铁厂、玻璃厂、纺织厂等新式工厂；另外，从外国商人那里购买洋式武器装备军队等，因而成为实力较强的"雄藩"。

思想与文化

朱子学、古学

在德川时代前期的学术思想界，儒学占统治地位，尤其是朱子学作为"官学"达到鼎盛。由于朱子学提倡维护封建等级秩序的"大义名分论"，因而在镰仓时代随禅宗传到日本时就受到统治阶级的欢迎，但当时及其后很长一段时间都与禅宗混合在一起。战国时代末期，京都相国寺僧侣藤原惺窝热心儒学，并经常与各国大名交往，后来受到朝鲜学者姜沆的影响，专心朱子学，同时逐渐脱离佛教的世界观，还俗后致力于朱子学的独立。京都建仁寺僧侣林罗山成为惺窝的学生后还俗，因未经许可讲授《论语》险遭迫害，后被惺窝推荐给德川家康。

林罗山积极肯定身份制社会，认为"世界万物均有上下名分，人间社会也是如此，君臣父子尊卑贵贱各有其位，不得混淆"。以这种天命论、名分论为主要特征的朱子学对于否定战国时代"下克上"的行为、维护幕藩体制是极为合适的，因而林罗山深得德川家康将军的信任，不仅成为家康的政治顾问，而且其学问也得到发扬光大。三代将军家光设立学塾，教育幕府士族子弟，林家世袭儒官。到五代将军纲吉时，建幕府最高学府昌平黉，并任命林家三代孙凤冈为大学头，使林家的私塾成为官学，使朱子学在元禄、天保年间达到全盛。被称为"京学"的这一流派的著名人物还有木下顺庵、新井白石等。另外还有以土佐（今高知县）南村梅轩为中心的南学朱子学，这一流派倾向道学，主张儒神合一。

除朱子学外，同为儒学的还有阳明学和古学。被称为"近江圣人"的中江藤树及其学生熊泽蕃山最初研习朱子学，但逐渐对朱子学产生怀疑，于是将明朝的王阳明学说介绍到日本。他们借用王阳明"知行合一"的观点，批判朱子学的"知先于行"思想，同时批判现实，主张个人的、省悟的儒学。中江藤树晚年放弃武士籍，从事教育。熊泽蕃山积极从事冈山藩政的建设，并在著作《大学或问》中批判幕政，受到禁闭的处分。会津藩、熊本藩的阳明学者也因其革新性而遭到镇压。阳明学到幕末时期的传人有大盐平八郎、吉田松阴等。这些人大多原为朱子学者，但在研究过程中逐渐转向钻研阳明学。

古学派的多数学者原来也是朱子学的信徒，后来怀疑朱子学与孔子、孟子的原意多有不同，改而提倡古学，呼吁从孔孟的原著中探索儒学的真意，同时他们也反对阳明学。例如，山鹿素行在其《圣教要录》中认为朱子学和阳明学均不是真正的孔孟精神，只有直接研究孔孟经典，才能恢复先秦儒学的本来面目，山鹿因此受到幕府流放的处分。另外在《中朝事实》中，山鹿素行认为，比起明清的"中华"来，日本是"中朝"。另一位古学派的创始人伊藤仁斋在京都开设私塾，依据《论语》《孟子》等儒学经典，讲述经验性知识的重要价值。古学派成员还有荻生徂徕、太宰春台等人。荻生主张政治和道德分开，以科学态度治学，反对朱子学的空谈理性，坚持学习历史或"事实"。其弟子太宰春台更是关心政治、经济，主张促进商品货币经济的发展。

国学、兰学

早在元禄时代就出现了实证性研究《万叶集》的学者，例如户田茂睡、契冲等。到18世纪后半期，对日本古典的研究扩展到《古事记》《日本书纪》等历史书籍，逐渐形成了从中寻找日本固有文化及精神的国学。从师契冲的荷田春满提倡建立国学学校，其学生贺茂真渊撰写《国意考》《万叶考》等书，探讨未受儒学、佛教影响的日本古代思想。国学的集大成者是本居宣长，拥有门徒近500人。本居不仅提出《源氏物语》的中心思想是"物哀"，而且通过对《古事记》的详细研究阐明了日本固有文化，主张排除外来思想，回归古代精神，同时明确规定国学"乃皇朝之学问也"。接受其影响的平田笃胤更是激烈排斥儒学及佛教，提倡尊重古代信仰的复古神道，其思想受到农村上层农民的欢迎，广泛流行。国学者的思想极大地影响了后来的尊王攘夷运动，同时又是幕末时期排外主义、明治中期国粹主义的历史渊源。

兰学本来称西学或洋学，因德川幕府初期实行锁国政策，欧洲科学技术及知识只能通过长崎的荷兰人传入日本，因而称为"兰学"。1720年，将军吉宗提倡实学，宣布不再禁止与天主教无关的西书。1740年，幕府命令青木昆阳、野吕元丈等人学习荷兰语，推动了兰学的发展。1774年，杉田玄白等人翻译《解体新书》，介绍西方的解剖学，是日本第一部大型西洋医学译著。兰学后来从医学、军事发展到各种学科，在日本全国形成了学习西方知识的知识分子集团。到19世纪中期，翻译西方书籍500多部，较为著名的兰学学者有杉田玄白、大槻玄泽、高野长英、绪方洪庵等人。同时也出现了由兰学学者开办的学校，例如仙台医师大槻玄泽在江户开设"芝兰堂"私塾，培养了许多优秀学生；绪方洪庵在大阪创办"适适斋"学塾，也培养了许多著名的人才，其中包括明治初期日本兵制的创办人大村益次郎以及著名的启蒙思想家福泽谕吉等。

除国学、兰学外，幕末时期还出现了许多批判幕藩体制、提倡改良、应对外来危机的政治及社会思想，称为"经世学派"。例如安藤昌益著《自然真营道》，主张人人耕种，反对剥削与身份等级；海保青陵在《稽古谈》中认为，重建幕藩财政不能依靠消极的节俭政策，而应积极适应商品经济，实施藩营专卖等措施；本多利明著《西域物语》《经世秘策》，主张开发虾夷地区，并通过与西方各国进行贸易而增加国富；佐藤信渊在《农政本论》《经济要录》等书中主张振兴产业，由国家统制流通领域，同时向海外扩张。

另外，在最初推崇朱子学的水户藩，逐渐形成将朱子学、国学、神道教相结合的"水户学"，主张尊崇天皇，服从将军，其代表有藤田幽谷、藤田东湖父子与会泽正志斋等人。这一学派的观点对幕末时期"尊王攘夷运动"的形成有很大影响。

值得一提的是德川时代的教育。18世纪末，除幕府设立昌平坂学问所（昌平黉）作为向幕臣灌输朱子学的教育机构外，许多藩也设立藩校，教育藩士的子弟，培养解决藩财政等问题的人才。藩校最多时达到280间左右，最初讲授朱子学等儒学，后来根据需要又加设洋学、国学，同时根据年龄、学习能力设置不同的年级。这些藩校不仅使武士受到教育，其影响也扩展到其他社会阶层。例如1841年水户藩创办的"弘道馆"，不仅规模最大，而且成为幕末"尊王论"的大本营。

除官办学校外，民间有武士、学者、町人开办的众多私塾。例如大阪町人设立的"怀德堂"，讲授朱子学、阳明学，但也出现了批判儒学、主张实学的山片蟠桃。其他著名的私塾还有大盐平八郎的"洗心洞"、吉田松阴的松下村塾以及上面提及的大槻玄泽"芝兰堂"、绪方洪庵"适适斋"等。同时，也出现了许多著名的教育家，例如提出以"报德仕法"振兴农村的二宫尊德、主张节俭正直的商业道德及"心学"的石田梅岩等。

另外，民间初等教育机构"寺子屋"在19世纪初数量急剧增加，全日本达到1.2万所，其中1/10在江户。这些小学大多由村长、僧侣、浪人武士和富裕的町人经营，通常有20名左右的6—13岁儿童就读，学习读写、算数等。

文学艺术

从17世纪后半期到18世纪前半期，幕藩政治较为稳定，商品经济发展迅速，因而以富裕的大阪、京都町人为中心，形成了现实主义的市民文化。由于从1688年到1703年五代将军纲吉的年号为"元禄"，所以被称为"元禄文化"。其特征是豪华、充满活力，而且娱乐成为一种商业活动。

在诗歌领域，松永贞德及西山宗因将俳句从连歌中独立出来，并在形式和内容上加以创新。松尾芭蕉进一步将他们充满技巧的形式以及细腻的内容结合起来，创造了许多脍炙人口的"俳句"，即用短短 17 个音节勾画简洁而意味深长的景象及心情，例如"路远人已老，茫然四野皆枯秋，新梦仍缭绕"。其作品不仅带有"幽玄闲寂"的美学特点，而且其走遍日本寻求自然题材的写作方式也深受人们喜爱，其游记有《奥州细道》《野曝纪行》等。

当时的繁荣景象被誉为"浮华世界"，而描写现实生活的写实小说"浮世草子"流行开来，其中最为著名的作者是井原西鹤。其作品《好色一代男》《好色一代女》描写了市民阶层的性爱，《日本永代藏》形象地刻画了商人的行为准则及其赚钱术，《武道传来记》则讲述了武士的仁义道德等。

在艺术方面，德川时代初期的歌舞伎不仅演变为融合舞蹈、音乐、戏剧、绘画为一体的综合艺术，而且也发展成具有豪华舞台的固定演出节目。其著名演员有坂田藤十郎、市川团十郎等，有名的剧作家如近松门左卫门。近松为歌舞伎和人形净瑠璃撰写剧本，其描写武士为主君复仇的《假名手本忠臣藏》、描写年轻人为爱情殉身的《曾根崎心中》、描写郑成功复兴明朝的《国姓爷合战》等均以现实生活为题材，对社会影响很大。

在绘画方面，除传统的绘画技术外，面向普通民众、以现实生活为题材的风俗画得到流行，特别是能够大量生产的木板刻印"浮世绘"深受一般市民欢迎。"浮世绘"创始者菱川师宣留有《美人回首图》等名作。建筑方面著名的庭园建筑有德川初期因茶道兴起而建的桂离宫庭园及大名藩邸六义园、后乐园等。

在自然科学方面，这一时期出现了贝原益轩的《大和本草》、稻生若水的《庶物类纂》等博物学著作，宫崎安贞的《农业全书》等农学著作，反映了当时经济的发展及社会生产力的提高。

以江户町人为中心的"化政文化"出现在德川幕府时代后期的文化、文政年间，即 1804 年到 1830 年，其特征为现实主义、享乐主义，显示了商品经济急速发展下町人生活的多样性、享乐性甚至颓废性。江户的吉原很快发展成与大阪的新町、京都的岛原相并列的三大娱乐场所，各种消遣方式应有尽有，其中名声最大的是妓院和戏院。原则上武士不能进入这些娱乐场所。追求感官享受的社会风气推动了性爱小说的流行，另外还有适合町人口味的讽刺小说、滑稽小说、传奇小说等。因一些作品过于露骨地描写色情或讽刺时政，山东京传、为永春水、柳亭种彦等作家均受到幕府的严厉惩罚。

在戏剧方面，尽管剧作家竹田出云、近松半二等人为人形净瑠璃创作了许多传世之作，但该艺术形式受到歌舞伎的冲击，逐渐与木偶脱离，成为以唱为主的"歌净瑠璃"。与其相反，歌舞伎却因舞台设计、演唱内容的改进等进一步受到民众的欢迎，不仅出现了中村座、市村座、森田座江户三大剧团，而且出现了不少描写江户町人生活的著名剧本，例如鹤屋南北的《东海道四谷仙谈》、河竹默阿弥的《白浪五人男》等。

在美术方面，此时的"浮世绘"也大多以普通人的生活和自然风景为题材，著名画家有喜多川歌麿、东洲斋写乐、葛饰北斋、安藤（歌川）广重等。喜多川歌麿善画年轻女性，留有《妇女人相十品》等作品；东洲斋写乐善画具有个性的人物特写，留有《市串虾藏》等作品；葛饰北斋善画风景，其代表作有《富岳三十六景》，利用各种手法表现了象征日本的富士山；安藤（歌川）广重的代表作有《东海道五十三次》，以连画的形式描述了东海道沿途的风土人情。

结　语

"参觐交代"并非江户时代特有，镰仓幕府时代称为御家人的亲信武士定期到镰仓或京都值勤、室町幕府时代前期守护大名居住在京都、丰臣秀吉时代大名到京都拜见关白都是其历史渊源，只不过德川幕府最终将其制度化了。"参觐"最重要的象征意义是各地大名臣服于将军，否则就意味着反叛幕府。例如第二代将军德川秀忠的外甥越前藩大名松平忠直在"大阪之战"后长期不参觐将军，大名之间便流传松平要谋反，秀忠最终将其流放。

虽然"参觐交代"在削弱大名的经济实力上达到了目的，但也带来了意想不到的结果。首先是推动了江户文化向地方的传播，同时也推动了各地居民民族认同意识的出现，从而在外部压力下很快形成近代国民国家。但在另一方面，众多的人员、物资流动完善了列岛的交通网及旅馆业，江户、大阪、京都这些特大城市的出现，更是推动了商品经济的急速发展，冲击了自给自足的自然经济，使幕藩体制岌岌可危。为解决其矛盾，江户时代幕府前后进行了四次改革，但均无功而返。结果作为权势阶层的武士成为穷人，最受歧视的商人却掌握了社会财富，因此，社会变革势必来临。

大 事 记

时 间	日 本	东北亚
1495 年	北条早云入小田原城	
1549 年	耶稣会士沙勿略来日传教	
1553—1564 年	五次川中岛战役	
1560 年	桶狭间之战	
1568 年	织田信长进京	
1571 年	织田信长烧延历寺	
1573 年	织田信长讨伐将军足利义昭,室町幕府灭亡	
1575 年	三河长筱之战	朝鲜党争开始
1582 年	本能寺之变	
1583 年	贱岳之战,秀吉在大阪筑城	
1586 年	秀吉就任太政大臣,被赐姓丰臣	
1592 年	文禄之役	
1597 年	庆长之役	
1600 年	关原战役	
1600—1604 年		英、荷、法设立东印度公司
1603 年	德川家康就任征夷大将军;出云阿国于京都始兴歌舞伎	
1615 年	大阪冬之阵;制定《武家诸法度》和《禁中并公家诸法度》	
1616 年		努尔哈赤建立后金
1631—1639 年	制定锁国政策	
1637 年	岛原天草起义	
1644 年		明亡,清迁都北京
1651 年	由比正雪之乱	
1654 年	隐元传黄檗宗	
1657 年	江户明历大火。《大日本史》编纂开始(至 1906 年)	

（续表）

时　间	日　本	东北亚
1661 年		南明灭亡
1673 年		清三藩之乱
1685—1709 年	颁行《怜悯生类令》	
1689 年	松尾芭蕉开始"奥州细道"之旅	
1690 年	汤岛圣堂落成	
1695 年	金银货币改铸	
1709—1716 年	新井白石正德之治	
1716 年	吉宗就任将军，开始享保改革	
1732 年	享保饥馑	
1767 年	田沼意次成为侧用人	
1774 年	《解体新书》出版	
1783—1787 年	天明饥馑	
1787—1793 年	宽政改革	
1790 年	宽政异学之禁	
1800—1816 年	伊能忠敬测量全国，作成第一幅日本全图	
1825 年	颁布《驱逐夷国船只令》	
1833—1839 年	天保饥馑	
1837 年	大盐平八郎之乱	
1838 年	绪方洪庵在大阪开设兰学塾"适适斋"	
1840 年		中英鸦片战争
1841 年	天保改革	
1842 年		中英《南京条约》签订

〰️ 进一步阅读书目

今谷明的《战国时期》（"岩波日本史"第五卷，新星出版社，2020年）以1441年"嘉吉之乱"为开端，1598年丰臣秀吉去世为结束，在详细刻画织田信长、丰臣秀吉、万里集九等历史人物的基础上，以争夺权力引起的数次战争为叙事核心，兼及政治制度、经济外交、文化宗教等诸多方面，记述了日本战国时代大约一百六十年的历史。同时从社会结构变化的视角出发，指出战国时代在日本历史上具有划时代的意义，因为战国大名促成了战国庄园制向村町制的转换。

深谷克己的《江户时代》（"岩波日本史"第六卷，新星出版社，2020年）将日本置于世界历史发展的框架之中，记述了从17世纪初德川家族开设幕府起，直至明治维新前这段时间的日本历史，即江户时代的日本历史。这一时代最大的特点是制度的持续与稳定、文化的多元与创新。将军、大名、家臣构成了幕府统治的基础，实现了由武治向文治的转变。在较为稳定的社会环境中，生活艺术、绘画、戏剧、学术教育得到长足发展。该书语言简练通俗，能让普通读者对江户时代有较为全面的认识。

池上裕子的《织丰政权与江户幕府：战国时代》（"讲谈社·日本的历史"，文汇出版社，2021年）以历史的结果为导向，贯彻是"英雄"但不是"天神"的主体思路，同时还原织田信长、丰臣秀吉、德川家康等统治者封神的重要战役、颁发的政策法规、促进的经济发展、制订的改革计划、对国际形势的判断、对朝鲜甚至大明的野心。该书附有年表，大量引用了史料，例如幕府联署奉书、织田信长下发的朱印状等文献以及当时的人物像、地图、画作等，最大程度还原了历史的面貌。

横田冬彦的《天下泰平：江户时代前期》（"讲谈社·日本的历史"，文汇出版社，2021年）描述了在幕府存续的264年间，江户成为当时世界上人口最多的城市，城市化水平与识字率均位居世界前列，物产与货币、书籍与知识在全国范围内流通。与此同时，森严的社会等级与不时爆发的大饥馑也在太平盛世之下涌动，成为影响社会稳定的暗流。该书全面刻画了日本历史中长治久安的时代，揭示天下太平中蕴含的曙光与暗影，展现江户日本的多元浮世。

井上胜生的《开国与幕末变革：江户时代后期》（"讲谈社·日本的历史"，文汇出版社，2021年）指出19世纪实施国产专卖与物产政策也是农民起义发生的原因，因为国产专卖虽然增强了经济活力，但是抑制经济发展的情况也屡屡发生，"低价收购"的暴政最后直接导致了农民的反抗。另一方面，19世纪初当日本人正欣赏色彩斑斓的浮世绘、浏览歌舞伎剧场前张贴的海报时，鲜有人察觉一派繁华之下潜藏的危机，直到美国人培里率舰队出现在江户湾的海面。矛盾与冲突一触即发，幕府、大名、朝廷等不同势力间相互角力，暗杀事件频发，农民起义此起彼伏。

第 五 章

明治维新

作为欧亚大陆边缘的岛国，日本在吸收外来文化上没有什么负担，只要认为值得学习便不遗余力地加以模仿，明治初年的"文明开化"便是如此。"文明"一词来自《易经》，为光彩、光辉之意，"开化"一词来自顾恺之的《定命论》，为教导开化、推动社会进步之意。在日本历史上，"文明开化"特指 1870 年到 1889 年之间对西方文化、风俗的学习，最初有启蒙之意，但后来成为西方社会风俗的象征。正如当时报纸杂志所说的那样："敲敲半发头，发出因循守旧的声音；敲敲全发头，发出王政复古的声音；敲敲短发头，发出文明开化的声音。"从里到外全盘西化。

从衣食住行上看，日本 1867 年出现牛肉店，1870 年开始穿西装、制鞋、使用洋伞、发明人力车、使用自行车，1871 年政府颁布《散发令》提倡理发、出现西餐店及西洋建筑、使用桌椅，1872 年流行戴帽子、喝啤酒、开通铁路，1873 年出现卷烟，1874 年银座出现煤气灯，1887 年使用电灯等。在改革风俗习惯方面，1876 年京都府告谕中除奖励上学、落实卫生法外，还禁止在户外张贴神佛画像、唱念诅咒，禁止观星术、风水、看相、算卦等，甚至废除盂兰盆节会、六斋念佛、歌唱念佛等。在新政府看来，这些民间传统是不可理喻的邪教，妨碍现代化，必须加以破除。

内外危机

封建制度危机

从 18 世纪初开始，随着农业生产力的提高和商品经济的急剧发展，特别是因棉花、蚕桑、茶叶、烟草等经济作物的普遍栽种，德川幕府中期以后，在农业较为发达的中部和畿内地区，农户在很大程度上变成小商品经济生产者，不可避免地被卷入市场体系。由于这些商品生产者各自的生产条件不同，必然引起两极分化。一些条件较好的生产者不断积累财富，收购破产农民的土地，逐渐上升为地主。因为幕藩领主禁止土地买卖，所以土地兼并主要是采取抵押的方式，通过这种方式发展起来的地主一般称为"村方地主"。另外还有一种开发型地主，也就是一些商人、高利贷者和手工工场主，他们利用逐渐积累的资金，通过幕藩领主承包垦荒，成为大量土地的所有者。到明治维新前夕，新兴地主通过上述两种途径占有的土地约占全日本土地总面积的 1/3。

较大的地主将土地出租给农民耕种，中小地主则通常采取雇工经营的方式，但无论是出租土地的地主，还是雇工经营的地主，他们与直接生产者的关系完全是一种经济关系，并不具有领主与农民之间的身份依附关系。另一方面，由于他们是伴随着商品经济的发展成长起来的土地所有者和资本拥有者，所以与手工业生产、商品贸易具有密切的关系，即在土地经营之外，或者从事手工业，或者从事商品流通，成为一身二任的"豪农豪商"。但在幕藩体制下，土地禁止买卖，新兴地主的土地所有权得不到承认，其发展也受到压制。于是，他们容易成为社会变革的支持者，例如幕末动乱时期参与"尊王倒幕运动"的许多"草莽志士"均来自这个阶层。

与此同时，在一些经济比较发达的地区，开始出现资本主义性质的家庭手工业或手工工场。例如在大阪附近的棉织业中心河内，出现了许多被称为"木棉寄屋"的农村商人，他们收购农村手工业者的棉纺织产品，然后转卖给大阪的棉布批发商，然后进一步通过"换棉"和"出机"的方式控制农村家庭手工业。所谓"换棉"是指商人供给棉花，农民在家里纺成纱或织成布，商人按成品数量支付酬金；所谓"出机"是指商人不仅提供生产原料，而且提供纺织机械，农民在家里织成布匹，按照成品获得酬金。

在蚕丝业领域也是如此。早在 18 世纪后半期，其生产过程已经分化为养蚕、制丝和丝织三个部分，并出现了桐生、足利、福岛、丹后等著名的缫丝业、丝织业中心。进入 19 世纪以后，在养蚕业比较发达的关东和信州地区，农村商人不仅将原料蚕茧提供给农民，而且也将缲丝的工具——"釜""坐缲器"等提供给农民（所谓的"出釜制"），让农民在家加工生丝，然后按照产品的数量付给他们劳动报酬。

接下来，商人们在较大的城镇中建设厂房，出资招募贫穷的农村妇女或城镇妇女集中生产。此时的商人已变为资本家，生产者变为出卖劳动力的雇佣工人，从而形成了具有资本主义性质的手工工场。除棉纺业和丝织业外，陶瓷、制纸、酿酒等行业也出现了一些集中的手工工场。

幕藩领主为维护自己的统治，采取许多措施限制手工工场的发展。例如幕府在 1842 年曾颁布法令，严禁手工工场主招雇"机织下女"，禁止农民荒废本业，并强迫外出做工的农民返回家乡从事农业生产。因此，具有资本主义性质的手工工场在幕末时期尚处在较低的水平上，其生产资料所有者——资本家——亦未形成一支独立的政治力量。尽管他们是社会变革的支持者，但难以成为领导者。

在商品经济的推动下，城市商人，特别是以金融高利贷商人为主的特权商人力量逐渐增强，所谓特权商人是指那些与幕藩领主具有密切关系的商人。到 19 世纪中期，仅在大阪一地经营汇兑业务、资本金在 20 万两以上的钱庄就有 50 多家。这些金融特权商人拥有巨额财富，不仅通过贩卖各级武士的禄米控制了幕藩财政，而且对整个社会具有举足轻重的影响。仅是他们借给各地大名的款项就高达 6000 多万两，这些款项每年的利息就值 300 万石大米，而各地大名每年运往京都、大阪和江户的大米也不过 400 万石，以至于形成了"幕藩疲敝，权落商人""大阪富商一怒而天下诸侯惊"的局面。

幕藩领主为维护自己的统治，时常采取抑制或压迫特权商人的措施。例如频繁地向特权商人征收额外的赋税——"御用金"，并通过颁布《弃捐令》的方式取消武士对特权商人的债务，甚至以莫须有的罪名没收特权商人的财产，因此，双方存在矛盾、冲突。尽管如此，由于这些特权商人与幕藩领主是相互依赖的关系，即幕藩领主依赖特权商人解决财政和生活上的需要，特权商人利用幕藩领主积累财富，所以，这些特权商人对社会变革多持观望态度，如果形势对其有利，他们会转向反体制立场。

与上述新兴阶级逐渐强大的情景相反，传统的统治阶级与被统治阶级却趋于没落。首先是中下级武士在商品经济的影响下实际收入减少，幕府或大名为转嫁财政危机也不断削减他们的禄米，致使其生活日益窘迫，被迫转为教师、医生、手工业者或小商贩等，还有的成为失去士籍的浪人或商人的养子。这些下级武士的变革意识较强，特别是接触西方文明较早、受影响亦较大的西南诸藩下级武士，大多主张对旧制度进行改革，因而在社会动乱时期容易成为领导力量，尽管当时他们的社会变革目标并非十分明确。

下层农民则在沉重赋税的压迫以及商品经济的侵蚀下逐渐失去土地，成为一无所有的佃农，生活极为贫困，天灾人祸迫使他们不断起来反抗幕府的封建专制统治。据统计，在明治维新前的 80 年间共爆发了千余次农民暴乱，有力地打击了幕藩领主的封建统治。尽管多数农民暴乱均提出了"改革世道"口号，因而加速了幕府的倒台，但由于他们并不代表新的生产关系，其要求也大多停留在改善自己的生活水平上，因而难以成为社会变革的主力。

总而言之，到 19 世纪中叶的德川幕府末期，日本国内新型经济的发展及以其为基础的阶级力量变化尚未达到使传统生产关系崩溃的程度，但西方资本主义扩张势力的入侵却加快了社会变革的步伐。

培里叩关

与早期殖民扩张不同的是，进入 19 世纪以后，以英国为首的西方资本主义国家积极寻找国外市场和原料产地，以适应工业革命大规模兴起后的需求，而以中国和日本为中心的远东地区是其扩张的最后和最重要的目标。19 世纪初期，英、俄、美等国就不断派使节到日本，要求开港通商，但均遭到德川幕府的拒绝。幕府甚至在 1825 年颁布了《驱逐夷国船只令》，命令各藩击退靠近日本沿海的外国船只。

1842 年，清朝在鸦片战争中失败的消息传到日本，幕府被迫改变对待外国船只的政策，颁布《薪水给予令》，为漂流到日本沿海的外国船只提供燃料和食品，同时强化江户与大阪的海防。1844 年，荷兰国王写信给幕府，劝告将军接受清朝的教训，开国通商，但幕府没有听取其劝告，仍然实行锁国政策。

1846 年，美国东印度舰队司令比德尔率舰队到达日本浦贺，要求建立邦交关系并通商，但遭到幕府的拒绝。1848 年，北美太平洋沿岸的加利福尼亚成为美国的领土，为寻找捕鲸船的中途停泊地和通往中国的跳板，美国政府决定以武力迫使日本开国。1853 年 6 月，美国东印度舰队司令培里率四艘涂成黑色的军舰闯入东京湾，威逼幕府接受美国总统要求日本开国的亲笔信，并约定第二年春天给予回答，史称"黑船来航"。同年 7 月，俄国闻讯派舰队到长崎，要求划定两国边界，同时要求日本开国通商。美国舰队到达东京湾的消息震惊了日本，主持幕政的老中阿部正弘打破惯例，将翻译成日文的美国国书分发给各藩，征求诸大名的意见。

1854 年 2 月，培里率领七艘军舰再次到达浦贺，并在江户湾实地测量水文。在其压力下，幕府被迫同培里签订了《日美亲善条约》，规定日本开放伊豆半岛的下田和北海道的箱馆（今函馆）两个港口，向美国舰船提供煤、水、食品及其他必需品，救护遇难船员；美国可在两个港口设领事馆，给予美国最惠国待遇等。随后英国、俄国、荷兰又同日本签订了类似的条约，但在日俄签订的条约中，除增加了治外法权以及长崎为开港城市外，还规定了日俄两国在千岛群岛的边界。

图 5-1 培里像

培里完成了让日本开港的任务，将迫使日本通商的任务留给美国第一任驻日总领事哈里斯，培里本人没有等到这一天，他回国后监修了三卷本《日本远征记》，于 1858 年 3 月去世。

被迫开国

1856 年 8 月，美国总领事哈里斯到日本，在下田设领事馆。1857 年，哈里斯到江户会见幕府将军，要求签订通商条约。首席老中堀田正睦为得到天皇的批准专赴京都，但孝明天皇反对缔结通商条约。1858 年，清朝在第二次鸦片战争中再次失败，被迫与英法联军签订丧权辱国的《天津条约》。哈里斯借机进行恐吓，幕府大老井伊直弼在没有得到天皇批准的情况下，与其签订了《日美修好通商条约》。该条约由 14 项条款组成，主要内容有日本增加开放神奈川、长崎、新潟和兵库等港口及江户、大阪两城市；自由贸易，承认外国人在开港地的居住权，但禁止其到内地旅行；美国具有本国公民在开港地犯罪由其领事按照美国法律进行审判的领事裁判权，实施协定关税等。

随后英、法、俄、荷也相继与幕府签订了类似内容的条约。由于这些条约均在安政五年签订，因而统称为"安政五国条约"。西方资本主义国家通过这些条约不仅剥夺了日本的关税自主权，而且也得到建立租界、行使治外法权等特权。不平等条约的签订迫使日本向西方国家开放，并成为西方资本主义国家的商品市场和原料产地，结果引起了日本政治、经济、社会的巨大变化。

围绕是否开国，朝廷、幕府、诸藩之间爆发激烈争论，同时在将军继承问题上，幕府内部也出现矛盾，使政治局面进一步复杂化。幕府十三代将军德川家定 1858 年去世，身后无子，以越前藩主松平庆永为首的强藩大名主张推举一桥家的德川庆喜，并通过强藩联合的方式应付时局；以彦根藩主井伊直弼为首的谱代大名则主张由纪伊藩的德川家茂继任将军职务，并坚持幕府的专制统治。井伊直弼任幕府大老后，不仅擅自与美国签订了《日美修好通商条约》，而且决定由德川家茂任幕府将军，同时对反对派进行残酷镇压。松平庆永等大名被禁闭，越前藩士桥本左内、长州藩士吉田松阴等人被处死，其他遭受处罚者超过百人，史称"安政大狱"。

幕府的镇压措施引起激烈的反抗。1860 年，井伊直弼在江户城樱田门外遭到水户藩浪人武士的袭击，被杀身亡，此次"樱田门事件"标志着幕府专制统治的终结。受其冲击的天皇朝廷和幕府被迫转向相互联合的"公武合体"，其具体行动就是撮合孝明天皇之妹和宫与幕府将军德川家茂的婚姻。由于在此之前和宫已经与炽仁亲王定婚，因而遭到强烈反对。尽管在"公武合体派"的推动下，和宫在 1862 年年初与将军家茂举行婚礼，但幕府主导下的"公武合体"未能持续下去，因为积极推动此事的幕府老中安藤信正 1862 年 1 月在江户坂下门遭到浪人武士的袭击，负伤后辞职。

接下来，强藩大名继续积极推动"公武合体"，他们在压制下级武士激进活动的同时，要求幕府进行改革，以便分享最高权力，其中以萨摩藩主监护人岛津久光最为积极。1862 年 3 月，岛津久光率兵到京都，在寺田屋旅馆镇压了下级武士激进派，然后到江户督促幕府进行改革。幕府被迫任命强藩大名担任要职，同时缓和"参觐交代"制度，采用西式军制，赦免安政大狱的受罚者等。但是，社会形势的混乱以及诸藩之间的矛盾使由强藩大名主导的"公武合体"也未能持续太长时间。

根据"安政五国条约"的规定，日本在 1859 年 7 月正式开港，其对外贸易由此迅速增长。1860 年出口额为 470 万美元，进口额为 160 万美元。到 1867 年，出口额为 1200 万美元，进口额为 2160 万美元。8 年间进出口总额增加了 4 倍多，而且入超情况严重。一方面，生丝、茶叶、蚕种及棉花等原材料大量出口，造成价格飞速上涨。例如桐生地方生丝价格在开港后一年就上涨了 3 倍，使日本的丝织业遭受严重打击。同时，出口商品价格上涨也影响到一般物价的波动，例如肥后米价格在1858年到1865年之间提高了3.5倍。另一方面，以棉、毛纺织品为主的大量廉价外国工业品充斥日本市场，日本的手工工场无法与之竞争，纷纷倒闭，其劳动者大量失业。

开港后的另外一个直接后果是黄金外流。当时日本的金银比价是1:5，而国际市场的比价是1:15。西方商人与各国使馆人员利用其差额，以墨西哥银元套购日本黄金，攫取暴利。日本黄金大量外流，仅在1859年下半年就高达100万两，结果引起金融市场的严重混乱，并导致包括米、麦、盐等生活必需品在内的物价持续上涨，从而使农民、城市贫民和下级武士的生活更加困难。

外国势力的入侵及其引发的经济混乱进一步激化了国内的阶级矛盾，具有反抗领主土地所有制性质的农民骚乱次数剧增，在1865年到1867年之间，平均每年发生55次。以反对粮食投机及涨价为目标的城市贫民暴动也显著增加，在1865年到1867年之间，平均每年发生16次。尤其是在1867年波及全日本的"这样可好了"动乱——为数甚多的下层民众成群结队，唱着"这样可好了"的歌谣，冲击富豪住宅及幕府机关——极大地动摇了幕府的统治。农民及城市贫民的这些反抗和斗争有力地推动了以下级武士为中心的改革派走上社会变革之路。

王政复古运动

尊王攘夷

下级武士最初将社会混乱以及自己生活艰难的原因归结为外国势力的入侵，因而袭击外国人的"攘夷活动"接连不断。1859年7月，俄国两名水兵被水户藩浪人武士杀死；1860年12月，美国领事哈里斯的荷兰籍翻译休斯根在江户三田被萨摩藩的浪人武士杀死；1861年5月，水户藩浪人武士袭击品川东禅寺的英国临时公使馆，致使其馆员受伤；1862年8月，萨摩藩"参觐交代"的队伍在神奈川生麦村与英国人发生冲突，一名英国商人被杀，史称"生麦事件"；1862年底，长州藩武士高杉晋作、久坂玄瑞等人袭击并烧毁了品川正在建设的英国公使馆。为保护在日本的本国商人和领事馆人员，英、法两国在1863年向幕府提出在居留地驻扎军队，并得到许可。两国军队从1864年开始驻扎横滨，直到1875年才撤出。

在各地不断出现"攘夷活动"的同时，以长州藩为中心的下级武士云集京都，不仅反对幕府或强藩大名主导的"公武合体"，而且打出"尊王攘夷"的旗帜，即在天皇的旗号下打击外国势力。受其影响，天皇朝廷不断督促幕府采取"攘夷"行动，重新锁国，幕府被迫通知各藩从 1863 年 5 月 10 日开始"攘夷"。积极主张"攘夷"的长州藩迅速响应，同日炮击了通过下关海峡的外国舰船。

观念转变

1863 年 6 月，为解决"生麦事件"，英国七艘军舰驶入鹿儿岛湾，要求萨摩藩处罚凶手和赔款。由于不满萨摩藩的答复，英国军舰采取行动，萨摩藩的部分炮台和鹿儿岛部分市区被摧毁，英军也出现伤亡，史称"萨英战争"。后来英国与萨摩藩在横滨达成协议，萨摩藩被迫接受"惩凶""赔偿"等条件。

1863 年 8 月 18 日，以萨摩藩、会津藩为首的"公武合体派"发动政变，将长州藩的势力和朝廷中的"尊王攘夷派"赶出京都，各藩的"尊王攘夷"活动也遭受挫折。1864 年 6 月，担任京都警备的幕府武装"新撰组"袭击了长州等藩"尊王攘夷"武士所在的池田屋旅馆，致使数人伤亡。长州藩军队为此进攻京都，但被击退，史称"禁门之变"。幕府以此为借口，并得到天皇的支持，纠集 35 个藩的兵力讨伐长州藩。英国、法国、美国、荷兰四国联合舰队趁机炮击并攻占下关炮台，报复长州藩前一年炮击外国舰船的行为，长州藩战败，被迫求和，史称"下关战争"。其后幕府军队大兵压境，长州藩再次谢罪求和，藩政为保守派所掌握。

1864 年年底，高杉晋作率领新式军队"奇兵队"在下关起兵，改革派重新掌握长州藩政权。经过"下关战争"后，长州藩的下级武士意识到"攘夷"是不可能的，只有向西方先进国家学习，发展经济实力，才能达到独立自强的目的。因此，他们掌握藩政后，不仅推行军事改革，而且陆续建立造船、冶金等藩营手工工场。

1865 年 9 月，英、法、美、荷四国联合舰队驶入兵库海面，要求天皇朝廷批准通商条约。其行动不仅导致通商条约得到天皇的批准，而且关税也从 20% 下降到 5%。其后英国意识到幕府的统治难以持续下去，因而开始接近反幕府政治势力。以西乡隆盛、大久保利通为中心的萨摩藩下级武士也意识到在武力相差悬殊的状况下进行"攘夷"是轻率的，应当开国进取。在他们的推动下，萨摩藩采取了购买英国武器、向英国派遣留学生、建设新式工场等改革措施。

尊王倒幕

针对长州藩的变化，1865 年初，幕府调兵遣将，准备再次讨伐长州藩。已经转向"开国论"的萨摩藩不仅抵制幕府的命令，而且暗中支持长州藩。1866 年 1 月，在土佐藩武士坂本龙马、中冈慎太郎的斡旋下，长州藩代表木户孝允和萨摩藩代表西乡隆盛签订相互支援的密约。从此以后，下级武士领导的"尊王攘夷运动"转向"尊王倒幕运动"。

1866 年 6 月，幕府以"私购武器""私自对外贸易"等罪名正式发动第二次讨伐长州的战争。由于遭到顽强的抵抗，幕府军未能攻入长州藩地区，其在北九州的据点小仓城反而被长州藩军队攻陷。7 月，在大阪城指挥作战的将军家茂病死，幕府以此为借口草草结束了这场不得人心的战争。继任将军职务的德川庆喜接受法国公使的建议，对幕政实施改革，其内容包括整编幕府机构、加强其权力，招聘法国军官训练军队，利用法国的贷款购入武器，成立商社增加幕府收入，等等。

1866 年 12 月，顽固的攘夷主义者、主张"公武合体"的孝明天皇去世，年仅 15 岁的太子睦仁即位（即后来的明治天皇）。朝廷公卿三条实美、岩仓具视等立即与萨摩、长州等藩的"倒幕派"取得联系，策划武装讨幕。面对如此局势，十五代将军德川庆喜接受土佐藩的建议，在 1867 年 10 月提出"大政奉还"，即将统治权交还天皇，但"倒幕派"并没有停止行动。

1867 年底，在"倒幕派"的推动下，明治天皇颁布《王政复古大号令》，即宣布废除幕府，成立由总裁、议定、参议构成的新政府。当天晚上，新政府召开会议，讨论对幕府将军的处理问题。其结果是命令将军庆喜"辞官纳地"，即辞去将军、内大臣等所有职务，交出半数领地给朝廷，此后一切权力重新归天皇。

德川庆喜并不甘心彻底交出政权，在会津、桑名两藩的支持下，立即率兵从大阪向京都进军。1868 年 1 月，以萨摩藩和长州藩为主力的新政府军与幕府军在京都附近的鸟羽、伏见地区激战 3 天，结果数量占优势的幕府军被打败，德川庆喜从海路退回江户。因 1868 年正值农历戊辰年，故这一年新政府与幕府之间的战争被称为"戊辰战争"。

新政府组成东征军，兵分三路进军关东地区，并迅速兵临江户城下。幕府知道取胜的可能性很小，于是在英国公使的斡旋下，献城投降，仅在上野地区有幕府的"彰义队"进行抵抗，但很快被消灭。在东北地区，以会津藩为首组成"奥羽越列藩同盟"，继续抵抗新政府。由于当地农民纷纷起义，新政府军进展顺利。到 9 月，东北地区的抵抗势力被平定。幕府海军将领榎本武扬率八艘军舰以及幕府残兵逃至北海道箱馆，并在 1868 年 12 月建立"虾夷共和国"。1869 年 5 月，在新政府军的进攻下，榎本武扬兵败投降。至此，历时 1 年 5 个月的"戊辰战争"结束，新政府军方面战死 3550 人，旧幕府军战死 4690 人。

新政权的改革

1868 年 3 月，新政府颁布了《五条誓文》，即施政纲领。其具体内容为：广兴会议，万机决于公论；上下一心，盛行经纶；公武同心，以至于庶民，须使各遂其志，人心不倦；破旧来之陋习，立基于天地之公道；求知识于世界，大振皇基。4 月，颁布《政体书》，仿效奈良时代实行太政官制，最高职位为太政官，下设立法、行政、司法机构，并规定官员的任命办法及职责。其中议会官分管立法，分上下两局；行政官、神祇官、会计官、军务官、外国官分管行政；刑法官分管司法。

1868 年 7 月，将江户改为"东京"，作为新首都。9 月，改年号为"明治"，取自中国古书《易经》中的"圣人南面而听天下，向明而治"。10 月，明治天皇到

图 5-2　明治中央行政机构图

按照"王政复古"的原义，明治维新后的中央行政机构与 7 世纪"大化改新"后建立的行政机构相同，但随后在 1875 年发生变化，1885 年进一步改为内阁制。

东京巡视。1869 年初，天皇以及政府机构迁至东京。此后明治政府实施一系列改革措施，在巩固新政权的同时，推动资本主义经济的迅速发展。其措施主要有以下几项：

中央集权体制

明治政府成立之初，地方行政单位为府、藩、县，皇室领地、旧幕府领地多数改为府和县，由政府任命其首长"知事"，藩仍由旧藩主统治。1869 年 1 月，萨摩、长州等藩带头"奉还版籍"，即将领地和人民的统治权上交中央政府。6 月政府正式颁布《奉还版籍令》，将所有藩的统治权收归中央，旧藩主成为中央政府任命的"藩知事"，同时对士族的俸禄进行改革。

"奉还版籍"后，陆续出现藩主因财政困难主动请求废藩的状况。1871 年 7 月，明治天皇颁布《废藩置县》诏书，将旧藩主迁住东京，坐食俸禄。将藩改为府县制单位，最初共有 3 府 302 县，后改为 3 府 72 县，1888 年又合并为 3 府 42 县。尽管各藩的债务负担以及建立中央集权体制以对抗西方列强的意识使废藩置县得以顺利进行，但中央政府也为此承担了相当于两年国家预算的债务。

废除身份制度

从 1869 年到 1872 年，政府连续颁布法令，废除江户时代的士、农、工、商身份制度，将过去的公卿诸侯等贵族改称为"华族"，将藩主以下的武士改为"士族"，废除"秽多""非人"等贱民称呼，与过去的农、工、商统称为平民。同时准许武士从事工商业、平民担任文武官职等。1873 年 1 月，颁布《征兵令》，规定年满 20 岁男性均有服兵役义务。

另外，为减轻财政负担，政府逐步减少士族的俸禄，并鼓励士族一次性领取 5 年的俸禄作为从业资金。1876 年 9 月，政府颁布《金禄公债条例》，由政府一次性发给士族"金禄公债"，从而废除了封建俸禄制度。为解决领取少量公债的一般士族生活困难问题，政府优先录用旧士族充任官吏、教师、军人、警察等公职，在内地各府县低价出售土地给士族，同时鼓励士族向地广人稀的北部地区和北海道移民。尽管如此，遗留问题仍然较多，成为后来士族叛乱的重要原因。

经济改革

1871 年 9 月，明治政府废除过去农作物栽培品种的限制。1872 年 2 月，允

原始文献

征兵告谕

对广大农民来说，服兵役不仅从观念上难以接受——因为传统意识中当兵打仗是武士的职责，更是一项沉重的负担，意味着失去了重要的劳动力；再加上《征兵告谕》中说服兵役是"以血报国"，文化程度不高的农民担心当兵后被抽血等。因此，各地农民纷纷举行反对征兵的暴动。

我朝上古之制，海内皆兵。有事之日，天子为元帅，募堪任丁壮兵役者以惩不逞。解甲归家则为农，为工，为商贾。原非如后世配双刀，称武士，抗颜坐食，甚至杀人而官不问其罪者。盖自神武天皇以珍彦为葛城之国造以来，尔后设军团，定卫士防人之制。至神龟天平之际，六府二镇之设始备，保元平治以后，朝纲颓弛，兵权遂坠武门之手，国为封建之势，人有兵农之别。降至后世，名分全泯，其弊不可胜言。然自大政维新，列藩奉还版图，及辛未之岁，远复郡县之古。准许世袭坐食之士减其禄，脱刀剑，以求四民渐获自由之权。斯乃上下平均，人权齐一之道，即兵农合一之基也。于是士已非从前之士，民亦非从前之民，均为皇国一般之子民，报国之道本应无别。凡天地间一事一物无不有税，以充国用。然则，凡为人者本应尽其心力以报国焉。西人称之为血税，以其鲜血报国之谓也。且国家如有灾患，人人皆须有分，是故各尽心力以防国家之灾患，则为一己防患之基。苟有国，则有兵备，有兵备，则人人须服其役。由是观之，民兵之法原乃天然之理，非偶然人为之法。然而，言其制度，则必须斟酌古今，因时制宜。西洋各国以数百年余之研究实践而定兵制，故其法极为精密。然而政体地理有异，不可全部沿用之。今者应取其所长，补古昔之军制，备陆海二军。全国四民凡年满二十岁者，皆应编入军籍，以备应急之用。乡长里正均须深体此意，按征兵命晓谕民庶，使知保护国家之大本也。

——选自日本历史学研究会编：《日本史史料·4·近代》，岩波书店，1997年，第99—100页

※ 通过史料思考强制性征兵制度与近代国家的形成。

许土地进行买卖，同时向土地所有者颁发地券。同年10月，允许农民从事其他职业。1873年7月，政府颁布《地税改革条例》，其主要内容为：按照地价的3%征收货币地税，征收对象为土地所有者，其他附加税不得超过地税的1/3。尽管允许土地买卖等政策适应了资本主义的发展，但地税占到收获量的1/3，因而对农民仍然是一项沉重的负担。

明治政府废除各藩设立的关卡，撤销工商业界的行会制度和垄断组织。为统一货币，政府在1871年颁布《新货币条例》，并发行不能兑换的新政府纸币奖励贸易。1872年，政府颁布《国立银行条例》，依靠民间资本陆续创办了四家银行。

另外，政府大力推进电信事业和邮政事业，在 70 年代末普及日本各地。由政府出资经营的东京—横滨间的第一条铁路在 1872 年通车，此后陆续开通了大阪—神户线、大阪—京都线等。对民间企业给予资金或技术上的扶植，例如大力支持三井、三菱等大商社从事海运业等。

为鼓励民间资本投资近代工业，政府首先在 1870 年 10 月设立工部省，其后在 1873 年设立内务省，作为培育官营工业的机构。同时投入大量资金，进口西方国家的先进设备，高薪雇佣外国技术人员，建立许多具有示范效应的国营"模范工厂"，其范围涉及军工、铁路、矿山、造船、机械、水泥、玻璃、纺织、制丝等产业。例如在制丝业中，政府引进法国设备，聘用法国技术人员，在群马县设立富冈缫丝厂，招聘士族子女为工人，利用蒸气动力进行机械缫丝。

图 5-3 富冈缫丝厂

两年建设完成，二层木架砖瓦的法式建筑，当时引进 12 台法国缫丝机械、1 台蒸汽机。但万事俱备，等待开工时却迟迟招募不到女工。当地盛传："如果进厂工作，将被外国人吸血。"原来，工厂雇用了包括法国技师在内的 11 名外国人，他们吃饭时喝红葡萄酒，日本人以为是在喝生血。

在农业及畜牧业方面，设立育种场、种畜场，改良农作物和家畜的品种。同时设置东京驹场农学校、北海道札幌农学校，招聘外国教师任教，培养农业专家和技术人员，推动农业生产力的提高。

自由民权运动

精英分裂

1871 年 10 月，明治政府为修改同欧美国家签订的不平等条约，派出了以右大臣岩仓具视为正使，木户孝允、大久保利通、伊藤博文等政府主要领导人为副使的大型使节团前往美国与欧洲，参观、学习西方的文明与技术。该使节团花费 1 年 9 个月的时间，访问了欧美 11 个国家。尽管欧美各国均以日本国内法制尚未完备为由拒绝了其修改条约的要求，但欧美各国的先进生产力和社会制度却使这些日本人大开眼界。使节团成员详细考察了欧美各国的议会、政府、工厂、学校、医院等近代设施，充分感受了西方的立宪政治、发达产业、自立精神及其基础上的强盛国力，痛感只有通过学习西方使自身迅速富强，才有可能实现真正的平等及独立。

明治政府成立以后，曾派对马藩官员携带国书出使朝鲜，通知新政府成立，希望两国建立新的邦交关系。奉清朝为宗主国的朝鲜因不满日本国书中带有"天皇"词汇，再三拒绝了日本的要求。在使节团访问欧美期间，日本国内的留守政府成员以西乡隆盛、板垣退助为中心，主张以武力为后盾迫使朝鲜开国，其背后也隐藏着将没落士族对政府的不满转移至国外的企图。提前回国的岩仓使节团成员岩仓具视、大久保利通等人对此坚决反对，他们认为日本的当务之急是发展国力。由此，"内治优先派"与"征韩派"相持不下。1873 年 10 月，在"内治优先派"的操纵下，天皇下达"整顿国政，富国文明之进步，乃燃眉之课题"的圣旨，从而宣布了"征韩派"的败北。西乡隆盛、副岛种臣、后藤象二郎、板垣退助、江藤新平等"征韩论者"被迫辞职下野，史称"明治六年政变"。

然而，下野的"征韩论者"却走上截然不同的道路。江藤新平、西乡隆盛等人以武力反对新政权，结果身败名裂。最初江藤新平参加了要求开设民选议院的"爱国公党"，但在 1874 年 2 月率领万余名佐贺县士族举兵叛乱，结果兵败后被处以死刑。

下野后返回故乡鹿儿岛的西乡隆盛，为帮助贫困的士族，自费建立"私学校"，召集士族子弟入学。"私学校"后来发展出百余所分校，学员多达 3 万余名，实际上具有军队的性质。在西乡隆盛的影响下，鹿儿岛县拒不执行包括俸禄处分及地税改革在内的诸多中央政府政策。为防不测，政府在 1877 年 1 月命令将鹿儿岛弹药库中的弹药运出该地，但"私学校"的学员闻讯后抢先袭击了弹药库，并将弹药抢走。同年 2 月 15 日，西乡率兵从鹿儿岛向北进发，同时向政府发出"质问"，史称"西南战争"的内战由此爆发。政府先后共出动 6 万多人的军队前往九州地区作战，西乡军队最多时也达到 4 万余人，双方参战士兵的规模乃至伤亡数量均超过戊辰战争。最初战事呈胶着状态，但局势很快向政府军倾斜。同年 9 月，西乡隆盛兵败自杀，西南战争结束。

除江藤新平、西乡隆盛率领的士族叛乱外，还有称为"神风连之乱""秋月之乱""荻之乱"等的士族武装叛乱，但均被政府军镇压下去。士族武装被由平民组成的军队打败，证明了征兵制的效果。从此，士族不再以武力反抗政府，而是通过言论或其他方式批判政府。

与西乡隆盛同时辞去政府官职的副岛种臣、后藤象二郎、板垣退助等人在1874 年初组成了"爱国公党"，提倡"天赋人权"，要求设立民选议院。在随后向政府提出的《设立民选议院建议书》中，他们批判以岩仓具视、大久保利通为中心的政权是"有司专制"，将使国家趋于瓦解，只有设立民选议院，给人民以选举权、租税共议权，才是拯救国家之道。

1874 年 4 月，板垣退助与片冈健吉等人在其故乡高知县组成"立志社"，大力提倡"天赋人权"，主张"人民尽皆平等，无贵贱尊卑之别"。同时，他们呼吁为伸张人民的权利，必须建立民选议会。在立志社的影响下，各地出现了许多类似的政治团体。

1875 年 2 月，以立志社为中心，各地政治团体的代表 40 余人在大阪举行集会，并组成"爱国社"。该政治团体积极主张"各伸张其自主之权利，尽人类本分之义务，小则保全一身一家，大则维持天下国家"，以"增进天皇陛下之尊荣福利，使我帝国和欧美各国对峙屹立"。

针对上述自由民权运动骤然兴起的局面，明治政府一方面进行部分政治改革，即在天皇颁布逐渐建立立宪政体诏书的同时，废除左右两院，设置元老院和大审院；另一方面，劝诱自由民权派的中心人物板垣退助再度入阁，以达到瓦解运动的目的。1875 年 3 月，板垣退助重新担任政府参议，爱国社也因此在 1875 年 4 月解散。

1875 年 6 月，政府制定《新闻纸条例》，严格限制言论，违者处以罚款和监禁。同时颁布《谗谤律》，禁止对官员的批评，违者给予罚款处分。同年 10 月，板垣退助因政府未遵守建立宪政体制的约定而退出政府，继续从事自由民权活动。

1877 年 6 月，立志社代表片冈健吉再次向明治政府提交设立民选议院的建议书。建议书批评明治政府具有"有司专政""中央集权""国民无权""负担沉重""弱势外交"等八大弊端，认为只有建立民选议院、确立宪政体制才能消除这些弊端，同时提出了"开设国会""减轻地税""修改不平等条约"的自由民权运动三大纲领。

建议书遭到政府的拒绝，以片冈健吉为中心的自由民权派将其印刷出来，广为散发和宣传。通过广泛吸引社会各个阶层参加，自由民权运动开始具有群众性基础。1878 年 9 月，自由民权派在大阪召开重建爱国社大会，全日本有 13 个县派代表参加。1880 年 3 月，爱国社在大阪召开第四次全国代表大会，并成立了"国会期成同盟"。会议选举片冈健吉、河野广中为代表，向政府递交开设国会请愿书。

为限制自由民权派的活动，政府颁布了《集会条例》，规定集会事先必须得到警察的批准、警察有权解散集会、禁止发行议论政治的广告或文件、集会不得在室外举行等。正因如此，片冈健吉等人向政府递交的要求开设国会请愿书被政府拒绝。但其后各地要求召开国会的请愿活动此起彼伏，仅在 1880 年就向政府递交了 58 份开设国会的建议书或请愿书，在这些建议书或请愿书上签名者达 25 万人。

1880 年 11 月，国会期成同盟在东京召开第二次大会，在 64 名代表中，平民超过士族。大会决定努力争取开设国会，并要求各地政治团体拟定宪法草案。当时全日本共有二百多个民权团体，由集体或个人起草的日本宪法草案达数十种，其中有著名启蒙思想家植木枝盛起草的《日本宪法预定案》和《日本国国宪案》，这两个草案在强调主权在民的同时，主张人民具有"革命权"。即"当政府肆意违背宪法，擅自蹂躏人民自由权利，妨害建国宗旨时，日本人民可推翻它，建立新政府"。

文明开化

明治初年，日本政府提出的三大口号是"富国强兵""殖产兴业"和"文明开化"。所谓"文明开化"，就是在政治制度、思想文化甚至生活方式上向西方学习，结果对日本的宗教、教育、国民生活、思想文化、大众媒体等均产生了巨大的影响，同时造就了自由民权运动的思想文化基础。

在宗教领域，明治政府在"王政复古"旗号下，大力扶植日本传统的神道教，从"祭政一体"的立场树立天皇的统治权威。首先在政府机构中设置神祇官一职，其地位在太政官之上，同时任命宣教使，向国民灌输神道教。其后设置神社制度，将神社置于政府的保护之下。1869 年，为祭祀在戊辰战争中死去的政府军士兵，政府建立"招魂社"，1879 年，将其改为"靖国神社"。

1868 年 3 月，政府颁布《神佛判然令》，即将神道教和佛教分离开来，禁止古代延续下来的"神佛习合"风俗。尽管其政策并非否定佛教、寺院，但在许多地方相继出现了烧毁寺院、佛像，廉价出卖佛具、佛经的现象，即"废佛毁释运动"。政府不得不在 6 月发布通告，说明《神佛判然令》并不是废除佛教。

在基督教方面，明治政府最初仍然延续幕府时期的禁教政策，并发生了逮捕长崎基督教徒、强迫其改变信仰的事件。西方各国对此提出抗议，岩仓使节团访问欧美时也意识到禁止基督教将妨碍与西方国家修改不平等条约，建议政府开禁。因此，1873 年 2 月，明治政府撤销禁止基督教的法令，允许在日本传播基督教。西方教会在传播教义、增加教徒的同时，对明治时期日本的教育、医疗救济事业，特别是女子教育的发展起到了重要推动作用，由教会创办的大学有明治学院大学、立教大学、青山学院大学、神户女子学院等。

另外，明治新政府将国民教育作为现代化事业的一项重要内容，始终致力于其普及与发展。早在 1871 年政府就设置了负责教育行政的文部省，第二年颁布了将全日本划为众多学区的《学制》。根据其计划，全日本分为 8 大学区、256 所中学、53760 所小学，以期达到"邑无不学之户，家无不学之人"。在学制上，小学分为下等小学和上等小学，各为 4 年，中学也分为下等中学和上等中学，各为 3 年，义务教育为 8 年。但由于财政困难等原因，到 1878 年，全日本仅建设了 26584 所小学，小学就学率达到 41%，其中男性儿童为 57%，女性儿童为 23%。为培养普及教育所需的师资，从 1872 年到 1874 年，明治政府陆续在各大学区设立师范学校，同时在东京设立女子师范学校。

但是，明治政府的教育政策不仅过于理想化，而且带有强制性，再加上过高的小学经费多由家长承担，因而引发民众的不满和反对，部分地区甚至爆发了反对学制、破坏校舍的动乱。1879 年，明治政府废除《学制》，颁布《教育令》，其主要内容是终止学区制，学校的设置、废止、管理等权限均委托给地方政府，就学的义务也改为 4 年，每年为 4 个月。因担心这种放任主义政策将引起教育的衰退，明治政府在第二年又大幅度修改《教育令》，强化中央政府对学校教育的内容以及学校运营的管理，并将最低接受教育年限定为 3 年。

在高等教育方面，1868 年，明治政府将幕府时期的开成所、昌平坂学问所和医学校改为开成学校、昌平学校和医学校。1869 年 7 月，将其合并为大学校及分校。同年底再次将其划分为大学本校、大学南校和大学东校，聘请日本的洋学家及外国人讲授"洋学"，同时兼管高等教育行政。1877 年，成立第一所近代综合大学——东京大学，将其作为学术研究和高等教育管理的中心。为充实高等教育，明治政府还在向海外派遣大批留学生的同时，邀请许多西方国家的学者到日本担任外籍教师。

与此同时，具有西方色彩的私立学校或私立高等院校也迅速建立起来。例如1868 年福泽谕吉创办的庆应义塾（后来的庆应义塾大学）、1875 年新岛襄创办的同志社英文学校（后来的同志社大学）、1882 年大隈重信创办的东京专门学校（后来的早稻田大学）。另外还有 1879 年的东京法学校（后来的法政大学）、1881 年的明治法律学校（后来的明治大学）、1885 年的英吉利法律学校（后来的中央大学）、1886 年的关西法律学校（后来的关西大学）等专门学校。当时还创办了许多女子高等院校。

在明治政府的大力提倡下，以东京等大城市为中心，普通国民的生活方式也出现许多新气象。1871 年，政府颁布《理发脱刀令》，鼓励人们剪去发结，解除配刀。1872 年，政府颁布第 373 号《太政官布告》，废除幕府时期的传统礼服，定西式礼服为官员礼服。同年，政府利用东京银座一带火灾之机，建造了带有浓厚西方风格的砖瓦建筑群，城市街道两侧设有路灯，道路上行驶人力车或马车。另外，住洋房、吃西餐、喝啤酒也成为社会时尚。1872 年 11 月，政府宣布废除旧历，转而实施阳历，旧历明治五年 12 月 3 日为阳历 1873 年 1 月 1 日。1873 年，日本出现棒球运动，1876 年，开始实施星期天为休息日的规定。但"文明开化"风潮也带来负面影响：日本的传统文化及传统工艺遭到抛弃，许多文物被廉价出售甚至肆意破坏。另一方面，西方生活方式主要在大城市中流行，广大农村仍然以传统方式生活。

在"文明开化"风潮中，思想文化界十分活跃，不仅翻译出版了许多有关西方思想及文化的著作，而且撰写出版了许多介绍英国的功利主义、法国的天赋人权等自由民主思想以及西方国家政治制度、经济组织、法律知识的书籍。在这一过程中，涌现出许多宣传西方文明的社会活动家和启蒙思想家，其中最为著名的是福泽谕吉。福泽谕吉出身下级武士家庭，年轻时即开始学习西方文化，曾随幕府使节团多次访问欧美各国，痛感日本开国进取之必要。明治维新前夕福泽谕吉就创办了"庆应义塾"，并著书立说，力倡文明开化。其《劝学篇》中提出的"天不造人上人，也不造人下人"的平等观一时成为人人皆知的名言，其《文明论概略》提出知识进步是文明发展动力的观点也对社会产生了巨大影响。

除福泽谕吉之外，著名的启蒙思想家还有撰写《立宪政体略》《真政大意》《国体新书》等书、宣扬立宪政治及天赋人权的加藤弘之，翻译《西国立志编》《自由之理》等书并传播自由主义、功利主义的中村正直，翻译《社会契约论》、提倡自由平等的中江兆民，撰写《日本文明小史》、宣扬文明史观的田口卯吉，撰写《民权自由论》的植木枝盛等。他们主张的天赋人权、自由平等思想对自由民权运动起到很大影响。

1873 年 8 月，以福泽谕吉、加藤弘之、中村正直等人为核心，启蒙思想家们结成学术团体"明六社"，并发行旬刊《明六杂志》。该团体经常召开讲演会、座谈会，大力宣扬新的学术、知识及思想。但由于遭到政府的压制，《明六杂志》在 1875 年 11 月被迫停刊。

随着"文明开化"的发展，以报纸为中心的传媒也发展起来。尽管戊辰战争时就已经出现了平民报纸《中外新闻》及政府报纸《太政官日志》，但最早的日报是 1870 年的《横滨每日新闻》。在 19 世纪 70 年代，《东京日日新闻》《朝野新闻》《朝日新闻》等报纸陆续创刊，同时也出现了杂志。到 80 年代，受自由民权运动的影响，多数报纸成为发表政治主张的政论报纸，称为"大新闻"，也有提倡中立立场的《时事新报》。同时，还出现了称为"小新闻"的娱乐性报纸，例如 1875 年创办的《读卖新闻》等。

运动高潮

因改革身份制度、废除封建俸禄、实行征兵制等措施，士族阶级受到沉重打击，绝大多数士族不仅沦为被统治阶级，而且生活困难，自然对政府心怀不满。如同前述，19 世纪 70 年代爆发了许多士族武装叛乱。即使那些已经转化为土地所有者、手工工场主的中小士族也同中小地主资产阶级一样，反对主要由原长州藩、萨摩藩出身者垄断国家政权的"藩阀政府"。

另一方面，明治政府实施的土地制度和地税改革并没有减轻农民的实际负担，而且强制推行义务教育及征兵制又使农民背上了新的沉重负担，因而农民不断以暴动的形式进行反抗。1873 年，爆发了 61 次农民暴动，其中以福冈县发生的农民暴动规模最大，有 30 多万人参加。暴动的农民冲击政府部门和邮电局，捣毁富豪的住宅以及高利贷者的钱庄，要求免除 3 年地税，停止建立学校，反对投机商人，反对征兵制。1876 年，三重、岐阜、爱知、堺四县爆发了大规模反对地税改革的农民暴动，政府不得不在 1877 年初将地税从地价的 3% 下降到 2.5%，并规定附加税不得超过地税的五分之一。士族与农民的反政府活动及暴乱构成了自由民权运动的社会基础。

尽管迫于社会的压力，明治政府成员均赞成立宪政治，但以伊藤博文为首的多数官员主张需要充分的时间进行准备，并采用德国式强化君权的宪法，只有参议大隈重信等少数官员主张尽快开设国会，并引进英国式的政党政治，即议会内阁制。1881年10月，政府罢免了大隈重信等激进派官员，同时颁布在1890年开设民选议院以及制定宪法的诏书，并威胁"如仍有故意逞躁急煽事变，为害治安者，将绳以国法"，史称"明治十四年政变"。

开设国会诏书的颁布推动了各种政治势力的分化组合，出现了三个持不同纲领的政党。首先在1881年10月，以国会期成同盟为基础形成自由党，党首为板垣退助，主要干部有后藤象二郎、片冈健吉、河野广中等。自由党的社会基础主要是中小地主、自耕农民、中小工商业者、士族激进知识分子等，其纲领为扩大自由、保障权利、改善社会、促成立宪政体等，其行动也较为激进。1882年4月，以大隈重信为首组成立宪改进党。该党主张渐进的政治改良以及立宪君主制，要求实行限制性选举，其成员主要是城市工商业者、大地主、大资产阶级。为对抗自由党和立宪改进党，在伊藤博文的操纵下，同年3月，成立了以政治评论家福地源一郎为首的立宪帝政党。该党的支持者多为保守的神官、僧侣、国学者、儒学者、市町村官员等，其主张也是天皇中心主义、主权在君、钦定宪法等，因而被称为"御用政党"。但该党存在时间不长，第二年根据政府授意解散。

明治政府一方面采取高压手段取缔自由民权派的活动，另一方面采取怀柔手段，拉拢自由民权运动的领导者。1882年4月，自由党最高领导人板垣退助进行全国巡回演说，在岐阜县被右翼分子刺伤。其后在伊藤博文和井上馨的劝诱下，板垣退助和后藤象二郎接受三井商业集团的资助游历欧洲，结果引起自由党内部的分裂。另外，政府极力挑拨自由党与立宪改进党的矛盾，两党相互指责对方被大资本家集团收买。对自由党中央领导人不满的基层党员逐渐转向激进道路，领导农民、市民等进行了一系列反抗政府的暴力斗争。

1882年，明治政府开始采取财政紧缩政策，结果造成大米价格暴跌，农民贫困、分化现象日益突出。在其背景下，自由党基层成员领导农民进行了多起反政府的暴力斗争。1882年11月，为抗议福岛县知事因修筑公路而征收沉重的赋税，以河野广中为首的自由党成员率领数千农民发动暴乱。暴乱遭到政府的镇压，包括河野广中在内的多名自由党成员被捕，史称"福岛事件"。

1883 年 3 月，新潟县高田警察署以暗杀政府高官为名逮捕数十名自由党成员，其中一人因预备阴谋内乱罪被判处 9 年徒刑，史称"高田事件"。

1884 年 5 月，群马县自由党成员计划利用高崎站铁路开通典礼之机袭击政府官员，但计划泄露，开通典礼延期。随后自由党成员率领数千农民捣毁高利贷者住宅，并袭击了警察分署，但因缺乏经验而失败，领导者被判有期徒刑，史称"群马事件"。

1884 年 9 月，自由党成员准备在栃木县厅落成之际袭击政府高官，计划泄露后 16 名自由党成员以加波山为根据地，袭击警察和高利贷者。3 天后袭击被镇压，结果 7 人被判死刑，7 人被判无期徒刑，史称"加波山事件"。

1884 年 10 月，埼玉县秩父地区的农民因生丝价格暴跌负债累累，农民代表到地方政府请愿遭到拒绝。在自由党成员的鼓动下，他们成立"困民党""借金党"，并推举豪农田代荣助及自由党成员加藤织平为首领，袭击地方政府、警察署、高利贷者。政府出动军队将暴乱镇压了下去，田代荣助、加藤织平等人被处死，多达数百人被逮捕，史称"秩父事件"。此外，还爆发了试图推翻政府的"名古屋事件""饭田事件"等，但均被镇压。

实际上，在"加波山事件"之后，因无法控制基层党员的行动，自由党中央已做出解散自由党的决定。同年 12 月，立宪改进党也因大隈重信等主要领导人脱党而基本停止活动，自由民权运动因此一度衰落下去。

1886 年底，后藤象二郎等人为反对"藩阀专权"，掀起联合反政府势力的"大同团结运动"。与此同时，外务卿井上馨主导的修改不平等条约谈判正在进行，明治政府为收回领事裁判权和关税自主权，计划向外国人开放内地。为表示日本已经进入文明社会，特地修建西式建筑"鹿鸣馆"，并时常在那里举行大型舞会，招待外国使节等来宾。这引起社会各界的强烈不满，自由民权派趁机提出签订平等条约、言论自由、减轻地税三大要求，自由民权运动再次出现高潮。

为镇压再次兴起的自由民权运动，政府在 1887 年 12 月制定《保安条例》，其主要内容为：禁止一切秘密结社及集会，必要时警察有权禁止已经得到许可的室外集会，将危及社会安全的可疑者驱逐到离皇居 12 公里以外且 3 年不准其返回等。根据《保安条例》，数千名自由民权分子被逮捕，包括中江兆民、片冈健吉在内的数百名原自由党及立宪改进党成员遭到驱逐，自由民权运动遂告结束。

明治宪法体制

民族主义

1870 年，明治政府派使节到中国，要求与清政府签订双边条约。1871 年 6 月，日本全权大使伊达宗城到天津，与清政府代表李鸿章进行谈判。日本提出的条约草案模仿欧美各国与中国签订的不平等条约，因而遭到李鸿章的拒绝。最后以清政府提出的草案为基础签订了《日清修好条规》，其主要内容包括互不侵犯领土、相互支援、相互承认领事裁判权、在开港地进行贸易等。由于没有得到预想的权益，日本政府直到 1873 年才批准该条约。

1871 年 11 月，琉球船只因风暴漂流到中国台湾，部分船员被当地土著杀害。明治政府认为这是将琉球并入日本领土的好时机，于是在 1872 年设置琉球藩，琉球王尚泰作为藩主列为华族，然后在 1874 年 5 月派遣西乡从道率 3600 人的日本军队进犯台湾。清政府对此提出抗议，并准备派军队前往台湾。日本政府代表大久保利通到北京与清政府谈判，同年 10 月双方达成协议，软弱的清政府承认日本出兵台湾为"保民义举"，并赔偿日本 50 万两白银，日本从台湾撤兵。1875 年，日本迫使琉球断绝与清政府的一切关系，1879 年，将琉球藩改为冲绳县。清政府对此提出强烈抗议，其纠纷一直持续到"甲午战争"。

1869 年 8 月，明治政府将虾夷改称"北海道"，将过去称为北虾夷的库页岛改称"桦太"（俄国称为"萨哈林"）。尽管在该岛上日本人与俄国人杂居，但自幕末以来日本和俄国之间一直没有解决库页岛的归属问题。明治政府内部致力开拓北海道的意见较强，因而在 1875 年 5 月，日俄签订《库页岛千岛群岛交换条约》，即库页岛全部为俄国所有，作为补偿，千岛群岛为日本所有。

为迫使朝鲜开国，1875 年 9 月，日本军舰"云扬号"闯入朝鲜西海岸的江华湾，与朝鲜守军发生冲突，双方各有伤亡。1876 年 1 月，日本政府派陆军中将黑田清隆为全权代表前往朝鲜谈判，同时在山口县下关港集结军队，伺机而动。同年 2 月，朝鲜被迫与日本签订《日朝修好条规》，即《江华条约》。该条约规定朝鲜向日本开放港口，日本商人可在朝鲜从事贸易活动，日本在朝鲜境内具有领事裁判权，并可以任意测量朝鲜海岸等。这个不平等条约不仅使朝鲜开始陷入殖民地危机，而且是日本对外侵略扩张的最初体现。

19 世纪 80 年代初，朝鲜王室闵妃集团聘用日本军事顾问进行改革，但遭到大院君集团的反对。1882 年 7 月，具有反日情绪的朝鲜士兵与市民袭击了亲日官员，杀死日本军事教官，并焚烧了日本使馆，史称"壬午兵变"。日本国内主战论骤然高涨，明治政府下令召集军队，并进行全国规模的战争动员。在此压力下，日本迫使朝鲜签订《利物浦条约》，其内容包括严厉惩处冲击日本公使馆者、赔偿日本有关损失、允许日本派兵守卫其在朝鲜京城的公使馆等。

1884 年 12 月，日本支持的朝鲜开化党发动政变，占领王宫，推翻亲清政府的政权，清政府出兵平息了政变，史称"甲申事件"。尽管日本控制朝鲜的企图没有得逞，但在 1885 年 4 月，日本诱迫清政府与之签订《天津条约》，由此获得朝鲜发生重大事件时可派兵干预的权利，从而为日本向朝鲜半岛侵略扩张埋下伏笔。

朝鲜半岛的局势刺激了日本国民的民族主义情绪，甚至激进的自由民权派成员也主张与清朝进行战争。例如"甲申事件"爆发后，板垣退助、片冈健吉等人在高知县招募"义勇军"，准备协助政府进行对外战争。1885 年，福泽谕吉发表《脱亚论》，主张日本应按照西方各国对待殖民地的方式对待中国、朝鲜等邻国。中日签订《天津条约》以后，自由民权派攻击政府的"软弱外交"。自由党激进派成员大井宪太郎筹集资金，购买武器，准备到朝鲜建立亲日政府。因其计划泄露，1885 年 11 月，大井宪太郎等 139 人在大阪被捕。

另一方面，日本政府开始放弃全盘欧化的政策，利用传统的价值观念培养忠君爱国思想。起因是 1878 年天皇巡视地方时，对学校中的自由主义教育感到担忧，于是在第二年下达了《教学大旨》和《小学条目二项》，指出"教学之要乃明确仁义忠孝"。尽管存在不同意见，文部省仍在 1881 年 5 月制定了《小学校教育规则纲领》，将修身课放在首位，同时强调历史课以培养忠君爱国精神为目的。1886 年，文部省陆续制定了《帝国大学令》《师范学校令》《中学校令》《小学校令》，不仅确立了系列学校教育，而且从小学到大学系统地灌输民族主义和天皇中心主义思想。

与此同时，明治政府还在军队中培养忠君爱国思想。1878 年，陆军卿山县有朋发表《军人训诫》，提出维持军人精神的"三德"是忠实、勇敢、服从。1882 年，天皇颁布《军人敕谕》，规定军人必须遵守尽忠节、正礼仪、尚武勇、重信义、崇俭朴五项准则。

在社会思潮方面，也开始出现重新认识、保护日本传统文化的主张。1888 年，三宅雪岭、志贺重昂等人组成"政教社"，出版发行杂志《日本人》和报纸《日本》。他们批判政府的极端欧化主义，主张保存民族文化，坚持"基于本国立场考虑内外政策"的国粹主义。

为制定强化以天皇为中心的国家权力的宪法，1882 年，伊藤博文等人前往欧洲，主要考察德国、奥地利的宪法体系，准备以规定君主立宪专制政体的普鲁士宪法、德意志帝国宪法为蓝本制定日本宪法。1883 年，伊藤博文回国后在宫中设置制度调查局，自任局长，并兼任宫内卿，为立宪政治做制度上的准备。

1884 年，为培养维护天皇体制的特权阶层，同时为将来国会贵族院做成员上的准备，政府颁布《华族令》，将华族分为公、侯、伯、子、男五个爵位，除过去的宫廷公卿贵族、旧藩主外，对明治维新的功臣、自由民权运动的领导者、旧幕府时的高级官员等也授予爵位，例如伊藤博文、山县有朋等人均被授予伯爵。另外，迅速扩大皇室财产，将大量山林、有价证券等划归皇室，以确立不受议会约束的天皇制经济基础。

1885 年 12 月，废除太政官制，设立内阁制，由总理大臣（亦称"首相"）及其统辖下的各省大臣（即国务大臣，亦称"某某相"，例如"外务大臣"亦称"外相"）组成内阁。第一届内阁由伊藤博文任内阁总理大臣，在 10 名内阁成员中，出身旧萨摩、长州藩者有 8 名，平均年龄只有 46 岁。在内阁之外，另设内大臣和宫内省，管理包括皇室在内的宫内事务。

1885 年，政府颁布《关于各省事务整理的五项纲领》，明确规定通过考试任用官员的原则。1887 年，又颁布《文官考试试补及见习规则》，规定作为高等官员候补者的"试补"必须从高等考试合格者中录用，也可从帝国大学法科及文科毕业生中录用，同时又规定帝国大学毕业生不经考试就可任"试补"。

1886 年，伊藤博文等人在德国法律顾问的协助下开始起草宪法草案。1888 年，设置由元老级政治家组成的枢密院，伊藤博文辞去首相职务，任枢密院议长，在天皇亲自出席的会议上非公开审议宪法草案。1889 年 2 月，在文武百官、外国使节参加的大典上，由明治天皇亲自颁布了《大日本帝国宪法》，亦称《明治宪法》。

立宪政治

《明治宪法》由 7 章 76 条组成，首先明确规定了天皇所拥有的绝对权力及其神圣性，即"大日本帝国由万世一系之天皇统治之"，"天皇神圣不可侵犯"，"天皇为国家之元首，总揽统治权，并以宪法之条规行使之"，"天皇以帝国议会之协助，行使立法权"，"天皇裁可法律，并命其公布及执行"，"天皇决定行政各部之官制及文武官吏之俸给，并任免文武官吏"，"召集帝国议会、令其开会、闭会、休会及众议院的解散"，"天皇统帅陆海军"，"天皇宣战、媾和及缔结各种条约"等。由此可见，立法、军事、行政、外交等权力全部集中在天皇手里，司法权亦"以天皇之名，依照法律行之"。

《明治宪法》规定，国务大臣的职责是"辅弼天皇"，由天皇任命，对天皇负责，不对帝国议会和帝国臣民负责，同时规定"枢密顾问依枢密院官制之规定，应天皇之咨询，审议重要国务"。

宪法规定帝国议会采取两院制，贵族院由皇族、华族和"敕选议员"组成，众议院由具有一定财产资格的选民选举产生。两院协助天皇行使立法权，但不具有宣战或媾和、缔结条约、统帅军队、任命首相等权限。即使在审议政府提出的预算方案方面，议会的权限也受到限制，例如削减支出必须得到政府的同意，如果预算方案得不到议会的通过，政府可实施上一年度的预算，等等。

《明治宪法》将国民称为"臣民"，规定帝国臣民除负有服兵役、纳赋税的义务外，具有"信教之自由""言论、著作、刊行、集会及结社之自由""居住与迁徙之自由"，以及所有权不受侵犯、请愿等权利，但又规定其自由、权利在"不妨碍安宁秩序及不违背臣民义务之范围内"及在"法律范围内"。

由此可见，《明治宪法》具有天皇拥有一切大权、行政权高于其他国家权力、立法权受到较大限制、军事统帅权独立等特征，因而从制度上奠定了天皇君主专制主义政治体制的基础。但是，由于天皇被塑造成"现人神"，很少干预人间政治，所以其政治体制是极少数军阀、官僚、贵族借"天皇大权"之名、行寡头政治之实的体制。尽管如此，该宪法是亚洲的第一部近代宪法，从法制建设的意义上来说无疑是一种历史的进步。

为控制国会开设后的地方政治局势，1890年政府颁布《府县制·郡制》，同1888年颁布的《市制·町村制》一道构成了所谓的"地方自治制度"。由于在地方实施复杂的选举制度，而且府、县知事由中央政府任命，郡长由府、县知事任命，所以"地方自治"大多有名无实。

1890年，政府颁布《教育敕语》。该敕谕以儒家的家族主义道德以及近代国家主义式的爱国理念为基础，强调"忠君爱国""忠孝一致"等观念，同时显示天皇不仅是最高的统治者，也是国民道德以及思想的中心。政府规定学校奉读《教育敕语》，同时加强对修身课的讲授。这些措施通过将以天皇为中心的国体观念渗透到国民意识中，从意识形态方面维护天皇专制制度。

在法制建设方面，除1880年颁布的《刑法·治罪法》外，1890年前后，政府

图 5-4 《教育敕语》

强调"一旦有缓急，则应义勇奉公，辅佐皇运"，因此，数年的义务教育与其说使受教育者掌握了一些生活技能，不如说灌输了忠君爱国的意识，培养了具有服从、纪律、贡献、牺牲精神的盲从国民。

陆续颁布了《民法》《商法》《民事诉讼法》《刑事诉讼法》等法律。但《民法》出台后，其具有的法国自由主义风格遭到保守势力的强烈反对，理由是将破坏日本传统的家族制度。政府被迫修改《民法》，加入强化父权、夫权的内容，从1898年开始实施。受其影响，《商法》也进行了修改，从1899年开始实施。至此，"六法"完备。

1890年7月，举行第一届众议院议员选举。由于选举法规定只有每年交纳15日元以上直接国税、年满25岁的男子才有选举权，交纳同等直接国税、年满30岁的男子才有被选举权，因此，当时仅有占全日本人口1%的男性日本臣民具有选举权。另一方面，因地税约占政府财政收入的60%，所以具有选举权以及被选举权者大多是交纳高额地税者，在第一次选举中当选的300名众议院议员中有半数是大土地所有者及从事农业者。正因如此，具有政府预算案审批权的众议院经常围绕减轻地税问题与政府发生冲突。

在第一届众议院的300名议员中，称为"民党"的在野党——立宪自由党和立宪改进党成员共有171名。在1890年召开的第一届帝国议会上，这两个政党从反对"藩阀政治"的立场出发，打着"修养民力""节约经费"的口号，要求大幅度削减政府提出的预算方案。山县有朋内阁被迫做出让步，在立宪自由党部分成员的支持下通过了政府预算方案。

1891年11月，第二届帝国议会开幕。两个"民党"再次否决包括增加军舰建造费在内的政府预算方案，松方正义首相被迫解散众议院。尽管政府随后露骨地干预选举，甚至在选举期间造成400人伤亡，但"民党"仍然获得过半数席位，松方正义内阁不得不总辞职。

1892 年 11 月第四届议会召开之前，伊藤博文率领旧萨摩藩、长州藩"开国元勋"组成"元勋内阁"，准备进行"明治政府的最后一战"，而国会中的反对派也组织力量，准备"一举打垮整个藩阀"，结果双方在议会中僵持不下。伊藤博文策动天皇下达诏书，声称"国防之事，苟缓一日，或将遗恨万年"，表示今后 6 年内每年节省30 万日元宫廷用费，加上文武官员月薪的十分之一，以补造船军费之不足。在天皇权威的压制下，政府预算方案好不容易通过了议会的审议。

1893 年 12 月，第五届帝国议会开幕后，围绕修改涉外条约问题，立宪改进党、国民协会等六个党派强烈批评政府的"软弱外交"，结果导致众议院再次被解散。在1894 年 3 月的选举中，自由党获得 119 个席位，改进党获 48 个席位，国民协会获26 个席位。同年 5 月，第六届帝国议会开幕，"民党"仍然一致主张对外强硬政策，并通过了弹劾内阁的上奏案，众议院第三次被解散。而此时东北亚局势骤然紧张起来。

图 5-5　板垣退助像

甲午战争爆发以后，板垣退助立即率领自由党转而积极支持政府的预算方案及对外战争，并在 1895 年 11 月发表了自由党与第二届伊藤内阁的合作宣言，板垣在第二年获得政府内务大臣的职位。1898 年自由党与大隈重信领导的进步党合并，成立宪政党，并组成大隈任内阁总理大臣、板垣任内务大臣的第一届政党内阁，但很快倒台，原自由党成员继承宪政党。1900 年伊藤博文组建立宪政友会，宪政党大部分成员参加，板垣退出政界。

工业革命

明治政府成立后，为"殖产兴业"和解决财政困难，曾发行大量不兑换纸币。同时，为解决士族俸禄公债以及西南战争军费，政府准许银行发行纸币。1872 年，政府发行的纸币流通额为 6880 万日元，1880 年，政府及银行发行的纸币流通总额达到 15936 万日元，结果引起严重的通货膨胀和财政金融危机。大藏卿大隈重信提出利用外资削减纸币的建议，但遭到否决。政府最后决定通过减少开支、提高税收、拍卖官营企业的方式减轻财政负担，因为官营企业几乎全部处在亏损状态。

1881 年 10 月，松方正义任大藏卿，首先采取减少开支和增加收入的措施。包括：固定 1882 年度到 1884 年度的政府财政开支，将原来由中央政府承担的基础设施建设、公共事业等改由地方政府承担，另外增加酿酒税、烟草税。1882 年，成立中央银行——日本银行，发行日本银行券，处理不兑换纸币。

松方正义推行的通货紧缩政策很快收到相应效果，物价下降，纸币流通量减少且与银币的差价逐渐消失，利息率降低，公债价格上升，对外贸易也转为出超。但通货紧缩政策同时也引发经济萧条、中小工商业者相继破产、农民因大米和蚕茧的价格下跌而陷入负债等负面影响。1885 年，因无力交纳地税而被迫拍卖土地者达到 10 万人。

1881 年 11 月，政府颁布《处理官营企业条例》，将大部分官营企业转卖给民间，不仅价格极其低廉，而且获得者均为与政府关系密切的"政商"。例如投资 62 万日元的长崎造船所仅以 9.1 万日元一次性付款转让给三菱商业集团，投资 59 万日元的兵库造船局仅以 5.9 万日元一次性付款转让给川崎商业集团。院内银矿、阿仁铜矿被转让给古河商业集团，佐渡金矿、生野银矿转让给三菱商业集团，深川水泥制造所转让给浅野商业集团，新町纺织所、富冈缫丝厂转让给三井商业集团，等等。处理官营企业不仅推动了商业资本向产业资本的转化，而且也奠定了这些"政商"转化为"财阀"的基础。

尽管政府处理了许多官营企业，但没有放弃军事工业，四大军工企业——东京炮兵工厂、大阪炮兵工厂、横须贺海军工厂、海军兵工厂仍然在政府的控制下，并得到大力发展。无论在蒸汽动力的运用上，还是在职工人数上，均大大超过民营企业。比较两家拥有最多职工的官营企业和民营企业就可以充分看出这一点。官营的横须贺海军工厂拥有 2500 名职工、32 台蒸汽机，共 520 马力；民营的川崎造船厂拥有 730 名职工、5 台蒸汽机，共 111 马力。1883 年，日本官营军工企业开始生产各式大炮、炮弹甚至制造军舰。这些官营军工企业的发展不仅带动了日本机械大工业的发展，而且也推动了民间的钢铁、造船、矿业等工业部门的发展。

1883 年，与政府关系密切的涩泽荣一等人筹集华族、商人资本 25 万日元，创建了拥有 1 万纱锭的大阪纺织厂。雇用 300 多名工人，首次利用电灯昼夜双班作业，同时利用蒸汽动力和英国纺织机械，因而取得较大的利润。到 1889 年，该厂发展成为拥有 120 万日元资本、6 万纱锭的大企业。受其刺激，在 1886 年到 1890 年之间，先后出现了三重、钟渊、平野、摄津、尼崎等纺织厂。这些纺织企业的资本大多在 25 万日元以上，拥有 1 万以上纱锭，均采用先进机械生产，因而极大地提高了棉纱的产量。1890 年，日本国产棉纱数量超过了进口的棉纱数量。

在缫丝业方面，利用国产蚕茧以及改造的外国机械进行生产的机器缫丝业迅速发展。这些机械缫丝工厂大多在长野、山梨、岐阜等县的农村，经营者以当地商人和富裕农民为主。1884 年时，雇用 10 名工人以上的机械缫丝厂有一千多家，但仍有相当数量的传统手工缫丝工场。尽管如此，到 1894 年，机械缫丝的产量开始超过手工缫丝的产量。

除缫丝业外，在丝织、棉织、造纸、制糖等领域也出现了利用蒸汽动力和机械的近代化工厂。在 1887 年到 1889 年间，陆续出现了日本纺织品、京都纺织品、天满纺织、精棉纺织、大阪织布等棉织大企业。在造纸业，除 1875 年创建的王子制纸外，80 年代出现了富士造纸、四日市造纸、阿部造纸等企业。1891 年创建的铃木制糖厂是最早使用机器生产的制糖工厂。

交通运输业方面，民间资本也迅速发展起来。1881 年 11 月，创办了以华族俸禄公债为主要资本的日本铁路公司，政府给予其承包铁路工程、免征用地税、保证铁路正式营运前的股东红利等优惠待遇。从 1882 年到 1891 年，该公司修通了东京到青森之间的铁路。19 世纪 80 年代后半期，阪堺铁路、伊予铁路、两毛铁路等公司陆续建立。到 1889 年，民营铁路的公里数超过了官营铁路。

在海运业领域，1895 年，三菱邮船公司和共同运输公司合并，成为拥有 1100 万日元资本的日本邮船公司。1893 年，该公司改为民营企业，成为三菱财阀的直系企业，仍然与政府具有密切的关系。另外还有得到政府保护的大阪商船公司，两个海运公司不仅承担近海运输业务，而且积极开辟到达外国的远洋运输。

明治初期日本出口产品以生丝、茶叶为主，主要进口机械、棉毛织品，而且基本以入超居多。19 世纪 80 年代以后，日本仍然从欧美进口工业产品与机械设备，但开始向亚洲近邻国家出口棉纱、棉布等工业产品。在出口产品中，生丝占重要地位，1895 年达到出口总额的 35%，其对象主要是美国。

为尽快摆脱外国商人垄断日本对外贸易的局面，1876 年，日本商人创办"三井物产会社"，最初经营煤炭出口业务，后来逐渐扩大到粮食、生丝、茶叶、棉纱、机械等原料和产品的进出口。1887 年创办"内外棉会社"，1892 年创办"日本棉花株式会社"，1893 年创办"江商会社"等，均是经营棉纺织业原料和产品的进出口业务。日本商人及其创办的贸易公司在明治时期的工业经济发展以及对外贸易方面发挥了重要作用。

综上所述，从 19 世纪 80 年代中期到 90 年代中期，日本出现了以轻工业为主的"产业革命"，其工业经济发展迅速。从 1884 年到 1893 年，工业资本增长了

15.5 倍，与其相对应，地税在国家财政收入中的比重从 58.96% 下降到 37.38%。但在这一过程中，1890 年日本出现了最早的经济危机，其表现为棉纺织业生产过剩、物价及股票价格下跌、工资下降等。为此，日本银行积极向民间银行提供资金，较快地度过了危机。

在急速工业化的同时，工人阶级的队伍也逐渐壮大。早期日本工人的来源主要有三个途径，即破产的农民或贫穷农民的子女、没落士族的子女以及旧手工业者。从 1873 年到 1890 年，农村居民减少 5 万户，同时兼业农户迅速增加，均反映了工业劳动者的增加。但当时工人不仅劳动时间长，劳动强度高，而且工资也非常低。在纺织、缫丝工厂，女工的劳动时间长达 15 个小时甚至更多，劳动环境及居住条件恶劣，常常患上肺结核等职业病。为此，女工们被迫采取各种手段进行斗争。1886 年，山梨县甲府的雨宫生丝厂百余名女工举行罢工，反对降低工资和延长劳动时间，是日本历史上的首次工人运动。矿工的劳动及生活状况更为悲惨，这迫使他们时常以暴动的形式反抗非人待遇。1888 年，九州高岛煤矿的 3000 名矿工因恶劣待遇而暴动。在这一时期，也出现了同行业工人一起行动的同盟罢工以及自发的工人组织。

结　语

过去曾有中国学者如此评价板垣退助："虽然有进步的政治思想，并能果断实践，但在对邻国的关系上却坚持武士阶级的反动立场。"实际上，在板垣退助等近代日本改革者的眼中，民权与国权是对立的统一体，对内争取民权，对外争取国权，两者相辅相成。涩泽荣一等日本近代资本家除创办了许多成功的企业和公益事业外，还留给后世一整套结合了西方资本主义的近代产业、经济制度与东方儒家伦理的精神遗产。另外，强制性征兵制度和义务教育制度有利于日本政府向普通民众灌输忠君爱国观念。所有这些构成了促使近代日本迅速走上强国之路的因素。

大 事 记

时　间	日　本	东北亚
1792 年	俄国使节抵达根室要求通商	
1804 年	俄国使节抵达长崎要求通商	
1844 年	荷兰使节呈上国王信件劝日本开国	
1846 年	美国东印度舰队抵达浦贺要求通商	
1853 年	培里来航，俄国远东舰队来航	
1854 年	签订日美、日英、日俄亲善条约	
1858 年	签订"安政五国条约"，安政大狱开始	
1860 年	樱田门事件	
1862 年	生麦事件	
1863 年	长州藩下关炮击，萨英战争；八月十八日政变	
1864 年	禁门之变；第一次征讨长州藩	
1866 年	萨长同盟密约；第二次征讨长州藩	
1867 年	大政奉还；讨幕密敕；小御所会议	
1868 年	颁布《神佛判然令》，废佛毁释运动开始	
1868—1869 年	戊辰战争	
1869 年	奉还版籍	
1871 年	废藩置县；《日清修好条规》签订	朝鲜大院君"排外锁国"
1871—1873 年	岩仓使节团出访欧美	
1872 年	颁布《学制》；改用太阳历	
1873 年	颁布《征兵令》《地税改革条例》；明六社成立	
1874 年	板垣退助成立爱国公党，提出建立民选议会的提案；立志社成立	
1875 年	大阪成立爱国社；发布"渐次立宪"之诏；《库页岛千岛群岛交换条约》签订	

（续表）

时　间	日　本	东北亚
1876 年	《日朝修好条规》（即《江华条约》）签订，金禄公债	
1877 年	西南战争	
1879 年	吞并琉球	
1880 年	颁布《集会条例》《工场转让简章》	
1881 年	明治十四年政变；自由党成立	
1882 年	立宪改进党、立宪帝政党成立	中俄《伊犁条约》签订
1883 年	鹿鸣馆开馆	
1884 年	秩父事件	中法战争
1885 年	日清《天津条约》签订；制定内阁制度	中法《天津条约》签订
1887 年	大团结运动；"三大事件建议书"；颁布《保安条例》	
1889 年	公布《大日本帝国宪法》	
1890 年	首届帝国议会召开	

～ 进一步阅读书目

　　赫伯特·诺曼的《日本维新史：日本明治时期的政治与经济》（新星出版社，2018 年）从政治、经济、外交等角度梳理日本明治维新时期的历史，探讨日本如何在内忧外患的情况下，从封建国家迅速过渡到现代国家，分析日本在现代化过程中的特质及背后的原因。作者既从纵向角度探讨日本的政治、文化传统对明治维新的影响，也从横向角度比较世界其他地区的反封建、反殖民革命，与英国圈地运动、法国大革命进行对比，阐明日本资本主义发展在农村地区的特殊性。作者关注在面对西方殖民与贸易扩张时，日本与清廷在应对方式上的异同，从而使读者更好地理解日本明治维新的一般性与特殊性。

　　19 世纪后半叶，在整个世界史潮流中日本被迫开国，支撑了两个半世纪的幕府不得不垮台。维新领导者如何应对日渐高涨的自由民权运动？民权运动的最终诉求是什么？作为明治维新终结点的明治宪法体制具有什么意义？针对这些问题，田中彰的《明治维新》（"岩波日本史·第七卷"，新星出版社，2019 年）使用丰富的一手史料，勾勒了"黑船来航"到日本宪法体制形成的全貌，并辅以丰富插图，展示明治时期庶民生活百态与闲趣轶事，兼具学术性与趣味性。

明治宪法颁布后，伊藤博文、山县有朋、西园寺公望等八位元老作为天皇的特别辅助相继登上政治舞台，全权掌管选任首相、内阁存废、战争、修改条约等重要国务，左右了近代日本的发展方向。这些政治人物是"政界黑幕"还是民主政治的先驱？元老在天皇与内阁之间如何自处？作为非正式组织的元老集团因何成为近代日本真正的指导者？元老位居日本权力中枢长达半个世纪之久，其存在投射出近代日本政党政治不成熟的阴影，但其对日本近代化的重要性也不言而喻。伊藤之雄的《元老：近代日本真正的指导者》（社会科学文献出版社，2019 年）对上述问题进行了针对性分析，并特别指出日本近代化得以成功的一大要因是这些元老都拥有共通的目标和道德观，即必须继承在明治维新过程中牺牲的先辈和友人的遗志，守护日本的独立，促进日本的发展。同时，他们懂得分寸，不会以权谋私、贪图钱财。

铃木淳的《维新的构想与开展：明治时代》（"讲谈社·日本的历史"，文汇出版社，2021 年）利用维新志士的个体经历穿针引线，全面而立体地呈现了日本由落后岛国跃居亚洲强国的转轨历程。例如该书形象地描述道：1868 年德川幕府倒台，明治天皇在行幸东京的途中，第一次看见太平洋。江户时代的天皇几乎从未离开京都，因而不曾见过外海，从明治天皇看到大洋的一刻起，历史的轨道即从"幕末"转向了"明治"。此后二十余年，明治政府自上而下掀起改革浪潮，日本逐步走上近代化的道路，面貌焕然一新，但也埋下诸多隐患。

第 六 章

对外侵略扩张

　　按照明治宪法的规定，帝国议会"协赞"立法行为，内阁"辅弼"行政事务，所有的权力集中在天皇手中。但天皇是"现人神"，在政治上免责，几乎不参与现实政治，所以在东京审判中，盟国的法官们为搞清楚实际关系与责任所在很是头疼，甚至有人将近代日本政治称之为"无责任体制"。制订明治宪法的元老们觉得宪法基础上的政治制度有些问题，因而设置了几个辅助天皇的机构和集团。首先就是元老集团，所谓元老是指从明治中期到昭和初期主导政局的政界人物，最初享受明治维新元勋待遇，明治天皇将国家大权委托给他们，后者占据枢密院院长、首相、元帅等政治、军事上的重要职务。因此，在明治宪法实施的 50 多年时间内，政治发展大体上可分为三个阶段。1890 年到 1912 年为第一个阶段，即元老政治时期；1912 年到 1932 年为第二个阶段，元老年老体衰、影响力减弱后进入广义上的政党政治时期；1932 年到 1945 年为第三个阶段，是军人干预政治的"军部暴走"时期。

甲午战争

朝鲜半岛危机

早在 1882 年朝鲜"壬午兵变"后，日本就以中国为假想敌进行扩军备战。尽管政府实行紧缩的财政方针，但从 1883 年开始的 8 年内，军费计划总额为 6740 万日元。

1888 年 1 月，山县有朋提出《军事意见书》，强调日本必须在俄国西伯利亚铁路修成之前完成侵略朝鲜的准备。1890 年，山县有朋在其《外交政略论》和《第一次帝国议会上的施政方针演说》中，反复鼓吹所谓"主权线"和"利益线"的侵略扩张理论。在他看来，"主权线"指日本本土，"利益线"指其近邻地区，"要维持一国之独立，仅仅守卫主权线是决然不够的，必须进而保卫利益线"，而"保卫利益线"就必须侵犯邻国主权。另外，山县有朋明确提出，当时"利益线的焦点"就是朝鲜半岛。

1889 年，朝鲜颁布《防谷令》，禁止大米、大豆出口，而日本政府施加压力，迫使朝鲜政府在第二年取消了该法令。为将朝鲜变成日本商品输出的市场和原料来源地，日本进一步加快了扩军备战的步伐。1892 年，日本军费开支占到政府财政支出的 31%，并在 1893 年完成了扩军计划。按照战时编制，陆军拥有 7 个师团，兵力在 12 万人以上，再加上 10 多万后备力量，战时可调动 23 万人的兵力。在海军方面，也拥有 31 艘军舰、24 艘水雷艇。

1894 年 3 月，朝鲜开化党首领金玉均在上海被暗杀，清政府用军舰将其尸体送还朝鲜。日本借题发挥，国内要求对清开战的呼声骤然高涨，帝国议会中的反对派猛烈批判政府。虽然议会遭到解散，但政局仍处于极不稳定的状态。福泽谕吉在 1894 年 1 月 26 日的《时事新报》上撰文，"以吾人之见，如政府一变其方向而大力推进东洋政略，以使国内人心外转，或许是眼下适当的方案"。

1894 年春，朝鲜南部发生大规模农民起义，其口号为"消灭权贵""逐倭灭洋"，因其领导人全琫准曾参加过秘密结社"东学"，因而也称为"东学党运动"。朝鲜政府无力镇压农民起义，决定请求清政府出兵"代为征讨"。同年 6 月，清军 1500 人在忠清道牙山登陆。得知清朝出兵后，日本援引《天津条约》，也派出了大批军队从仁川登陆，并控制了从京城到仁川的战略要地。

朝鲜局势很快稳定下来，清政府驻朝鲜代表袁世凯与日本驻朝公使大鸟圭介达成口头协议，停止增兵，且逐步撤出各自的军队。但日本政府蓄意挑起战端，不断增加在朝鲜的兵力，同时指示其公使"促成日中冲突，为今日之急务。为断行此事，可采取任何手段"。此后，日本政府向清政府提出改革朝鲜内政的方案，遭到拒绝后又向清政府连续两次提出"绝交书"。

清政府北洋大臣、直隶总督李鸿章指示袁世凯尽量避免中日冲突，并委托英、美、俄等国进行斡旋。日本政府因在同年 7 月 16 日与英国签订了包括废除领事裁判权、最惠国待遇对等化在内的新《日英通商航海条约》而态度强硬起来。7 月23 日，日本军队占领朝鲜王宫，扶持傀儡政权，迫令其与清政府废除宗属关系，并"请求"日本军队驱逐在朝鲜的清朝军队。

战争进程

1894 年 7 月 25 日，日本军舰在靠近朝鲜的丰岛海面袭击清朝军舰，并击沉清政府运兵船高升号，造成清军八百余名将士死亡。8 月 1 日，中日同时宣战。日本将参谋本部设置的大本营转移到广岛，明治天皇和伊藤博文首相出席了大本营会议，第七届临时议会也在广岛召开。战争爆发以后，"民党"立即放弃反对政府的立场，议会全体一致通过政府的巨额军事预算，形成举国对外战争体制。与其相反，清政府内部矛盾重重，地方各自为政，难以动员全国力量进行战争，因而日本从始至终掌握着战争的主动权。

8 月中旬，日本侵朝军队已达 5 万，并很快占领平壤，清朝军队退至中国境内。9 月 17 日，双方舰队在黄海激战。当时日本有 12 艘军舰、272 门大炮，总排水量 4 万余吨；清朝北洋舰队有 10 艘军舰、213 门大炮，总排水量 3.5 万吨。经过 5 小时激战，清朝北洋舰队被击溃。此次海战后，李鸿章为保存实力，命令北洋舰队困守山东威海卫军港，不得出海作战。

10 月 25 日，日本军队兵分两路攻入中国境内，迅速占领辽东半岛及大连、旅顺，并在旅顺进行大屠杀，全城人员所剩无几。1895 年 1 月，日军进攻山东半岛的威海卫，将北洋舰队全歼在军港内。3 月上旬，日军在辽东不断加强攻势，清朝军队连连败北，日军逼近山海关，清政府决意求和。这场战争进行了 8 个月，日本共花费 2 亿多日元军费，相当于两年半的政府财政开支，动员了 10 万军队，战死者 17000 人，其中 70% 为病死者。

3 月 19 日，李鸿章代表清政府前往日本山口县马关（即下关）与日本政府代表伊藤博文谈判，日本为获得更多的权益，故意拖延停战时间。3 月 24 日，李鸿章在谈判结束返回旅馆途中遭到日本暴徒的袭击，面部受伤。最后，日本由于担心列强干预，同意停战，并同意就媾和条件进行谈判。

在日本的高压威胁下，李鸿章被迫在 4 月 17 日签订了极为屈辱的《马关条约》。其主要内容为中国承认朝鲜独立；中国割让辽东半岛、台湾及澎湖列岛给日本；赔偿日本军费白银 2 亿两；增加开放沙市、重庆、苏州、杭州四个城市以及长江、吴淞江航运线，日本人可在中国各通商口岸设厂制造产品，运销内地只交纳进口税，免征一切内地税；承认日本在租界内的治外法权；等等。

图 6-1　春帆楼

《马关条约》签订处。

早对中国东北地区抱有野心的俄国极力反对将辽东半岛割让给日本，因而在 4 月 23 日伙同德国、法国进行干预，要求日本放弃辽东半岛。在其压力下，日本不得不接受三国的"劝告"，将辽东半岛归还中国，并要求清政府另付 3000 万两白银的"赎辽费"。

1895 年 5 月，日本任命海军大将桦山资纪为台湾总督兼军务长官，率军前往台湾，办理"台湾岛接受事宜"。日本军队因登陆台湾后遭到当地军民的激烈抵抗，遂动用 5 万兵力，经过 5 个多月战斗，在付出 2700 多人伤亡的代价后才基本控制了台湾，但其后当地居民反抗日本统治的活动并没有停止。

战争影响

甲午战争对日本的政治、经济、社会均产生了较大的影响。在政治领域，政党逐渐采取与政府合作的立场。例如第二届伊藤博文内阁与议会中第一大党自由党合作，在 1895 年底通过了包括扩军计划在内的政府预算方案，第二年自由党党首板垣退助进入内阁任内务大臣。1896 年 9 月，松方正义组织内阁时，新组建的进步党党首大隈重信进入内阁任外务大臣。1898 年 6 月，自由党、进步党合并为宪政党，并组成以大隈重信为首相的内阁。但因内部矛盾导致政党分裂，部分成员组成宪政本党，该届内阁仅存在 4 个月。其后的山县有朋内阁也在宪政党的支持下将地税从地价的 2.5% 提高到 3.3%。

尽管山县内阁在 1899 年修改了 1893 年制定的《文官任用令》，限制政党成员担任政府官员，但政党的势力不断增强。为保证军队统帅权的独立性，山县内阁在 1900 年制定了军部大臣现役武官制，即内阁陆海军大臣必须由现任的大将或中将担任，从制度上为军部势力干预政治甚至操纵国家政权奠定了基础，因为军部可以通过拒绝推荐陆海军大臣的方式推翻他们不喜欢的内阁。与此同时，帝国议会通过了降低选举权财产资格的众议院议员选举修正法，扩大了选民的人数。

随着宪政政治的发展，伊藤博文等"藩阀"政治家意识到政党在议会中的重要性。1900 年，在宪政党的基础上，成立了以伊藤博文为总裁的立宪政友会。其后以伊藤博文、山县有朋为代表的"元老"逐渐退入幕后操纵政局，政党政治初露端倪。与此同时，由于《文官任用令》的制定与修改，行政官僚也逐渐脱离"藩阀"及政党色彩，帝国大学出身者逐渐占据支配地位，形成相对独立的特权集团。

尽管通过甲午战争从中国获得的巨额赔款绝大部分用到了扩军备战上，但战争赔款也改善了日本政府的财政状况，并且推动了日本经济的迅速发展。首先，日本政府以赔款作为准备金，从 1897 年开始实施金本位制，从而稳定了与欧美国家的贸易。其次，为实现钢铁国产化，日本政府利用部分赔款建设八幡制铁所，同时引进德国技术，以中国大冶铁矿的矿石为原料，生产钢铁。

政府投资扩充军备以及促进产业发展的措施，有力地推动了经济的快速发展。例如在棉纺织业，1889 年到 1899 年间，棉纱生产量从 6.7 万捆增加到 75.7 万捆，增长了 10 倍。不仅满足了国内的需求，而且 1897 年出口棉纱 14 万捆，大大超过了进口的 5.4 万捆。从对外贸易来看，1902 年的进出口总额比 1887 年增加了 5 倍多，而且进口以棉花等原料为主，出口以生丝、棉纱为主。主要出口对象国为美国，第二为中国。

随着工业经济迅速发展，社会结构也发生了较大的变化。例如 1872 年时，日本总人口为 3311 万，其中农林业人口占 81.4%，但到 1900 年，在 4482 万总人口中，农林业人口下降到 66.6%。在农村，农民两极分化严重，许多农民失去土地，但工业不能完全吸收农村的剩余劳动力，因而租借地主土地的佃农迅速增加。

1873 年时，出租土地的比例为 27.4%，到 1903 年上升到 43.6%。拥有大量土地的地主自己不经营土地，将土地分割出租给农民，收取实物地租，然后将其转化为公债或股票，成为所谓的"寄生地主"。

工人运动在甲午战争后有了实质性的进展。1897 年，从美国回到日本的高野房太郎组织"职工义友会"，片山潜参加后改为"劳动组合期成会"，并发行《劳动世界》杂志。在该组织的指导下，各地工人组成工会，时常进行要求改善待遇的斗争。与此同时，在日本也出现了社会主义思想，并在 1898 年组成"社会主义研究会"。对此，政府在 1900 年颁布《治安警察法》，严厉取缔以争取结社权、罢工权为目的的工人运动。1901 年，日本最早的社会主义政党——社会民主党成立，但仅存在一天就被政府取缔。

甲午战争及其胜利极大地刺激了日本朝野各界的对外侵略扩张意识。在战争尚未结束的 1895 年 4 月，山县有朋在有关扩军备战的建议书中进一步提出了扩大利益线的主张，"过去之军备专以维持主权线为本，然欲使此次战争之战果不致化为乌有，并进而成为东洋之盟主，则非谋求利益线之扩张不可"。

另一方面，舆论界也转向鼓吹对外扩张，其中最具代表性的是德富苏峰的"大日本扩张论"和高山樗牛的"日本主义"。德富苏峰在 19 世纪 80 年代曾大力宣扬"平民主义"，但甲午战争爆发后，他发表一系列鼓吹对外侵略扩张的文章，并以《大日本扩张论》为名出版发行。高山樗牛在甲午战后发表《作为殖民国民的日本人》等文章，认为"今日本人面临作为殖民之国民而必须认识到自己天职之大好时机"，鼓动对外侵略扩张。除德富苏峰、高山樗牛外，还有山路爱山的"平民帝国主义"、浮田和民的"立宪帝国主义"等，均主张日本对外侵略、扩张殖民地。

日俄战争

争夺朝鲜半岛

如前所述，俄国与德、法"三国干涉还辽"，迫使日本归还辽东半岛给中国，这在日本朝野引起极大反响，"报仇"意识迅速蔓延。为此，日本政府制订了 10 年扩军计划，准备将现役军人从 7 万增加到 15 万，战时达到 60 万，海军舰艇总吨位从 6 万吨增加到 26 万吨，同时迅速扩充炮兵和骑兵的规模。每年的军备开支约占政府一般会计支出的半数，另外还增征酒税、地税，加征营业税、登记税等，以筹措巨额军费。

　　甲午战后，日本与俄国在朝鲜及中国东北地区的争夺更为激烈，双方的矛盾与冲突也不断加剧。1895 年 7 月，在俄国公使的操纵下，朝鲜闵妃集团驱逐亲日分子，建立亲俄政权。同年 10 月，日本公使唆使日本军人杀死闵妃，建立以大院君为首的亲日政权。1896 年 2 月，朝鲜国王逃往俄国使馆，再次建立亲俄政权。1896 年 5 月，日俄双方签署协定，日本被迫承认俄国在朝鲜与其享有同等地位。结果俄国在朝鲜的势力迅速扩大，逐步掌握了朝鲜的军事、财政大权。1897 年，朝鲜改国号为"大韩帝国"。

　　与此同时，俄国积极向中国东北地区扩张。1896 年 6 月，俄国与清政府签订《中俄密约》，攫取了在中国东北修筑中东铁路的权利。1897 年 11 月，俄国出兵强占了辽东半岛南端的旅顺和大连。1898 年，俄国与清政府签订《旅顺大连租借条约》，不仅"租借"了包括旅顺、大连在内的辽东半岛，而且还取得修筑哈尔滨到大连之间的中东铁路支线的权利。1900 年，俄国以保护中东铁路和俄国侨民免受"义和团事件"冲击为名，出动 15 万大军入侵中国东北。

　　1900 年 6 月，日本派遣 2 万多人的军队参加"八国联军"，进入北京镇压义和团。面对俄国势力在中国东北地区的扩张，日本政府内部出现不同意见。伊藤博文、井上馨等人主张承认俄国在中国东北地区的扩张，以换取俄国承认日本在朝鲜半岛的扩张，即所谓的"满韩交换论"；首相桂太郎、外相小村寿太郎等人则主张与英国结成同盟，对抗俄国在远东的扩张。

　　1901 年 11 月，日本前首相伊藤博文访问俄国，并就协调两国在远东地区的利益与俄国政府进行谈判。虽然俄国最后承认日本在大韩帝国具有工业、商业上的行动自由，但反对日本在中国北部地区扩张其势力，并试图将日本在大韩帝国的殖民活动置于俄国的监督之下。此时英国为牵制俄国的扩张，巩固自身在巴尔干、中亚和远东的殖民利益，全面承认日本在大韩帝国以及中国东北的"特殊利益"。因此，日本决定与英国结成同盟，共同对付俄国。1902 年 1 月，双方签订《日英同盟条约》，规定如果缔约一方与第三国发生战争，另一方严守中立，如果缔约一方与两个以上国家发生战争，另一方则给予援助并共同作战。

　　此后，日俄双方迅速进入扩军备战阶段。尽管俄国与清政府在 1902 年 4 月签署了约定撤兵的《交收东三省条约》，但 1903 年 5 月，俄国决定停止撤军，并迅速增派军队到远东地区。1904 年初，日本 10 年扩军计划基本完成，陆军拥有现役兵员 13 个师团，20 余万人，海军新增加 106 艘军舰，总数达到 152 艘。在国际上，英国、美国支持日本，法国、德国支持俄国。

图 6-2　日军人梯

日军以人海（肉弹）战术，用人梯登上俄军堡垒，伤亡惨重。四次总攻旅顺，伤亡人数共计 6 万人，指挥官乃木希典的两个儿子也死于此次战役。

战争进程

1904 年 2 月 8 日，日本海军联合舰队司令东乡平八郎率舰偷袭旅顺的俄国军港，同时陆军前往仁川，此后双方正式宣战。日本海军采取堵塞出口的战术，将俄国舰队封锁在旅顺军港内。日本陆军兵分三路进攻辽阳，经过激烈战斗，9 月攻陷辽阳。与此同时，日俄在旅顺展开攻防战。在付出惨重代价后，日军终于在 1905 年 1 月占领旅顺。3 月，双方在奉天（今沈阳）展开最大规模的会战，日军很快占领奉天。在海上，以逸待劳的日本海军几乎全歼远道而来的俄国波罗的海舰队。

此后俄国国内爆发革命，胜利无望，而日本也无力将战争继续下去，因而双方在美国政府的调停下，经过讨价还价的谈判，在 1905 年 9 月签订《朴茨茅斯和约》。和约规定俄国承认日本在韩国具有政治、经济、军事的优越地位，俄国从中国攫取的辽东半岛及附属的一切权益转让给日本，并将库页岛南部割让给日本。

日本在战争中动员了 110 万兵力，伤亡人数超过 20 万，军费开支 18 亿日元，相当于政府年度财政预算的 8 倍。由于没有得到各界渴望的战争赔款，引起国民的不满，甚至在东京出现了大规模骚乱"日比谷暴动"，政府出动军队才将其镇压下去。

重工业革命

日俄战争的胜利加快了日本向大陆侵略扩张的步伐。在朝鲜半岛问题上，1904 年 8 月，日本与大韩帝国签订第一次协约，掌握了大韩帝国的财政。1905 年 11 月，签订第二次日韩协约，掌握了大韩帝国的外交。1907 年 7 月，签订第三次日韩协约，解散大韩帝国军队，内政权也被日本掌握。结果引起反抗日本的"义兵运动"，日本派军队将其镇压了下去。1910 年 8 月，日本正式吞并大韩帝国，将其重新改名为"朝鲜"，并设"朝鲜总督府"进行殖民统治。

在中国东北地区，日本在 1906 年设置关东总督府，管理辽东半岛南端的关东州，指挥驻扎在该地的军队，并组建"南满洲铁道株式会社（满铁）"，经营长春—旅顺铁路及其支线，以及铁路沿线的各种事业，进行经济掠夺。为防止美国的渗透，日俄先后签订四次协约，划分各自在中国东北地区的势力范围。因日本拒绝了美国开放东北门户的要求，美国遂限制日本向北美的移民，双方逐渐产生矛盾。

由于巨额军费来自国内外债务，日本政府在战后继续增加内外债务和税收，结果在 1907 年出现了短暂的经济危机，但并没有影响各产业部门的高速增长。从主要产业的生产指数来看，在 1904 年到 1912 年之间，造船业从 601 增长到 1245，生铁从 196 增长到 356，生丝从 143 增长到 262，均增加一倍左右。重工业部门也出现了产业革命，例如从 1901 年到 1913 年，铣铁产量从 5 万吨增加到 24 万吨，钢材产量从 6000 吨增加到 25 万吨。

经济增长推动了对外贸易的发展。1902 年，日本对外贸易总额约为 5 亿日元，到 1906 年达到 8 亿日元，1912 年进一步增加到 11 亿日元。尽管出口增加迅速，但需从欧美地区进口大量军需品和重工业设备，另外还要支付巨额外债本息，因而这一时期日本的国际收支状况恶化。

随着工业化的急剧进展，在 20 世纪初年出现了以三井、三菱、住友、安田、古河为代表的垄断集团——"财阀"。这些"财阀"经营的范围涉及金融、贸易、运输、矿山、产业等，并以控股公司为中心形成控制产业界的垄断资本。由此可以看出日本工业化的特征，即工业革命与垄断资本同步、国家保护色彩较浓、官营重工业特别是军事工业强大、重工业产品依赖进口、农业发展落后造成国内市场狭窄等。

第一次护宪运动

工人运动发展

虽然工业经济获得迅速发展，但大企业和中小企业之间的差距、工业与农业之间的差距使社会矛盾进一步加剧，另外受 1905 年俄国革命的影响，日本工人运动出现新的局面。1906 年 1 月，西川光次郎等人向政府提出建立日本平民党的申请，与此同时堺利彦等人也提出建立日本社会党的申请。当时的西园寺公望内阁是政友会政权，对社会主义较为宽容，因为社会党主张在"宪法许可的范围内实现社会主义"，于是两个申请均得到批准。同年 2 月，平民党与社会党合并，统称为日本社会党，拥有 200 名党员。同年 3 月，日本社会党组织了东京反对电车费涨价的斗争，虽然部分社会党成员遭到逮捕，但成功地阻止了电车费涨价，提高了社会党的声望。此后，日本各地接连爆发工人罢工事件。1907 年日本爆发经济危机，导致工人罢工事件骤然增加，当年就达到 92 次之多。其中规模较大、劳资对立较为激烈的是足尾铜矿、别子铜矿工人罢工事件，最后演变成暴乱，政府出动军队加以镇压。

1906 年 5 月，幸德秋水从美国回到日本，宣扬美国盛行的无政府工团主义，主张工人运动采取"直接行动"，实施总罢工，遭到片山潜等人的反对，后者主张以合法的议会斗争为主要手段。1907 年 2 月，日本社会党召开第二次代表大会，多数代表赞成幸德秋水的主张，并将其消息刊登在《平民新闻》上。政府以"妨碍社会秩序"为理由，禁止发行当天的《平民新闻》，其后政府下令解散社会党，并封禁《平民新闻》。

1908 年 6 月，因领导工人斗争而入狱的山口义三获释，各派社会主义者在东京集会举行欢迎大会，受幸德影响的直接行动派成员打出印有"无政府共产"的红旗，并与警察发生冲突，史称"红旗事件"。政府保守派最大头目山县有朋趁机向讨厌社会主义者的明治天皇进谗言道："西园寺内阁对社会主义者过于宽容，才出现了这种事。"结果西园寺政权倒台，山县大弟子桂太郎组阁。桂内阁积极镇压社会主义者，判处因"红旗事件"被捕的大杉荣、荒畑寒村等社会主义者一年到两年半的重刑。

大逆事件

1909 年 2 月，山梨县出身的工人宫下太吉找到幸德征求意见，计划为暗杀天皇而制造炸弹。1910 年 5 月 25 日，宫下在长野县明科町的山中试验炸弹效果时因违反《爆破物管制规则》被捕，带往松本审讯，结果暗杀天皇的计划泄露。尽管幸德曾经对朋友说过"向天皇扔个炸弹，如果能证明天皇不是神而是流血的普通人，那就有意思了"，但没有确凿证据表明幸德参与了暗杀天皇的计划。

同年 6 月 1 日，在神奈川汤河原疗养的幸德准备回东京时被捕。包括幸德在内的 26 人被起诉，其中以大逆罪判处 24 人死刑，余下两人分别被判处 18 年和 11 年有期徒刑，后因天皇恩赦，死刑者减至 12 人，另外 12 人为无期徒刑。此次判决十分迅速，12 月 10 日最高法院的大审院开始审理案件，禁止旁听，29 日审理结束，1911 年 1 月 18 日判决，24 日执行死刑，幸德、宫下等人第二天就被处死，史称"大逆事件"。同时，政府在警察机构内设置"特别高等课"，专门镇压社会主义者等思想犯、政治犯。幸德被处死 8 天后，著名作家德富芦花在第一高等学校发表演讲，呼吁年轻学生不要害怕幸德那样的"谋反者"以及所谓的"谋反"，因为在政府看来新生事物均是谋反。美国、英国、法国也出现了抗议日本政府的运动。

图 6-3　幸德秋水像

据后来的历史学家考证，暗杀天皇计划确实存在，但有关者只有宫下太吉、管野须贺、新村忠雄及古河力作四人，幸德知道其计划，但态度消极，最后几乎没有参与。其他 19 人与该计划完全没有关系，却被判处死刑或无期徒刑，完全是冤假错案。

"大逆事件"后，社会主义运动和工人运动进入低潮。尽管 1911 年底出现了东京电车公司工人大罢工事件，但随后立即遭到镇压，片山潜等人也被捕。

大正政变

日俄战争后，日本继续扩军。根据 1907 年颁布的帝国国防方针，陆军计划从现有的 12 个师团增加到 25 个师团，海军建造战列舰、巡洋舰各 8 艘，以其为中心组成"八八舰队"。但因政府财政紧张，扩军计划迟迟未能付诸实施。1912 年，陆军大臣上原勇作抗议政府没有采纳陆军提出的增加两个师团的要求，单独向天皇提出辞职，迫使西园寺公望内阁总辞职。同年 12 月，陆军出身的桂太郎第三次组织内阁，准备强行通过扩军方案。

当时正值明治天皇去世，太子嘉仁即位，为大正天皇，社会舆论反对军部横行的气氛高涨。立宪政友会的尾崎行雄等人发动"护宪运动"，批判桂太郎内阁。

支持"护宪派"的市民包围国会，与警察发生冲突，结果成立不到两个月的桂太郎内阁被迫总辞职，史称"大正政变"或"第一次护宪运动"。

1913 年 2 月，海军出身的山本权兵卫组成内阁。在立宪政友会的支持下，将陆海军大臣现役武官制扩大到预备役和后备役，并修改《文官任用令》，增加政党成员担任政府官员的机会。

参加第一次世界大战

侵占山东

19 世纪末期，德意志帝国崛起，其世界扩张政策威胁到英国的利益，英国逐渐放弃"光荣孤立政策"，除与日本结成同盟关系外，在 20 世纪初年与法国、俄国组成协约国，以对抗德国与奥匈帝国组成的同盟国。1914 年 6 月，奥匈帝国皇太子在波斯尼亚首府萨拉热窝被暗杀，两大军事集团成员国陆续宣战，第一次世界大战爆发。日本朝野均认为这是"对日本国运发展乃至大正年代之天佑"，纷纷主张趁此机会"确立日本对东洋之权利"。尽管英国仅要求日本在远东地区清除德国的武装船只，但日本政府不仅迅速向德国提出最后通牒，还在同年 8 月对德宣战，而且迅速出兵中国山东省，占领青岛与胶济铁路沿线，以武装侵略的方式接管了德国在该地区的所有权益。随后，日本军队占领了德国在太平洋上的岛屿，甚至将舰队派到地中海地区，为协约国提供帮助。

为扩大在中国的权益，大隈重信内阁在 1915 年 1 月向袁世凯政府提出了体现其"根本解决中国问题"，实际上是灭亡中国的"二十一条"要求。其主要内容包括继承德国在山东的一切权利，延长日本在满蒙地区的租借权和所有权，汉冶萍公司由中日合办，所有中国沿海港湾、岛屿概不租借或出让给他国，中国政府聘用日本人任政治、财政、军事顾问等。

尽管袁世凯并没有答应日本政府提出的全部要求，但其内容仍然引起全中国人民的大规模反袁抗日运动。1916 年 6 月，袁世凯去世，军阀段祺瑞掌握北京政府，寺内正毅内阁为进一步扩大日本在中国的权益，通过其亲信西原龟三向段祺瑞政府提供大量贷款，史称"西原借款"。尽管日本急剧扩大其在华权益的行为加深了与美国的矛盾，但已参加欧洲战争的美国无暇与其竞争，双方在 1917 年 11 月达成《石井－蓝辛协定》，即美国承认日本的在华权益，日本承认美国的"门户开放"政策。

原始文献

"二十一条"（摘录）

1915 年，日方提出意图灭亡中国的"二十一条"要求。袁世凯政府在 5 月 9 日晚上 11 时接受其中第一至四号的要求，并于 5 月 25 日完成签字。5 月 9 日因此被全国教育联合会定为国耻日。

第一号

关于日本继承德国在山东的特权，共四款：

1. 日本政府拟向德国政府协定之所有德国关于山东省依据条约或其他关系对中国政府享有一切权力利益让与等项处分，中国政府概行承认。

2. 凡山东省内并沿海一带土地及各岛屿，无论以何项名目，概不让与或租借与他国。

3. 日本建造由烟台或龙口接连胶济路线之铁路。

4. 中国政府从速自开山东省内各主要城市作为商埠。

第二号

关于"日本国在南满洲及东部内蒙古享有优越地位"，共七款：

1. 两订约国互相约定，将旅顺、大连租借期限并南满洲及安奉两铁路期限，均展至九十九年为期。

2. 日本臣民在南满洲及东部内蒙古营造商工业应用房厂，或为耕作，可得其须要土地之租借权和所有权。

3. 日本臣民得在南满洲及东部内蒙古任便居住往来，并经营商工业各项生意。

4. 中国政府允将南满洲及东部内蒙古各矿开采权，许与日本臣民。

5. 中国政府如准许他国在南满洲及东部内蒙古建造铁路或以该地区课税作抵押

他国借款时，应先经日本政府同意而后办理。

6. 如中国政府在南满洲及东部内蒙古聘用政治、财政、军事各顾问教习，必须先向日本商议。

7. 中国政府允将吉长铁路管理经营事宜委任日本政府，其年限自本约画押之日起，以九十九年为限。

第三号

关于汉冶萍公司，共二款：

1. 俟将来机会相当，将汉冶萍公司作为两国合办事业，未经日本政府之同意，所有该公司一切权力产业，中国政府不得自行处分，亦不得使该公司任意处分。

2. 所有属于汉冶萍公司各矿之附近矿山，如未经该公司同意，一概不准该公司以外之人开采。

第四号

关于"切实保全中国领土"一款：

中国政府允准，所有中国沿岸港湾及岛屿，一概不让与或租与他国。

第五号

共七款：

1. 在中国中央政府，须聘用有力之日本人充当政治、财政、军事等项顾问（该条袁世凯未直接同意，在段祺瑞执政时通过）。

2. 所有在中国内地所设日本医院、寺院、学校等，概允其土地所有权。

3. 须将必要地方之警察作为中日合办，或在此等地方之警察署内须聘用多数日本人，以资全面筹画改良中国警察机关。

4. 由日本采办一定数量之军械（譬如在中国政府所需军械之半数以上），或在中国设立日中合办之军械厂，聘用日本技师，并采买日本材料。

5. 允将接连武昌与九江、南昌之铁路，及南昌至杭州、南昌至潮州各铁路之建筑权，许与日本国。

6. 福建省内筹办铁路、开矿及整顿海口（船厂在内），如需外国资本时，先向日本协商。

7. 允认日本人在中国有布教之权。
——选自日本历史学研究会编：《日本史史料·4·近代》，岩波书店，1997年，第317—318页

※ 从史料分析日本试图成为中国唯一"保护国"的企图及其对华战略的影响。

1917 年 11 月，俄国爆发"十月革命"，新成立的布尔什维克政府与德国单独媾和，西方国家对其进行干预。对俄国远东领土怀有侵略野心的日本立即响应，在 1918 年 8 月宣布出兵西伯利亚。自此日本派兵数额逐年增加，最高时兵力达 7 万人。1920 年西方各国均撤军，但日本到 1922 年才撤出其军队。此次日本出兵西伯利亚共花费 10 亿日元，死亡人数高达 3000 余人，不仅没有获得任何权益，而且受到国内外的严厉批评。

经济迅速发展

在第一次世界大战期间，由于工业部门的迅速发展以及城市人口的急剧增加，农产品价格飞速上涨，例如大米价格在 1916 年 8 月时的价格为每石（约 150 公斤）13.62 日元，到 1918 年 1 月上升到 23.84 日元。同年 8 月日本宣布出兵西伯利亚后，因传闻政府大量收购军粮，价格骤然上涨到 38.7 日元，比两年前上涨近 2 倍。要求降低米价的群众运动首先从富山县渔村妇女开始，然后迅速蔓延至全日本 42 个府县。城市民众捣毁米店，并与警察发生冲突，政府出动军队进行镇压，被逮捕者多达 2 万多人，史称"米骚动"。同年 9 月，寺内正毅内阁在一片批判声中倒台。

第一次世界大战为日本资本主义经济发展提供了绝好的机会，因为此时欧洲大多数国家均卷入战争，其商品不得不退出亚洲市场，包括欧洲在内的大批军需订货及生活用品需求使日本出口总额迅速增加。从数字上看，1914 年日本的进出口贸易总额不足 12 亿日元，而 1919 年的进出口贸易总额达到 43 亿日元，其中 1915 年到 1918 年的贸易顺差达到 14 亿日元；黄金储备在 1912 年时仅为 3.5 亿日

元，到 1919 年底则超过 20 亿日元；战前日本负有外债 12 亿日元，战后一举变成拥有 28 亿日元的债权国。

战争极大地推动了日本资本主义工业经济的迅速发展，并使其从农业国迅速转为工业国。例如 1914 年时，农业在各部门生产额中所占比例为 45.1%，工业为 44.5%（水产业约占 5.1%，矿业约占 5.1%），而 1918 年工业上升到 56.8%，农业下降到 35.1%（矿业为 4.3%，水产业为 3.8%）。

在此基础上，资产阶级队伍不断壮大，其力量也逐渐增强。拥有资金 10 万日元以上、雇工 5 人以上的资本家在 1914 年时不到 20 万人，到 1920 年则超过了 30 万人，20 年代末进一步增加到 40 万人，远远超过地主阶级的总人数。其中大资本家人数由 1914 年的 2664 人增加到 1920 年的 4764 人，第一次超过了大地主阶级的 4249 人。中小资产阶级的发展同样迅速，从 1914 年的 330 多万人增加到 1925 年的 410 多万人，其中工商业领域的自营者尤为突出。如果以户计算，则从 1914 年的 63.9 万户增加到 1925 年的 111.8 万户，几乎增加了一倍。经济发展带来的社会结构变化为"大正民主运动"以及政党政治的出现奠定了阶级基础。

1918 年 9 月，众议院第一大党立宪政友会总裁原敬成为首相，组成除陆军大臣、海军大臣、外务大臣外均为立宪政友会成员的政党内阁。原敬本人既无贵族爵位，也不是藩阀政治家，是日本历史上第一位以众议院议员身份出任首相者，因而受到社会舆论的欢迎。他在任内实施了改善教育、振兴实业、完善交通、充实国防、将殖民地长官从武官专任制改为文武官并用制、降低选举权财产资格等改革措施，在国际上也采取了与帝国主义

图 6-4 原敬像

1920 年股票市场暴跌，日本棉纱、生丝等价格下降一半；出兵西伯利亚也未得到利益，反而损失许多金钱；股票持有者纷纷抛售。原敬内阁未能出台有效对策，产业界对其不满；政友会所属政治家又不断卷入政治资金丑闻。1921 年 11 月，背叛了平民的"平民首相"原敬被暗杀在东京站。

列强协调的政策。

巴黎和会与华盛顿会议

第一次世界大战以德、奥等同盟国投降而结束，1919 年 1 月，在法国巴黎的凡尔赛召开和会，日本派出以西园寺公望为首的大型代表团参加。和会在英、美、法三大国主导下进行，其重点是重建欧洲的国际秩序和瓜分德国在世界各地的殖民地遗产。日本代表团在和会上提出将德国在中国山东省的权益无条件地转让给日本，尽管参加和会的中国代表据理力争，但欧洲列强仍然同意了日本的要求。对此，中国国内爆发了激烈的反对浪潮。同年 5 月 4 日，北京以学生为中心举行了大规模的游行示威，反对政府签署和约，抵制日货的活动也蔓延全国，史称"五四运动"。在这种压力下，中国代表没有在《凡尔赛和约》上签字。

与此同时，朝鲜也爆发了反对日本殖民统治的"三一运动"。1910 年日本吞并朝鲜以后，采取军警高压统治，掠夺朝鲜农民的土地，实施同化政策。受俄国十月革命以及第一次世界大战后民族自决潮流的影响，朝鲜人民反对日本殖民统治、要求独立的呼声高涨。1919 年 1 月，皇帝高宗去世，民间传说是中毒身亡，反日气氛骤然高涨。2 月，朝鲜留日学生在东京发表独立宣言。3 月 1 日，汉城市民举行集会，并宣读独立宣言。朝鲜各地纷纷举行要求独立的集会和示威，日本出动军队进行镇压，死亡者高达七千余人。日本政府被迫更换朝鲜总督，并实施文官亦可任总督等缓和军警统治的所谓"文化政治"。

在巴黎和会上，根据美国总统威尔逊的提议，设立了以推动国际合作与和平为目的的国际组织——国际联盟，但因国内参议院的反对，美国没有参加这一国际组织。日本与英国、法国、意大利并列为国际联盟的常任理事国，日本学者新渡户稻造担任该组织的副秘书长。美国为抑制日本在亚洲的扩张，建立美国主导下的新东亚国际秩序，在 1921 年呼吁有关国家召开华盛顿会议。尽管日本政府感到压力，但还是派出以海军大臣加藤友三郎、驻美大使币原喜重郎为首的代表团参加了从 1921 年 11 月 12 日到 1922 年 2 月 6 日在华盛顿召开的国际会议。

经过讨价还价，华盛顿会议最终达成三个国际性条约，即《四国条约》《九国条约》以及《限制海军军备条约》。1921 年 12 月，美国、英国、法国、日本签署《四国条约》，规定缔约国相互尊重各国在太平洋区域的岛屿属地和领土权利，并规定自该条约生效起日英同盟即告终结。

1922 年 2 月，参加会议的美国、英国、法国、意大利、比利时、荷兰、葡萄牙、中国及日本等九国签署《九国条约》，规定尊重中国的主权、独立以及领土和行政完整，给予中国建立和维持有力的、强大的政府以充分和无限的机会，维持各国国民在中国的机会均等主义，不承认损伤国民权利的特权和危害友邦安全的行动，等等。与此同时，废除日美双方在 1917 年 11 月达成的《石井—蓝辛协定》。

在签署《九国条约》之前，美国施加压力，推动中国和日本签署了《中日山东悬案条约及附约》，规定日本将胶州湾租借权归还中国，日本在 6 个月内从胶济铁路线撤兵，中国以铁路为担保，利用 15 年时间分期偿还的公债"赎回"胶济铁路等。

1922 年 2 月，美国、英国、日本、法国、意大利等五国签署《限制海军军备条约》，规定五国主力舰总吨位比例为 5：5：3：1.67：1.67，10 年内不得建造主力舰，不得在太平洋岛屿建设新的军事设施，等等。华盛顿会议以及由此形成的华盛顿体制在一定程度上暂时限制了日本的对外侵略扩张，从而加深了日美之间的矛盾。

城市化及其影响

城市化进程

在从 1912 年到 1925 年的大正年间，随着工业化、城市化的急剧发展，市民阶层逐渐形成。1903 年，日本列岛总人口为 4540 万，到 1925 年达到 5974 万，农业人口从 70% 下降到 50%。1903 年，拥有 5 万以上人口的城市有 25 个，其人口总数为 555 万，约占总人口的 12%，到 1925 年增加到 71 个城市，人口为 1213 万，约占总人口的 20%。

在以东京为首的大城市中，政府部门、公共设施、商贸公司等逐渐采用钢筋混凝土的高层建筑，个人住宅也盛行美国风格的"文化住宅"。城市中煤气及上下水管道普及开来，农村也开始使用电气。1923 年 9 月 1 日，以东京、横滨为中心发生"关东大地震"，绝大部分建筑物毁于一旦，死亡及下落不明者多达 14 万人，受害者达 340 万人。政府以此为契机，重新规划城市建设，数年后东京焕然一新。

联结城市的铁路线扩展到全日本，大城市郊区也因住宅建设而开设铁路支线。在大车站建有百货商店，便于乘车者购物和就餐。在城市中心地带，交通工具除电车外，公共汽车也开始运营，并出现了出租车及私人轿车。在事业单位就职的工薪人员大量增加，特别是职业女性有所增加，这些属于中间阶层的市民主导着社会时尚，例如人们越来越多地穿戴出行方便的西装、女性发式西方化等。同时，在城市化、市民化的过程中，诸如劳资纠纷、失业救济、交通住宅等社会问题也逐渐显露出来。为此，政府在内务省设置社会局、城市计划局等部门，制定了《职业介绍法》《健康保险法》《租借土地住宅法》等法律。

教育发展

作为大众文化基础的教育及传媒在大正年间也获得迅速发展。1918 年，政府全面改革学校教育体制，制定了《大学令》，许可成立单科大学、公立及私立大学。同时修改《高等中学校令》，允许成立公立、私立高等中学以及兼有初中的七年制高等中学。这些措施推动了教育的普及，1900 年时，职业学校以上学校的在校学生仅有 2.5 万人，到 1925 年增加到 13 万人。1920 年，在适龄儿童的小学就学率方面，男女均达到 99%。与此同时，出现了批判政府教育统制措施、主张尊

图 6-5　1873—1910 年日本义务教育普及率

日本人重视教育不假，但教育什么内容却是问题。近代灌输忠君爱国思想，虽然对赶超欧美所需的服从、纪律、贡献、牺牲等意识的形成起到了推动作用，但使受教育者很容易盲从并走向自我毁灭之路。

重学生个性与自主等的自由教育运动呼声，同时也出现了成城小学校、自由学园等实践自由教育的学校。

大众传播媒体的发展

到 20 世纪 20 年代，传媒的发展更为迅速。《大阪朝日新闻》《大阪每日新闻》《东京朝日新闻》《东京日日新闻》四大报纸每天的发行量均在百万份上下。这些大型商业化大众报纸在文化普及以及政治民众化方面起到了重要的推动作用，同时在煽动民族主义情绪方面也起到了推波助澜式的巨大影响。在杂志方面，除《中央公论》《改造》《文艺春秋》等综合杂志外，还有月发行量超过百万份的月刊杂志和周刊杂志。1925 年，在东京、大阪开始出现无线电广播，第二年成立了日本广播协会。

结　语

美国历史社会学家查尔斯·蒂利曾指出，民族国家这种形式之所以最终胜过所有其他国家组织形式，根本原因在于民族国家能够有效地汲取、动员国家内的各项资源，保证其在国家间的竞争（绝大多数时间是以战争的形式）中不被彻底打败。与民族国家的形成过程同时进行的，是传统国家向现代国家的转型。蒂利发现，传统国家为了应对战争所进行的准备工作，从根本上改变了国家与社会的关系，进而促使传统国家从封建化的间接统治转向中央集权化的直接统治。一方面，战争促使国家对内的权力扩张，其目的在于加强国家的资源汲取和动员能力，于是对此更为有效的直接统治成为国家的必然选择；另一方面，国家在汲取社会资源的同时，不可避免地与社会发生着结构性的冲突。与国家的中央集权化相对应，内部社会各个阶层也通过抗议性的集体行动和与统治者的讨价还价，重新缔结社会契约，并由此催生了普选权等现代公民权利的雏形。

蒂利的观点可用来观察近代日本。应该说从幕末开始，尚武好战的武士们始终将对外战争作为自己的目标。他们认为，为应付来自西方发达国家的挑战，必须统一全日本的资源和动员能力，即从无组织、无纪律的杀伐攻战转化为统一的民族国家行为。甲午战争时期，日本企业家组成报国会，积极筹措军费，妇女们从事慰问工作，本与政府对立的议会迅速通过军事预算，原计划募集 3000 万元的军事公债，实际募集了 7700 万，各家报纸向战场派遣记者，宗教人员也随军行动，军歌在民众中广为流行，军队斗志昂扬，国内舆论空前一致。这些行为不仅使日本最终形成了近代民族国家，而且使帝国主义意识为全体国民所接受，自然而然地导向了接连不断的对外侵略行为。

大 事 记

时　间	日　本	东北亚
1891 年	大津事件	
1894 年	中日甲午战争爆发	朝鲜东学党运动
1895 年	《马关条约》签订，三国干涉还辽	
1896 年	进步党成立	
1897 年	颁布新货币法，实行金本位	
1898 年	第一个政党内阁隈板内阁成立	戊戌变法；德、俄、英取得中国租界
1900 年	出兵北京；伊藤博文组织立宪政友会	中国义和团运动
1901 年	八幡制铁所开始运营	
1902 年	第一次英日同盟缔约	
1904 年	日俄战争	
1905 年	第二次英日同盟缔约	
1906 年	公布《铁道国有法》，建立"满铁"	
1910 年	大逆事件；《日韩合并条约》签订	
1911 年	第三次英日同盟缔约	中国辛亥革命
1912 年	友爱会成立；第一次护宪运动	中华民国成立
1913 年	大正政变	
1914 年	对德宣战，加入第一次世界大战	
1915 年	向中国提出"二十一条"	
1916 年	宪政会成立	
1917 年	《石井—蓝辛协定》	俄国十月革命

（续表）

时　间	日　本	东北亚
1918 年	对西伯利亚出兵宣言；"米骚动"暴发；组成原敬政友会内阁	
1919 年	出席巴黎和会，签订《凡尔赛和约》	朝鲜"三一运动"；中国"五四运动"
1921 年	出席华盛顿会议；停止英日联盟	
1922 年	签订《九国条约》，缩减海军；水平社创立；发表西伯利亚撤军声明	

✎ 进一步阅读书目

　　由井正臣的《帝国时期》（"岩波日本史·第八卷"，新星出版社，2020 年）全方位地观察了日本从 19 世纪末到 20 世纪前半叶走过的道路，即 1890 年至 1952 年的日本历史，考察明治维新后日本走向现代化，深度融入世界和不断发起、参与战争的历程。1890 年是召开第一次帝国议会的年份，1952 年是《对日和平条约》生效的年份。这段历史不仅给日本，而且给中国、亚洲乃至世界都带来了影响至今的深刻变化。它具有三个特征：第一，日本的经济、社会快速资本主义化，迈向了现代化；第二，这个时期的战争此起彼伏，甚至可以被称为"战争的时代"，日本在亚洲的势力不断膨胀，建立起了殖民帝国；第三，日本所处的时代产生了前所未有的全球规模的紧密联系，政治、经济、社会、文化等各个领域都受到了国际环境的巨大影响。

　　黑泽文贵的《两次世界大战之间的日本陆军》（社会科学文献出版社，2020 年）以两次世界大战之间的日本陆军为焦点，力图探讨以下三个课题。第一，被普遍视作"保守性"存在的"大正民主时期"的陆军为何会"革新化"，从而变质成为"昭和法西斯主义时期"的陆军？第二，陆军为何会成为 20 世纪 30 年代日本政治的主角，成为日本走上"通往太平洋战争的道路"的原动力？第三，对于所谓自"大正民主"至"昭和法西斯主义"的转换，可将其作为怎样的历史事实加以理解？该书打破了陆军与"大正民主"对立的刻板印象，以两次世界大战间日本内外体制的变动为主线，勾勒了日本陆军走向战争的全过程。

　　坂野润治的《日本近代史》（新华出版社，2019 年）以人物网络为中心，深入浅出，多方位剖析了明治维新前后到 1937 年间的历史，让读者了解日本走向全面战争的前缘后因。作者把这段历史简单概括为"公武合体""尊王倒幕""殖产兴业""明治立宪制""大正民主""昭和法西斯主义"，可以相应地称为"改革时代""革命时代""建设时代""运用时代""重组时代""危机时代"，而且将 1937 年作为"危机时代"的终结、"崩溃时代"的开始，即"崩溃时代"自日中全面战争开始，很容易使人联想到太平洋战争的失败。

第七章

变革与战争

近代日本军事制度最重要的特征是统帅权（指挥权）独立。其原因是明治元老们为保障军队不受政府的制约，特意在1878年将参谋本部从陆军省独立出来，军队的指挥权名义上直属天皇。海军也照葫芦画瓢，在1893年将军令部从海军省独立出来，参谋本部与军令部形成专门的"军部"。决定军队装备、兵员数额的军政归陆军省与海军省，调动军队、指挥作战的军令归参谋本部与军令部。但无论在陆军省还是在海军省，最重要的部门是策划及制定军队政策的军务局。因而有人认为，所谓军部是指军事体制的核心部门，陆军是参谋本部作战部及陆军省军务局，海军是军令部作战部及海军省军务局。无论如何，在明治宪法体制下，天皇拥有所有统治大权和军队的统帅权，陆军省与海军省掌握统治权中的行政权，参谋本部与军令部掌握统帅权，两者的分离为"军部"能够"暴走"奠定了基础。海军好一些，海军大臣可以对军令部下达命令，因而省、部较为合作。但陆军省与参谋本部为对等部门，两者经常对立，帝国参谋们擅自行动，陆军省只好跟上，政府也被劫持，战争也就不断地扩大化了。

各种社会运动

工农运动

随着工人人数的急速增加，工人运动再次活跃起来。尽管第一次世界大战刺激了日本经济的高速增长，但通货膨胀带来的物价上升导致工人的生活条件难以改善，而俄国"十月革命"和国内"米骚动"也推动了工人运动的高涨。1917年发生了398次工人斗争，1919年增加到2388次，参加人数高达34万人。特别是在八幡制铁所、神户三菱造船所、川崎造船所等大企业，均爆发了大规模罢工活动。与此同时，工会组织增加迅速。1914年共有49个工会组织，到1919年增加到187个。1912年，铃木文治等人组成"友爱会"，初期采取劳资协调的方针，但在1919年改称"大日本劳动同盟友爱会"后，提出确立八小时工作制、禁止雇佣童工、实施普选等要求。1921年改称"日本劳动总同盟"后，明确提出阶级斗争的主张。1920年，日本工人举行了历史上首次"五一节"示威游行。

在工人运动活跃的基础上，社会主义运动再次兴起。最初以大杉荣为代表的无政府工团主义影响较大。他们主张采取直接行动，鼓吹罢工万能论，轻视政治斗争，反对各种形式的政府。俄国"十月革命"后，马克思列宁主义开始在日本迅速传播，因而社会主义的影响逐渐扩大。1920年，"日本社会主义同盟"成立，但由于内部成分较为复杂，该同盟在1921年解散，并分化为无政府主义、改良主义和共产主义三个派别，相互之间展开激烈的争论。

1922年1月，片山潜等人参加了在莫斯科举行的"远东民族大会"，并得到列宁等第三国际领导人的会见和指示。同年7月，以片山潜、堺利彦、山川均为中心，秘密组建日本共产党，提出了废除君主制、没收大地主土地并将其国有化、实现八小时工作制、确立无产阶级专政等主张。在非法状态下，日本共产党积极开展活动，出版发行机关杂志《赤旗》和报纸《劳动新闻》，同时领导工人进行各种斗争。1923年关东大地震时，社会主义者和朝鲜人计划暴动的谣言流行，不仅数千朝鲜人、中国人被杀，而且政府乘机镇压社会主义者，大杉荣等工人活动家被杀害。面对严峻的现实，日本共产党内部产生对立，在1924年做出解散共产党的决议。

20世纪20年代上半期，农民运动也活跃起来，其主要表现为佃农斗争。1917年，佃农斗争发生了83次，1921年达到1680次。广大佃农不仅各自要求地主减轻地租，而且联合起来组成"佃农协会"共同斗争，从而发展成要求减轻地租、确立耕种权的农民运动。1919 年有 298 个佃农协会，到 1921 年增加到 732 个。1922 年 4 月，在贺川丰彦等人的积极推动下联合组成"日本农民协会"，起到领导农民运动的作用。在其压力下，政府在 1924 年制定《佃农争议调解法》，规定法院对地主佃农间的纠纷给予调解。

女性争取解放

随着更多的女性走向社会，要求扩大女性权利、改变女性从属地位的妇女运动也开展起来。1911 年，以平塚雷鸟等人为中心组成争取妇女解放的"青踏社"，同时发行机关杂志《青踏》。在其创刊号上，平塚写道："原始社会女性是太阳，是真正的人，现在女性是月亮，必须恢复太阳的面目。"其呼吁女性觉醒的姿态引起较大社会反响，杂志发行量很快从 1000 份增加到 3000 份。

1920 年，平塚雷鸟、市川房枝等人组成"新妇女协会"，从事妇女参政运动。在其活动的压力下，1922 年，政府修改禁止女性参加政治活动的治安警察法第五条，允许女性参加政治演说会。1924 年，"新妇女协会"发展成"争取妇女参政权期成同盟"，明确推动妇女参政运动的发展。另外，山川菊荣、伊藤野枝等人在 1921 年组成"赤澜会"，站在社会主义的立场上开展妇女运动。伊藤野枝在"关东大地震"时与大杉荣一道被军警杀害。

部落民运动

尽管明治初年政府废除"秽多""非人"等贱民称呼，将他们与过去的农、工、商统称为平民，但他们聚居在特殊部落中，生活条件十分恶劣，被称为"部落民"，在就业、生活及婚姻等方面受到严重歧视。1919 年，全日本共有 5000 多个特殊部落，近 88 万人。部落民中的农民交纳特别高的地租，其他部落民也只能从事制革、建筑、清道夫、搬运工、人力车夫等行业，绝大多数部落民没有政治权利。

第一次世界大战后，在工农运动不断高涨的影响下，争取政治经济权利的"部落解放运动"也开始兴起。1919 年，部落民工人较多的皮革业、制鞋业、竹木制品业经常爆发罢工活动，从事农业的部落民也掀起要求减轻地租的斗争，同时各地陆续出现部落民解放组织。1922 年 3 月，各地部落民代表 2000 人在京都举行集会，成立"全国水平社"，作为统一的部落民解放组织。该组织的纲领包括争取部落民的彻底解放、争取彻底的经济与职业自由、实现人类最高目标等，机关杂志为《水平》。

图 7-1　大正民主运动主要形式图

尽管存在不同形式的运动，但社会各个阶层有一个共同的目标，即争取没有财产资格限制的选举权，也就是"普选运动"。自从开设帝国议会以来，选举权的财产资格不断降低。1900 年，选举权的纳税额限制降到 10 日元，具有选举权者从 45 万人增加到 98 万人，占总人口的 2.2%。第一次世界大战后日本社会中的民主主义风潮再次兴起，以市民为中心争取普选的运动随之高涨，因而 1919 年选举权的纳税额限制进一步降到 3 日元，具有选举权者增加到 307 万人，占总人口的 5.5%。尽管宪政党、立宪国民党等在野党均在自己的纲领中写有争取实现普选的主张，并不断在议会中提出普选法案，但因执政的立宪政友会在议会中的席位超过半数，普选法案屡遭否决。

各种政治思想

民主主义

随着资产阶级在经济领域主宰地位的形成及其力量的逐渐壮大，他们提出进行政治改革，抑制明治维新以来一直把持政权的藩阀政治以及积极干预政权的军部势力，增加自己在政治上的发言权。美浓部达吉的"天皇机关说"及吉野作造的"民本主义"典型地代表了他们的意愿。

美浓部达吉是宪法学者、东京帝国大学教授。1912年，他出版《宪法讲话》一书，提出"天皇机关说"。即利用"国家法人"理论解释明治宪法，认为日本的统治权属于国家这一"法人"，而天皇只是作为国家的最高机关行使统治权。美浓部达吉明确指出："天皇大权非属于天皇个人之私权，乃天皇作为国家元首而行使之权能"，而且其权力的行使须依据内阁的意见，内阁则须对议会负责，议会是直接以宪法为依据的国民代表机关。

同为东京帝国大学法学部教授的吉野作造从1916年开始提倡"民本主义"，即"主张近代政治的理想在于保证最高、最完善的政治价值的最大限度的实现。因为其中最显著的特征在于重视民众的意向"。"所谓民本主义，就是对主权在法律理论上属于何人姑且不论，只主张当行使主权时，主权者必须尊重一般民众的福利与愿望，以此为方针的主义，就是民本主义。"

吉野认为，所谓"宪政"是指立宪政治或宪法政治，即"在宪法之下行使政治"，"依据宪法运行政治"，因而必须有一部国家根本性大法——宪法。宪法的存在与否是区别立宪政治与其他政治的标准。除"宪法被赋予比通常法律更高效力"之外，宪法还必须包括保障人民权利、实行三权分立、开设民选议会等内容。但宪政能否正常运行，首先取决于制度及其运用，其次取决于一般国民的智德。宪政是建立在国民智德相当发达基础上的政治组织。如果国民智德的发达程度还很低，只能依靠"少数贤人"进行所谓的专制政治或贵族政治，那么，为完成"最终完美之形态"，还需国民做出相当大的努力和奋斗。

吉野作造还认为，使代议政治付诸实际行动的只有政党，而且为使政党真正地担负起责任，就必须做到：第一，彻底地纯洁选举道德，并实现思想、言论自由和普选；第二，实现基于责任内阁主义而建立的政党内阁；第三，抑制限制下院和政党内阁活动的上院和元老的种种超法律权力，尽可能减少枢密院、贵族院、军部等非立宪主义势力的政治介入，使之局限在最小限度内；等等。

小日本主义

在对外政策方面，出现了以石桥湛山为代表的"小日本主义"，即反对领土扩张、主张产业贸易立国。石桥湛山长期任职于《东洋经济新报》，并从 20 年代起担任该报主编。第一次世界大战爆发前后，石桥湛山发表了一系列反对向外派兵的文章。在日本参战并出兵山东后，石桥连续发表了《绝不可占领青岛》和《再论不可占领青岛》两篇文章，明确提出"我们一贯认为不应当向亚洲大陆扩张领土，而且应当尽快放弃满洲。至于现在又在中国山东的一隅取得领土，更是害上加害、险上加险，必须断然加以反对"。

当得知日本政府向中国袁世凯政府提出"二十一条"要求时，石桥湛山连续发表了《日中亲善之法如何》及《日中新约的价值如何》两篇文章，指出日本政府对中国以武力相威胁、提出"二十一条"要求的做法是错误的。同时，石桥湛山进一步指出日本帝国主义吞并中国的野心是不能实现的梦想，"如果认识到侵略中国的失策，终究必须建立亲善关系的话，那就应当明确地抛弃帝国主义"；"此项条约的签订，即便对我国国民来说，也是一个重大损失。因为邻邦中国的迅速富强，将成为促进我国富强的原动力。然而这次签订的新条约，把这股原动力切断了，即阻塞了我国奔向富强之路。因此，我们认为此次的日中谈判，是一次根本性的大失败"。

图 7-2　石桥湛山像

石桥湛山战前一直反对日本对华侵略战争，1959 年，他作为前首相访华，积极呼吁并推动中日邦交正常化，并在有生之年看到了这一目标的实现。

石桥湛山在 1921 年发表了一篇名为《大日本主义的幻想》的文章，从日本人口分布的具体状况，驳斥了日本军国主义者用强制手段向国外移民，试图解决人口问题的侵略扩张理论，并指出以侵略扩张为内容的大日本主义既无价值，也行不通。时代不同了，被侵略的中国和朝鲜人民已发起民族解放运动，而这些运动绝不是警察、军队的干涉和压迫可以解决的。但是，这种"小日本主义"在当时并没有得到多数知识分子和国民的认同。

法西斯主义

与此同时，日本也出现了对内实施军事统治、对外侵略扩张的法西斯主义思想，以北一辉为代表。北一辉早年曾介入中国革命，写有《中国革命外史》等著

作。他的《国家改造案原理大纲》（1923 年出版时改为《日本改造法案大纲》）于
1919 年在上海写成，是其主要政治理论著作，也是日本法西斯思想与理论的代表
作。当时他面对五四运动爆发后中国新的革命形势以及凡尔赛会议后新的国际秩
序，寝食难安，深感"大日本帝国面临着内忧外患交相并至的未曾有过的国难"，
并认为五四运动的参加者焚烧日本天皇画像是无法忍受的"奇耻大辱"，因此，必
须对日本进行国家改造。

　　在内政方面，《日本改造法案大纲》宣布"天皇是国民的总代表，是国家的台
柱"，并提出依靠"天皇大权之发动"，重新组织政权机构。具体措施是以天皇任
命的顾问院代替枢密院，在全国范围内选举"伟器"，组成"改造内阁"以代替现
行的内阁，以绝对拥护"国家改造根本方针"的"改造议会"代替现行议会。为
进行社会改造，"三年间停止宪法，解散两院，在全国颁布戒严令"，实行军事管
制，这是"完成革命的唯一途径"。在经济方面，提出限制私人资本，规定日本国
民每家所有资产不得超过 100 万日元、所有土地不得超过时价 10 万日元、私人企
业资本不得超过 1000 万日元的"经济三原则"，超过的部分由国家"统一经营"。
北一辉特别强调下层军官的作用，他指责上层将校"冷血利己"，因而把在乡军人
团视为国家改造的中坚力量，主张通过在乡军人的选举产生一些常设机构，直属
内阁，担负维持国家改造秩序、调查各地财产状况等任务。

　　在对外关系方面，北一辉认为日本应占领整个中国东北地区，保证"朝鲜及
日本海能有泰山之安"。继而提出了建立"大日本黄人罗马帝国"的一整套扩张理
论，其领土范围包括所谓的"北露南濠"，即从俄国远东西伯利亚到南半球澳大利
亚之间的广大地区。

　　除北一辉外，鼓吹对外殖民扩张理论的还有大川周明、近卫文麿等人。大川
周明早年在日本"满铁"任职，1920 年起在拓殖大学任兼职教授，讲授殖民史课
程，为日本的海外殖民活动总结经验教训。大川主张"旧欧洲必须进行革命，被
压迫的亚洲必须复兴"，但他解释其殖民解放的涵义是，实行幕府时代佐藤信渊
"合并支那"的主张，因为"合并是使支那和日本置于同样的政治体制之下，依
靠'谨奉皇天之神意，使衣食丰足而安黎民'的办法来实行万世人君模范的尧舜
之道"。大川还是所谓"大东亚共荣圈"最积极的鼓吹者，他认为日本的战略是：
"把日本……中国共同化的广阔经济圈加以巩固，以此为基础而实现从东南亚开始
到印度、中亚的解放。"大川还强调，建立反对西方的"大东亚共荣圈"，必须以
日本人掌握领导权为前提，这一领导权"可以说是为了东亚新秩序的确立和发展

极其自然而必要的事情。不能为了缓和第三国的嫉视，或者为了顾虑东亚各民族的感情而表现出过分谦让"。

近卫文麿出生在东京一个显赫的贵族家庭，其父近卫笃麿公爵曾任教育皇族及贵族子弟的学习院院长和贵族院院长。近卫文麿 13 岁时因父亲去世而继承公爵身份，从京都帝国大学毕业后进内务省工作，1918 年，近卫发表题为《排除英美本位的和平主义》的文章。他在文中明确指出，英、美在确保自己生存所必需的资本、资源、市场的基础上，通过封闭殖民地以及限制移民等政策，阻碍其他国家的发展，这是依靠财富的侵略与征服，是一种经济帝国主义。因此，英、美提倡的以维持现状为前提的和平主义，是一种利己主义的表现。"英美一跃成为世界经济的霸主，如同国际联盟提倡限制军备那样，完全是按照自己的愿望，在维持现状的幌子下支配世界。其余各国无论如何努力，即使被收缴武器亦无表达反感愤怒情绪之处，只好如同温顺羊群那样，乖乖追随英美之后。"近卫认为，日本不应盲从英美的和平主义，应提出开放殖民地、废除人种差别等要求。参加巴黎和会的经历使近卫文麿进一步认识到，在国际政治中，不是正义，而是力量起决定性的作用，这加深了近卫重新瓜分世界、确立国际新秩序的意识。他在《战后欧美见闻录》一文中写道："面积狭小、人口过多的我国，向外膨胀诚为自然之势，我国民应堂堂正正地为自己的生存要求发展之地。"

1920 年，大川周明专程到上海邀请北一辉回日本，参加大川在 1919 年创办的法西斯团体"犹存社"，合力进行"国家改造运动"。各种民间法西斯团体也在他们的影响下纷纷成立，并将《日本改造法案大纲》奉为经典。与此同时，军队内部也出现了"王师会""双叶会""一夕会"等法西斯团体。但当时的法西斯主义以及对外扩张思想对社会整体的影响并不大，因为在国际裁军风潮和国内"大正民主运动"的推动下，政党政治在 20 年代获得发展，从而对军部势力形成较大的压力，在社会上甚至出现了甚为普遍的"蔑视军人""军人社会地位下降"的倾向。

政党政治

普选法案

1921 年 11 月，原敬首相被右翼分子暗杀身亡，立宪政友会的高桥是清继任首相，但因内部矛盾在 1922 年 6 月辞职。在加藤友三郎内阁之后，1923 年 9 月组成了第二届山本权兵卫内阁。虽然山本内阁全力推进关东大地震后的救援活动和复兴计划，但 1923 年 12 月因出现无政府主义者刺杀摄政——皇太子裕仁事件而辞职。1924 年 1 月，清浦奎吾组成内阁。由于连续三届内阁均为非政党内阁，众议院中的立宪政友会、宪政会、革新俱乐部三个政党结成"护宪三派"，并在社会舆论的支持下，提出"确立政党内阁""打倒清浦内阁""改革贵族院""改革行政"等主张。史称"第二次护宪运动"。

尽管立宪政友会中支持清浦内阁的成员脱党后组成政友本党，但在 1924 年 5 月举行的众议院议员选举中，"护宪三派"获得压倒性胜利，结果宪政会总裁加藤高明组成"护宪三派"内阁。由议会最大党派出任政府首相的政党政治一直延续到 1932 年 5 月犬养毅政友会内阁倒台为止。

加藤内阁修改文官任用制，恢复各省政务次官和参议官制，由政党出身的人担任，同时对贵族院进行改革，增加选举议员的人数。为改善政府财政，加藤内阁裁减四个师团，但增加航空部队和坦克部队，并在学校中配备军官，负责军事训练。由于裁军，军费在财政支出中的比例从 1921 年的 49% 减少到 1926 年的27%。外交方面，在外务大臣币原喜重郎的主导下，实施"协调外交"。1925 年 1月，日本与苏联签订《日苏基本条约》，两国建立邦交关系。

1925 年 3 月，国会两院通过《普通选举法案》，废除选举权的财产资格限制，规定年满 25 岁的男性臣民均有选举权。选民人数增加到 1241 万，约占总人口的20.8%，但女性仍然没有选举权和被选举权。与此同时，为防止苏联影响下的社会主义运动激化，国会两院还通过了《维持治安法》，对那些参加"变革国体"或"否认私有财产制"运动者给予严厉的惩罚。

尽管第一次世界大战使日本经济获得繁荣，但大战结束后，国内市场狭窄、以出口为动力的经济随即出现危机。从 1919 年开始，国际贸易呈现赤字，导致1920 年股票价格急剧下降，棉纺织业、制丝业产量过剩，被迫缩短生产时间，史称"战后危机"。1923 年的关东大地震使经济雪上加霜，为促进银行资金流通，政府进行特别融资，向那些不能偿还票据的银行提供 4 亿多日元的补贴，但仍有 2亿多日元的缺额。

加藤高明首相在 1926 年去世，宪政会再次组成若槻礼次郎内阁。若槻内阁准备继续向银行提供援助，但遭到政友会等在野党的反对。多家银行因不良债权过多而出现经营恶化的迹象，1927 年 3 月，银行倒闭的传言在社会上流行，引发客户挤兑风潮，结果导致在一个月的时间内有 37 家银行处于停业或倒闭状态，其中包括台湾银行及第 15 银行等大金融机构，史称"金融危机"。若槻内阁准备颁布挽救台湾银行的"紧急敕令"，但遭到枢密院的反对，被迫集体辞职。

出兵山东

1927 年 4 月，原陆军大将、政友会总裁田中义一上台组阁。田中内阁一方面颁布《缓期支付令》，指示所有的银行停业三周。另一方面，让日本银行提供 20 亿日元贷款给台湾银行等大金融机构，以助其渡过难关。金融危机的直接结果是大大提高了日本产业、金融的集中程度，通过企业兼并和联合，在产业界形成三井、三菱、安田、住友四大财阀，即康采恩垄断组织，在金融界形成三井、三菱、住友、安田、第一银行五大垄断性银行。巨大金融资本与巨大产业资本的结合，使少数财阀控制了整个经济界。同时，它们通过提供政治资金的方式控制了政界，例如三井财阀与政友会、三菱财阀与宪政会相互勾结等。另外，金融危机推动了日本大型纺织企业在海外的投资，特别是在中国的建厂投资。

经济与社会的动荡以及《普通选举法案》的通过再次引起工人运动的高涨。尽管"日本劳动总同盟"因内部矛盾在 1925 年发生分裂，激进派另组成"日本劳动组合评议会"，但代表工人、农民的"无产政党"陆续出现。同年，"农民劳动党"成立，虽然很快因禁止结社受到处分，但第二年组成"劳动农民党"，随之又分裂为"劳动农民党""日本劳农党""社会民众党"。1926 年，日本共产党再次建立，并在 1927 年通过了《关于日本问题的纲领》，指出日本国家权力掌握在资本家和地主联盟手中，日本的革命是迅速向社会主义革命发展的资产阶级革命，革命动力是无产阶级、农民和城市小资产阶级，工农联盟是基础。该纲领也提出了停止干涉中国革命、拥护苏联、废除君主制等行动口号。

1928 年 2 月，首次举行由全部成年男子参加的众议院议员选举，结果有 8 名"无产政党"推荐的候选人当选。对此感到威胁的田中义一内阁，在同年 3 月 15 日出动大批军警对日本共产党活动家及其同情者进行搜捕，致使 1500 多人被捕，483 人被起诉，史称"三一五事件"。同年 4 月，田中内阁又下令解散日本共产党领导下的日本劳动组合评议会、劳农党和全日本无产青年同盟等团体。1929 年 4 月 16 日，田中内阁再次出动大批军警搜捕日本共产党员及其同情者，被捕及被起诉者多达 990 人，史称"四一六事件"。两次镇压行动不仅使日本共产党遭到毁灭性打击，而且工人组织及农民组织的发展也受到极大阻碍。

尽管日本政府在 1928 年签署了《巴黎非战公约》，而且也没有大规模干预已到达长江流域的中国国民革命军的北伐行动，但当国民革命军继续向北推进时，田中义一内阁以保护日本居民为借口出兵山东。1927 年 5 月，日本军部前后调动四千余名驻扎在中国东北地区的军队——关东军——在山东青岛登陆，并进据省会济南。后因蒋介石镇压共产党，推迟北伐，加之中国人民的强烈反对以及国际舆论的压力，日本被迫撤军。同年 6 月，田中内阁召集外交、军部首脑参加的"东方会议"，决定利用所有手段维护日本在中国东北地区的权益，进而占领该地区。

1928 年 4 月，中国国民政府再次发动北伐，日本第二次出兵山东，在济南与中国军队发生冲突，并制造了大量屠杀当地军民的"济南惨案"。5 月，日本再次增派军队进占济南，是为第三次出兵山东。北伐军绕道山东进攻奉系军阀张作霖，由于张作霖没有满足日本的要求，因而在其败退东北时，在沈阳皇姑屯车站附近被关东军参谋河本大作等人埋设的炸药炸死。张作霖之子张学良宣布东北地区服从国民政府，使田中内阁分裂中国的阴谋破产。

日本出兵山东遭到中国人民的强烈抗议，抵制日货运动遍及中国各地，而且国际社会也反对日本占领山东，田中内阁被迫在 1929 年 5 月从山东撤兵。在日本国内，围绕张作霖被炸死事件，在野党追究田中内阁的责任，其前后不一致的言行也受到天皇的斥责，田中内阁在同年 7 月被迫总辞职。

经济危机

其后上台的民政党滨口雄幸内阁再次起用币原喜重郎任外相，推行"协调外交"。在 1930 年的伦敦海军裁军会议上，滨口内阁不顾海军的反对，与美国、英国缔结了裁军条约，将日本海军实力控制在美国海军 70% 的水平上。但此举受到在野党及右翼团体的强烈抗议，他们攻击滨口内阁侵犯了"统帅权独立"原则，滨口首相因此遭到右翼团体成员的暗杀。同年，日本与中国签订《关税协定》，承认中国的关税自主权。

滨口内阁为挽救第一次世界大战后始终处在慢性萧条状态的日本经济，采取了产业合理化、整顿税制、改善金融关系、减少财政开支、恢复金本位制等紧缩财政政策。但这些政策刚刚启动不久，1929 年 10 月 24 日，纽约股票价格猛跌，由此开始的经济大萧条迅速席卷美国，随后扩及全世界，时间长达四年。持续萧条的日本经济在世界经济大危机的影响下，遭到更加严重的打击。紧缩财政使社会需求更加减少，产业合理化使失业队伍更加庞大，恢复金本位制后汇率上升，使危机时期已经出现暴跌的物价进一步降低。

在经济危机的打击下，中小企业因无法维持生产纷纷倒闭，结果进一步造成失业工人的增加。到 1930 年中期，破产的企业达到 830 家，减资企业 311 家，破产和减产的资本总额达到 5.82 亿万日元。据官方统计，1931 年失业工人为 31 万余人，到 1932 年增加到近 49 万人，连同半失业者，共达 300 万人，很多人挣扎在饥饿线上。

尽管 1930 年日本农业空前大丰收，但在全国范围内却出现了"丰收饥馑"的怪现象。当时农业经济的两大支柱——生丝和大米的价格都暴跌到生产费用以下，1931 年的农民所得不足 1926 年的一半；工矿业生产比 1926 年下降了 25%，而失业者最多时则增加了 70%；1931 年与危机前的 1929 年相比，国民生产总值减少了 18%，出口减少 47%，个人消费支出减少 17%，设备投资减少 31%，民营工厂工人减少 18%，工人实际工资下降 13%；制造业纯利润从 1929 年上半年的 5% 下降到 1930 年的 1%；股票价格指数从 1926 年 6 月的 90.5 下降到 1930 年 10 月的 44.6；1931 年的农林水产业纯生产额下降到 1929 年的 57%。

外贸方面，1931 年的日本对外贸易总额与 1929 年相比，减少了 45%，其贸易的减退率超过以往最严重的 1921 年，其中日美贸易下降最为严重。仅在 1929 年到 1930 年间，日本对美国的出口就减少了 40% 以上，而且由于美国在 1930 年将日本进口商品关税提高了 23%，美国进口日本商品的数量进一步急剧下降。1930 年美国进口日本商品总额近 28 亿美元，1931 年下降到 2 亿多，1932 年下降到 1.34 亿，1933 年下降到 1.28 亿美元。

在日美贸易中受冲击最大的商品是生丝。1934 年，生丝在日本出口总额中所占比例从危机前的 42% 下降到 18%，导致生丝价格暴跌。1929 年 9 月，每 60 公斤生丝的价格为 1330 日元，到 1930 年 10 月便下降到 540 日元。生丝需求量的锐减以及丝价的暴跌又引起原料茧价格的暴跌，1932 年蚕茧的价格还不到 1929 年的三分之一。1931 年的蚕茧总产值仅相当于 1929 年的 42%，使占全国农户 40% 的养蚕农户生计出现严重困难。1929 年，全日本农家负债总额约 46 亿日元，1932 年增加到 55 亿日元，相当于农产品生产总额的 2.7—3.25 倍，差不多每户农家平均负债达 900 日元左右，而正常年景每户农家的结余也不过 200 日元左右。

广大农民迫于生计，只好逃荒或卖儿卖女。据山形县一个村庄的统计，在 467 名 15—24 岁的青年妇女中，有 110 名被卖出，有 150 名外出当女佣或女招待。危机时期，青年妇女的价格十分低廉，平均身价只有 50 日元到 100 日元，在青森地区甚至只值 9 日元。军队中来自农村的下级士官生们，面对城市达官贵人灯红酒绿、荒淫无耻的生活，想起自己家乡的悲惨情景，很容易被法西斯势力"反权门""反资本""救济农村"的口号所吸引，因而积极要求实施"改造"乃至"革命"的"昭和维新"。

侵华战争

侵占中国东北

1931 年 4 月，因滨口雄幸首相受伤辞职，民政党组成第二届若槻礼次郎内阁，继续担任外相的币原喜重郎围绕"满蒙问题"与中国政府谈判。主张以军事手段占领中国东北地区的关东军以及陆军部攻击币原的协调外交为"软弱外交"，同时利用当时日本军事情报人员被中国军队处死的"中村事件"以及中国农民与朝鲜农民发生冲突的"万宝山事件"煽动民族扩张主义情绪。

1931 年 9 月 18 日，在关东军参谋板垣征四郎、石原莞尔等人的策划下，日本军队炸毁了沈阳郊区柳条湖的一段铁路，诬称中国军队所为。关东军以此为借口，展开大规模的军事行动，很快占领了沈阳、长春等位于中国东北地区南部的主要城市，驻扎在朝鲜的日本军队也擅自越过边境支援关东军。尽管若槻内阁发表了"不扩大方针"声明，但关东军继续扩大军事行动，到 1932 年 2 月，占领了整个中国东北地区。

因为未能阻止军事行为的扩大，若槻内阁被迫在 1931 年 12 月总辞职，其后政友会总裁犬养毅组成新内阁。为转移国际舆论的注意力，1932 年 1 月，军部唆使日本僧人和浪人在上海闹事，随即借口保护侨民于 28 日派兵进攻上海。由于中国军队的顽强抵抗，不断增兵的日本军队没能占领上海，被迫暂时停战。3 月，在关东军的操纵下，日本宣布在中国东北地区建立伪"满洲国"，清朝最后一位皇帝溥仪任执政。5 月，日本从上海撤兵。

在日本国内，民间和军部的法西斯团体也不断制造暴力恐怖事件，推动国家政权的法西斯化。1931 年 10 月，军部少壮派军人计划发动军事政变，袭击首相官邸，推翻政府，建立军事独裁政权。尽管其计划因内部意见分歧未能执行，但迫使若槻内阁总辞职。民间法西斯团体"血盟团"制订"一人杀一人"的计划，暗杀政界、经济界首脑。该团体首先在 1932 年 2 月杀死了原大藏大臣井上准之助，接着在同年 3 月杀死了三井财阀首脑团琢磨。

1932 年 5 月 15 日，海军少壮派军人伙同民间法西斯团体在东京发动军事政变，袭击首相官邸，杀死首相犬养毅，同时袭击了警视厅、政友会总部、日本银行、东京郊区变电站等机构，但没有达到建立军事独裁政权的目的，史称"五一五事件"。陆军强烈反对政党组织内阁，因而组成了以海军大将斋藤实为首相的新内阁，长达 8 年的政党政治寿终正寝。

日本武力侵占中国东北地区后，中国政府强烈抗议日本的侵略行为，并向国际联盟提出诉讼，美国也发表了不承认日本利用武力扩大在华权益的声明。国际联盟派出李顿调查团到中国东北地区调查事实真相，该调查团在 1932 年 10 月发表了"李顿调查团报告书"，否认日本的主张，即伪"满洲国"是自发的民族独立运动的结果，承认中国对该地区拥有主权，劝告外国军队撤出该地区。但斋藤内阁在"李顿调查团报告书"发表前一个月，就与伪"满洲国"签订了《日满议定书》，承认其"独立"地位。

1933 年 1 月，驻扎在山海关附近的日本军队挑起事端，向中国军队发动突然袭击，屠杀中国军民 3000 余人，并占领山海关。同年 2 月，日本军队兵分三路向热河进攻，不仅占领热河全省，而且侵占了冀东地区。与此同时，国际联盟以 42 票赞成、仅日本 1 票反对的投票结果通过了承认中国对东北地区的主权和劝说日本从该地区撤军的决议案。在国内狂热的民族主义情绪推动下，同年 3 月，日本宣布退出国际联盟。

1933 年 5 月，蒋介石政权与日本签订《塘沽停战协定》，日本暂时停止其军事行动，致力伪"满洲国"的建设。1934 年 3 月，伪"满洲国"实施帝制，溥仪成为"皇帝"。但日本在该地区驻有大量军队，日本官员掌握军事、行政大权，交通设施也由日本人经营，伪"满洲国"完全是傀儡国。为镇压中国人民的反抗，日本军队制造了众多惨案，屠杀了大量中国军民。日本政府同时动员国内居民移居伪"满洲国"，即设立所谓的"满蒙开拓团"，霸占中国人的土地，疯狂掠夺战略物资。另外，不少朝鲜半岛的居民也被迁移到该地区。

政权法西斯化

经济危机爆发以后，日本政府恢复禁止黄金出口制度，停止货币兑换，通过日元贬值的方式促进出口。在 1931 年颁布《重要产业统制法》，协调各种产业内部的行为并限制价格，同时发行赤字国债，以扩大军费、救济农业。因此，日本较快地从经济危机中摆脱出来，到 1933 年时，恢复到危机前的经济水平，而且产业结构也发生变化，即重化工业的比重超过轻工业。1934 年，八幡制铁所合并其他钢铁厂组成"日本制铁公司"，其产量基本满足了国内对钢铁的需求。随着重化工业的迅速发展，出现了以新兴产业为基础的新兴财阀，例如"日产""日氮""日曹"等垄断组织。而且这些新兴财阀与军部结合，在海外殖民地获得迅速发展。

进入 20 世纪 30 年代以后，日本法西斯主义骤然高涨。以各种右翼团体与军部为中心，推动要求废除政党政治、资本主义经济及协调外交的"革新运动"。在其压力下，左翼阵营中陆续出现"转向者"。首先在 1933 年，狱中的日本共产党最高领导人佐野学、锅山贞亲等人发表了"转向"声明，宣布放弃打倒天皇制以及反对帝国主义战争的日本共产党方针，并称对外侵略战争为"国民解放战争"。受其影响，在因违反《维持治安法》而被捕的人中"转向者"多达 90%，甚至被录用为政府官员者也不在少数。其他"无产政党"不是转向与政府、军部合作，就是在残酷的镇压下停止活动。

政府对思想、言论也采取了严厉控制的措施，自由主义、民主主义的思想和学术活动成为取缔的对象。1933 年，在文部省的压力下，撰写《刑法读本》等著作、提倡自由主义学说的京都帝国大学教授泷川幸辰被迫辞去大学职位；1935 年，美浓部达吉的"天皇机关说"受到右翼团体攻击，他们推动政府发表"国体明征声明"，否认"天皇机关说"，并迫使美浓部达吉辞去贵族院议员职务，其著作也遭到禁止发行的处罚。

30 年代中期以后，在势力越来越大的陆军内部，"皇道派"和"统制派"之间的对立却越来越严重。前者主张以天皇为中心建立军事独裁政权，后者主张在军部的统制下建立"高度国防国家"。1934 年 7 月，海军大将冈田启介组成新一届内阁，采取压制"皇道派"的措施。1935 年 8 月，"皇道派"核心人物教育总监真崎甚三郎被撤职，结果"统制派"核心人物军务局长永田铁山在办公室被"皇道派"军官相泽三郎杀死。

1936 年 2 月 26 日，"皇道派"青年军官率领 1400 余名士兵在东京发动军事政变。他们分兵数路袭击首相、内大臣、教育总监、大藏大臣、侍从长的官邸或私人住宅，杀死了内大臣斋藤实、大藏大臣高桥是清、教育总监渡边锭太郎，侍从长铃木贯太郎受重伤，首相冈田启介和前内大臣牧野伸显侥幸逃脱。政变军队占领了包括首相官邸在内的永田町一带，提出实施军队人事改革等要求，史称"二二六事件"。在海军和天皇的坚决要求下，军部采取镇压措施，政变领导者被捕，17 名青年军官被秘密军事法庭判处死刑，法西斯主义者北一辉也受其牵连而被处死。

1936 年 3 月，外交官出身的广田弘毅组成新内阁。在军部的强大压力下，其内阁不仅恢复了军部大臣现役武官制，而且借口建设"高度国防国家"增加巨额军事预算，陆海军都提出了庞大的扩军计划。同年 8 月，由首相、外务大臣、陆军大臣、海军大臣、大藏大臣参加的"五相会议"决定"基本国策"，宣布"一方面确保帝国在东亚大陆的地位，另一方面向南方海洋发展"，从而确定了发动世界大战、实施"北守南进"战略的基本方向。同年 11 月，日本与德国签订《日德防共协定》，12 月又与意大利签订《日意协定》，形成一个国际法西斯集团，共同对付苏联及英、美等国。

在中国华北地区，日本军队不断挑起事端。1935 年 6 月，以亲日报社社长被杀及日军间谍被扣留为借口，日本迫使国民党政府与其达成《何梅约定》及《秦土协定》，从而控制了河北、察哈尔两省。同年 11 月，日本军队扶植汉奸成立"冀东防共自治政府"，12 月成立"冀察政务委员会"。日本军队逼近天津、北平，侵华战争迫在眉睫。

图 7-3　控制街区的政变军队

"二二六事件"表面上看是"皇道派"发动的军事政变，实际上最后是"统制派"受益，其直接影响是后者完全控制了陆军，而且对政治拥有绝对的影响。

全面侵华战争

广田弘毅内阁因军备扩张引起国际收支恶化而遭到政党的批判，军部也因未能建设高度国防国家而对广田内阁不满，因而该内阁在 1937 年 1 月总辞职。曾擅自出动朝鲜驻军到中国东北地区支援关东军的"越境将军"林铣十郎组成新内阁，但该届内阁成立不到 4 个月就因缺乏支持而倒台。1937 年 6 月，近卫文麿组成新内阁。

1937 年 7 月 7 日，驻扎在北平附近卢沟桥的日本军队借口一名士兵失踪而与中国军队发生军事冲突。尽管冲突双方随即达成了停战协定，近卫内阁也声称"不扩大事态"，但在军部以及各党派、社会舆论要求采取强硬方针的压力下，日本政府随后决定大规模地向华北地区派遣军队，由此开始了全面的侵华战争。

在华北地区，尽管中国军队进行了顽强的抵抗，但日本军队还是在 7 月 30 日占领了北平及天津，然后沿平绥、平汉、津浦三线扩大进攻。平绥线日军顺次攻陷南口、张家口，在平型关遭到中国军队的沉重打击。平汉线日军顺次攻陷保定、石家庄、太原、安阳等地，津浦线日军顺次攻陷德州、济南等地。

在华东地区，日本海军不断挑衅，8 月 13 日，日军集结 20 万兵力进攻上海，但中国军队英勇作战，使其迅速占领上海、进逼国民政府首都南京的战略企图破产。11 月 5 日，大批日军从杭州湾登陆，从侧翼包围上海，中国军队被迫撤离，日本军队在付出伤亡 5 万多人的代价后，于 11 月 12 日占领上海。其后日军分兵三路向南京方向进攻，并于 12 月 13 日占领南京，随即施行了大规模的屠杀、奸淫、掠夺等种种暴行，屠杀中国军民总计 30 多万，制造了震惊中外的"南京大屠杀"事件。其残暴行为不仅引起国际舆论的谴责，而且更加激发了中国人民的抗日决心。

在进行战争的同时，近卫内阁通过德国驻华大使向中国政府提出和谈，但因条件过于苛刻而被国民政府拒绝，近卫首相在 1938 年 1 月发表了"不以国民政府为对手"的声明。与此同时，为连接华北和华中两条战线，华北地区津浦线的日军继续南下，4 月初，其先头部队在台儿庄遭到中国军队的迎头痛击。日军集中兵力准备围攻参与徐州战役的中国军队，但中国军队迅速西撤，随后日军开始策划武汉会战。国民政府内迁重庆，8 月，日军开始进攻武汉，于 11 月中旬占领了武汉，同时占领广东。

虽然在不到一年半的时间内，日本军队相继占领了中国华北、华东、华中、华南等地区，但迅速征服中国的企图未能得逞。当时日本陆军共有 34 个师团，其本土和朝鲜分别有 1 个师团，为防备苏联在中国东北地区派驻了 8 个师团，其余 24 个师团、百万兵力均用在中国关内战场上。

为摆脱长期战争的困境，1938 年 11 月，近卫首相发表"希望国民政府参加东亚新秩序建设"的第二次声明，同年 12 月又发表了"与中国调整关系"的第三次声明。国民党副总裁汪精卫被日本诱降，从重庆秘密出逃，绕道越南到南京，在 1940 年 3 月建立傀儡政府。尽管如此，日本军队的压力也没有减轻，为应付中国军民的抗战，日本不得不陆续增加兵力。太平洋战争爆发之前，共有 27 个师团陷于中国战场。

发动全面侵华战争后，为保证庞大兵员和军需物资的征集，近卫内阁在经济、思想、政治等各个领域逐渐加强控制，迅速建立战时法西斯体制。首先在经济领域，侵华战争全面爆发后，政府立即制定《进出口商品等临时措施法》，停止进口无关紧要的商品，重点保障军需产业所需物资，随后又制定了将资金优先投入军需产业的《临时资金筹措法》。另外组成企划院，其成员为陆海军现役军人、行政官僚、专家学者，职责是调查世界主要国家的经济状况，研究计划经济或统制经济的实施方法。

1938 年 4 月，帝国议会通过《国家总动员法》，其主要内容为：无须议会的批准，政府可对物资的生产及分配、劳动力征用、进出口限制、企业管理及设备更新，甚至利润分配等加以控制。同时，议会通过《电力国家管理法》，强化政府对私人企业的干预。1939 年，日本政府陆续颁布《工资统制令》《米谷分配统制法》《公司利益分配及融资法》以及《国民征用令》等。1940 年，政府实施大米认购制。至此，战时统制经济体制基本形成。

为在劳资合作的基础上进行战争，企业经营者与劳动者的组织也被加以改编。1938 年，组成由经营者和工会干部参加的"产业报国联盟"，每个企业均成立包括工会在内的"产业报国会"。1940 年，成立作为全国性统一组织的"大日本产业报国会"，其中组织会员约 7 万，个人会员 418 万。

随着战争规模的扩大，政府财政特别是军费急剧增加。1930 年时，军费占国民总收入的 5% 以下，但到 1940 年，已接近国民总收入的 20%。为弥补财政收入的不足，政府不断增加税收，即使如此也难以平衡财政收支，只好发行巨额赤字国债，并增加发行日本银行券，结果不可避免地出现了通货膨胀。

侵华战争全面爆发后，政府进一步加强了对思想文化的控制。1937 年 8 月，近卫文麿内阁通过《国民精神总动员计划实施纲要》，开展国民精神总动员运动，对民众灌输军国主义及法西斯主义思想。同时奖励勤俭节约和储蓄，杜绝奢侈的生活方式，禁止男性留长发和女性烫发，关闭霓虹灯和舞场，在城镇组织"町内会""邻组"，相互监督。

在学术领域，30年代前半期以马克思主义理论研究日本近代历史的"讲座派""劳农派"及其相互之间围绕明治维新性质进行的争论推动了历史研究的进步，从自由主义立场研究立宪政治史以及从实证主义出发研究日本古代史均出现高潮。进入30年代后半期以后，上述学术性研究的客观环境不复存在，以平泉澄为代表的"皇国史观"，即以天皇为中心的历史观成为学校教育的主要内容。批判政府政策的矢内原忠雄、河合荣治郎、大内兵卫、有泽广巳以及实证研究日本古代历史的津田左右吉等学者，不仅被迫辞去大学教授的职务，其著作也被禁止发行。文学、戏剧、绘画等艺术也被要求为战争服务。

30年代后半期，军部势力愈发强大，政党势力受到严重削弱。1940年2月，民政党议员斋藤隆夫在众议院发表反对军部的演说，立即被剥夺议员职务。在军部的推动下，1940年7月，第二次组阁的近卫文麿发起"新体制运动"。社会大众党、政友会、民政党等政党或政治团体陆续解散，同年10月，组成以首相为总裁的"大政翼赞会"。尽管该组织没有成为独裁性政党，但后来将"产业报国会""大日本妇女会""町内会"等组织统一起来，从而形成了法西斯政治体制。不仅在动员所有国民参与战争方面起到重要作用，同时也使议会失去了原有的功能。

太平洋战争

日美对立

在欧洲，德国希特勒政权对外实行扩张政策，与法国、英国关系紧张，因而希望在远东地区与日本结成同盟，以起到牵制苏联的作用。日本陆军对此持赞成态度，并命令驻朝日军在1938年7月进攻苏联占据的张鼓峰，双方展开了为时半个月的攻防战，日本损兵折将，未能实现占领该地的目标。1939年6月，日本关东军与苏联军队在今蒙古国和中国东北边境附近的诺门罕发生大规模冲突，日军惨败，关东军司令也被撤职。同年8月，德国突然与苏联签订《苏德互不侵犯条约》，受其打击，平沼骐一郎内阁倒台。

鉴于日本在中国的侵略扩张行为，美国在加强对中国支持的同时，也对日本采取了制裁措施。1939 年 7 月，美国宣布废除《日美通商航海条约》。同年 9 月 1 日，德国入侵波兰，英、法对德宣战，第二次世界大战爆发。最初阿部信行内阁及其后的米内光政内阁采取不介入方针，但当德国军队横扫西欧并占领法国巴黎后，以陆军为中心的军部强烈主张与德国结成同盟，趁机向东南亚地区侵略扩张，占领法国、荷兰、英国在该地区的殖民地。

在军部的压力下，1940 年 7 月，米内光政内阁倒台，近卫文麿组成第二届内阁，并起用"主战派"成员松冈洋右、东条英机为外务大臣和陆军大臣。同年 9 月，日本与德国、意大利在德国首都柏林签订《德意日三国同盟条约》，其中规定日本承认并尊重德意两国在"欧洲新秩序"中的领导地位，德意两国承认并尊重日本在"大东亚秩序"中的领导地位。

为获得东南亚地区的战略资源，并截断国际社会在东南亚地区的援华通路，日本军队在 1940 年 9 月进入越南北部。1941 年 4 月，日本与苏联签订《日苏中立条约》，正式决定"北守南进"。为同美国进行谈判，近卫首相在同年 7 月进行内阁改造，排除了主张对美强硬的外务大臣松冈洋右。但日本军队在 8 月初开始侵入越南南部后，美国宣布对日本实行石油禁运政策。9 月，日本政府在天皇参加的"御前会议"上做出决定，如果 10 月上旬以前不能与美国达成协议，将对美国、英国开战。

由于双方提出的条件相差悬殊，日美谈判陷入僵局。围绕是否与美国继续谈判，近卫首相与陆军大臣东条英机产生严重对立，近卫内阁被迫在 1941 年 10 月总辞职。其后，东条英机组成新内阁，并在 11 月初的战争大本营及政府联席会议上决定，在准备作战的同时与美国进行谈判。美国也意识到战争不可避免，因而提出日本从中国及越南撤兵、废除《德意日三国同盟条约》、仅承认重庆国民政府等内容的"赫尔备忘录"。日本将其视为最后通牒，遂在 12 月 1 日的御前会议上决定对英、美开战。

偷袭珍珠港

1941 年 12 月 7 日，以 6 艘航空母舰为主的日本海军"机动部队"偷袭了美国在夏威夷的海军基地珍珠港，同时日本陆军在马来半岛登陆，随即对英、美宣战。美国、英国也对日宣战，12 月 9 日，中国国民政府对日本、德国、意大利宣战，整个亚太地区卷入第二次世界大战。

由于在夏威夷的美国军队完全没有防范，而且当时正值星期天休息日，日本海军"机动部队"偷袭成功，共击沉和重创美国各种军舰 20 余艘，炸毁飞机 300 余架，死伤者达 3500 余人，而日军仅损失 20 多架飞机，战死者不到百人。美国方面损失惨重，其太平洋舰队除三艘航空母舰未回港而幸免于难外，几乎全军覆灭。偷袭进行了一个小时后，日本才向美国递交了最后通牒书。

在日本海军偷袭珍珠港的同时，日本陆军向马来西亚、中国香港、菲律宾、泰国及缅甸地区发起四路进攻。1941 年 12 月 8 日，日本第 25 军在马来半岛北部及中部登陆，日本空军将英国远东舰队两艘巨型军舰击沉。随后日本陆军沿马来半岛南下，不断攻破英军的防线，英军退守新加坡。经过一番激战后，1942 年 2 月 15 日，英军被迫投降。进攻中国香港的日本第 23 军在 1941 年 12 月 13 日控制了九龙半岛，18 日登陆香港岛，英军经过顽强的抵抗后，25 日向日军投降。

1941 年 12 月 10 日，日本第 14 军进攻菲律宾。面对强大的日军，美国远东司令麦克阿瑟命令美军撤至菲律宾首都马尼拉西边的巴丹半岛，在科雷希多要塞固守待援。日军 1942 年 1 月占领马尼拉，然后强攻巴丹半岛。3 月，麦克阿瑟奉令撤至澳大利亚，4 月，日军攻占巴丹半岛，5 月，日军攻陷科雷希多要塞，美军投降。

1941 年 12 月 8 日，日本第 15 军从印度支那进入泰国境内，泰国政府与日本订立攻守同盟，并允许日军以泰国为基地进攻缅甸。1942 年 3 月，日军攻陷缅甸首都仰光。5 月，日军控制缅甸全境，迫使英军撤至印度，并切断了美国援华通路滇缅公路。

从偷袭珍珠港到 1942 年 5 月，在不到半年的时间内，日军以很小的代价占领了印度以东、澳大利亚以北、夏威夷群岛以西的广大区域，面积达 386 万平方公里，人口约 1.5 亿。连同日本本土以及已经占领的中国领土和朝鲜、印度支那地区，日本统治区域达到 700 多万平方公里，有 5 亿人口。

为掩盖其侵略本质，日本政府声称战争的目的是"排除美英之暴政"，建设亚洲人共存共荣的"大东亚共荣圈"。1942 年 2 月，日本成立"大东亚建设审议会"，同年 11 月，在政府内部设置"大东亚省"，处理日本占领地区的事务。日本在占领地区扶植傀儡政府，甚至给予其"独立"的名义。1943 年 11 月，在东京召集了由伪"满洲国"、伪"南京政府"、泰国、菲律宾、缅甸、"自由印度临时政府"等傀儡政府代表参加的大东亚会议，并发表鼓吹摆脱欧美殖民统治及呼吁战争合作的《大东亚共同宣言》。

实际上，日本在占领地区实施残暴的军政统治，疯狂掠夺战略资源，并采取强制性统合文化的政策，残酷奴役当地居民，其行为引起当地居民的强烈不满及民族抵抗运动。特别是在中国占领区，日军实行烧光、抢光、杀光的"三光政策"，甚至利用活人进行细菌实验，并进行细菌战和利用毒气的化学战，其罪行引发了中国人民顽强的抗日斗争。

在日本国内，由于战争初期的胜利，政府及军部受到国民的狂热支持，东条内阁乘机在 1942 年 4 月举行众议院议员选举，即所谓"翼赞选举"。选举结果是80% 的当选者为政府推荐的候选人，他们组成了"翼赞政治会"，强化了战时法西斯政治体制。1942 年 12 月，在内阁情报局的指导下，支持战争的知识分子组成"大日本言论报国会"，使政府加强了对社会舆论的控制。

另一方面，政府对经济和国民的控制进一步加强。政府决定原料的分配、产品的价格等，并命令民间企业陆续转为军需工厂，竭尽全力增加军需产品。为弥补大量征兵后劳动力的严重不足，政府动员初中以上学生在军需工厂劳动，并组织"女子挺身队"等组织，动员女学生从事工厂生产。随着战线的急剧扩大以及兵员的急速消耗，1943 年 10 月 2 日，东条英机内阁颁布《在校征集延期临时特例》，规定取消除理科及培养教师科之外的在校文科系学生免除服兵役的措施，主要对象为大学、旧制高中、专门学校的在校文科生。他们作为保留学籍的休学生接受征兵体检，合格者立即入伍。此外，为镇压国内反政府及军部的活动，东条内阁利用军警严厉监视国民生活。

在朝鲜等殖民地，日本最初以志愿兵的形式征用当地人参加军队，战事紧张后开始实施征兵制。同时，强制性将大量当地人掠到日本，从事矿山、土木工程建设等沉重劳动，残酷地进行奴役。另外，迫使占领地区的女性作为"慰安妇"为日本士兵提供性服务。

无条件投降

1942 年 6 月，日美双方在太平洋中途岛附近展开大规模的海战，因美国事先破译了日本海军密码，结果日军受到沉重打击，损失了四艘航空母舰、三百多架舰载飞机，以及大批训练有素的飞行员。同年 8 月，美军进攻地处太平洋战场最南端的瓜达尔卡纳尔岛（简称"瓜岛"）。在这个小岛上，日美双方进行了 6 个月的争夺战。美军投入 7 万大军，死亡约 2000 人。日军也先后派出 3.6 万多名士兵，死亡约 2.5 万人。同时双方海军在这一地区进行了六次大海战，损失都很大。但因制海权、制空权已掌握在美军手中，最后日军不得不撤出瓜岛，收缩战线。

此后，太平洋战场发生逆转，美军开始转入进攻，日军节节败退。1943 年

图 7-4 "出阵学徒壮行会"

1943 年 10 月 21 日，在东京都四谷区的明治神宫外苑竞技场冒雨举行了盛大的"出阵学徒壮行会"，来自东京都、神奈川县、千叶县、埼玉县的 77 所大学和专门学校的 2.5 万名学生持枪列队，来自 107 所学校的 6.5 万名尚未达到服兵役年龄的男女学生为其送行。

4 月，日本海军联合舰队司令、指挥偷袭珍珠港的山本五十六大将在视察前线时被美军飞机击毙，严重挫伤了日本军民的士气。同年 5 月，两万美军组成的机动部队登陆太平洋北端的阿图岛，2600 余名日本守军全部战死，日本政府将其行动誉为"玉碎"。进入 1943 年下半年后，美军为加快进攻速度，采取"越岛战术"，对日军重兵守卫的岛屿围而不攻，而对孤守小岛的日军进行歼灭。同年 10 月，美军包围腊包尔，实行连续大轰炸。11 月，攻占吉尔伯特群岛的塔拉瓦岛和马金岛，全歼岛上的日军。

在欧洲战场上，盟军展开全面反攻，意大利在 1943 年 9 月被迫向盟军投降。同年 11 月，美国总统罗斯福、英国首相丘吉尔、中国国民政府主席蒋介石在埃及开罗会晤，并发表了《开罗宣言》，声明将战争持续到日本无条件投降、日本归还中国东北及台湾、朝鲜获得自由及独立。

1944 年 2 月，美军攻占马绍尔群岛。同时，因中国远征军进入缅甸，驻扎该地的日军为截断中印交通，决定进攻印度东部的英帕尔。三个师团的十多万日军在高山密林中长途跋涉，补给极为困难，在盟军的攻击下狼狈撤退，兵力损失大半。同年 6 月，日美海军在马里亚纳群岛附近的海面会战，兵力及武器性能均占优势的美军重创日军，日军完全丧失了制海与制空权。同时美军登陆马里亚纳群岛中的塞班岛，经过 20 多天的激战，岛上 3 万余名日军全部被歼，万余名日本平民跳海自杀。

塞班岛失守迫使东条英机内阁倒台，陆军大将小矶国昭组成新内阁。面对"帝国之实际战争能力已消耗殆尽"的现实，日本最高战争指导会议决定"彻底集结现有战争能力"与美国在菲律宾进行决战，以"护持国土"。1944 年 10 月，美军集结 170 艘军舰、25 万陆军进攻菲律宾进行中部的莱特岛，日军集结 77 艘军舰、近 8 万陆军进行决战，并首次使用了自杀性进攻的"神风特攻战术"，即驾驶载有炸弹的小型飞机冲撞美国军舰。此次战役到 1945 年 2 月结束，日军共战死 7 万人，海军基本伤亡殆尽。

1945 年 2 月，美军进攻硫磺岛，全歼岛上 2 万余名日军。3 月 25 日，美军动用 1457 艘舰船、18 万登陆部队、36 万海上支援部队，对日本南端的冲绳岛发起猛烈攻击。经过 3 个月的苦战，近 10 万名日军战死，丧生的一般平民也超过 10 万人，万余名美军战死。6 月 25 日，美军攻占冲绳全岛。

1944 年 6 月美军占领马里亚纳群岛后，其大型轰炸机持续大规模空袭日本本土。同年 8 月，日本政府命令大城市的小学生向地方疏散。1945 年 2 月美军攻占硫磺岛后，空袭更为频繁，平均每月 3000 架次，沉重地打击了日本。仅从 3 月 9 日深夜到 10 日凌晨，300 架美军大型轰炸机在东京就扔下 19 万发燃烧弹，约 10 万东京居民死亡。据统计，日本全国共有 119 座城市被炸，250 万户住宅被焚，30 多万居民被炸死。

在中国战场，由于广大中国军民顽强不屈的抗战，粉碎了日本军队企图"以战养战"的计划，不仅牵制了日军大量有生力量，而且从 1944 年起开始进入局部反攻阶段。另外，中国远征军在缅甸战场与盟军一道展开反攻，缅甸抗日游击队也在各地进攻日军。1945 年 5 月，缅甸宣告解放。在朝鲜半岛、印度支那、马来亚、菲律宾、印度尼西亚等地，均有抗日武装发展壮大，为全面反攻奠定了基础。

进入 1945 年以后，日本政府面临财政危机，军需生产难以为继，民众生活十分困难。兵员从太平洋战争爆发时的 240 万增加到近 700 万，军费在政府年度预

图 7-5　日本神风特攻队飞机撞击美国军舰

1944 年 10 月，一直在海军航空部门担任要职的大西泷治郎中将就任驻扎马尼拉的第一航空舰队司令，立即组织了在舰载战斗机上装置 250 公斤炸药、驾驶员驾机冲撞敌舰的"第一神风特别攻击队"。

算中接近 80%。战争资源几乎全部来自海外，而美军占领塞班岛后切断了日本的海上运输线，加速了战争经济的崩溃。多数青壮年被征兵，劳动力严重不足，而且其素质急剧下降，厌战情绪蔓延。军需产品不仅迅速减少，质量也急剧下滑。因战争破坏及缺乏劳动力，农产品也严重不足，民众生活受到极大影响。

　　1945 年 2 月，美国总统罗斯福、英国首相丘吉尔、苏联最高领导人斯大林在雅尔塔集会，讨论对德战后处理问题。同时作为秘密协定，美国要求苏联在结束对德战争后参与对日作战。同年 5 月，德国向盟国投降，日本彻底孤立，刚刚成立的铃木贯太郎内阁开始考虑结束战争的方式。同年 7 月，中、美、英三大盟国（其后苏联加入）以宣言的形式发表了促使日本无条件投降的《波茨坦公告》。

　　由于没有得到日本政府的明确答复，8 月 6 日和 9 日，美国先后在日本的广岛和长崎投下两颗原子弹，死亡人数高达 30 多万。8 月 8 日，苏联对日宣战，并迅速出兵，向中国东北、朝鲜及库页岛发起进攻。与此同时，中国及东亚其他国家的抗日武装也展开大反攻行动。

尽管如此，在9日深夜召开的最高战争指导会议上，日本首相、外务大臣、海军大臣三人主张在维持天皇制国体的前提下接受《波茨坦公告》，而陆军大臣、陆军参谋总长、海军军令部长三人主张继续作战，希望获取更宽松的投降条件，双方僵持不下。10日，在御前会议上，昭和天皇做出"圣断"，日本政府遂通告盟国，在"不变更天皇统治大权"的前提下接受《波茨坦公告》。盟国答复"自投降之时起，日本天皇及日本政府统治国家之权力即须听从盟军最高统帅之命令"，结果再度引起日本政府内部的争议，主战者反对投降。14日，再次召开御前会议，由天皇决定接受《波茨坦公告》。15日中午，电台播放了昭和天皇亲自宣读的《终战诏书》，各地日军放下武器。26日，美军进驻日本。9月2日，日本代表和盟军代表在美国军舰"密苏里号"上签署了日本投降书，第二次世界大战最终结束。

原始文献

波茨坦公告

此公告全称《中美英三国促令日本投降之波茨坦公告》，亦称《波茨坦宣言》。系于波茨坦会议期间，由中国、美国和英国于1945年7月26日发表，苏联于同年8月8日加入。

（一）余等：美国总统、中国国民政府主席及英国首相代表余等亿万国民，业经会商，并同意对日本应予以一机会，以结束此次战事。

（二）美国、英帝国及中国之庞大陆、海、军部队，业已增强多倍，其由西方调来之军队及空军，即将予日本以最后之打击，彼等之武力受所有联合国之决心之支持及鼓励，对日作战，不至其停止抵抗不止。

（三）德国无效果及无意识抵抗全世界激起之自由人之力量，所得之结果，彰彰在前，可为日本人民之殷鉴。此种力量当其对付抵抗之纳粹时不得不将德国人民全体之土地、工业及其生活方式摧残殆尽。但现在集中对待日本之力则较之更为庞大，不可衡量。吾等之军力，加以吾人之坚决意志为后盾，若予以全部实施，必

将使日本军队完全毁灭，无可逃避，而日本之本土亦必终归全部残毁。

（四）现时业已到来，日本必须决定一途，其将继续受其一意孤行计算错误，使日本帝国已陷于完全毁灭之境之军人之统制，抑或走向理智之路。

（五）以下为吾人之条件，吾人决不更改，亦无其他另一方式。犹豫迁延，更为吾人所不容许。

（六）欺骗及错误领导日本人民使其妄欲征服世界者之威权及势力，必须永久剔除。盖吾人坚持非将负责之穷兵黩武主义驱出世界，则和平安全及正义之新秩序势不可能。

（七）直至如此之新秩序成立时，及直至日本制造战争之力量业已毁灭，有确定可信之证据时，日本领土经盟国之指

定，必须占领，俾吾人在此陈述之基本目的得以完成。

（八）开罗宣言之条件必将实施，而日本之主权必将限于本州、北海道、九州、四国及吾人所决定其他小岛之内。

（九）日本军队在完全解除武装以后，将被允许返其家乡，得有和平及生产生活之机会。

（十）吾人无意奴役日本民族或消灭其国家，但对于战罪人犯，包括虐待吾人俘虏在内，将处以法律之裁判，日本政府必将阻止日本人民民主趋势之复兴及增强之所有障碍予以消除，言论、宗教及思想自由以及对于基本人权之重视必须成立。

（十一）日本将被允许维持其经济所必须及可以偿付货物赔款之工业，但可以使其获得原料，以别于统制原料，日本最后参加国际贸易关系当可准许。

（十二）上述目的之达到及依据日本人民自由表示之意志成立一倾向和平及负责之政府后，同盟国占领军队当撤退。

（十三）吾人通告日本政府立即宣布所有日本武装部队无条件投降，并以此种行动诚意实行予以适当之各项保证，除此一途，日本即将迅速完全毁灭。

——选自日本历史学研究会编：《日本史史料·4·现代》，岩波书店，1997年，第144—145页

※ 从史料来看，日本是否为无条件投降？

结　语

日本学术界近些年来十分重视对两次世界大战之间的日本外交、中日关系乃至东亚地区国际关系的研究，其核心关切是日本为何选择了大规模的对外战争。正如服部龙二在《日本国际政治学·第四卷·历史中的国际政治》（日本国际政治学会编，刘星译，北京大学出版社，2017年）中所指出的那样，"从第一次世界大战到太平洋战争期间的国际政治史是研究成果最为丰富的学术领域之一，因为这一时期出现了关系到现代国际政治根基的各种问题，即国际秩序的形成与崩溃，帝国的重组，国际组织的建立与局限性，超越国境的人员流动及贸易等各种关系网络，脱殖民地化与民族主义，地区主义，'日中合作'的失败等"。

服部教授进一步指出：第一次世界大战前后的亚洲国际政治可以分为三重结构，第一是与中国有关的不平等条约及殖民地统治等19世纪以来的问题，第二是"对华二十一条""山东问题"等第一次世界大战期间产生的悬案，第三是中国重新统一及去殖民地化等第一次世界大战后日

趋明显的潮流。华盛顿体系的建立使列强可以基本维持在华权益，经过北伐战争中国国民政府成为国际政治的主要行为体后，日美英的对策各不相同，使华盛顿体制本身出现了松动。"九一八事变"后币原喜重郎外交的变质与崩溃标志着日本拉开了终结华盛顿体制的序幕，承认伪"满洲国"、退出国联、签订《日德防共协定》、卢沟桥事变引发了侵华战争的扩大乃至全面爆发。

大 事 记

时　间	日　本	东北亚
1923 年	关东大地震；虎之门事件	
1924 年	第二次护宪运动	
1925 年	日苏恢复邦交；颁布《维持治安法》《普通选举法案》	
1927 年	金融危机；第一次出兵山东；东方会议	
1928 年	第二次、第三次出兵山东	关东军暗杀张作霖
1930 年	允许金输出；伦敦海军裁军条约签订	
1931 年		九一八事变
1932 年	血盟团事件；五一五事件	上海事变；伪"满洲国"成立
1933 年	退出国联	
1935 年	"天皇机关说"受攻击，美浓部达吉被迫从贵族院辞职	
1936 年	二二六事件	西安事变
1937 年	全面侵华战争开始	七七事变；南京大屠杀
1938 年	颁布《国家总动员法》；张鼓峰事件	中国政府内迁重庆
1939 年	诺门罕事件	
1940 年	大政翼赞会开始活动；产业报国会创立	汪精卫伪南京政府成立
1941 年	缔结《日苏中立条约》；偷袭珍珠港，太平洋战争开始	

（续表）

时 间	日 本	东北亚
1942 年	中途岛海战；瓜岛战役	
1943 年	召开大东亚会议	
1945 年	美军冲绳登陆；原子弹轰炸广岛和长崎；日本投降	

进一步阅读书目

石井宽治的《日本的对外战略（1853—1937 年）：帝国主义思想的演变》（社会科学文献出版社，2018 年）通过对近代日本政治和经济、军事和经济这两种相互制约关系所做的实证性考察，十分细致地分析了"日本型资产阶级"形成的国内外经济政治环境、思想和文化基础、行动方式以及在日本对外实行侵略扩张中的表现、梳理了具有"政治资本主义"特征的日本对外发动战争并最终遭到彻底失败的历史过程。该书着重论述了日本在对中国实行侵略扩张过程中存在的两种具有不同政治和经济含义的路线和战略，即日本在华纺织企业路线和满铁路线；叙述了日本关东军在加速伪"满洲国"重化学工业化的同时，积极推进分离中国华北的经济活动以及最终只能依靠发动全面战争占领中国的经纬。

在近代历史上，日本人缘何一次次走向战争？上至世界顶尖的优秀人才，下至普通的日本百姓，为何认定"唯有战争才是出路"？从甲午战争到太平洋战争，日本差不多每 10 年就经历一场大战。日本是如何将这一场场战争的理由正当化，从而获得民众支持的？东京大学历史学教授加藤阳子的《日本人为何选择了战争》（浙江人民出版社，2019 年）通过层层推进的多维分析，深入浅出地分析了当时日本为政者和国民如何看待世界局势、为何每一次都最终选择了战争，引导读者从更多元的视角理解日本近代史上几次改变国运的战争。

川田稔的《日本陆军的轨迹（1931—1945）》（社会科学文献出版社，2020 年）从两条线索展开论述：第一，永田铁山及以其为核心的"一夕会"成员备战国家总体战的战略构想，如何通过人事安排、政治斗争等手段在陆军中央获得主导地位，并在与政府的博弈中占据上风；第二，这种战略构想在错综复杂的国际环境下与外交如何互动，与欧洲战场如何相互影响，具体如何决策、如何推进，并逐步走向侵华战争，然后对美开战。

孙道凤的《日本大正民主主义思想研究》（中国社会科学出版社，2020 年）对大正民主主义的形成、发展和衰退进行了历史性考察，探讨了其政治思想、社会思想和国际政治观。该书认为，作为指导 20 世纪 20 年代日本的政治制度民主转型的思想，大正民主主义是日本的近代知识阶层把西方的民主理论与日本政治体制相结合的产物，体现了其政治智慧，也产生了政党政治，促进了日本政治体制的进步。但在社会底层没有发生本质性变化的时候，其民主具有缺陷，是一种并不成熟的民主，是形式上的近代民主制和本质上的军国主义思想意识的矛盾体。

第 八 章

占领与战后体制

　　在占领时期的日本经济复兴中，如果没有"道奇计划"，"倾斜生产方式"能否恢复日本经济并使之发展？如果没有朝鲜战争，"道奇计划"下的日本经济会不会停滞不前甚至倒退？不可否认的是，类似"倾斜生产方式"式的公共资本可以弥补"市场的缺陷"或者防止"市场的失败"，但也容易造成企业的依赖心理、效率低下和腐败现象，正如战后初期煤矿国有化以及1948年发生的"昭和电工行贿案"那样；类似"道奇计划"式的市场体制虽然迫使企业提高劳动生产率和竞争能力，但也容易出现竞争过度、无序生产的弊端。

　　日本取得独立后，两种体制均保留下来并被合成为"日本模式"，即政府主导下的市场经济体制，强调"灵活运用财政金融政策，积极进行财政投资"。这是一种既不同于统制经济，又不同于市场经济的间接控制模式，也就是充分利用市场和价格机制，通过政策手段间接诱导，使产业发展方向与政策目标相一致。但正如日本学者高桥龟吉所说的那样，"合成在日本社会传统结构下的这种体制，恐怕移植到日本以外的任何地方都难于生长，只有日本才能使这一体制充分发挥作用"。从某种程度上讲，在日本出现的是"被组织的市场"乃至"被组织的社会"。

占领及改革

盟军进驻日本

日本政府决定接受《波茨坦公告》后，以美国军队为首的盟国军队从 1945 年 8 月 26 日开始陆续进驻日本。尽管有少数英联邦国家军队参加了占领，但基本上是由美军占领。美国太平洋陆军总司令及盟军最高司令官麦克阿瑟被任命为占领军的最高统帅，指挥盟国占领军总司令部（简称"盟军总部"，GHQ）及其下属的占领军对日本实施占领。虽然决定占领政策的最高机构是设在华盛顿的远东委员会，但这个由美、英、中、苏、澳大利亚、荷兰、法国、印度、加拿大、新西兰、菲律宾 11 个国家构成的委员会是通过美国政府传达其决定给盟军总部，因而作用十分有限。同时，在东京设有带有咨询色彩的机构——对日理事会，由美、英、中、苏四国代表构成。但这一机构在农地改革以及从苏联遣返日本战俘问题之外，所发挥的作用也十分有限。综上，盟军总部对日本的占领以及实施的改革政策主要体现了美国政府的意志。

盟军对日本的占领并不直接实施军事管制，而是利用原有的日本行政机构进行间接统治，即盟军总部制定的各种政策以备忘录、文书、指令、口头指示等传达给日本政府，后者以法律、政令、条例的形式加以实施。尽管盟军总部具有超法规的权力，并且可以撤换那些不听从其指令的日本官员，但间接统治的结果不仅几乎原封不动地保留了日本旧有的官僚机构和人员，而且在占领政策的具体内容上也给予日本政府讨价还价的机会。

9 月 22 日，美国政府颁布了《日本投降后美国初期对日方针》，宣称其最终目标是"保证日本不再成为对于美国或世界和平与安全的威胁"，"最终建立起一个尊重其他国家的权利，并支持在联合国宪章的理想和原则之中的美国目标的和平和负责的政府"。为实现上述目标，日本必须放弃海外殖民地，完全解除日本的武装并实行非军事化，彻底消除法西斯军国主义分子的权力及影响，发展资产阶级民主自由，建立议会民主的政治制度，允许建立和平经济。11 月 1 日，美国政府再次颁布《对占领及管理日本的联合国最高司令官的日本投降后最初基本指令》，进一步将占领方针具体化。

1945 年 8 月 17 日，日本组成以皇族成员东久迩稔彦为首相的内阁，处理结束战争事宜。尽管皇族内阁在解除军队武装、接受盟军进驻、签署投降书等方面起了到稳定局势的作用，并在同年 9 月 20 日颁布了《波茨坦紧急敕令》，即规定不经过立法程序便可下达、执行盟军总部发布的命令，但该内阁在逮捕、审判战犯嫌疑人以及开放政治自由、宗教自由方面与盟军总部产生冲突。东久迩内阁要求自行审判战犯嫌疑人，而且对释放政治犯持消极态度，同时禁止刊登麦克阿瑟接见天皇的照片，因而遭到盟军总部的拒绝和批评，被迫在10月4日集体辞职。

政策性改革

10月9日，曾在20年代积极推行"协调外交"的币原喜重郎继任首相，并接受麦克阿瑟的五大指令，即赋予妇女参政权、鼓励建立工会组织、改革教育制度、废除秘密警察、经济民主化，开始大规模的非军事化、民主化改革措施。

图 8-1　天皇与麦克阿瑟的合影

在两人的合影中，麦克阿瑟着军便服，两手卡腰，神态自若；昭和天皇身穿大礼服，双手下垂，拘谨严肃。内务省自然禁止将最高统治者不是天皇而是麦克阿瑟的照片刊登在各家报纸上，后来该照片在占领军的强行命令下才出现在诸多媒体上，日本国民受到的冲击可想而知。

在军事方面，盟军总部从1945年下半年开始陆续颁布指令，命令日本军队立即缴械投降并迅速复员，废除大本营、参谋本部、军令部、陆军省、海军省等军事指导机构以及《兵役法》《国家总动员法》《战时临时措施法》等一系列军事法令，解散"在乡军人会""黑龙会""大政翼赞会"等军国主义团体，禁止研究和生产与军事有关的物资，拆除战争工业设备并将其作为对盟国的赔偿。

在政治方面进行的改革主要有：第一，逮捕并审判战犯嫌疑人。盟军进驻日本后陆续逮捕了100多名甲级战犯嫌疑人，并在1946年1月设置远东国际军事法庭，同年5月开庭审判28名甲级战犯嫌疑人。1948年11月，判处东条英机等7

名甲级战犯绞刑，判处其他 18 名甲级战犯终身监禁和有期徒刑。同时，在日本或其他有关国家也设置了 50 个法庭，起诉了 5400 多名乙级和丙级战犯嫌疑人，其中 937 名被判死刑，358 名被判无期徒刑。但美国为利用天皇权威进行占领，授意天皇在 1946 年元旦发表了否认自己是神的《人间宣言》，并庇护天皇逃脱了被审判的命运。

第二，剥夺军国主义分子的公职。1946 年 1 月，盟军总部颁布《剥夺公职令》，即"关于从公职人员中罢免和排除不受欢迎的人"的指令，剥夺战争罪犯、陆海军人、"大政翼赞会"成员、殖民地官员、大企业主要干部等军国主义者的公职。到 1948 年 5 月，以旧军人为中心的 21 万人被剥夺公职，但被剥夺公职的行政官僚仅有千名左右。

第三，废除军国主义治安法令，释放政治犯和思想犯。1945 年 10 月，盟军总部颁布《人权指令》，币原内阁根据其指令，废除了《维持治安法》和"特高警察制度"。在罢免警察机构主要成员公职的同时，约有 4000 名政治犯、思想犯获得自由，其中包括德田球一、宫本显治等日本共产党领导人。

第四，废除军国主义教育，实施政教分离。1945 年 10 月，盟军总部颁布《日本教育制度的管理政策》，要求日本政府删除所有教材中的军国主义内容，同时允许教职员和学生对教育内容进行批判性的议论，并可以自由讨论有关政治、公民自由等问题。同年 12 月，盟军总部颁布《废除政府对国家神社神道的保护、支持、延续、管理和传播》的指令，禁止日本政府给予神社神道任何经济上、政治上的支持。

第五，开放言论与新闻自由，给予工人和妇女政治权利。1945 年下半年，盟军总部颁布《关于言论与新闻自由》《新闻法规》等一系列指令，废除战时为加强军国主义统治而实施的控制新闻、言论、出版、阅览等的法令，但禁止批评占领军及其政策。同时，国会在 1945 年底制定并通过了《众议院议员选举修正法案》和《工会组织法案》，赋予妇女选举权和被选举权，工人获得结社、集体谈判、参加政治运动和社会运动的权利。

在经济方面，盟军总部主要采取了两项改革措施，即农地改革与解散财阀。盟军总部对日本政府在 1945 年 11 月提出的农地改革方案极为不满，在将该问题提交远东委员会和对日理事会讨论后，提出较为彻底的"第二次农地改革方案"。即政府强制性购买不在村地主的全部土地和在村地主一公顷以上的土地，并优先出售给耕种这些土地的佃农。结果在两年的时间内，大约 200 万公顷的土地从地主手中转移到佃农手中，自耕农的比例也因此从改革前的 30% 上升到 70%。

1946 年 8 月，盟军总部指令日本政府成立"控股公司清理委员会"，并通过解散控股公司、排除财阀家族对企业的控制、分散财阀企业的股票、排除经济力量过度集中等措施，对以十大财阀为中心的巨大家族企业进行分割经营，并禁止原有的财阀家族成员担任该企业的领导职务等。为防止垄断资本的再次出现，盟军总部又指令日本政府在 1947 年制定了《禁止垄断法》《排除过度经济力量集中法》。但远东局势的变化使该领域的改革在很大程度上半途而废，而且也没有对战时形成的政府控制型金融体制进行改革。

制度性改革

除上述政策性改革之外，盟军总部还在日本进行了制度性改革，其中最重要的是修改宪法。早在 1945 年 10 月，麦克阿瑟就对东久迩内阁的国务大臣近卫文麿提出修改旧宪法的要求，币原喜重郎内阁成立后再次提出这一要求。尽管币原内阁成立了以国务大臣松本蒸治为委员长的宪法调查委员会，但该委员会提出的宪法修正案引起盟军总部的不满。麦克阿瑟提出"改宪三原则"，即象征天皇制、放弃战争、废除以华族为中心的封建制度，并指示盟军总部民政局起草新宪法。民政局花费一周的时间完成了宪法草案，在得到麦克阿瑟的批准后提交日本政府。最初日本政府表示难以接受，但在盟军总部的压力下，只好同意在该草案基础上修改宪法。

1946 年 3 月，日本政府发表的《宪法修正草案要纲》基本上保留了盟军总部草案的精神，例如象征天皇制、主权在民、放弃战争及非武装、保障基本人权及自由、男女平等等内容，但在某些方面也做了修改，例如有关"国民条件""国家赔偿""纳税义务""刑事补偿"等。其后根据旧宪法规定的修正程序，宪法修正案顺次得到国会两院及枢密院的审议、批准，同年 11 月以《日本国宪法》的名义颁布，从 1947 年 5 月 3 日起正式实施。

根据新宪法精神，1947 年 3 月 31 日帝国议会众议院解散以前，国会两院又先后制定和通过了《参议院议员选举法》《国会法》《内阁法》《地方自治法》《法院法》《国家公务员法》《检察厅法》《财政法》《教育基本法》《劳动基准法》《劳资关系调整法》《皇室典范》《皇室经济法》等制度性法规，从而形成了战后政治制度。

政治与社会

建立政党

非军事化、民主化改革推动了政党政治的复活。战前和战时的一些政治家为在新的议会政治中掌握主导权，纷纷着手重建和组建政党，因而推动了各种政治势力的分化组合，陆续组建了五大政党。1945 年 11 月 2 日，战前几个政见不同的社会民主主义政党在建立"大社会主义政党"的口号下，仓促联合起来成立了社会党，拥有 15 名议员。该党属于革新政党中的右翼，但因内部矛盾，当时没有充分阐述党的基本政策，党的最高职务委员长空缺，右派的片山哲任书记长。

11 月 9 日，自由党成立，战时内阁大臣鸠山一郎当选为党的总裁。该党主张"维护君民一体的国家"，"确立负责任的立宪政治"，坚决"与无产阶级独裁政治作斗争"，坚持"维护私有财产及自由主义经济"，是典型的资产阶级保守政党，当时拥有 43 名议员。

11 月 16 日组成的进步党，其成员大多数为战时御用政治团体"大日本政治会"所属议员。该党强调"维护国体"和"统制经济"，攻击共产主义，是保守政党中的右翼。当时拥有 274 名议员，但因内部派系林立，成立时未能选出党的总裁，一个月后才决定由 84 岁的町田忠治担任。

11 月 18 日协同党成立，山本实彦担任委员长，当时拥有 23 名议员。虽然该党主张"维护皇统"，但同时提倡"确立民主政治体制"，标榜合作主义，主张劳资合作，是保守政党中的左翼。

战争结束后，日本共产党领导人走出监狱，随即以合法的身份着手重建党组织。1945 年 12 月 1 日，该党召开时隔 19 年之久的代表大会，选举党的领导机构，德田球一被选为书记长。该党号召国民"打倒天皇制，建立人民共和政府"，"废除钦定宪法和旧议会"，实现民主主义革命，同时充分肯定议会斗争的重要性，是革新政党中的左翼。

各党之所以在 1945 年底前纷纷成立，是准备参加原计划 1946 年 1 月举行的众议院议员选举（简称"大选"），但占领当局为防止战时军国主义政治家的当选在 1 月 4 日颁布《剥夺公职令》，结果使许多政治家不能参加选举。进步党受到的冲击最大，在 274 名所属议员中仅有 14 名议员能够参加大选。另一方面，众议院议员选举法修正后，年满 20 岁的男女均有选举权，选民突然增加近三倍，接近全部人口的50%。因此，在1946年4月举行的战后首次大选中，82%的当选者为新议员，其中有39名女性议员。

吉田茂内阁

大选后没有加入任何党派的币原喜重郎首相借口议会政治不稳将引起社会混乱，准备继续执政，但各党派坚持组成政党内阁。在464个总议席中占有140席的自由党为议会第一大党，因该党总裁鸠山一郎被剥夺公职，由当时并非国会议员、外交官僚出身的吉田茂接任其职务，与拥有94个席位的进步党联合组成了第一届吉田茂内阁。

图8-2　吉田茂像

"轻军备，重经济，在美国保护下发展"的"吉田路线"为日本留下一份经济大国、政治小国的遗产。

尽管在第一届吉田内阁时期完成了宪法修正、制订第二次农地改革方案、在众议院议员选举中将大选区制改为中选举制等立法工作，但来自国民的压力异常之大。一方面由于战争的破坏，1945年度的日本经济处在崩溃状态。按当时的价格计算，日本财产损失为1057亿日元，约占国民财富的1/4。包括军人、平民在内的战争伤亡人员高达870万，全国大多数城市变成一片废墟，近半数的工业生产设备被破坏。军需产业停止生产，该部门的400万就业工人失去工作，再加上从海外回国的350万复员军人及289万平民等，失业人数高达1400万。

另一方面，农业严重歉收，粮食产量只有战时的一半，而且也不能再从旧殖民地进口粮食，因此，以大米为中心的生活资料价格飞速上涨，黑市流行。为制止严重的通货膨胀，早在币原内阁时期就颁布了《金融紧急措施令》，通过冻结存款，发行新货币的方式限制货币流通，但未能取得较好效果。吉田内阁成立后，设置"复兴金融金库"，向煤炭、电力、钢铁等重要产业提供资金，希望以刺激生产资料部门生产的方式稳定整体经济，称为"倾斜生产方式"。但这种重视生产资料生产的经济政策在短时期内难以解决国民的生活困难问题，因此，吉田政权遭到工人和市民的强烈反对。

占领初期的"非军事化"及"民主化"改革措施有力地推动了工会组织的发展。到 1946 年底，全日本共有 17000 个工会组织，拥有会员近 500 万，其组织率达到 40%。在此基础上形成了两个全国性工会组织，即社会党影响下的"日本工会总同盟"和日本共产党影响下的"日本行业工会会议"。组织起来的工人为保障就业、提高工资、改善劳动条件，甚至争取生产管理权等不断展开斗争。从 1946 年 8 月开始，要求提高工资、反对解雇的工人运动迅速发展起来。12 月，各工会组成"联合斗争委员会"，并在东京召开有 50 万人参加的群众集会，提出打倒拒绝工人要求的"吉田亡国政府"，"建立新民主政府"的口号。

社会党政权

由于吉田政权没有满足工会的要求，"联合斗争委员会"决定在 1947 年 2 月 1 日举行全国性大罢工。尽管在盟军总部的干预下，大罢工未能实现，但在 1947 年 4 月举行的战后第二次大选和同时举行的参议院议员首次选举中，得到工会组织支持的社会党获得胜利，在众参两院均成为第一大党。因此，组成了社会党、由进步党演变而来的民主党、国民协同党三党联合政权，由社会党委员长片山哲出任首相。

片山内阁时期颁布了战后第一份《经济白皮书》，并制定了《国家公务员法》《排除过度经济力量集中法》《警察法》等重要法律，而且经济也逐步走向稳定，但联合政权却危机重重。首先是执政伙伴之间的矛盾，保守的民主党、国民协同党反对社会党一贯主张的重要产业国有化政策；其次，社会党内部左、右两派在选择执政伙伴以及具体施策上也存在着对立；再次，社会党继续执行的倾斜生产方式、提高间接税和降低工资等政策，使失业率和通货膨胀率进一步上升，国民生活更加困苦。从 1947 年夏季开始，工会组织再次掀起斗争高潮。在此压力下，社会党左派采取行动，与在野党一道否决了片山内阁提出的追加政府预算方案，片山首相被迫在 1948 年 2 月辞职。

随后，民主党的芦田均首相继续维持三党联合政权以及片山内阁的经济政策，但为对付日趋高涨的工人运动，在麦克阿瑟的指示下，芦田政权在 7 月颁布了禁止各级政府公务员参加罢工、怠工以及行使集体谈判权的"201 号政令"，引起广大工人群众的强烈不满。另外，担任副首相的社会党书记长西尾末广因暗中接受建筑业界的政治捐款而被迫辞职，并因受贿罪和伪证罪受到检察院的起诉。其后，大型肥料制造企业通过向政府官员行贿而从复兴金融金库得到巨额贷款的"昭和电工案件"曝光，包括西尾在内的许多官员被捕，受其影响，芦田内阁被迫在1948 年 10 月集体辞职。

由于两届联合政权均未满足工人群众的要求，反而采取了压制工会组织的政策，社会党的形象受到严重损害，大批原有的支持者脱离该党。在 1949 年 1 月举行的大选中，社会党的得票率从上一届大选的 26.1% 猛跌到 13.5%，议席数也从147 个下降到 48 个，其主要领导人片山哲、西尾末广等均落选。

走向媾和

美国对日政策变化

以社会党为首的两届联合政权存在时间较短与美国对日政策发生变化也具有一定的关系，而美国对日政策转变的背景是第二次世界大战结束后不久美苏对立的冷战格局逐渐形成。1946 年 3 月，英国前首相丘吉尔在美国演讲时指出东西方阵营之间出现了"铁幕"，1947 年 3 月，美国总统杜鲁门提出遏制共产主义的"杜鲁门主义"。在远东地区，中国大陆以及朝鲜半岛的局势也令美国政府担忧。因此，1948 年 1 月，美国陆军部长罗亚尔在一次演讲中宣称美国的对日政策正在修改，"力求在日本确立稳定而强有力的自主的民主，使日本自立"，"在阻止将来有可能在远东发生的集权主义战争方面发挥作用"。

另一方面，"美军占领地区救济资金""占领地区经济复兴援助资金"及巨额占领费用也成为美国的沉重负担。1948 年 10 月，美国国家安全保障委员会提出"美国对日政策的建议"，主张将占领政策从"非军事化"转为"经济复兴"，并在日本建立市场经济体制。

1948 年 12 月，美国政府提出"稳定经济九原则"，即指令日本政府贯彻平衡预算、加强税收、限制贷款、稳定工资、统制物价、加强贸易及外汇管理、完善出口企业物资分配、增加国产原料及产品、改革征购粮食体制的原则。为此，美国总统特使、底特律银行家道奇到日本，要求日本政府编制紧缩型预算方案，采取措施鼓励出口，制定 360 日元兑换 1 美元的固定汇率，恢复市场机制以促进企业生产合理化等，称为"道奇计划"。同时，以夏普为团长的美国税制代表团来到日本，劝告日本政府采用以直接税为中心的税制政策。另外，美国国务院政策设计委员会主席凯南也来到日本，与麦克阿瑟商谈对日政策的转变。凯南回国后提出以复兴经济、防止共产主义化、尽快媾和、逐渐终止赔偿、美军长期驻扎冲绳等为主要内容的对日政策报告书。

日本国内政局也对保守政党比较有利。1948 年 3 月，退出民主党的币原喜重郎、田中角荣等人加入自由党，组成坚持"自由经济"的民主自由党（简称"民自党"，1950 年 3 月重新改组为自由党），拥有 152 名众议员，总裁仍为吉田茂。同年 10 月，芦田均内阁倒台后，由于民自党在众议院的席位超过社会党成为第一大党，吉田茂第二次担任首相，但这届吉田内阁仍为少数党内阁。为改变这种局面，国会在通过限制公务员政治活动的《国家公务员法修正案》后解散了众议院，并决定在 1949 年 1 月举行大选。

民自党在选举中获得大胜，其议席增加到 264 席，是战后首次出现的拥有超过半数议席的政党。民自党获胜的原因一方面是选民对社会、民主、国民协同三党联合政权的表现不满，另一方面是随着农地改革的结束以及农业保护政策的实施，大批自耕农逐渐成为保守政党坚实的社会基础。在此次大选中，日本共产党的席位也从 4 席猛增到 35 席，其原因是原支持社会党的选民转而支持共产党。

道奇计划

尽管民自党获得众议院的过半数议席，但为适应美国对日政策的变化并准备媾和、实施稳定经济九原则，以及对付势力增强的日本共产党，1949 年 2 月吉田茂组织内阁时坚持民自党与民主党组成联合政权。这种"强强合作"使第三届吉田内阁执政长达三年多，从而为实施一些重要政策奠定了政治基础。

吉田内阁根据"道奇计划"的精神在国会中通过了 1949 年度超平衡政府预算案，从而有效地稳定了物价。但增加财政收入、减少财政支出以及减少贷款、补贴的措施，既抑制了消费，又限制了投资，从而造成有效需求不足以及企业生产停滞的状况，结果使刚刚出现复兴迹象的日本经济受到严重打击。大批企业倒闭，失业人数迅速增加，加剧了经济危机的程度。与此同时，吉田内阁制定《定员法》，大幅度地裁减铁路、邮电等国营企业和政府机关的职员，人数高达 62 万。正因如此，劳资纠纷和工人运动急剧高涨，特别是在国营铁路部门，斗争十分激烈。1949 年 7 月和 8 月连续出现了国铁总裁不明死亡的"下山事件"、电车撞毁民宅致人伤亡的"三鹰事件"以及列车出轨致人伤亡的"松川事件"，吉田政权利用这些事件打击日本共产党和工会组织，导致工会组织及其会员急剧减少。

1950 年 6 月，盟军总部下令剥夺日本共产党员的公职，同时禁止日本共产党机关报《赤旗》的发行。25 日，朝鲜战争爆发后，驻扎在日本的美军多数调往朝鲜战场。为填补治安的空白,麦克阿瑟指示吉田政权组建 7.5 万人的警察预备队,并增加 8000 名海上保安厅成员。同年 11 月,解除 3250 名旧军人的剥夺公职处分,大批旧军人进入警察预备队。

旧金山媾和

1951 年 5 月,接替麦克阿瑟任盟军总部最高统帅的李奇微发表声明,要求吉田内阁"重新审查为实施盟军总部的指令而发布的各项政令",并"进行必要的修改"。吉田内阁借此机会采取了一系列称为"逆流"的反民主化措施,例如:解除被剥夺公职者的处分,使大批旧政治家重返政坛;重建中央集权式的警察制度,加强对社会的管理与控制;修改有关劳动法规,限制工人的合法斗争权力;废除各级教育委员会的公选制度,在学校加强所谓的"爱国心"教育;终止解散财阀的改革,大企业集团得以重新出现。虽然这些措施奠定了保守政党长期执政的基础,但没有改变战后初期民主化改革中形成的基本政治制度。

另一方面,朝鲜战争的爆发使日本经济得到迅速恢复的机会。因为以美军为首的联合国军队在朝鲜半岛进行的激烈战争,需要用美元征购大批战争所需物资,这样就为日本的纤维、金属、机械等行业带来了"特别需求",企业生产急剧增加。同时,世界经济也出现好转的迹象,有利于日本产品的出口。1949 年底,日本外汇储备仅 2 亿美元,但其后三年日本获得了 24 亿美元的外汇收入。1949 年的日本外贸赤字是 1.92 亿美元,1950 年后则连续三年黑字。到 1951 年,日本工矿业生产超过战前水平。

早在朝鲜战争爆发以前,吉田内阁为尽快实现媾和、结束占领状态,公开声明希望媾和后美军继续驻留在日本。为此,自由党主张同愿意媾和的国家缔结和约(即片面媾和)、与美国缔结安全保障条约。由民主党和国民协同党合并而成的国民民主党有条件地支持自由党的媾和政策,社会党则提出全面媾和、坚持中立、反对美军基地的三原则,日本共产党也主张全面媾和,并主张同所有国家建立和平关系。从社会舆论来看,多数国民赞成尽快结束占领状态。

朝鲜战争爆发以后,美国也加快了对日媾和的步伐。不仅美国的国务院与国防部达成了放弃战争赔偿、对日本进行安全保障及经济体制不加限制的"宽大媾和"基本原则,而且美国也与英国就均不邀请大陆和台湾参加和会、日本与何者建立"外交关系"由其自行决定等问题达成妥协。

1951 年 9 月 4 日,在美国的主导下,对日媾和会议在旧金山正式召开,共有

图 8-3　日本代表团成员在《旧金山对日和平条约》上签字

吉田茂在《旧金山对日和平条约》上签名，背后站立者是日本代表团成员，每人均签名，但在签订《日美安全保障条约》时只有吉田茂一人在条约上签名。

52 个国家参加。朝鲜和韩国没有得到邀请，南斯拉夫、印度和缅甸因对媾和条约不满拒绝参加会议，苏联、波兰、捷克斯洛伐克虽然参加了会议，但拒绝在和约上签字。9 月 8 日，日本与 48 个国家签署《旧金山对日和平条约》，同时又与美国签署了《日美安全保障条约》，规定美军继续驻扎在日本。

　　1951 年 11 月，日本国会众参两院较为顺利地通过了两个条约。1952 年 2 月，日本与美国签署了《日美行政协定》，就美国军人在日犯罪的审判、日本无偿提供基地并负担驻扎费用等问题达成协议。同年 4 月，对日媾和条约正式生效，长达近七年的军事占领结束。与此同时，日本政府与台湾国民党当局签署和约，建立"邦交"关系。

原始文献

《旧金山对日和平条约》

中华人民共和国中央人民政府再一次声明：旧金山和约由于没有中华人民共和国参加准备、拟制和签订，中央人民政府认为是非法的、无效的，因而是绝对不能承认的。

......

第一章 和平

第一条

甲．日本与每一盟国间之战争状态，依照本条约第二十三条之规定，自日本与该盟国间所缔结之本条约生效时起，即告终止。

乙．各盟国承认日本人民对于日本及其领海有完全的主权。

第二章 领土

第二条

甲．日本承认朝鲜之独立，并放弃对朝鲜包括济州岛、巨文岛及郁陵岛在内的一切权利、权利根据与要求。

乙．日本放弃对台湾及澎湖列岛的一切权利、权利根据及要求。

丙．日本放弃对千岛群岛及由于1905年9月5日朴资茅斯条约所获得主权之库页岛一部分及其附近岛屿之一切权利、权利根据与要求。

丁．日本放弃与国际联盟委任统治制度有关之一切权利、权利根据与要求，并接受1947年4月2日联合国安全理事会将托管制度推行于从前委任日本统治的太平洋各岛屿之措施。

戊．日本放弃对于南极地域任何部分的任何权利、权利根据或利益之一切要求，不论其是由于日本国民之活动、或由于其他方式而获得的。

巳．日本放弃对南威岛及西沙群岛之一切权利、权利根据与要求。

第三条

日本对于美国向联合国提出将北纬二十九度以南之南西诸岛（包括琉球群岛与大东群岛）、孀妇岩岛以南之南方诸岛（包括小笠原群岛、西之岛与琉璜列岛）及冲之鸟岛（中、韩等国认为，冲之鸟是岩礁而非岛屿。——引者）与南鸟岛置于联合国托管制度之下，而以美国为唯一管理当局之任何提议，将予同意。在提出此种建议，并对此种建议采取肯定措施以前，美国将有权对此等岛屿之领土及其居民，包括其领海，行使一切及任何行政、立法与司法权力。

....

第三章 安全

第五条

甲．日本接受联合国宪章第二条所订的义务，特别是下列各项义务：

（一）应以和平方法解决国际争端，俾免危及国际和平、安全及正义；

（二）在其国际关系上不得使用威胁或武力，或以与联合国宗旨不符之任何其他方法，侵害任何国家之领土完整或政治独立；

（三）对于联合国依据宪章规定而采取之行动，应尽力予以协助，并于联合国对于任何国家采取防止或执行行动时，对该国家不得给予协助。

乙．各盟国确认在其对日关系上，将以联合国宪章第二条之原则为准绳。

丙．各盟国方面承认日本以一个主权

国家资格，具有联合国宪章第五十一条所提及的单独或集体自卫之自然权利，并得自愿加入集体安全协定。

第六条

甲．各盟国所有占领军，应于本条约生效后尽早撤离日本，无论如何，其撤离不得迟于本条约生效后九十日之期。但本款规定并不妨碍外国武装部队依照或由于一个或二个以上的盟国与日本业已缔结或将缔结之双边或多边协定，而在日本领土上驻扎或留驻。

乙．1945 年 7 月 26 日波茨坦宣言第九条关于遣送日本军事部队回国的规定之尚未完全实施者，应实施之。

丙．所有曾供占领军使用、并于本条约生效时仍为占领军所有尚未予补偿之日本财产，除相互协定订有其他办法外，均应于本条约生效后九十日内归还日本政府。

…………

第十条

日本放弃在中国之一切特权与利益，包括由于 1901 年 9 月 7 日在北京签订之最后议定书及其所有附件、补充照会与文件所产生之一切利益与特权，并同意就日本方面而言，该议定书及其所有附件、照会与文件概行作废。

第十一条

日本接受远东国际军事法庭与其他在日本境内或境外之盟国战罪法庭之判决，并将执行各该法庭所科予现被监禁于日本境内之日本国民之处刑。对此等人犯赦免、减刑与假释之权，除由每一案件科刑之一个政府或数个政府之决定并由日本之建议外，不得行使。如该项人犯系由远东国际军事法庭所判决，该项权利除由参加该法庭之多数政府之决定并由日本之建议外，不得行使。

……

——选自日本历史学研究会编：《日本史史料·4·现代》，岩波书店，1997年，第 236—237 页

※ 从史料内容分析《旧金山和约》的宽大性及其背景。

两党体制

旧势力重返政坛

1951 年 9 月，解除剥夺公职处分的战前政治家为重返政坛而组成"新政俱乐部"，并筹划建立新党。在他们的积极活动下，1952 年 2 月，新政俱乐部、国民民主党、农民协同党联合组成"改进党"。在该党的政策大纲中，明确主张"创建适应民力的民主性自卫军，尽快将安全保障条约改为相互防卫条约"，同时提出"全面地重新研究占领下的各项法令（包括宪法）、各项制度"及尽早归还"库页岛、千岛、冲绳、奄美大岛、小笠原群岛"的主张。由于各派之间的矛盾，结党时未能决定党的总裁，直到同年 6 月才选出被远东国际军事法庭判处 7 年徒刑、尚未恢复公民权的甲级战犯重光葵为总裁。另一方面，重返政界的鸠山一郎也迫不及待地想收回自由党的领导权，但此时在政界已站稳脚跟并将日本带入重建之路的

吉田茂自然不愿拱手相让，自由党也因此分裂成拥有 140 名众议员的吉田派以及拥有 119 名众议员的鸠山派。

1952 年 3 月，为防止《对日和平条约》和《日美安全保障条约》生效后可能发生的群众运动，吉田内阁向国会提出《防止破坏活动法案》《公安调查厅设置法案》和《公安审查委员会设置法案》。社会舆论将其看作是"镇压国民抵抗、剥夺民主自由"的法案，因而引起广大国民的反对。同年 5 月 1 日，由工人和学生组成的游行队伍闯入禁止聚会的皇居前广场，与警察发生冲突，2 人伤亡，1230 人被捕。尽管如此，国会仍然在 7 月通过了《破坏活动防止法》，并设置了公安调查厅。另一方面，应美国再军备的要求，吉田政权将警察预备队改编为保安队，并新设置了海上警备队。

与此同时，自由党内部的争斗也愈加激烈。在 1952 年 7 月召开的自由党全体议员大会上，吉田派、鸠山派围绕干事长的人选问题互不相让，并发生激烈冲突。为打击党内以战前政治家为主的反对派，吉田首相在事先毫无通知的情况下解散了众议院。

尽管是"突然解散"，但在 329 名竞选众议院议员的解除公职经历者中，仍有 139 名当选，约占众议院全部议员的 1/3，鸠山一郎、河野一郎、石桥湛山等重要人物均恢复议员身份。自由党获得 240 席，改进党 85 席，右派社会党 57 席，左派社会党 54 席，劳农党 4 席。在自由党的议员中，除中间派的席位外，吉田派与鸠山派大体上势均力敌，因而加剧了党内的混乱，新首相处于难产状态。

在接受了鸠山一郎提出的"党内民主化四原则"之后，第四届吉田内阁才在 10 月底得以成立。但鸠山派不断与吉田内阁作对，并在 11 月配合在野党通过了对吉田首相亲信通产大臣池田勇人的不信任案。甚至在 1953 年 3 月，再次与在野党配合，通过了因吉田首相辱骂社会党议员"混蛋"而提出的惩罚首相动议。其后鸠山一郎率领部分议员脱离自由党，成立鸠山自由党。同时在国会中与其他在野党一道行动，通过了内阁不信任案，迫使吉田首相解散众议院举行大选。

自由党分裂

1954 年 3 月大选举行，吉田自由党获得 199 席，鸠山自由党 35 席，改进党 76 席，左、右派社会党合计 138 席，日本共产党恢复了一个席位。虽然未超过议院半数席位，第一大党吉田自由党仍组成了第五届吉田内阁，但不得不在防卫政策上对改进党做出让步，以换取该党的支持，包括鸠山一郎在内的鸠山自由党大部分成员并入吉田自由党。美国也对日本政府施加压力，要求日本三年内将陆上部队增加到 32 万人，但吉田认为日本的当务之急是在美国的保护下发展经济，因而以和平宪法、国民意识、财政状况为由婉言拒绝，仅提出 18 万人的方案。经过一番讨价还价，最后双方在"逐渐增加防卫力量"问题上达成一致。同年 3 月，吉田政权与美国签署《相互防卫援助协定》，约定美国向日本提供经济的、军事的援助。随后日本政府将保安队与海上警备队合并，另外新设航空部队，统称为自卫队，并设置其管辖机构——防卫厅。

在经济方面，朝鲜战争引发的特需景气结束，国际收支出现巨额赤字。为此，吉田内阁采取了紧缩财政政策。1953 年 10 月，日本银行宣布提高利率，限制商业银行贷款，同时废除进口优惠的政策。另一方面，吉田内阁压缩 1954 年度的政府开支，财政投资贷款和公共事业费分别下降 15% 和 10%。虽然这一紧缩政策使财政收支平衡得以实现，而且也控制了通货膨胀，但引起许多企业倒闭，失业工人大量增加。

与此同时，吉田内阁继续采取完善金融体系的政策。早在 1951 年，便主导组建日本开发银行，制定了《互济银行法》和《信用金库法》；1952 年又成立日本进出口银行和日本长期信用银行；1954 年成立农林渔业金融金库和中小企业金融金库等。这些银行的成立及金融体系的完善，有利于充分利用社会资本和政府资金为企业生产提供较为充足的资金。

另外，政府加大了推动产业合理化的力度，相继制定了《产业合理化促进法》《产业投资特别会计法》《第一次钢铁合理化计划》等，在通过技术改造或技术引进提高劳动生产率的同时，优化产业结构。尽管产业、企业合理化为即将到来的经济高速增长奠定了基础，但其过程中也伴随着大量解雇、失业工人增加的现象，由此导致劳资纠纷及工人运动的不断高涨。

1954 年 11 月，自由党鸠山派、改进党及其他保守系小党派组成民主党，拥有 121 名众议院议员，总裁为鸠山一郎。接着民主党与社会党联合提出对内阁不信任案，吉田首相被迫辞职。新成立的民主党鸠山内阁为改变少数党内阁的不利局面，在两个月后解散众议院举行大选，但仅获得远不到半数议席的 185 个席位，社会党势力却进一步增长。

社会党势力发展

1949 年 1 月的大选失败后，社会党内部左右两派斗争激烈，甚至在 1950 年初分别召开了社会党的第五次大会。三个月后两派统一起来，但相互之间的矛盾依然存在。1951 年 10 月，因对《对日和平条约》和《日美安全保障条约》见解不同，正式分裂成以书记长浅沼稻次郎为首的右派社会党和以铃木茂三郎为首的左派社会党。即使如此，50 年代上半期左右两派社会党在议会中的势力均得到不同程度的发展。在经历了 1952 年、1953 年、1955 年分别举行的三次大选后，左右派社会党在众议院的席位增加到 156 个，比 1947 年执政时还多 12 个席位。

两派社会党力量增长的主要原因有日本人民反对美军基地与政府大规模重整军备的斗争持续高涨、工人运动的继续发展与日本共产党的低落、保守政党之间再次分化组合以及自由党内部的分裂等。

占领结束以后，美军继续驻扎在日本，其基地遍及日本各地。日本国民不仅意识到尚未实现彻底的独立，而且很有可能再次卷入美国发动的战争中。因此，反对美军基地、保卫和平宪法、反对核武器及重新军备等群众斗争在 50 年代上半期接连不断。与此同时，工人运动得到进一步发展。1950 年 7 月，"日本工会总评议会"（简称"总评"）成立，拥有 365 万会员。"总评"本来是在占领军当局的扶植下成立的，但作为以国营企业工会为中心的工会组织，迅速左倾化。1951 年旧金山媾和前夕，"总评"发表了"全面媾和、坚持中立、反对提供军事基地、反对重新军备"的和平四原则，逐渐成为社会党的主要支持团体。特别是 50 年代前半期因产业合理化引发的劳资纠纷及工人运动，大大推动了社会党势力的增长。

日本共产党在 40 年代末遭到占领当局和保守党政权的镇压后，1951 年决定通过组织"中核自卫队""山村工作队"的方式进行武装斗争。从 1951 年末到 1952 年 7 月的一段时期内，日本共产党实施了许多暴力性斗争，结果不仅遭到保守政权的进一步镇压，而且也远离了人民群众。在 1952 年 10 月举行的大选中，日本共产党丧失了在众议院中的全部席位，得票数也从上一次选举的 298 万张选票下降到 89 万张，其原有支持者的大部分转移到奉行"和平过渡"的社会党方面。

此外，保守政权不稳的局面大大鼓舞了左右派社会党人，为利用保守党之间的矛盾早日上台执政，两派社会党在尚存严重分歧的情况下，于 1955 年 10 月 13 日仓促合并。委员长为左派的铃木茂三郎，书记长为右派的浅沼稻次郎。社会党在 467 个众议院席位中占有 156 个，达到阻止修改宪法所需的 1/3 议席。另外，社会党在 250 个参议院席位中占有 62 个席位。

左右两派社会党的统一刺激了保守政党，被称为"财界"的大资本家集团也对保守政党施加压力。因此，自由党与民主党在 1955 年 11 月 15 日合并成为自由民

图 8-4　自由民主党建成大会

两个保守政党仓促合并，内部派系林立，随后形成吉田茂、岸信介、大野伴睦、石井光次郎、河野一郎、石桥湛山、三木武夫、佐藤荣作的"八大师团"。

主党（简称"自民党"），在众议院拥有 299 个议席，在参议院拥有 118 个议席。从此，日本政坛上形成了保守与革新两大政党对立的体制，即"55 年体制"。

民族主义

政治优先内阁

作为传统的党人派政治家（政治家出身），鸠山一郎不仅对吉田茂等官僚派政治家（官僚出身）具有本能的抵触，而且对吉田政权一味追随美国的外交政策也持反对态度。因此，自民党成立后组成的第三届鸠山内阁提出修改宪法和增加防卫力量的主张，并在 1956 年制定了《宪法调查会设置法》，同时还设置了国防会议。虽然在以社会党为中心的和平势力及党内反对派的抵制下，鸠山内阁没有实现修改宪法的目的，但在重整军备方面取得一定进展，即将自卫队兵力从 15.2 万人增加到 21.4 万人。

另一方面，鸠山一郎极力主张实行"自主外交"，其具体行动就是恢复与苏联的邦交关系。实际上，其背后隐藏着鸠山急于做出政绩的心情，日本尽快加入联合国的需求，以及与苏联达成北太平洋地区捕鱼协议的必要和遣返日本战俘等社会压力。因此，尽管日苏邦交正常化谈判遭到吉田茂、池田勇人等党内亲美派的反对，身为外交大臣的重光葵也持消极态度，但在农林大臣河野一郎的支持下，鸠山首相仍抱病亲自前往莫斯科进行日苏首脑会谈，最终在 1956 年 10 月 19 日签署了《日苏共同宣言》。其内容主要包括日苏之间结束战争状态、恢复邦交正常化、苏联支持日本加入联合国并放弃战争赔款的要求、两国和平约签订后归还日本北方四岛中的齿舞和色丹两岛等。同年 12 月，日本加入联合国。

1956 年 12 月，鸠山内阁总辞职，岸信介、石桥湛山、石井光次郎三人争夺自民党总裁职位，结果石桥湛山获胜，并组成石桥内阁。在施政演说中，石桥首相表示将与反对党协调在国会中的行动，扩大就业，增加生产，建设福利国家及努力确立世界和平，并特别强调改善中日关系，发展两国贸易。但由于健康的原因，石桥首相执政两个月后便辞职，并指定外务大臣岸信介为继任首相。

岸信介在战时曾任内阁大臣，负责规划统制经济，指导军需生产与战争物资调配等事务，因而在占领时期作为甲级战犯嫌疑人，被捕入狱。1952 年解除剥夺公职处分后恢复政治活动，历任民主党和自民党的干事长，明确主张修改和平宪法和重整军备。1957 年 5 月，岸信介内阁颁布《第一次防卫力量整备计划》，准备在三年内大幅度增加自卫队的兵员及装备。1957 年 8 月，正式成立宪法调查会，岸信介在记者招待会上公然声称"废除宪法第九条的时代已经到来"。

岸信介积极推行"自主外交"，上台不久连续两次访问亚太地区的 15 个国家和地区，协商战争赔偿，设立亚洲开发基金与亚洲技术研修中心等。日本通过提供劳务和商品的方式进行战争赔偿，为日本生产资料产品进入东南亚地区开辟了道路，同时也便于日本充分利用这一地区丰富的资源。与此同时，岸信介采取敌视中华人民共和国的态度，不仅在访问台湾时表示支持蒋介石国民党当局"反攻大陆"，而且阻碍中日之间的民间贸易往来。

"反安保斗争"

实际上，岸信介的最大目标是修改《日美安全保障条约》，因为 1952 年生效的该条约具有不平等色彩，例如没有明文规定美国保卫日本的义务、没有明确条约的期限、远东的地理范围不明确、美国可以介入日本的内乱等。为此，岸信介提倡"日美新时代"，强调两国关系的平等性。从 1958 年 10 月开始，岸政权不断与美国政府协商修改《日美安全保障条约》事宜，以期改变条约带来的对美从属性。

为防止修改《日美安全保障条约》引起较大的社会混乱，岸信介内阁采取了两项加强国内控制的措施，一是实施"教师考核制度"，一是修改《警察官职务执行法》。出于对侵略战争的反思，战后教育界革新势力较强。特别是 1947 年组成的"日本教职员组合"（简称"日教组"）不仅力量较强——1958 年时有会员 67 万人，组织率为 86%，而且积极主张教育民主化、维护和平与自由，在朝鲜战争爆发时曾提出"不能再次送子上战场"的口号，是反对日美安保体制和美军在日基地的主力军。因此，岸内阁企图通过将教员待遇划为不同档次的教员考核制度来制造教员之间的矛盾，从而达到分裂"日教组"、削弱其力量的目的。尽管"日教组"采取了针锋相对的行动，各地均爆发了大规模的抗议活动，但最终政府规定的教师考核制度得到实施。

1958 年 10 月，岸内阁向国会提交了《警察官职务执行法修正案》，其主要内容是以维护公共秩序为借口，扩大警察镇压群众运动的权限。这一侵犯国民权利与自由的法案引起社会党及众多社会团体的强烈反对。以社会党和"总评"工会为中心的 65 个团体组成"反对修改警职法国民会议"，在全国开展集会、游行、罢工等活动。10 月 28 日，全日本共有 350 万工人、学生参加了示威游行。社会党国会议员拒绝出席国会的审议活动，舆论界也强烈谴责自民党为通过该法案而强行延长国会会期的做法。在这种形势下，自民党内也出现反对的声音，迫使岸内阁收回了该法案。

尽管如此，岸内阁仍然按计划与美国政府进行谈判，并在 1960 年 1 月正式签署了《日美相互合作及安全保障条约》，即"新日美安保条约"。其内容包括明确美国有保卫日本的义务和日本在其行政管辖区域内保卫美军的义务、日本承担增加军备的义务、美军利用在日设施及军事行动的事先协商制度、双方政治及经济合作关系，删除美军镇压日本内乱条款，新条约有效期为 10 年，等等。同时，新条约第六条规定驻扎在日本的美国军队亦有维护远东地区和平与安全的义务，而且岸信介内阁明确表示远东地区"大体上为菲律宾以北、日本及其周围地区，也包括韩国及'中华民国'统治下的地区"。这些规定不仅使新条约具有军事同盟的性质，而且也有可能将日本卷入因远东地区纠纷而引起的战争。正因如此，"新日美安保条约"遭到广大国民的强烈反对。

早在 1959 年 3 月，社会党与"总评"工会就组织了由 134 个团体参加的"阻止修改日美安保条约国民会议"，并不断开展大规模的反对运动。当年共组织 8 次统一行动，每次都有数十万甚至数百万工人、市民、学生参加罢工或游行。1960 年 1 月，为阻止岸信介首相前往美国签署"新日美安保条约"，大批日本各地的学生汇集东京羽田机场，与警察发生冲突，不少学生受伤并被捕。

图 8-5 反安保游行队伍包围国会山及首相官邸

尽管岸信介每天处在示威游行队伍的包围之中，但仍然坚持留在首相官邸。等待条约自然成立的 6 月 18 日夜晚，在 33 万人的反对浪潮中，岸信介和佐藤荣作兄弟两人喝着白兰地，直到零时钟声响起。23 日，日美双方交换批准书，岸信介宣布辞职。

1960 年 2 月，"新日美安保条约"提交国会审议，抗议活动进一步升级。学生游行队伍不断冲击国会，社会党所属国会议员在国会内进行激烈的抵抗。5 月 19 日，自民党动用警察排除社会党议员的干扰后，在众议院单独表决通过了"新日美安保条约"。其后各界群众不断举行大规模游行示威，反对通过条约，同时要求岸信介辞职。6 月 4 日，总罢工的人数达到战后最大规模的 650 万，东京的交通全部瘫痪，商店也一律关门。

6 月 7 日，美国总统特使被愤怒的群众围困在羽田机场，迫使艾森豪威尔总统放弃了访问日本的计划。6 月 15 日，16 万人的游行队伍包围了国会，并与警察发生冲突，东京大学四年级学生桦美智子当场死亡。自民党没有在参议院审议"新日美安保条约"，而是利用如果参议院在 30 天内不审议众议院通过的条约案时该条约自然成立的有关规定，于 6 月 19 日宣布新条约"自然成立"。但岸信介内阁面对声势浩大的国民反对浪潮，不得不在 6 月 23 日宣布集体辞职。

经济快速增长

尽管鸠山一郎内阁和岸信介内阁采取政治优先主义的策略，但为稳固政权，也注重推动经济的恢复与增长。鸠山内阁在 1954 年 12 月制定《综合经济六年计划》，1955 年 7 月，经济审议厅改组为经济企划厅后又编制了《经济自立五年计划》。所谓"经济自立"，是指在不依靠美国援助和"特需"前提下达到国际收支平衡与扩大，以及充分吸收迅速扩大的适龄劳动人口。岸信介 1957 年 2 月上台后，为改变国际收支恶化的局面，在同年 6 月制定了以削减财政投资、限制进口、鼓励出口、扶助中小企业为主要内容的《综合紧急对策纲要》。同年年底制定了《新长期经济计划》，提出从 1958 年起的五年内，实现年均 6.5% 的经济增长率，其具体实施内容包括加速纵贯全日本的公路和收费高速公路的建设、提高电力和钢铁部门的产量等。

另一方面，日本在 50 年代上半期陆续加入以西方阵营为中心的各种经济组织。1952 年 8 月，日本加入国际货币基金组织和世界银行（国际复兴开发银行）。1955 年 6 月，日本加入关税及贸易总协定组织。这些经济组织以自由、平等、多国间谈判为原则，不仅起到稳定世界贸易的作用，也促进了特定国家在固定汇率制下的设备投资，因而从外部环境的角度推动了日本经济迅速走上高速增长之路。

从 1954 年底开始，日本经济出现高速增长势头。在进口物价稳定、企业合理化措施取得实效、出口急剧增长、农业丰收、民间设备投资旺盛等因素的支持下，主要经济指标均超过战前的最高水平，国际收支出现 5 亿美元的顺差，在很大程度上实现了无通货膨胀的经济增长和经济自立的目标。1955 年度和 1956 年度的日本国民生产总值增长率达到 12%，生产、销售、企业利润均有大幅度的增加，但物价并没有出现上涨的趋势。

1956 年，政府编写出版的《经济白皮书》写道："现在已经不是战后，我们正面临着和过去不同的新情况。经济恢复期已经结束，今后是以现代化为中心的经济增长时期。"这段话一方面意味着恢复型经济增长逐渐走到尽头，需要转化为技术型经济增长；另一方面，"已经不是战后"这句名言也意味着国民消费观念发生变化，消费心理逐渐增强，即对未来发展持乐观态度，因而刺激了消费的欲望。

从 1954 年底开始的经济景气一直持续到 1957 年 5 月，长达 31 个月，新闻界以日本历史传说的第一位天皇加以命名，称之为"神武景气"。然而在这一过程中，造船、钢铁、电气机械以及石油化工等领域的过度设备投资遭到生产能力不足的限制，从 1956 年秋天开始，钢铁等原材料价格飞速上涨，进口急剧增加导致外汇储备锐减，由 1956 年底的 14 亿美元减少到 1957 年夏的 5 亿美元以下。岸信介内阁被迫采取强硬的紧缩政策，因而终止了"神武景气"。尽管如此，正如著名右翼政治家石原慎太郎在 1955 年 7 月出版的畅销小说《太阳的季节》所体现的那样，50 年代中期出现的追求物质生活的社会意识以及由此导致的"消费革命"，很快将日本经济再次推向高速增长。

早在 50 年代初期，"特需"就引发了日本国民的消费热潮。1952 年、1953 年国民购买家具和耐用消费品的开支分别达到消费开支的 47.3% 和 26.1%，当时的"三大件消费品"是自行车、缝纫机和收音机。到鸠山一郎内阁时期，日本国民消费热情进一步升温，以洗衣机、电冰箱和黑白电视机"三件神器"为代表的家用电器迅速普及。例如，洗衣机的销量从 1954 年的 27 万台增至 1958 年的 100 万台，黑白电视机的销量更是增长迅速，从 1954 年的 3000 台增至 1958 年的 100 万台。从 1954 年至 1958 年的四年间，家用工业产品销售的涨幅，电视机为 47 倍，电冰箱为 24 倍，洗衣机与合成纤维均为 3.7 倍。

消费热潮乃至"消费革命"出现的原因首先是，城市居民随着经济的迅速发展，收入大幅度提高，农村居民也因农业丰收和米价稳定收入迅速增加。其次，因技术进步和大批量生产，家用电器价格不断下降，例如电视机价格从 1953 年每台 18 万日元下降到 1959 年的 6 万日元。再次，流通领域不断完善，例如连锁商店的建立、售后服务体制、分期付款制度等，著名的大型连锁商店"大荣"在 1957 年建立第一家店铺。复次，如同前述，经济的迅速发展也增强了广大国民的未来期待心理及消费意识。大量生产、大量消费成为社会行为的主流，甚至在商品开发方面也适应了快速生活的需要，例如 1958 年"日清食品"发明的方便面立刻成为深受欢迎的食品。最后，媒体的大力推动，即铺天盖地的广告也影响了消费者的行为。1959 年，皇太子明仁结婚，厂家和商家及时推出"通过电视观看结婚仪式"的广告，结果在结婚前的一周，与官方电视台 NHK 签订收看合同的客户超过 200 万，一年间增加了两倍多。

因此，尽管 1958 年初的《经济白皮书》估计日本经济将进入长期萧条时期，但从 1958 年 6 月开始，新一轮的经济高速增长出现，直到 1961 年 12 月，其持续时间长达 42 个月，年增长率在 10% 以上。新闻界以日本神话中太阳神躲避的地方命名这次高速增长，称之为"岩户景气"。

虽然"消费革命"一词最初出现在 1960 年的《经济白皮书》中，但 50 年代后半期，"消费革命"已然是"岩户景气"出现的一个重要因素。日本家庭不仅继续朝普及洗衣机、电冰箱、黑白电视机"三件神器"的目标大步前进，而且娱乐性消费占到居民消费支出的 10% 以上。到 1960 年底，城市居民家庭中"三件神器"的普及率为：电视机 71.9%、洗衣机 55%、电冰箱 26.6%。

"岩户景气"出现的另外一个重要因素是旺盛的设备投资，而且是"投资引发投资"。从数字上看，1955 年的日本民间设备投资不到 1 万亿日元，1960 年增加到 3.2 万亿日元，相对 10% 的年均实际增长率，民间设备投资的年均增长率却高达 23.7%。消费资料产业的设备投资引发机械产业的设备投资，而机械产业的设备投资引发钢铁、水泥等基础产业的投资，基础产业的投资又引发电力、石油等能源产业的投资，从而形成各种产业相互促进设备投资的循环过程。

在这一过程中，以通商产业省（简称"通产省"）为中心的行政官僚机构起到了重要推动作用。1949 年成立的通产省在 50 年代后半期陆续制定、实施了许多对经济高速增长产生巨大影响的产业政策，例如"第二次钢铁合理化五年计划""合成纤维扶植五年计划""水泥新增设三年计划""合成橡胶制造事业特别措施法""石油化工产业扶植政策""纺织工业振兴临时措施法""机械工业振兴临时措施法""电子工业振兴临时措施法"。为保障这些法令的有效实施，政府通过价格、税收、财政补贴、低息贷款扶植新兴产业，提高产业部门的规模生产能力。政府的经济政策不仅推动了经济高速增长的出现，更重要的是形成了以钢铁、机械、石油化工为中心的重化工业产业结构。

结　语

作为甲级战犯嫌疑人的岸信介，解除剥夺公职处分不到七年就当上日本首相，并明目张胆地恢复日本军事力量，追求日美平等的"新时代"，由此可见战前因素显然没有得到彻底清除。尽管波澜壮阔的反对运动体现了日本民众期望和平和民主政治的心情，但正如一位在 1958 年离开、1960 年秋再次访问日本的美国学者指出的那样，"愤怒迅速转化为虚脱，一年过后似乎什么也没有发生过"。"反安保斗争"与"三池煤矿斗争（煤矿工人反对关闭矿山而进行的大规模带有暴力色彩的长期罢工，最后在政府的斡旋下得到解决，其后受石油能源革命的影响，煤矿及其工人人数急速减少）"既为国民性的反体制斗争画上了句号，也在战前体制和战后体制之间画上了顿号，岸信介正是战前派的回光返照。

大 事 记

时　间	日　本	世　界
1945 年	麦克阿瑟抵日；GHQ 系列改革：财阀解体、农地改革、国家神道分离；选举法修正、颁布《劳动组合法》	中国解放战争开始
1946 年	天皇发表《人间宣言》；东京审判；颁布《日本国宪法》；实施"倾斜生产方式"	
1947 年	二一大罢工被中止，颁布《劳动基准法》《禁止垄断法》《地方自治法》；片山内阁成立，颁布《警察法》《过度经济力集中排除法》《改正民法》《教育基本法》《学校教育法》	
1948 年	昭和电工事件；提出"经济安定九原则"	大韩民国、朝鲜民主主义人民共和国成立
1949 年	实行单一汇率（1 美元 =360 日元），国铁三大事件：下山事件、三鹰事件、松川事件；肖普建议提出	中华人民共和国成立
1950 年	建立警察预备队；清共开始	朝鲜战争爆发
1951 年	签订《旧金山对日和约》《日美安保条约》	
1952 年	五一节事件	
1953 年	出现第一例水俣病病例；庵美群岛归还	朝鲜停战协议签订
1954 年	签订《日美防卫互助协定》	
1955 年	社会党召开统一大会；自由民主党成立；砂川斗争	
1955—1957 年	神武景气	
1956 年	日苏邦交正常化；加入联合国	
1958—1961 年	岩户景气	
1960 年	《新安保条约》强行通过	韩国学生暴动；越南南方民族解放阵线成立

〰️ 进一步阅读书目

徐显芬的《未走完的历史和解之路——战后日本的战争赔偿与对外援助》（世界知识出版社，2018 年）探讨日本在谋求与邻国的邦交正常化过程中如何处理战争赔偿问题，阐明赔偿、援助与历史问题之间的关联性，从而思考援助这种提供经济利益的方式是否会促进援助国与受援国间的历史和解。该书分别论述了日本处理战争赔偿与提供政府援助相挂钩的历史现象、日韩间实现邦交正常化过程中就殖民统治期间遭受损害的赔偿问题的处理方式、中日两国在邦交正常化过程中对历史问题的处理及其遗留问题、走向历史和解的路径等。

野口悠纪雄的《战后日本经济史》（民主与建设出版社，2018 年）分五个阶段描述了 1945 年到 1999 年的日本经济史：1945 年到 1959 年战时体制得以延续，这种体制的核心在于日式的企业管理方式和倾斜生产方式，在美国占领大背景下，借助朝鲜特需契机，通过抑制银行利息、资本分配统制和金融锁国，大力发展重化工业，经济逐渐复苏并跨入经济高速增长时期；1960 年到 1970 年在优越的国际环境和技术环境下，日本通过低利率、资本配给和财政投融资政策，工业化飞速发展，居民收入倍增；1971 年到 1979 年，国际环境动荡，日本汇率走向浮动，1940 年体制在对抗石油危机方面取得成功；1980 年到 1989 年日美贸易摩擦明显，广场协议导致日元升值，日本采取金融缓和刺激经济，经济景气、文化自信、资产价格抬升形成泡沫；1990 年到 1999 年泡沫破灭，金融机构危机频发，1940 年体制不再适应时代，日本迎来第一个失落的十年。

赵立新的《日本修宪：历史、现状与未来》（知识产权出版社，2019 年）以日本修宪的十字路口为开端，以《日本国宪法》的修改为中心，从历史、现实到未来的整体视角展示了日本修宪的全过程。该书分为六大部分，即以《日本国宪法》的诞生及其基本原则、第二次世界大战后至 20 世纪末的日本修宪活动、21 世纪的修宪风云、第二次世界大战后日本修宪的焦点四部分为基础，进而分析日本目前各党派的修宪本质及构想，并对日本修宪的未来作出预测。

第 九 章

经济大国

2006 年 9 月，日本最大的报纸《读卖新闻》在网上进行有关战后首相评价的民意调查，结果吉田茂以 44% 的得票获得第一，排在其后的顺次是小泉纯一郎（41%）、田中角荣（36%）及中曾根康弘（30%）等。作为最有个性的首相——具有清晰的理念、执着的追求、旺盛的斗志，"独裁者"吉田茂和"怪人"小泉纯一郎名列前茅是在情理之中。重要的是，两人均将日本带入一片新天地。尽管小泉纯一郎"小政府，大社会"式的"结构改革"尚难盖棺定论，但"轻军备，重经济，在美国保护下发展"的"吉田路线"却为日本留下一份经济大国、政治小国的遗产。

1954 年 12 月，半身不遂的鸠山一郎终于将吉田茂赶下台，以 70 岁的高龄登上权力最高峰，而此时经济高速增长的列车已不可阻挡。从 1960 年到 1973 年，池田勇人、佐藤荣作、田中角荣三位"吉田学校"的优等生终于将日本推上世界第二大经济强国的位置。吉田茂于 1967 年去世，没有等到这一天。但因为《日美安全保障条约》的存在，美国几乎包办了战后日本的安全与外交，所以冷战时期世界政治舞台上很少能听到日本的声音，同时也导致了日本代表在国际会议上以"三 S"（微笑、沉默、磕睡）著称。吉田茂可能已经意识到这一点，因而在签署"新日美安保条约"时拒绝了池田勇人的跟随，单刀赴会，理由是"这一问题将来会引起各种不测事端"。

经济的季节

池田勇人内阁

在 20 世纪 70 年代以前，战后日本决策过程的一个重要特征是官僚主导。除明治国家以来的传统、行政机构集中了精英人物、议会内阁制等因素外，吉田茂有意培养官僚派政治家也是一个重要原因。作为官僚出身的政治家，吉田茂对党人派政治家评价不高，他利用大批政治家被剥夺公职之际动员许多高级官僚通过选举进入立法机构，其中一些人成为自民党内著名的政治家，例如大藏省事务次官池田勇人、运输省事务次官佐藤荣作等，均被看作是"吉田学校"的优等生。吉田对这些官僚出身的政治家爱护有加，委以重任，首次当选就令其担任大臣职务，甚至在涉及政治资金丑闻时也加以保护。大批官僚进入立法机构的结果就是决策过程向行政机构倾斜，不仅国会通过的大多数法案均由行政官僚起草，并且国会中的答辩也由高级官僚担任，从而扩大了行政机构的权限。

1960 年 6 月，岸信介内阁集体辞职，自民党内部进行总裁选举。参加选举的有大野伴睦、石井光次郎、松村谦三、藤山爱一郎、池田勇人五名候选人，在很大程度上是一场党人派与官僚派之间的决战。结果官僚派池田勇人当选，随后被国会指名为首相，组成新内阁。作为吉田茂的得意门生，池田忠实地执行维持最低军备、在美国保护下专心发展经济的"吉田路线"。另一方面，岸内阁修改日美安保条约引起的强大反对运动也迫使池田政权实施"经济至上主义"的政策。

因此，池田上台后立即提出了"宽容与忍耐"的口号，努力实现各政治势力和社会势力之间的和解。首先，池田在组织内阁时注意任命"党人派"政治家为主要内阁成员，调和党内矛盾，并任命历史上首位女性大臣。其次，以协商的态度处理与在野党的关系。1960 年社会党委员长浅沼稻次郎被右翼青年刺死后，池田罢免了国家公安委员长，并为悼念浅沼发表了演讲。在进行大选时，接受社会党的要求，举行党首电视讨论会；另外，在解决三池煤矿劳资纠纷时，尽量避免动用警察等暴力机构进行镇压，而是委任劳动大臣出面加以协调，以和平方式解决了旷日持久的争端。

国民收入倍增计划

1960 年 12 月，池田内阁正式发布了著名的"国民收入倍增计划"，其主要内容为在 10 年内使国民实际收入增长一倍。为实现这一目标，年均经济增长率须超过 7.8%。作为具体政策，政府在增加公共投资方面，制定了从 1961 年度开始的公路建设五年计划、推进国有铁路的柴油机化和复线化；在减少税收方面，计划从 1961 年开始，每年在个人收入调节税和企业税方面减免 1000 亿日元，同时降低利息，扶植公债和公司债的债券市场；在社会保障方面，计划改善养老金保险，并逐渐提高健康保险的付给率。

池田内阁不仅在"国民收入倍增计划"中提出了"为促进落后地区的开发及消除地区间的差距，应迅速制订国土综合开发计划，利用税制、金融、公共投资、政府补助金等各种手段，促进适合当地的工业发展，提高当地居民的生活水平"，而且还在 1961 年制定了目的为"增加从事农业者的收入，使其达到从事其他产业者的生活水平"的《农业基本法》。该法在论述增加从事农业者收入的主要手段时，强调一方面通过扩大农户的经营规模和机械化提高劳动生产率，从而使那些专业农户只依靠农业收入便可达到城市劳动者的生活水平，另一方面通过不断提高政府收购农产品的价格的方式提高农民收入。1963 年政府又制定了《中小企业基本法》，通过各种措施推动中小企业的设备现代化和专业化生产，以便提高它们的劳动生产率。

池田内阁还积极推动地区开发计划，在 1961 年制定了"全国综合开发计划"和《落后地区工业开发促进法》，1962 年又制定了《新兴产业城市建设促进法》。这些计划或法律的主要内容是通过政府资金促进落后地区的工业发展，建立适当的产业布局体系，以达到防止大城市人口和产业过度集中、缩小地区差别、稳定就业状况的目的。尽管后来实施的结果不尽人意，但公共投资的增加推动了经济的高速增长。

与此同时，池田内阁积极推行扩大贸易的经济外交。1961 年 6 月，池田首相出访美国和加拿大，随后成立了加强双边经济关系的日美经济委员会；同年 11 月，出访印度、巴基斯坦、缅甸、

图 9-1　池田勇人像

池田勇人性格直率，经常失言，但能够听取好的意见和建议，在其身边聚集了许多优秀的经济、政治智囊型人物。

泰国，就扩大贸易和输出资本问题达成协议；1962 年 11 月，池田出访德、法等西欧各国，因专心贸易问题，被法国总统戴高乐戏称为"半导体推销商"；在"政经分离"的基础上恢复与发展中日民间贸易，1962 年签订《中日综合贸易备忘录》，并互设常驻贸易机构；另外，也加快了与韩国恢复邦交正常化的谈判。

在以美国为首的发达国家的压力下，池田内阁也加快了贸易自由化的步伐。实际上，在池田内阁成立前夕的 1960 年 6 月，岸内阁就制定了《贸易外汇自由化计划大纲》，计划在三年的时间内，将进口自由化率从 40% 提高到 80%。同年 7 月，池田内阁制定了《贸易和外汇自由化促进计划》，决定到 1962 年 10 月，将进口自由化率达到 90%。1963 年，日本从"关贸总协定"第 12 条国家上升到第 11 条国家，即不能以国际收支为理由实施进口限制。1964 年日本从国际货币基金组织第 12 条国家上升到第 8 条国家，即禁止以国际收支为理由实施外汇限制。日本不仅实现了开放性经济体制，而且进一步推动了经济的高速增长。

因过度设备投资导致进口急剧增加，国际收支出现巨额赤字，外汇储备也迅速减少，设备能力超过社会需求带来库存增加，结果"岩户景气"在 1961 年 12 月结束，并出现经济危机的迹象。为此，池田内阁两次提高官定利率，并控制进口和设备投资，同时采取增加公共投资、补贴中小企业和农业、鼓励出口等措施。特别是为准备举办 1964 年东京奥运会而大幅度增加公共投资，有力地推动了经济景气的再现。1963 年和 1964 年的日本经济年增长率再次超过两位数，因而被称为"奥林匹克景气"。

日本经济迅速发展的成就包括，1964 年粗钢生产超过联邦德国，居世界第三位；1965 年汽车产量达到 190 万辆，居世界第四位；1965 年，重化工业产值在国民生产总值中的比率达到 57%，出口比率达到 45%；特别是在交通方面，以时速超过 200 公里的东京—大阪间高速铁路"东海道新干线"为中心，首都高速公路、名古屋到神户高速公路等交通网在东京奥运会之前通车；1964 年，日本不仅成功地举办了东京奥运会，而且也加入了以发展经济、援助发展中国家、扩大贸易自由化为目标的经济合作与发展组织（OECD），在履行资本自由化义务的同时，日本成为发达国家中的一员。

佐藤荣作内阁

1964 年 10 月，池田勇人因癌症不得不辞去首相职务。在佐藤荣作、河野一郎、藤山爱一郎三名候选人中，鉴于财界和吉田茂对佐藤的支持，池田指定佐藤荣作为其继任者。尽管佐藤批评池田内阁过分重视高速增长的经济政策，并提出"社会开发"的口号，即将社会摩擦减少到最低程度，将经济高速增长转为稳定增长，同时与国民福利直接联系起来，但经济依据其惯性仍然处在高速增长状态，而且在经济出现萧条时佐藤内阁不惜利用发行国债的方式恢复经济景气。

从 1964 年 10 月开始，日本经济出现萧条局面，其主要原因是过度设备投资引起劳动力及开工率的不足。企业利润大幅度减少，1964 年度破产的企业比上一年度增加 1.3 倍。1965 年 3 月，日本山阳特殊钢材公司负债 500 亿日元，宣布倒闭，是战后日本最大规模的企业破产。同年 5 月，四大证券公司之一的山一证券公司出现经营危机，累计亏损额达到 262 亿日元，为其 80 亿日元资本金额的 3 倍多，客户竞相解除与该公司的投资信托合同，其风潮很快蔓延到其他证券公司。

为挽救证券业，并刺激经济恢复景气，日本银行在不断降低利率的同时，对山一证券公司提供特别融资。另外，政府也采取了通过增加财政支出刺激经济增长的措施，其中包括增加 2100 亿日元财政投融资、追加 1850 亿日元公共事业投资、降低法人税、发行建设国债甚至赤字国债等。发行国债是从 1949 年"道奇计划"以来首次打破政府财政收支平衡原则的举动，也是积极利用财政干预经济的体现。

在政府和企业的努力下，经济迅速转为景气。从 1965 年 10 月到 1970 年 7 月，日本出现了长达 57 个月的经济繁荣，年均实际经济增长率为 11.6%，新闻界以创造日本国土之神加以命名，称之为"伊奘诺景气"。1965 年，日本国民生产总值排在美国、联邦德国、英国和法国之后，居发达国家第 5 位。到 1968 年，日本国民生产总值已超过联邦德国，成为仅次于美国的第二大经济强国。1970 年，大阪举办了万国博览会，77 个国家参加，参观人次达 6400 万。

这一轮经济高速增长的原因除政府积极的财政扩张政策、较高的国民储蓄率保证了社会资本的充实、较高的教育水平提高了劳动力的素质并推动了技术革新的实施、廉价石油能源的广泛利用、以美国为首的西方发达国家经济出现繁荣局面、美国侵略越南战争不断升级引发的"特需"之外，特别值得一提的两个因素是出口急剧增加和"消费革命"继续升温。

如前所述，60 年代初，日本逐渐实行贸易自由化体制，到 1963 年 8 月，贸易自由化率已达到 92%，到 1965 年 10 月，汽车也实行了进口自由化。除武器、麻药、粮食等 39 种物资外，贸易自由化程度基本达到先进国家水平。虽然贸易自由化给日本国内一些企业带来了竞争或冲击，但总体上有益于日本扩大出口，而且也促进了国内商品生产水平的提高。60 年代中期以后，日本出口态势强劲，出口总值由 1967 年的 106 亿美元跃升到 1971 年的 247 亿美元，年均增长率达到 20%，外汇储备也由 20 亿美元增加到 44 亿美元。

60 年代中期以后，以彩色电视机、空调、汽车为中心的耐用消费品成为国民的追求对象，被称为"3C 革命"，其消费年均增长率为 17.5%。1970 年，家庭汽车拥有量达到 878 万辆，彩电 640 万台，空调、音响等也迅速向家庭普及。到 1971 年，居民千人汽车拥有量为 200 辆以上，彩色电视机的普及率为 84%。

在经济高速增长的基础上，日本在 60 年代末逐渐实现了资本自由化，即外国资本可以自由进入日本国内以及日本企业享有对外投资的自由。为应付资本自由化带来的影响，日本企业通过合并、增加设备投资、经营合理化等措施，提高了自身的国际竞争能力。与此同时，日本企业加快对外投资的步伐，其数额从 1965 年的 9 亿美元增加到 1970 年的 36 亿美元，投资的重点是这一时期陆续采取出口导向工业化政策的东南亚各国。

在外交方面，佐藤政权也取得了较好的业绩。首先在 1965 年，日本与韩国签订《日韩基本条约》及其他协定，结束了两国间自 1952 年开始的长期谈判，实现邦交正常化。另外在冲绳行政权回归日本问题上，佐藤政权也采取了积极的姿态。占领结束以后，冲绳作为美军的重要基地，依然处在美国的控制之下。佐藤上台之前曾表示要解决冲绳问题，1965 年 1 月访问美国时提出归还冲绳的要求，美国政府表示理解。同年 8 月，佐藤作为战后首次访问冲绳的首相，表示"只要冲绳尚未回归祖国，战后就没有结束"。1969 年尼克松当选美国总统后，为换取日本自动限制向美国出口纺织产品的数量，在冲绳行政权回归日本问题上出现松动，发表了三年后归还冲绳的日美共同声明。1971 年，两国正式签署了冲绳行政权归还日本的协定。

革新自治体

作为 19 世纪 80 年代内阁制度形成后任期最长的首相，佐藤执政长达 7 年零 8 个月。其原因除内政、外交的成就外，还得益于自民党内党人派势力的减弱以及在野党的多党化。佐藤上台执政以后，以大野伴睦、河野一郎为中心的著名党人派政治家相继去世，党内新一代领导人尚未成熟，再加上佐藤善于利用人事平衡党内派系，因而巩固了自己在党内的主导性地位。

另一方面，革新政党社会党受到"总评"工会的控制，其扩大社会基础的目标难以得到实现，没有将工业化、城市化带来的城市新增人口纳入自己的动员体系，遂为其他政党的出现和发展留下较大的余地。因此，从社会党分裂出去的民社党在众议院的席位从 1960 年的 17 席增加到 1969 年的 32 席，日本共产党的席位也从 1963 年的 5 席增加到 1969 年的 14 席，1964 年成立的公明党在 1967 年首次参加的大选中获得 25 个席位，在 1969 年进一步增加到 47 席。尽管自民党在国会议员选举中的得票率也有所下降，但在野党的多党化及其相互之间的矛盾减轻了自民党的外部压力，因而增强了佐藤的执政基础。

但是，佐藤政权也存在许多问题。首先在外交方面，佐藤为实现冲绳的回归，过分追求与美国的关系，不仅支持美国的越南战争，而且对中国实施封锁政策。虽然佐藤刚上台时表示重视中国问题，但随即在 1964 年 11 月拒绝中国代表团访问日本。1965 年，佐藤首相访问美国时还攻击中国"威胁世界和平"，接着阻挠中日青年友好联欢活动。1969 年以后更是阻挠中日两国的民间交流及贸易往来，相继发表敌视中国的言论，抵制恢复中国在联合国的合法席位，等等，结果引起中国以及日本有识之士的强烈不满。

其次，佐藤政权在 1965 年设置了厚生大臣的咨询机构——公害审议会，并根据该审议会提出的咨询报告在 1967 年制定了《公害对策基本法》，1970 年又对该法进行了修正，1971 年专门设置了新的行政机关——环境厅。尽管如此，以大气污染、水质污染、噪声污染及地盘下沉为代表的公害问题并没有得到及时的解决。

另外，急速的城市化以及过度的人口集中造成严重的交通与住宅问题。汽车的普及不仅引发交通事故频繁发生，而且也造成噪声、大气污染等公害问题，同时还有交通堵塞问题。与此同时，城市中心房价过高，普通市民难以购买，而远离城市中心地区存在交通不便等问题。因此，公害、交通、住宅等问题引发了保护环境及个人生活的大规模市民运动。在野党借机攻击自民党政权的失败，从而受到广大城市选民的欢迎，不少地方自治体被社会党或日本共产党等革新政党所掌握，称为"革新自治体"。在 1971 年的统一地方选举中，由社会党与日本共产党组成的"革新统一阵线"推荐的候选人，在 5 个都道府县、34 个城市、17 个町村获得胜利，并担任东京、大阪、京都、横滨等特大城市的行政长官。

与此同时，高等教育获得迅速发展，从 1960 年到 1967 年，日本的大学从 245 所增加到 369 所，在校学生也从 67 万增加到 116 万。但在教育体制、教学设备及内容、管理水平等方面存在许多问题，而且学费偏高。因此，从 60 年代中期开始就不断出现学生与学校当局的纠纷，1968 年终于爆发为席卷全日本的"校园斗争"。佐藤政权不仅动用警察将学生运动镇压下去，而且在国会中通过了《大学运营临时措施法案》，加强了政府对大学的管理。但激进的左翼学生组织了"中核派""赤军派"等极端团体，进行武装斗争。1970 年 3 月，"赤军派"成员将一架日本航空公司的飞机劫持到朝鲜。1972 年 2 月，"联合赤军"成员占据轻井泽的浅间山庄，与警方进行枪战。

两党激烈对抗

在整个 60 年代，由于社会党意识形态逐渐加强，因而一直保持着战斗性姿态，日本政坛上两党对抗的色彩浓厚。

在 1958 年 5 月的大选中，统一后的社会党得票率增加了 2.6 个百分点，所获得的选票也增加了 100 多万张，议席增加 10 个，在众议院的总席位达到 166 个，议席占有率上升为 36%，为历史上最好的成绩。尽管如此，由于离选举前社会党第 14 次大会决定的"获得过半数议席""建立社会党政权"的目标相差甚远，因而引起该党内部极左派的强烈不满与批评。他们认为党的纲领暧昧、党领导的主体性不强、对抗现体制的意识不明确是导致此次选举失败的主要原因。

以西尾末广为首的极右派则认为，社会党被"总评"工会独家控制，失去了国民政党的性质是失败的根本原因。当时"反安保"斗争正在兴起之际，西尾又公开发表了"日美安全保障条约虽有不完善的地方，但有利于我国安全"的谈话，结果受到党内谴责处分。西尾遂率其支持者退出社会党，在 1960 年 2 月 14 日成立民主社会党（后称"民社党"），当时拥有 41 名众议院议员和 18 名参议院议员。

右派社会党人退党，在某种程度上增加了社会党的纯洁性，使该党更为积极地领导了 1960 年上半年的"反安保"斗争。尽管这一斗争未能阻止国会审议通过"新日美安保条约"，但社会党在国民中的声望继续呈上升状态。在 1960 年 11 月举行的大选中，社会党增加了 23 个议席，而民社党却从众议院解散前的 40 席下降到 17 席。

1960 年底，社会党在总结"反安保"斗争和三池煤矿劳资纠纷的经验教训时，党的书记长江田三郎等人提出了"结构改革"的观点，试图减弱社会党的意识形态色彩。江田认为在目前的情况下，一方面要通过议会斗争和群众运动使国家的政策有利于劳动人民，另一方面也要通过普通群众参加各种决策机构，对经济部门实行民主监督，部分地改变生产关系和平地过渡到社会主义。江田三郎还将"美国的生活水准、苏联的社会保障、英国的议会民主、日本的和平宪法"作为社会主义政党的奋斗目标，但其观点受到社会党主流派的严厉批判。

为统一党内思想，弥补右派退出社会党后"55年统一纲领"的局限性，社会党在1966年第27次党代表大会上通过了题为《日本走向社会主义道路》的纲领性文件。该文件将社会党规定为"领导社会主义革命"的阶级性群众政党，并强调指出"现在是从资本主义向社会主义过渡的时代"。虽然战后日本的国家垄断资本主义得到空前迅速的发展，但资本主义的基本矛盾也开始激化，出现了"繁荣中的贫困"现象。福利国家"不过是一种延缓资本主义寿命的政策"，"社会主义制度日益显示出其优越性"。在工人阶级取得国家政权初期，"必须实行某种形式的阶级统治"，等等。

尽管"反安保"斗争之后，池田内阁实施的"国民收入倍增计划"将国民的注意力吸引到经济问题上，群众运动开始转入低潮，但社会党仍然保持着战斗姿态，并利用国会这一政治舞台，与执政的自民党展开针锋相对的斗争，甚至达到只要是自民党提出的法案就要反对的程度。因此，在整个60年代，自民党与社会党的激烈对抗成为国会活动的主要内容。在某些涉及两党基本政策方针的法案上，更是常常因为自民党的强行表决以及社会党的顽强抵抗而引起混乱，正常的国会审议活动被迫中止。例如，1961年第38届通常国会的《政治暴力防止法案》、1963年第43届通常国会的《失业对策修正法案》、1965年第48届通常国会的《农地补偿法案》、1965年第50届临时国会的《日韩基本条约法案》、1966年第51届通常国会的《国民节庆日修正法案》以及1967年第56届临时国会的《健康保险特例法案》等等，都是引起两党激烈冲突的法案。据统计，在60年代的每一届国会中，自民党都要强行表决一到两次。

自民党与社会党对抗最为激烈的是1968年12月开幕的第61届通常国会。由于在该届国会上提出的法案多为执政党与在野党对立的法案，因而在社会党的拼命抵抗下，包括《提高国铁运费法案》《公务员总定员法案》《大学临时经营措施法案》《防卫法修正案》等在内的13项重要法案是被自民党强行表决通过的。尽管该届国会会期被自民党单独决定延长了72天，但仍然有50个与国民生活密切相关的法案因审议未了而成为废案，致使该届国会的法案通过率只有55.7%，为战后最低数字。

社会党与自民党激烈抗争的政治格局在某种程度上对经济高速增长也起到重要的推动作用，这首先体现在社会党的挑战以及社会党领导下的国民运动迫使执政的自民党从"政治优先主义"转向"经济优先主义"，正如从鸠山一郎政权和岸信介政权注重修改宪法、重整军备转向池田勇人政权和佐藤荣作政权对经济高速增长的强调那样。其次，在社会党及广大国民的压力下，自民党注意借鉴社会党的主张，完善社会保障制度及福利制度，既推动了经济的发展，又侵蚀了社会党的社会基础，其中最具有代表性的政策是自民党政权在 60 年代初实现了全体国民均参加健康保险和养老金保险制度的目标。再次，针对来自社会党及其支持团体"总评"工会的压力，自民党政权不断采取有关措施，尽可能将工人运动纳入体制之内。从 1954 年开始的"春季争取提高工资的斗争（春斗）"，实际上是工会组织从反体制运动向在资本主义体制下提高生活水平的目标转换。池田内阁时政府出面与工会组织谈判，逐渐将"春斗"演变成协商体制。最后，社会党的战斗性姿态及其对执政党的监督有助于市场经济的合理化，在一定程度上起到了防止政治腐败泛滥的作用。

但是，社会党僵化的意识形态及其战斗性姿态限制了其社会支持基础的扩大。首先随着工业化、城市化的迅速发展，大批农业人口流入城市，成为工薪劳动者，参加工会的工人也从 1949 年的 666 万人增加到 1975 年的 1247 万人，但组织率却从 55.8% 下降到 34.4%。另外，50 年代中期开始的经济高速增长和劳动生产率的提高，使得工人的实际收入也随之大幅度增加。1966 年工厂劳动者的年工资增长率为 10.6%，1970 年为 18.5%，1974 年达到创纪录的 32.9%。由于社会党没有根据现实情况及时调整自己的纲领和策略，致使在从战后初期到 70 年代中期选民人数增加一倍，即从 4000 万上升到近 8000 万的情况下，未能扩大自己的支持者，在历届大选中的得票数量一直保持在 1000 万张左右，而且稳固的组织票仅占 1/3。更为重要的是，社会党一味追求与自民党抗争的做法有时会引起选民的反感，例如社会党在第 61 届国会上的激烈对抗导致在 1969 年举行的大选中，其议席从上一届的 141 个骤然下降到 80 个。

实际上，自民党也没有扩大自己的社会支持基础。在整个 60 年代，自民党在大选中的得票数保持在 2300 万张左右。未被自民党、社会党吸收的新选民或新城市选民成为其他政党的支持者，尤其是创价学会支持的公明党。创价学会是信奉佛教日莲正宗的宗教团体，成立于 1930 年，战时遭到政府镇压。战后重建时仅有数百户信徒，但到 70 年代初达到 700 多万户。创价学会发展迅速的主要原因除以"折伏（强力说服）"为代表的信徒努力传教外，还在于它适应了大量农村居民迅速流入城市的社会结构变化。这些城市新居民面对举目无亲、难以就业、居无定所、生活节奏较快、收入低下等困难，渴望他人的交流与帮助，创价学会在满足他们这种愿望的同时，通过选举政治代表进入各种立法机构，又使他们产生政治平等感，因而推动了其政治势力的增长。

1955 年，创价学会参加地方议会选举，当选 53 名地方议员。1956 年，参加参议院议员选举，当选 3 名参议员。1961 年成立"公明政治联盟"，1964 年发展为公明党，1967 年首次参加大选，当选 25 名众议员，1969 年进一步上升到 47 名。在参议院的席位也增加到 24 个，成为国会中的第三大党。

中日邦交正常化

进入 70 年代以后，国际局势发生较大变化。越南战争对美国经济产生影响，其国际收支恶化，美元与黄金直接挂钩的固定汇率难以为继。另一方面，日本和德国因其经济实力迅速增强带来的巨额贸易顺差也引起美国的不满，特别是佐藤内阁未能在纤维贸易问题上及时向美国做出让步，致使美国政府在事先并未通告日本的情况下，于 1971 年 7 月突然宣布尼克松总统将访问中华人民共和国。同年 8 月，尼克松总统发表"新经济政策"声明，其主要内容为停止美元兑换黄金，并对进口商品一律征收 10% 的进口附加税，意图迫使日元升值。结果日元被迫在同年年底升值，从 360 日元兑换 1 美元变为 308 日元兑换 1 美元。"越顶外交"及"新经济政策"对一味追随美国的佐藤政权以及日本经济的打击可想而知，被称为"尼克松冲击"。

1972 年 5 月，美国将冲绳行政权归还日本的协定正式生效。6 月，内外交困的佐藤首相宣布辞去自民党总裁和政府首相的职务。当时准备竞争其职务的候选人有福田赳夫、田中角荣、大平正芳、三木武夫、中曾根康弘等人，其中福田和田中的实力最强。本来佐藤将福田作为自己的接班人，决意在自己任期届满后推荐其接任自民党总裁和政府首相，但田中对此不服，依靠雄厚的政治资金暗中积极发展自己的势力，并不断与福田明争暗斗。结果在自民党总裁选举中，田中以较大的优势战胜福田。只有小学文化程度、平民出身、年仅 54 岁的田中出任内阁首相，不仅打乱了自民党内按资排辈的惯例，而且也埋下了"角福战争"的隐患。

尽管中日恢复邦交正常化是两国人民长期以来的愿望，并为此进行了不懈的努力，但在美国的压力下，日本政府不敢越过雷池一步，反而追随美国，对中国采取敌视、对中日邦交正常化持消极态度。在美国对华政策发生变化，特别是尼克松总统访华后，日本国内各种政治势力和社会团体为恢复中日关系正常化努力活动，中国政府也采取了相应的积极态度。鉴于这种形势，田中就任首相后第一次会见新闻记者时公开表示："日中邦交正常化的时机业已成熟，我要认真地处理这一历史性课题。"即使如此，田中首相仍然首先赶到夏威夷与美国总统会谈，双方在确认维护日美安全保障条约重要性的同时强调指出："（美国）总统最近访问中华人民共和国和苏联是意义深远的第一步。同时希望，（日本）总理大臣不久后访问中华人民共和国，也将有助于亚洲局势的缓和。"

1972 年 9 月 25 日，田中首相等人访问北京。经过多次磋商，同中国政府达成了共同联合声明，宣布日本对战争给中国人民造成的重大损害表示深刻的反省，中国放弃战争赔偿要求，日本充分理解、尊重中国政府关于台湾是中华人民共和国领土不可分割一部分的立场，两国关系正常化。在另外举行的记者招待会上，日本外相大平正芳宣布终止日本与中国台湾之间的官方关系。

图 9-2 《中日联合声明》签字仪式现场

《中日联合声明》签字仪式在北京人民大会堂举行，图为签字后周恩来总理（右）与日本首相田中角荣（左）互换文本。

原始文献

《中日联合声明》

关于日台条约问题，外务大臣大平在记者招待会上表示，"日本政府的见解是，作为中日关系正常化的结果，日华和平条约失去了存在的意义，承认其结束"。

中日两国是一衣带水的邻邦，有着悠久的传统友好的历史。两国人民切望结束迄今存在于两国间的不正常状态。战争状态的结束，中日邦交的正常化，两国人民这种愿望的实现，将揭开两国关系史上新的一页。

日本方面痛感日本国过去由于战争给中国人民造成的重大损害的责任，表示深刻的反省。日本方面重申站在充分理解中华人民共和国政府提出的"复交三原则"的立场上，谋求实现日中邦交正常化这一见解。中国方面对此表示欢迎。

中日两国尽管社会制度不同，应该而且可以建立和平友好关系。两国邦交正常化，发展两国的睦邻友好关系，是符合两国人民利益的，也是对缓和亚洲紧张局势和维护世界和平的贡献。

（一）自本声明公布之日起，中华人民共和国和日本国之间迄今为止的不正常状态宣告结束。

（二）日本国政府承认中华人民共和国政府是中国的唯一合法政府。

（三）中华人民共和国政府重申：台湾是中华人民共和国领土不可分割的一部分。日本国政府充分理解和尊重中国政府的这一立场，并坚持遵循波茨坦公告第八条的立场。

（四）中华人民共和国政府和日本国政府决定自一九七二年九月二十九日起建立外交关系。两国政府决定，按照国际法和国际惯例，在各自的首都为对方大使馆的建立和履行职务采取一切必要的措施，并尽快互换大使。

（五）中华人民共和国政府宣布：为了中日两国人民的友好，放弃对日本国的战争赔偿要求。

（六）中华人民共和国政府和日本国政府同意在互相尊重主权和领土完整、互不侵犯、互不干涉内政、平等互利、和平共处各项原则的基础上，建立两国间持久的和平友好关系。根据上述原则和联合国宪章的原则，两国政府确认，在相互关系中，用和平手段解决一切争端，而不诉诸武力和武力威胁。

（七）中日邦交正常化，不是针对第三国的。两国任何一方都不应在亚洲和太平洋地区谋求霸权，每一方都反对任何其他国家或国家集团建立这种霸权的努力。

（八）中华人民共和国政府和日本国政府为了巩固和发展两国间的和平友好关系，同意进行以缔结和平友好条约为目的的谈判。

（九）中华人民共和国政府和日本国政府为进一步发展两国间的关系和扩大人员往来，根据需要并考虑到已有的民间协定，同意进行以缔结贸易、航海、航空、渔业等协定为目的的谈判。

——选自田桓主编：《战后中日关系文献集（1971—1995）》，中国社会科学出版社，1997年，第110—111页

※ 从中日联合声明对"结束战争状态""放弃战争赔偿"的表述看中日之间的分歧。

政界的混乱

经济危机

对于国内政策，田中上台执政前夕发表了《日本列岛改造论》，其主要内容是：为进一步推动经济的高速增长，同时针对产业过于集中在太平洋沿岸地区而造成的环境污染、交通状况恶化等问题，提出三大改革措施，即重新调整工业布局、建设一批拥有 25 万人口的新城市、建设新干线等高速交通工具。在消除人口过密或过疏及其弊端的同时，"能够使城乡的差距以及临太平洋地区和临日本海地区的差距必然消失"。为实现其目标，通产省、自治省、建设省等政府机关均提出新城市计划，并将全日本分为工业移动地区、工业诱导地区和维持原状地区。此后，田中内阁为实施"列岛改造计划"而制订了大规模的 1973 年度政府预算方案。一般会计的预算总额比上一年度的最初预算总额增加了 25%，增长率为战后最高，公共事业费也比上一年度增加 32%。

尽管由于大企业的强烈反对，向地方分散工业的措施未能顺利进行，但拥有雄厚资金的企业大肆抢购那些将来有可能成为工业或住宅用地的土地，结果导致土地价格大幅度上涨。住宅用地价格上涨幅度超过工业用地价格上涨幅度，不仅通过房租价格上涨直接推动了消费物价上涨，并且通过增加生产成本以及土地保有者的资产增值而扩大消费等多种途径推动了消费物价的上涨。据日本银行当时公布的数字，1972 年 11 月的批发价格指数比前一个月上升 2.3%，是自 1952 年以来的最高纪录。社会党、共产党等在野党批评"日本列岛改造论"导致了严重的通货膨胀，引起选民的共鸣。

因此，虽然田中内阁实现的中日邦交正常化得到社会各个阶层的欢迎和支持，但在 1972 年 12 月举行的大选中，自民党惨遭失败，比选举前减少了 28 个议席，只得到 271 个，是建党以来的最低数字。与其相反，社会党和共产党分别增加 31 个和 24 个议席。田中内阁为增加执政党的议席，准备向国会提出实施小选区制的《公职选举法修正案》，结果进一步引起在野党及社会舆论的反对，国会审议活动被迫停止，长达 280 天的通常国会几乎没有通过任何有关列岛改造的法案。

1973 年 10 月，第四次中东战争爆发，石油输出国组织为打击以色列及其盟国，宣布减少石油产量，同时将石油价格由每桶 2.8 美元提高到 11 美元，被称为"石油危机"。战后廉价石油的广泛利用使日本对石油能源的依赖率从 1953 年的 18% 上升到 1973 年的 78%，其中 83% 的石油来自中东地区。受其影响，已经为通货膨胀困扰的日本国内物价如脱缰之马飞速上涨。1973 年的批发物价上升 30%，消费物价上升 20%，由此引发抢购风潮，包括卫生纸、洗衣粉在内的生活用品普遍脱销。

面对上述严峻形势，田中首相被迫采取紧急对策，首先任命自己的死对头福田赳夫为大藏大臣，将官定利率从 4.25% 提高到 9%，同时编制紧缩性财政预算。其次，在国会两院中迅速通过《稳定国民生活紧急措施法》和《石油供求合理化法》，赋予行政机关控制物价的权力。另外，派遣副首相三木武夫访问中东国家，寻求稳定的石油供应。1974 年 1 月，田中首相访问东南亚国家，试图与该地区各国建立更为密切的经济合作关系，但因贸易不平衡和资源掠夺导致的环境破坏，田中首相的访问遭到当地居民的强烈抗议。

图 9-3　日本主妇排队抢购日用品

1973 年 10 月底，大阪郊外千里小区 200 名家庭主妇看到超级市场降价出售卫生纸的小广告后，排起长队。店家开门后立即涌入，一个小时内将一个星期的库存手纸抢购一空。当地一家报纸刊登了一篇题为"主妇抢购两年使用量的卫生纸"的报道，结果"手纸不足"的传言迅速蔓延到日本各地，并掀起"抢购风潮"。抢购的对象也很快波及洗涤剂、砂糖、食盐、煤油及煤气等物品，其骚动一直持续到 1974 年 2 月。

尽管田中内阁采取了许多措施，但日本的物价在 1974 年初仍持续大幅度上升，各界群众不断举行抗议活动，大规模的罢工导致交通停滞或中断。田中内阁的支持率迅速下滑，从成立之初的 62% 下降到 1973 年 11 月的 22%，到 1974 年 3 月进一步下降到 17%。为应付 1974 年 7 月的参议院选举，自民党不仅通过银行贷款将巨额费用投入到选举中，而且动员企业强制员工投自民党的票。尽管如此，该党在改选的 70 个议席中只得到 62 个，总议席也比上一届减少 10 个。

福田赳夫在选举活动中对田中角荣进行了猛烈的批判，统帅自民党内一个小派系的三木武夫也因在选区候选人问题上与田中产生严重的对立，选举后两人立即辞去大藏大臣和内阁副首相的职务，并公开批评田中的"金钱政治"，要求进行"党内改革"。继而党内反对派组成"重建议员联盟"，向田中首相施加压力。同年 10 月，《文艺春秋》杂志刊登了评论家立花隆的文章《田中角荣研究——其资金来源与人事关系》，揭露了田中经营的企业内幕及其收集、分配政治资金的不正当手段。社会舆论对田中首相的批判骤然增加，其内阁支持率进一步下降到 12%，不支持率上升为 69%，田中在万般无奈的状况下不得不在 11 月宣布辞去首相职务。

自民党内部矛盾

自民党推出三木武夫作为田中之后的政府首相，是希望借助其"清廉""诚实"的形象恢复该党在国民中的威信，同时避免自民党发生分裂。但三木武夫率领的派系在党内人数较少，为稳定政权，他不仅在内阁成员的构成上尽量做到派系平衡，而且采取改革措施，清除政治资金丑闻和经济行为不公正问题。

首先，三木内阁向国会提出《政治资金限制法修正案》和《公职选举法修正案》，主要内容是限制政治资金的数额、政治资金公开化、鼓励个人捐献政治资金、增加选举中的公共开支、严厉惩罚违法选举活动等。尽管两法案给自民党带来许多不利，但在社会舆论的压力下，仍然得到国会的审议通过。其次，三木内阁还提出了限制大企业不当行为的《禁止垄断法修正案》，但由于遭到"财界"和党内保守派的强烈反对，最终没有通过国会的审议。再次，三木内阁通过了"防卫费不得超过当年国民生产总值 1%"的规定，也引起党内部分鹰派议员的不满。

1976 年 2 月，美国参议院传出美国飞机制造商洛克希德公司为向日本航空公司推销该公司生产的飞机曾贿赂日本政府高官的消息，三木首相下令追查。结果查明田中角荣任首相时利用职权指示运输大臣购买其飞机，同时暗中接受 5 亿日元的资金，前首相田中因违反外汇法嫌疑而被捕，震惊日本政坛的"洛克希德案"由此曝光。6月，河野洋平等6名国会议员不满党内腐败，退出自民党，组成"新自由俱乐部"。

本来三木武夫采取的"修正资本主义"措施就引起党内的不满，对"洛克希德案"的追查更是遭到党内多数议员的反对，因为他们担心引火烧身，危及自民党的执政地位。另一方面，三木首相拒绝给予国营企业工人罢工权以及在8月15日参拜靖国神社的行为也引起在野党和普通国民的不满。因此，在12月因众议院议员四年任期届满举行的战后首次大选中，自民党仅获得249个席位，发展8名无党派议员加入自民党后才勉强超过半数，三木首相不得不引咎辞职。

1976年12月，年逾古稀的福田赳夫终于登上自民党总裁与政府首相的宝座。由于自民党在众参两院的席位刚过半数，而且经济尚未恢复，福田首相不得不在"协调与合作"的口号下惨淡经营其政权。在推动经济恢复景气的同时，进行党内改革，消除派系，但此举并未产生任何效果。为获得大平正芳派系的支持，福田首相许诺"两年后将政权让给大平"，由此平稳度过1977年7月的参议院议员选举。其后福田自食其言，两者很快因下一届总裁选举而演变成对抗关系。

在对外关系方面，1977年8月，福田首相访问东南亚六国，并在菲律宾首都马尼拉发表日本对东南亚政策的"福田主义"，即日本不做军事大国、在各个领域加强日本与东南亚各国的合作、促进东南亚整个地区的和平与繁荣；1978年，福田内阁通过了《日美防卫合作指针》，密切了日美双方的军事合作；同年8月，中日两国签署《中日和平友好条约》，进一步推动了双边关系的发展。

1978年11月，自民党举行总裁选举。在田中派系的大力支持下，大平在首次实施的总裁预选中胜出，福田退出正式选举，获胜后的大平在12月组成内阁。因党内派系斗争趋于激化，大平政权十分不稳，同时因计划导入消费税以及政府特殊法人"建设公团"谎报差旅费等问题引起国民的不满，自民党在1979年10月的大选中再次惨遭失败，党内矛盾骤然激化，选举后40天竟然向国会提出福田和大平两名首相候选人。尽管最终大平获得再次组阁的权力，但半年后自民党反主流派配合在野党的行动，在国会中通过了对大平内阁的不信任案，迫使后者在1980年5月解散了众议院。

在战后首次举行的众参两院同日选举中，因大平在竞选活动中突然发病去世而获得选民的同情，自民党在众参两院均获得稳定多数议席。为调和党内的派系斗争，政治能力较弱但善于协调的铃木善幸当选为自民党总裁。1980年7月，铃木内阁成立。尽管铃木内阁为推动行政、财政改革而成立了"第二次临时行政调查会"，并通过减少发行"赤字国债"和改革公务员制度解决政府财政危机，但实际进展不大。另外，铃木首相在日美同盟问题上关于该同盟"不包括军事合作"的失言，引起轩然大波。1982 年 10 月，铃木首相自动表示不再参加自民党总裁选举。

中道政党

进入 70 年代以后，50 年代形成的"保守"（自民党）与"革新"（社会党）对立的政治格局大体上变成"保守"（自民党、新自由俱乐部）——"中道"（民社党、公明党）——"革新"（社会党、共产党）三足鼎立的政治格局。另外，由于自民党支持率的降低，出现了执政党与在野党议席不相上下的"朝野伯仲"局面，从而刺激了在野党的执政欲望，它们不断提出排除自民党的联合政权构想，但最终也没有获得成功。

在野党不能联合起来的主要原因是社会党仍然具有浓厚的意识形态色彩，妨碍了该党与其他在野政党的合作。在整个 70 年代，较为激进的左派依然控制着社会党。因提出"结构改革"论受到党内批判的江田三郎等人在 70 年代初又提出"新社会主义、新社会党"的口号，主张社会党进行自我改造，以便实现"基于个人自由、承认多样化的价值观、工人代表参与企业决策、多元主义下的政治参与式的分权社会主义"，以此适应市民运动、革新地方自治体、工人自主管理的新潮流。江田派的观点仍然受到党内主流派的批判，江田三郎提出与公明党、民社党联合的主张也受到党内的抵制，因而身为社会党副委员长的江田被迫在 1977 年脱党，准备另行组建"社会市民联合"，但在计划实施之前就去世了。后来由其子江田五月与退出社会党的田英夫等人，在 1978 年 3 月组成追求"自由社会主义体制"的"社会民主联合"。

社会党僵化的意识形态不仅阻碍了与其他政党的合作，而且也影响到自己实力的恢复与增长。社会党的众议院席位从 1972 年的 118 个减少到 107 个，比 60 年代减少许多，其支持者大多转到同为革新政党的日本共产党方面，使后者的席位猛增到 40 个左右。具有相同社会基础的两党为争取左翼工会的支持，相互攻击，难以联合起来。

70 年代公明党的政策转变反映了其对社会党的失望。1973 年，公明党发表《中道革新联合政权设想》，提出"反自民党、反现政权、反大资本"的基本方针，主张废除《日美安全保障条约》和"改组自卫队",这样的政策主张接近社会党和共产党。同时,公明党还致力于与社会党、民社党的联合,争取在选举中实现"保守、革新势力的逆转",以期建立"中道革新联合政权"。由于数次联合行动未能取得实质性的进展,从70年代末开始,公明党逐渐向右倾斜。在1978年举行的公明党第15届大会上,该党委员长竹入义胜在开幕词中提倡设立包括自民党与财界在内的"80年代基本问题研究会",并表示公明党将在政治资金、选举制度、日美安全保障条约、自卫队、原子能发电等问题上采取现实主义态度,特别强调"自卫队的存在是既成事实",废除《日美安全保障条约》要充分考虑亚太地区国际形势的变化,等等。对此,自民党福田赳夫首相致电表示感谢,自民党干事长大平正芳发表了公明党是"友党"的谈话。

稳定增长与泡沫经济

克服危机

1973年,因第四次中东战争爆发导致的第一次石油危机使日本经济遭到战后最严重的打击,生产过剩与通货膨胀同时出现,1974年度的经济增长率为–1.3%。从1973年11月到1975年3月,工矿业生产指数从最高点下降20.6%,私人企业设备投资减少27.2%,商品库存增加47.8%,股票价格下跌29.7%,倒闭的企业达11681家,官方公布的失业人数达112万人。

1973年和1974年,为控制物价、平衡国际收支,日本政府采取紧缩财政政策,但从1975年开始加大公共投资,以刺激经济恢复景气。为弥补税收不足与财政支出规模增大之间的差额,政府连年发行"赤字国债"。三木内阁时期发行国债12万亿日元,福田内阁时期发行20万亿日元,大平内阁时期发行28万亿日元,铃木内阁时期发行量上升到30万亿日元。国债发行额越来越多,政府财政收入中依靠国债的比例也越来越大。例如1970年时,其比例只有4.1%,1975年上升为25.3%,1979年进一步增加到34.7%。政府每年用于偿还国债本息的费用也迅速增加,1975年,其费用在一般会计年度中的支出比例只有5.3%,到1979年上升到39.6%。

在公共投资和出口的带动下,1976年和1977年的经济增长分别达到5.9%和5.8%,其后国内消费和设备投资又使1978年的增长率达到5.7%,但1978年的伊朗革命导致其石油产量骤减,再次引发世界石油价格飞速上涨,1980年,每桶石油价格上涨到 30 美元，被称为"第二次石油危机"。日本国内的批发物价也因此迅速上升，国际收支从 1978 年的 119 亿美元顺差变为 1979 年的 190 亿逆差。由于第一次石油危机后，政府和企业均采取了许多措施，因而第二次石油危机对日本影响不大。到 1980 年，日本的国际收支出现顺差，国内物价也平稳下来。

在两次石油危机之间，政府实施了许多具体的产业政策，例如调整长期萧条产业、调整国际间的贸易摩擦、以节能和开发石油替代能源为中心的综合能源对策、资助尖端技术领域的技术开发并扶植有关产业、限制公害性产业和振兴中小企业等。另一方面，企业也通过自身的努力克服了经济危机及其后经济低速增长下的生产与销售困境，这些努力包括通过实现节省能源与节省劳动力投入的最佳配合来提高劳动生产率、全面贯彻质量管理、适应多样化需求改进产品与开发新产品、适应产业结构的变化并向经营多样化转换、促进产业向尖端技术领域发展、扩大旨在实现上述目的的研究开发投资等。

经济大国

正因如此，日本经济不仅很快从危机中摆脱出来，而且在 70 年代基本处在稳中上升的状态。从 1973 年至 1980 年，日本经济的年均增长率为 4%，远高于法国的 2.5%、美国和联邦德国的 2.3%、英国的 0.9%。

与此同时，日本经济结构也发生了较大的变化，这首先体现在产业结构由资本集约型向技术集约型的转化上。例如，从 1975 年到 1979 年之间，钢铁、石化等资本集约型产业的固定资本投资分别下降 30% 和 35%，而精密仪器、数控电机等技术集约型产业的固定资本投资分别上升 141% 和 118%；在产品上也从"重厚长大型"向"轻薄短小型"转变。其次是能源多样化，例如原子能、太阳能、海洋能等新能源得到大力开发，特别是在原子能方面，原子能发电站从 1970 年的 3 座增加到 1981 年的 23 座。

1973 年以前，国民生产总值与石油消费量大体上同步增长，但在 1974 年到 1979 年之间，国民生产总值增长了 27%，石油消费量却基本没有增长。另外，出口结构优化，出口数量以及对外投资迅速增长。第一次石油危机后，由于物价上涨，国内需求下降，政府与企业均重视扩大对外贸易。在其后的 12 年中，经济年平均增长 3.1%，但出口年均增长 8.5%，而且机械产品在出口中不仅增长最快，

图 9-4　日本汽车集中在海港码头装船外销

1980 年的日本汽车产量达到 1100 万台，钢铁产量 1.1 亿吨，均为世界第一。日本的汽车制造业不仅劳动成本较低，而且节省能源，1980 年一台日产轿车出口到美国，交纳关税后的平均价格仍然比美国车均价低 1700 美元。同年日本对美出口汽车 182 万台，在美国市场的占有率从 1976 年的 9.3% 上升到 21.3%。

所占比例也最高。对外投资也随之迅速增加，从年均投资额上看，70 年代比 60 年代增加 5 倍多，而且投资地区也从发展中国家转向发达国家，投资领域也从第二产业向第三产业转移。

　　1970 年，日本的国民生产总值为 2042 亿美元，1979 年增加到 10085 亿美元，人均产值大致与美国相等。1980 年，日本的汽车产量超过美国，1981 年，日本的外汇储备超过联邦德国，居世界第一位。

中曾根康弘内阁

　　1982 年 11 月，中曾根康弘顺利当选为自民党总裁和政府首相。作为自民党内的小派系首领，他完全是在田中派的支持下上台的，因而在第一届中曾根内阁中，包括内阁官房长官在内的 7 名阁员来自田中派。中曾根自身具有较强的政治能力，也具有强烈的保守主义政治信念，善于把握时机以及巧妙地利用媒体。因此，他不仅执政时间较长，而且也进行了较有实效的改革。

1983年1月，中曾根首相访问韩国，并向韩国提供40亿美元的经济援助，以加强两国的合作关系。接着访问美国，发表了关于日本列岛是抵御外来武力攻击的"不沉航空母舰"，一旦有事将"封锁四海峡"的谈话。然后在国会施政演说中提出"战后政治总决算"，也就是"对过去进行检查与修正"，为此需要在政治、经济、文化、教育、外交、军事等领域采取改革措施，但中曾根首相首先面临的问题是如何稳定其政权。

1983年10月，法院一审判决田中前首相在"洛克希德案"中有罪，在野党提出劝告田中辞去议员职务决议案，中曾根只好在同年11月解散众议院举行大选。尽管田中以最高得票数再次当选议员，但自民党仅获得250个席位，不到众议院总席位的半数。中曾根首相在发表"彻底排除田中政治影响"声明的同时，与新自由俱乐部组成联合政权。

1983年3月"第二次临时行政调查会"解散之前，陆续提出五个建议书，内容包括减少公共事业费与政府补助金、审批制度合理化、国营企业民营化、削减国家公务员等内容。其后成立了许多直属首相的审议会、恳谈会或研究会等政府或私人咨询机构，如"和平问题研究会""高度信息化社会恳谈会""经济政策恳谈会""临时教育审议会""关于阁僚参拜靖国神社问题恳谈会"等。中曾根首相的智囊人物，如伊藤忠商事顾问濑岛龙三、东京大学教授佐藤诚三郎、学习院大学教授香山健一等人均为审议会的成员，并主导其中的议论倾向，以引起社会舆论对改革的支持。

在行政改革方面，将原行政管理厅和总理府的大部分机构合并成新的总务厅，加强内阁编制和人事方面的综合协调能力。同时修改了《国家行政组织法》，把原来需根据法律设置各种审议会和各省厅的机构，改为由内阁政令设置，既方便对省厅内部机构的改组，又加强了首相的权力。此外，还对中央政府的地方派出机构进行了精简，同时改革行政业务的程序。通过废除和简化审批手续等形式，放松对企业和居民经济活动的限制。其中废除和简化审批手续约390项，委托转让权限260项，移交和简化机关委任事务约120项。

在财政改革方面，大力进行国营企业民营化，即对国营铁路公司、电信电话公司和烟草专卖公司进行分割股份化，并加以出售，在减少政府财政负担的同时，提高其劳动生产率。尤其是国营铁路公司，由于缺乏竞争意识，人浮于事，从

1965 年开始就出现亏损，到 1985 年，债务余额高达 22 万亿日元，相当于年经营额的 7 倍。1986 年，国会通过相关法案，将国营铁路公司分成 7 个部分出售给民间，不仅减轻了政府的财政负担，而且使铁路公司的服务态度和经济效益均有明显好转。更重要的是，民营化措施削弱了社会党所依赖的国营企业工会组织。

在社会福利制度方面，实行养老金制度一元化，并通过提高缴纳数额、减少领取数额以及提高领取年龄的方式减少政府负担。与此同时，还废除老人医疗免费制度，提高健康保险制度中的个人负担率，减轻国库负担。

在文化教育方面，除加强重视个性、培养创造力之外，还提出教育的开放及国际化，并计划到 2000 年接纳 10 万名外国留学生。为向世界推广日本文化，政府专门在京都成立了"国际日本文化研究中心"。

但是，在审议会的建议下，1985 年 8 月 15 日，中曾根以"内阁总理大臣"的身份率全体内阁成员正式参拜祭有甲级战犯的靖国神社。1986 年，再次出现美化战前日本对外侵略历史的教科书事件，1987 年度防卫费首次突破国民生产总值 1% 的限制，这些举动均引起邻国的强烈抗议和担忧。

中曾根首相希望在自己的任期内导入大型间接税，以解决日益严重的政府财政危机，为此甚至不惜打破多次表明"不增设间接税"的诺言。1986 年 10 月，政府税制调查会提出征收间接税的建议报告。在此基础上，1987 年 1 月，内阁向国会提出以征收销售税为主的税制改革法案。但该法案遭到在野党和国民的强烈反对，自民党内部也有不同的声音。在参议院补缺选举和地方统一选举中，不少自民党候选人落选，国会中的在野党也采取各种手段阻止法案审议通过。为通过下一年度的政府预算方案，中曾根内阁被迫放弃了销售税法案。同年 10 月，中曾根指定竹下登为下一届自民党总裁。11 月，竹下内阁成立。

泡沫经济

进入 80 年代以后，日本经济在出口不断扩大的基础上持续稳定增长，导致贸易顺差也迅速增加。1984 年，日本的外贸顺差达到 440 亿美元，其中对美贸易顺差为 331 亿美元，美国国会陆续出台制裁日本的决议。为解决严重的贸易不平衡问题，1985 年 9 月，美国、英国、法国、联邦德国和日本五国财政部长在美国纽约广场饭店举行会议，并达成了美元贬值、德国马克与日元升值的"广场协议"。其后一年内，日元对美元的汇率从 240 日元兑换 1 美元上升到 120 日元兑换 1 美元。

1986 年 4 月，中曾根内阁发表了缓和金融政策、扩大内需的"前川报告"，同年 8 月成立"经济结构调整推进本部"，在大力调整产业结构的同时，推动对外投资和扩大内需。1987 年 2 月，日本银行将官定利率调到空前低水平的 2.5%，政府也在 1987 年制订了实施大规模公共投资的"第四次全国综合开发计划"。上述一系列政策导致政府的财政规模与权限再次扩大，例如国债发行余额从 1982 年中曾根上台时的 90 万亿日元增加到 1987 年其下台时的 150 万亿日元，政府所拥有的审批权限也从 1985 年 12 月的 10054 项增加到 1989 年 3 月的 10278 项。

上述政策直接推动了泡沫经济的出现，主要体现在土地价格和股票价格的暴涨上。战后日本地价曾三次暴涨，第一次是在池田勇人内阁实施"国民收入倍增计划"的 60 年代，全日本地价平均涨幅为 40%。第二次是田中角荣内阁实施"日本列岛改造计划"的 70 年代，全日本地价平均上涨 36%。1985 年，国土厅发布解决东京写字楼不足的"首都改造计划"，配合日元升值等因素，地价开始飞速上涨。1987 年日本六大城市地价比前一年增长 28.8%，1990 年为 30%。从 1985 年到 1990 年，六大城市地价上涨了 3 倍，全日本平均 1.5 倍。1985 年，日本全部土地价格为 1000 万亿日元，国土为日本 25 倍的美国仅为 850 万亿日元。1990 年，日本全部土地价格达 2400 万亿日元，按照当时汇率美国为 700 万亿日元，日本单位土地面积的价格是美国的 90 倍。

另一方面，从 1986 年开始，以前年均 10% 增长率的股价以年均 40% 的速度上涨。日经平均股价 1985 年为 10000 日元上下，1986 年 4 月上涨到 15000 日元，1987 年 2 月突破 20000 日元，秋季受纽约"黑色星期一"股价暴跌的影响稍有下降，但在 1988 年 2 月上涨到 25000 日元，1989 年 1 月突破 30000 日元，同年年底达到最高的 38915 日元，5 年时间股票平均价格增加近 3 倍，泡沫经济形成。

政治改革的启动

利库路特案件

竹下登之所以被中曾根首相指定为下一届自民党总裁并成为政府首相，是因为他率领着自民党内最大的派系，而且具有较强的协调能力。竹下在组织内阁时充分照顾到各派系的平衡，并将竞争对手宫泽喜一任命为副首相兼大藏大臣，任命安倍晋太郎为党的干事长，所以其政权在舆论看来具有相当实力。

1988 年 6 月，日本与美国达成牛肉、柑橘进口自由化的协议。当年 3 月，竹下首相在国会答辩中详细介绍了间接税的必要性，并表示在征收消费税之前减轻工薪阶层的所得税、居民税以及营业额在 3000 万日元以下的企业免税等。同年 4 月、5 月召开两次会议，由自民党税制调查会听取 338 个社会团体对征收消费税以及 3% 税率的意见。面对在野党的强烈抵抗，竹下首相亲自出面联系公明党和民社党，尽量避免自民党单独审议的局面。同年 12 月，在社会党和共产党议员拒绝参加国会审议、公明党和民社党议员反对、自民党议员赞成的形式下，以开征消费税为主要内容的《税制改革相关六法案》通过国会众参两院的审议，从 1989 年 4 月开始实施。

图 9-5　竹下登

竹下登具有很强的政治影响力，但因利库路特案件成为短命首相。他在任内向中国提供了第三次日元贷款，无偿援助敦煌文物保护。

与此同时，给予竹下政权致命打击的战后最大政治资金丑闻——"利库路特案"逐渐曝光。1988 年 7 月 6 日，《朝日新闻》以头版头条的显著位置报道了前首相中曾根康弘、现任自民党干事长安倍晋太郎以及现任内阁大藏大臣宫泽喜一等政界要人暗中接受利库路特公司未上市股票的内幕。同一天出版的《朝日周刊》报道，日本经济新闻社社长森田康也曾接受过利库路特公司的未上市股票，迫使森田在当天辞去社长职务，利库路特公司的会长江副浩正亦辞去会长职务以消除舆论的压力。第二天的《朝日新闻》又继续报道了现任首相竹下登的秘书购买未上市股票之事，结果竹下首相成为反对党的攻击对象。

8 月 1 日，日本社会党委员长土井多贺子领导该党与其他在野党一道向竹下首相就其事提出质问。9 月 5 日，"社会民主联合"国会议员楢崎弥之助出示了"日本电视"拍摄的利库路特公司社长室室长松原弘向其行贿 500 万日元，作为不在国会追究此案报酬的录像带，形势急转直下，大批政界人士纷纷落网。最后导致竹下登首相、大藏大臣宫泽喜一、法务大臣长谷川峻、经济企划厅长官原田宪、自民党干事长安倍等要人的辞职，以及自民党国会议员藤波孝生、公明党国会议员池田克也、劳动省政务次官加藤孝因受贿罪被起诉。

1989 年 1 月 7 日，昭和天皇因病去世，皇太子明仁继位，年号改为"平成"。同年 4 月 25 日，竹下首相宣布辞职。在竹下派的操纵下，原外交大臣、中曾根派的宇野宗佑被指定为自民党总裁及政府首相，成为第一位非派系领袖出任首相的政治家。但政治能力有限的宇野上台伊始就遭到桃色事件的困扰：媒体透露了宇野与一位艺妓交往并欠其报酬的消息。

受首相桃色新闻、消费税、农产品进口自由化以及利库路特事件的影响，自民党在 7 月举行的参议院选举中惨遭失败，其总席位从 142 个下降到 109 个，远不到参议院半数席位，出现"朝野逆转"局面。与其相反，社会党获得大胜，其总席位从 42 个上升到 74 个，特别是在女性党首土井多贺子的影响下，当选者中有 22 位女性。

执政仅 68 日的宇野首相因选举失败引咎辞职。1989 年 8 月 8 日，海部俊树、林义郎、石原慎太郎三人争夺自民党总裁职务。在竹下派的支持下，党内小派系出身、较为清廉和年轻的海部当选为自民党总裁及政府首相。

出兵海外法案

海部内阁成立后，提出推进政治改革的主张，以便改善自民党的形象，恢复国民对自民党的信任和支持，同时表示妥善处理消费税及农产品进口自由化问题，明确反对大米进口自由化。海部在组阁时全部起用新人，并特意任命两位女性大臣。因此，在 1990 年 2 月举行的大选中，尽管自民党减少了 18 个席位，但仍然保持了 286 个席位的稳定多数。社会党再次获得大胜，其席位从 83 个增加到136 个。

1989 年 12 月，美苏首脑在马耳他举行会谈，同时在东欧地区出现剧变。作为冷战的最大受益者，日本成为世界上最大的债权国、资本输出国和政府开发援助提供国（ODA）。海部内阁充分利用这一有利时机，积极开展"大国外交"，在不到一年的时间里，出访了 19 个国家，其中 3 次赴美访问。

1990 年 8 月，伊拉克侵占科威特后，应美国的要求，海部内阁匆忙向国会提交了派遣人员去中东地区的《联合国和平合作法案》，但因自民党内部意见尚未统一，在野党也持反对态度，该法案没有通过国会的审议。尽管如此，1991 年 1 月海湾战争爆发后，日本政府向海湾地区派遣航空自卫队运送难民，并派遣海上自卫队清除波斯湾内的水雷。

1991 年 8 月，海部内阁将《政治改革相关三法案》提交国会审议，不仅遭到在野党的反对，连自民党出身的政治改革特别委员会委员长也有意将改革法案作为废案处理。海部首相准备解散众议院进行大选，但遭到竹下派的反对，而且竹下派也不支持海部再次参加自民党总裁的竞选，海部内阁被迫在同年 10 月总辞职。

自民党下台

1991 年 11 月，宫泽喜一在竹下派的支持下当选自民党总裁和政府首相。和海部内阁一样，宫泽内阁的主要任务是实现日本的"国际贡献"和"政治改革"。尽管遭到在野党的反对，但在接受了公明、民社两党的修正要求后，1992 年 6 月，《联合国维持和平活动合作法案》（PKO 法）终于通过了国会的审议。同年 9 月，日本的自卫队在战后首次走出国门，到柬埔寨参加联合国维持和平活动。另外，在宫泽首相的努力下，明仁天皇到中国访问，实现了历史上的首次天皇访华。

原始文献

《联合国维持和平行动合作法》

冷战结束以后，作为世界上最大的对外投资国、最大的贸易盈余国、最大的对外援助国、最大的外汇储备国，在"国际贡献"的旗号下，追求政治大国成为日本政府的目标。

第一条　目的

本法之目的在于通过决定国际和平合作业务实施计划和国际和平合作业务实施要点的制定手续及通过决定设立国际和平合作队等来建立国际和平合作业务的实施体制，并制定出给这些活动提供物资帮助的措施，以期使我国能够对联合国维持和平行动和国际人道主义救援活动提供适当的及时的合作、对以联合国为核心的国际和平活动做出积极贡献。

第二条　基本原则

一、政府将把根据此项法律实施的国际和平合作业务和物资合作以及非政府人士的合作等有机地结合起来，并听取和运用参加国际和平合作业务的人的创造性建议，使我国能够对联合国维持和平行动及国际人道主义救援活动提供有效的合作。

二、国际和平合作业务决不可依靠武力威胁或依靠动用武力来实施。

三、在实施国际和平合作业务时，内阁总理大臣根据国际和平合作业务实施计划代表内阁指挥和监督各行政部门。

四、为实现第一条所述之目的，有关行政机关之负责人应在实施国际和平合作业务时协助国际和平合作总部长。

第三条　定义

本法律中所用关键词语之含义在以下各款项中定义如下：

一、联合国维持和平行动

联合国维持和平行动系在联合国的统

一支配下根据联合国大会或安理会的决议而采取的行动，旨在确保武力争端当事双方遵守已达成的有关防止再度发生争端的协议、在争端结束后帮助建立民主的统治机构、处理争端以维护国际和平和世界安全。它是在争端当事双方已就停止争端和维持这种局面达成协议、采取维持和平行动地区的所属国和当事者同意在该地区采取维持和平行动的情况下（武力争端未发生时得到采取和平行动地区的所属国同意的情况下）根据联合国秘书长的要求所采取的行动，由两个以上的参加国及联合国来执行，执行中不偏袒争端当事者的任何一方。

....

—— 节选自蒋立峰主编：《日本政治概论》，东方出版社，1995 年，第 544—559 页

※ 从《联合国维持和平行动合作法》看日本安全战略的变化。

与此同时，接二连三的政治资金丑闻进一步增加了政治改革的必要性。宫泽上台不久就出现了其派系成员阿部文男接受共和公司资金贿赂的"共和事件"，接着在 1992 年 2 月，以自民党为中心的多名政治家非法接受佐川快运公司政治资金的"佐川事件"曝光，竹下派领袖人物金丸信因此辞去自民党副总裁以及国会议员的职务。1993 年 3 月，金丸信因偷税漏税问题而被检察机关逮捕，导致"大型建筑公司贿赂案"曝光，涉及前首相竹下登、前副首相渡边美智雄、前建设大臣中村喜四郎等多名自民党重量级人物。国民要求政治改革的呼声骤然高涨。

尽管自民党在同年 3 月向国会提出以导入小选区为主要内容的政治改革法案，而且宫泽首相在电视采访节目中也保证通常国会闭幕前通过该法案，但社会舆论普遍认为自民党没有改革的诚意，在野党趁机提出对宫泽内阁的不信任案。由于积极主张政治改革的小泽一郎及羽田孜率领 44 名，武村正义率领 10 名国会议员脱离自民党，因而不信任案得到通过，宫泽首相只好解散众议院举行大选。

第 40 届众议院议员选举的结果是，自民党获得 223 席，虽然保住了选举前的席位，但远不足过半数议席。另外，社会党丧失近半数席位，仅获得 70 个议席。从自民党分裂出来的新生党与新党魁党分别获得 55 席和 13 席，公明党 51 席，1992 年成立的日本新党 35 席，民社党和日本共产党各 15 席，社民联 4 席。尽管自民党仍然是国会中的最多席位政党，但在当时"不要错过让自民党下台好时机"的社会氛围下，除自民党、日本共产党以外的其他八个党派（即社会党、新生党、公明党、日本新党、民社党、新党魁党、社民联及参议院民主改进联盟）组成了以日本新党党首细川护熙为首相的联合政权。

社会思潮的演变

和平主义思潮

自 1945 年第二次世界大战结束到 20 世纪 70 年代，和平主义思潮在日本社会文化中占主流地位。其原因一方面是战后初期以美国为首的盟军总部在日本实施的"非军事化、民主化改革"对日本国民的思想意识产生了较大的影响。另一方面，日本作为战争灾难的亲历者，特别是作为唯一遭到原子弹轰炸的国家，自然产生追求和平与民主的意识。1945 年 12 月，美国"战略攻击调查团"在日本所做的舆论调查表明，普通日本国民在回答如何看待战败时，最多的答案是"日本将变成和平国家"以及"要清除军国主义者和军国主义思想的统治"，其比例为 22%，难以回答和不清楚的也达到 22%，主张"要使日本更加民主"的达到 20%，主张"削弱地主及垄断资本家的力量""消除阶级差别"的达到 12%。另外，《每日新闻》在 1946 年 5 月 27 日做的民意调查显示，认为"放弃战争条款是必要的"的人高达 70%，认为不必要的仅占 28%。正是在这种社会思潮的基础上，吉田茂首相在国会答辩中认为，宪法第九条有关放弃战争条款意味着日本放弃了自卫权。

与此同时，战时许多被解职的具有自由主义意识的知识分子重新回到教坛或再次活跃在舆论界，例如东京大学的矢内原忠雄、大内兵卫，京都大学的泷川幸辰，等等。另外许多信奉自由主义的杂志复刊或创刊，如《中央公论》《改造》《世界》等，形成了自由探讨问题的舆论阵地，并产生了丸山真男的政治学、川岛武宜的社会学、大塚久雄的经济史学。特别是发表在 1946 年 5 月号《世界》上的丸山真男的论文《超国家主义的逻辑与心理》，对战前超国家主义的思想结构与心理基础进行了实证性分析，并与西欧的政治思想史加以比较，对社会产生了较大影响。1950 年，围绕对日媾和问题，以东京大学校长南原繁、教授大内兵卫、《世界》主编吉野源三郎、知名学者安倍能成为中心组成"和平问题研究会"，并发表了《关于媾和问题的声明》，明确提出"全面媾和、经济自立、中立不可侵犯、反对向外国提供军事基地"的四项主张。

1949 年 4 月，以民主主义拥护同盟、全日本行业工会议会等社会团体为中心，联合文化知识界人士召开了"拥护和平大会"，开始有组织的和平运动。1950 年 5 月，响应世界保卫和平大会委员会开展签名运动的号召，日本各界在《斯德哥尔摩宣言》上签名者高达 645 万人。1951 年 7 月，以"总评"工会和宗教团体为核心，组成了全国性政治团体"日本推进和平国民会议"，提出保卫和平宪法、坚持全面媾和和中立、反对重整军备、反对缔结军事协定、保障言论集会结社自由五项主张。

在文学艺术方面也出现了不少反思战争、追求和平的作品。例如描述原子弹轰炸灾难的小说永井隆的《长崎的钟》、太田洋子的《横尸遍野的城市》、原民喜的《夏之花》等；反映战争残酷及其精神后遗症的小说大冈升平的《俘虏记》、大佛次郎的《归乡》等；电影作品有关川秀雄导演的《广岛》、今井正导演的《待到重逢时》、木下惠介导演的《二十四只眼睛》、市川昆导演的《缅甸的竖琴》等。这些反对战争，特别是描述原子弹惨剧的文学艺术作品引起国民强烈的感情共鸣。

广大日本国民的和平主义思想主要体现在反对以美军基地为代表的《日美安全保障条约》、反对核武器、反对越战等方面。旧金山媾和条约生效以后，美军继续驻扎在日本。到1953年3月，美军在冲绳以外日本本土的基地仍有658处，占地近1300平方公里。这些基地不仅给当地居民的生活和经济带来严重影响，而且也时刻提醒着日本国民再次被卷入战争的危险性。例如1955年的一项舆论调查表明，有19%的人认为驻日美军能起到在战争中保卫日本的作用，有43%的人却认为美军在日本的驻扎反而会使日本卷入战争；有29%的人认为日本是一个"优秀的独立国家"，多达43%的人却认为日本"如同殖民地一样"。正是在这种意识的基础上，50年代出现了接连不断的反对美军基地的斗争，其高潮就是1960年反对"新日美安保条约"的国民运动。甚至在1959年围绕"砂川基地冲突"的判决中，地方法院做出了《日美安保条约》违背宪法精神的判决。

1954年3月，美国在南太平洋比基尼环礁试验氢弹，在附近海域进行捕捞作业的日本渔船"第五福龙丸"全体船员和捕捞的金枪鱼均遭到放射性尘埃污染，其中一人回到日本后很快不治身亡。该事件经过媒体的报道后，引起日本国民的恐慌，担心再次遭受广岛、长崎的惨祸。同年5月，东京都杉并区的家庭主妇发出"禁止原子弹氢弹签名运动"的呼吁书，迅速得到社会各界的响应，到年底征集到2000万人的签名。1955年8月，广岛召开第一届"禁止原子弹氢弹世界大会"，共有14个国家参加。同年9月，日本成立全民性的反对核武器团体"禁止原子弹氢弹协议会"。受其压力，1956年2月，国会众参两院罕见地通过了自民党和社会党共同提出的"要求禁止核试验决议案"，1958年4月又一致通过了"禁止原子弹氢弹协议"。

1965 年 2 月，美国将侵越战争扩大到越南北方后，日本各界纷纷开展反战运动。同年 6 月，阿部知二、中野好夫及日高六郎等文化界人士呼吁的"反对侵越国民行动日"，仅主会场参加人数就有 7 万人，日本各地的游行示威达到"反安保斗争"以来的最大规模；1966 年 10 月，在"总评"和"中立劳联"等工会组织的发动下，91 个行业工会的 308 万人举行了日本历史上的第一次反战罢工；除此之外，也有许多由著名人士发动的反战市民运动，例如作家小田实等人成立的"越南和平市民联合"、学者和田春树发动市民向美军在日战地医院呼吁反战等。

但值得注意的是，70 年代以前的和平主义思潮在很大程度上出自作为受害者对战争的厌恶以及对和平的渴望，并没有深刻反省作为加害者参与的侵略战争及其对东亚邻国带来的巨大灾难。正如佐藤忠男在评价战后初期影视作品时所说的那样，"这个时期的影视等直观性作品虽然唤起了朴素的厌战和反战意识，但却仅仅强调日本人自身受到的侵害，客观地反映了日本人反思战争的方式"。历史教科书内容的变迁典型地反映了这一点。

占领时期在盟军总部的指令下，文部省主持编制的小学、初中、高中历史教科书中均有对邻国进行侵略的词汇，1947 年文部省颁布的《学习指导要纲》也明确写到"太平洋战争是侵略战争"。但 1951 年 7 月，文部省修订《学习指导要纲》后，高中《日本历史》课本中的"侵略"改写为"进出"。1952 年和 1953 年，吉田内阁两次修改《文部省设置法》，扩大了文部省和文部大臣的权力，即规定"文部省是国家权力机关，对学校教育所有行政事务负有责任"，教科书审定权力"永久归文部大臣所有"。文部省在 1958 年修订小学《学习指导要纲》，1960 年修订高中《学习指导要纲》，将战前日本的对外侵略全部改写为"进出"。从此以后，不仅"侵略"一词，而且有关 731 部队、随军慰安妇、南京大屠杀、三光政策等战争罪行也逐渐在教科书中消失。尽管屡遭刁难的进步史学家家永三郎在 1965 年提出诉讼，状告教科书审定制度违反宪法，但旷日持久的诉讼并没有阻止政府模糊过去日本对外战争的侵略性质及其犯罪史实的倾向。

保守主义思潮

日本经济的成功引起西方国家的关注，美国著名日本问题专家傅高义在 1979 年撰写出版了《日本第一》一书。该书利用丰富的第一手资料，详细分析了日本在汲取知识、政府领导、政治结构、企业管理、基础教育、社会福利、社会治安等领域的状况，说明其成功的经验。傅高义指出，美国应在产业贸易政策、培养精干的干部、共同体的展望、集体利益等方面向日本学习，同时避免压制个性、歧视少数派及失败者、鼓吹爱国主义、内部纠纷等日本固有的问题。该书出版后在日本和美国均引起较大反响。

60年代的经济高速增长和70年代的经济稳定增长，不仅使日本成为仅次于美国的经济强国，而且也使国民生活水平得到大幅度提高。1976年总理府进行的抽样调查表明，认为自己属于中等生活水平的国民约占90%。这种"中流意识"既是对现实生活基本满意的表现，也反映出一种维护既得利益的保守心理，即维持现存体制和秩序的观念。在此基础上形成了一股保守主义社会思潮，主要有以下几个特征。

第一，50年代及60年代和平民主主义思潮在政治目标和社会运动价值取向上的历史使命的终结。也就是说，尽管反对战争特别是防止卷入美国发动的战争的心理防线依然存在，但运动形式的锋芒已被歌舞升平的景象所磨灭，和平民主主义已经从公开的政治斗争转化为维持和发展和平生活的社会心理。其具体表现就是大规模的劳资纠纷逐渐低落，尤其在民间企业中，"劳资一体""命运共同体"意识强烈，例如在因石油危机引发的经济危机中，企业实施的"减量经营"，即减少人力、物力、资金、组织等措施得到工人的支持，在1975年的"春斗"中，最初工会方面提出增加工资30%以上，但最后接受了比经营者提出的15%还要低的13%。即使在国营、公营企业中，以"国铁"为首的工会组织在1975年争取"罢工权"失败后，其斗争方式也逐渐转向以劳资协调为主。从某种意义上看，这是日本能够迅速摆脱经济危机、走向稳定增长的重要原因。

第二，对保守政党及其政权抱有支持态度。自民党从50年代中期执政以来，其支持率一直处于下降趋势。其原因除不断出现的政治资金丑闻外，农业人口不断减少也是一个重要的因素。由于自民党采取有利于农民的政策，而且农村具有严密的集票组织——农业协同组合（简称"农协"），所以自民党的选票大多来自农村。70年代中期以后，自民党的支持率逐渐回升。1976年，该党的支持率为最低的25.1%，1980年上升到32.7%。这种状况在地方选举中表现得尤为突出。在1975年以前，社会党、共产党控制的地方自治体约占全日本人口的39%，但其后革新自治体接二连三地被自民党等保守势力夺回。

实际上，具有保守意识的选民大多仅关心自己身边的实际问题，例如防止公害、保护环境、维护消费者权利等，因而造成不固定支持特定政党的浮动选票大量增加。尽管进入 70 年代以后，浮动选票的比例从 40% 上升到 60%，但绝大多数浮动选票是以自民党能够维持政权为前提。也就是说，当自民党势力太强或党内爆发较大的政治资金丑闻时，持浮动选票的选民或者不去投票，或者将选票投给在野党。如果自民党政权出现危机，那么这些浮动选票又会转向自民党。1980 年大选中自民党大胜的结果，虽然带有同情大平正芳去世的色彩，但也反映了选民希望维持现状、保证政局稳定的保守意识。

第三，对日美安全保障体制和自卫队的肯定。1960 年时，只有 15% 的被调查者认为《日美安全保障条约》有利于日本的和平与安全，但到 1978 年，对该条约给予积极评价者高达 66%；1974 年以前，不到半数的人肯定自卫队符合宪法，但到 1978 年赞成或主张加强自卫队的人数上升到 76%。1979 年，有 90% 的人希望保持自卫力量。这种保守思潮不仅推动了自民党扩充军备的步伐，而且也迫使在野党改变过去的行动纲领。例如在 1979 年 12 月和 1980 年 1 月，公明党与民社党、社会党分别发表《关于联合政权的设想》，三党一致表示鉴于国内外形势的变化，应肯定日美安全保障体制和自卫队的积极作用，并主张继续保留《日美安全保障条约》和自卫队。

第四，民族优越感增强，对自民党政权鼓吹的"新国家主义"抱认同感。根据日本广播协会所做的抽样调查，认为"出生在日本好"的人，在 1973 年为 91%，到 1983 年上升到 96%；认为"日本是第一流国家"的人，1973 年为 41%，1983 年上升 57%；认为"日本国民比其他国民更加优秀"的人，1973 年为 60%，1983 年上升到 71%。这种民族优越感直接导致"日本人论"和"日本文化论"热潮的出现，1946—1978 年间，58% 的"日本人论"著作是在 1970 年以后出版的，而且此时的"日本人论"大多强调其先进性，而不像 50 年代前后多论述其后进性。

大国主义思潮

日本国民生产总值在 1950 年时仅为世界国民生产总值的 1%，1960 年为 3%，1970 年为 6%，1980 年为 9%，1988 年达到 14%。与其相反，美国国民生产总值在 50 年代约占世界国民生产总值的 40%，但到 80 年代末下降到 25% 左右。另外，1985 年，美国的经常收支赤字达到历史最高的 1114 亿美元，1988 年成为负债 5325 亿美元的债务国。日本的海外纯资产 1985 年达到 1298 亿美元，1988 年达到 2917 亿美元，成为最大的债权国。1987 年，日本人均国民生产总值为 19564

美元，超过美国的 18548 美元。1988 年，日本人均国民生产总值进一步上升到 23382 美元，仅次于瑞士排在世界第二位。

日本在世界贸易总额中的比例也迅速上升。1960 年时，日本在世界出口总额中的比例为 3.7%，1970 年为 7.8%，1985 年为 11.9%。在贸易收支方面，80 年代日本与联邦德国一直处在盈余状态，美国在 1987 年达到创纪录的 1703 亿美元贸易赤字，英国、法国在 80 年代也均为贸易赤字，构成了"敲打日本"的基础。1990 年美国《福布斯》杂志刊登的世界 500 家大企业中，前 20 位中有丰田汽车（第 6 位）、日立制作所（第 9 位）、松下电器产业（第 12 位）、日产汽车（第 17 位）；在 20 家世界最大银行中，日本银行有 14 家，其中第一劝业银行、住友银行、富士银行、三菱银行、三和银行、日本兴业银行、农林中央金库、日本联合银行居第一位到第八位。

1989 年，日本的对外政府开发援助（ODA）约 90 亿美元，超过美国的 76 亿美元，居世界第一位。在开发援助委员会（DAC）由各国提供的总额 467 亿美元中，日本约占 20%，但在国民生产总值中的比例为 0.31%，低于七个发达国家的平均比例 0.34%。日本的对外政府开发援助近 70% 是面向亚太地区，例如在 1988 年，印度尼西亚、马来西亚、菲律宾、泰国四个国家接受的政府开发援助总额中，66% 来自日本，来自美国的只有 8%。同年在中国接受的政府开发援助中，日本占 56%，美国为 0。

日本广播协会（NHK）舆论调查部在 1986 年 10 月进行的"保守意识的结构"和 1988 年 6 月进行的"日本人的意识"舆论调查表明，76.6% 的被调查者认为日本人比其他民族拥有更为优秀的素质，有 71.8% 的被调查者愿意为日本的发展做贡献，同时也有 70.6% 的被调查者认为日本仍应向外国学习。

1986 年，日本评论家长谷川庆太郎出版了一本名为《再见吧，亚洲》的书，该书将亚洲国家看作是"垃圾"，而日本是高耸其上的"高楼大厦"，是具有自由、民主以及富裕的"世界大国"，脱离亚洲是必然的，而且日本也不必拘泥于过去的战争责任，要以毅然决然的强硬态度对亚洲各国施加影响。这本反映大国主义思潮的书出版后受到日本国民特别是日本年轻人的欢迎。

1989 年，自民党国会议员、运输大臣石原慎太郎与索尼公司董事长盛田昭夫合写了一本名为《日本可以说"不"》的书，书中指出，作为经济实力、科技水平一流的大国，日本不能在对美关系中唯唯诺诺，应该说"不"的时候就应断然说"不"，摆脱几十年来日本对美国的从属地位。该书出版后立即成为一年内销售百万册的畅销书；1990 年，石原慎太郎又在杂志上发表题为《我断然主张日本可以说"不"》的文章，再次强调日本应拥有独立的世界战略，开展不受拘束的外交，应主动且有效地发挥其经济力量，按照自己的意志独立地参与国际事务；紧接其后，石原慎太郎又与小川和久、江藤淳分别合写了《日本还是可以说"不"》《日本就是可以说"不"》，抨击美国在贸易问题上对日本的批评，认为这是种族歧视。

因过激言论遭到美国朝野猛烈批判，并因否认南京大屠杀存在引起邻国人民愤怒的石原慎太郎却受到日本民众的支持。《读卖新闻》1991 年 4 月发表的一项民意测验显示，认为海部俊树之后最合适首相人选是石原慎太郎的被调查者占14.9%，居第二位。另外在 1991 年 11 月 16 日《每日新闻》所做的舆论调查表明，有 77% 的被调查者认为不能盲目听从美国在安全保障、经济等方面的要求。由此可见日本国民的大国主义意识。

其他的重量级日本政治家也对美国持蔑视态度，大国主义心态暴露无遗。例如中曾根康弘首相在 1986 年 9 月的自民党研修会上说："美国没有能力使其多种族社会取得更大进步是因为存在少数民族，如黑人、波多黎各人和墨西哥人"，结果引起美国的激烈批判，中曾根首相不得不向美国民众道歉，同时向日本民众道歉；1990 年 9 月，法务大臣梶山静六再次发表歧视美国黑人的言论，引起美国黑人的抗议；1991 年 1 月，众议院议长樱内义雄抨击美国在贸易问题上对日本的强硬态度，说美国人素质低，有 30% 是文盲；同年 2 月，宫泽喜一首相在国会答辩中声称"美国人缺乏通过劳动创造财富的工作道德"等。

大国主义思潮的一个重要特征是修改宪法论者逐渐增加。60 年代初期，日本国民的共识是"拥护宪法等于和平与革新，修改宪法等于反动与保守"，但进入80 年代以后，越来越多的人对"宪法限制日本做出国际贡献"的论点表示赞同。1991 年 3 月，《读卖新闻》进行的一次舆论调查表明，希望修改宪法的人占 33%，比五年前上升了 11 个百分点。尽管认为不宜修改宪法的人仍占 55%，但希望修改宪法的人数增加速度之快令人吃惊。而且在主张修改宪法的人中，45% 的人认为宪法落后于国际形势的发展，比五年前增加了 6%。

与此同时，欧美发达国家面对日本的经济攻势和贸易摩擦，提出"日本异质论""日本威胁论"，形成"敲打日本"的局面。其中代表性著作有美国商务部官员普莱斯托夫的《日美逆转》、美国加州大学教授查默斯·约翰逊的《通产省与日本奇迹》、荷兰驻日记者沃尔夫伦的《日本权力结构之谜》和美国评论家弗洛兹的《封锁日本》等。尽管他们的观点各有不同，但均为否定性评价甚至批判日本体制或日本的特殊性，例如日本的产业政策、日本式经营方式等。1989 年美国《商业周刊》与哈里斯舆论调查所的共同调查表明，69% 的美国人认为"日本的经济威胁"是美国未来的重大威胁，只有 22.9% 的美国人重视"苏联的军事威胁"。

在日本学术界也有冷静反思大国主义思潮的学者，例如一桥大学教授中村政则明确指出："进入 80 年代以后，日本'成功后的傲慢'姿态十分明显。""在经济大国的民族主义基础上，以日本人民族认同为目标的日本文化意识形态逐渐蔓延，其并非是传统日本文化论的重新泛起，而是在'国际国家日本'的新外表下，以日本的经济实力和技术水平条件，鼓吹日本人卓越性，强调日本式经营、团队主义、勤奋精神等。"

在欧美国家也有类似中村教授的观点，例如比尔·艾莫特在 1990 年出版的《太阳再次沉没》，在批判"日本异质论"的同时，指出日本的繁荣已经成为历史。作者特别重视支持日本繁荣的旺盛储蓄，认为日本人将 16% 的收入转变成了储蓄，但很快将下降，日本不仅将从生产者国家转为消费者国家，而且会迅速进入老龄化社会，经济活力将衰弱。40 年没有进行政权交替的日本政治体制已经僵化，必将妨碍日本结构的转化。

结　语

如果从经济高速增长及其衰退的政治体制动因上分析，自民党优势下的竞争性政党政治既保持了政局的稳定，为经济高速增长提供了良好的政治环境，又发挥了在野党的有效监督作用，使得执政党的经济政策带有较强的合理性。由于"1955 年体制是以经济增长的极大化为目的的体制"，因而无论是执政党还是在野党，其大部分活动均围绕经济发展的主题。在此状态下，政治体制还具有执政党的支配结构建立在政府扩张性财政基础上、"财界"通过对执政党的影响维护市场经济基本框架等经济特征。为应付 70 年代初石油危机引发的经济危机，日本加强了本应逐渐削弱的行政机构所拥有的权限，而且随着其后经济低速增长时代的到来，以扩张性财政为基础的政府资源以及政策空间受到限制，为保护自己的权限，行政官僚寻求执政党的支持；已经逐渐熟悉决策过程的自民党，亦希望继续维持通过利益分配巩固选举地盘的方式；利益集团为维护自己的既得利益，则利用正常或非正常的渠道向行政官僚与执政党施加政治影响力，以上三者结成对经济发展具有消极影响的互利性同盟。另外，以大制造业提高劳动生产率为基础的微观经济的成功，在 80 年代暂时掩盖了政府以加强统制为中心的宏观经济政策的失败，进一步延误了必要的改革措施，90 年代日本经济的危机与衰退在很大程度上是来自 70 年代政府的经济政策。

大 事 记

时 间	日 本	世 界
1960 年	国民收入倍增计划	
1961 年	颁布《农业基本法》	韩国发生军事政变
1962 年	指定"新产业都市"；全国综合开发计划	
1963 年	《部分停止核试验条约》签订	
1964 年	公明党成立；东海道新干线营业；东京奥运会	中国爆炸原子弹
1965 年	家永三郎第一次教科书诉讼，《日韩基本条约》签订；首次发行赤字国债	
1965—1970年	伊弉诺景气	
1966 年	众议院因"黑雾事件"解散	中国开始"文化大革命"
1967 年	家永第二次教科书诉讼；颁布《公害对策基本法》；羽田事件	
1968 年	小笠原群岛归还；大学骚动	
1969 年	《日美共同声明》发表	
1970 年	《核不扩散条约》签字；大阪世博会；《安保条约》自动延长；三岛由纪夫自杀	
1971 年	设立环境厅；采用变动汇率制；众议院通过"非核三原则"	

（续表）

时　间	日　本	世　界
1972 年	冲绳归还；田中首相访华发表《中日共同声明》；札幌冬奥会；浅间山庄事件	尼克松访华
1973 年	汇率浮动、日元急剧升值；金大中绑架事件	第一次石油危机
1974 年	众议院通过《靖国神社法案》；田中金脉问题；"狂乱物价"（物价飞速上涨）	
1976 年	洛克希德事件	中国"文化大革命"结束；南北越统一
1977 年	赤军劫持日航事件	
1978 年	《日中和平友好条约》签字；日元急剧升值	中美邦交正常化
1979 年		第二次石油危机；三里岛核电站事故；对越自卫反击战
1980 年		韩国光州事件
1983 年	中曾根首相访美；"日美命运共同体"发言	
1985 年	制定《男女雇用机会均等法》	
1986 年		切尔诺贝利核电站事故
1987 年	国铁、日航民营化	中国台湾解除"戒严令"
1989 年	实行消费税等新税制	
1991 年	为海湾战争提供资金援助；美滨核电站冷却水泄漏事故	苏联解体
1992 年	泡沫经济破裂；佐川快递事件	

◎〰 进一步阅读书目

朱晓琦的《日本政治文化与选举制度——以政治家后援会为中心的研究》（社会科学文献出版社，2018 年）以实地调查所搜集的第一手资料为基础，考察了自民党、公明党、无党派政治家后援会的典型案例，比较了不同政党的政治家后援会组织。认为日本传统的集团主义文化是政治家后援会长期存在的根本原因。在传统文化与西方政治制度相结合的过程中，日本出现了独具特色的政治家后援会组织。后援会的长期存在，对日本的选举政治产生了深远影响。从政党发展的维度来看，政治家后援会在组织、动员民众参与投票方面弥补了政党基层组织薄弱造成的不足，也为近年来日本政党的频繁分化重组带来了可能。从国家政治发展维度看，政治家后援会在政府与选民之间建立起了上通下达的渠道，有助于民众的意愿得到更充分的表达，但也助长了金权政治、派阀政治、世袭政治的发展。该书对日本政治家后援会的形成、发展与演变进行了全面系统的分析，特别是以安倍晋三后援会为例分析了当前政治家后援会的新情况，填补了日本选举政治研究的空白。同时该书以政治家后援会为突破口，对日本选举制度的研究从制度层面深入到文化层面，以求开辟日本政治研究的新视野。

朱清秀的《战后日本选举与政治资金问题》（社会科学文献出版社，2019 年）指出，二战后围绕选举活动和政治资金使用的违法行为或政治腐败问题在日本社会不断发生，因而该书从比较日本与美英等西方国家的政治资金规制体系入手，围绕战后日本选举制度改革、政治资金管制体系建设、《政治资金规制法》的制定与修订、后援团体与政治资金问题的关系等，探讨日本政治资金问题发生的根源。同时，该书利用日本主要政党披露的数据，分析自民党和安倍晋三等具体的政党和政治家的政治资金结构特点及变化。

卡瑞尔·范·沃尔夫伦的《日本权力结构之谜》（中信出版社，2020 年）以局外人的视角观察日本，结合 30 多年来在日本的采访工作、与商政要人的私人对话，全方面剖析日本社会的运行机制，深度解读日本战后历史与未来走向，呈现了一个中国读者未曾理解的真实日本。该书分析了政府、党派、商界财阀、警察和法院、大众媒体，甚至是有组织的黑帮与新兴宗教等社会各个方面的掌权者建立的绵密人脉关系网。权力分散在社会的每个角落，也造就了温顺的国民——全身心奉献公司的男性工薪族、只适合待在家里的主妇们，还有缺乏创新能力、应试机器般的学生。该书揭开了人脉关系维持的巨大网络，戳穿了将权力压迫伪装成传统文化的"日本文化"外衣，也打破了 30 多年来有关"日本第一"的梦幻神话。

第 十 章

改革的年代

随着冷战国际体制的结束和日本泡沫经济的崩溃，日本进入政治、经济、社会等全方位改革时期，在政治领域走马灯式地更换政权，以至于出现"十年九相"的局面，在经济领域进行新自由主义式改革，日本企业经营的三大法宝——终身雇佣制、年功序列工资、企业内工会逐渐解体。由于派遣劳动者及自由职业者人数急剧增加，"超单身主义"和"低欲望主义"成为平成时代的两大突出社会现象，再加上严重的老龄化少子化人口结构、工作与生活的个人化象征着后工业化社会的来临。

联合政权与政治改革

政治改革四法案

八党派联合政权是在"政治改革"的旗号下成立的，所以很快在以选举制度改革为中心的政治改革问题上达成一致。尽管社会党不赞成以小选区为中心的选举制度，但该党委员长山花贞夫任内阁政治改革大臣，因而不得不接受改革方案。最大的反对声音来自在野的自民党，因为该党要求实施对其有利的纯小选区制度。

1993 年 9 月，细川内阁拟定政治改革四法案后提交临时国会审议。11 月 18 日，众议院以 270 票赞成、226 票反对通过了政治改革相关四法案，但在 1994 年 1 月 21 日的参议院全体会议上，由于社会党部分议员造反，相关四法案遭到否决。在两院协议会未能达成一致意见的情况下，细川首相与自民党总裁河野洋平举行最高级会谈，联合政权向自民党做出了许多让步。在临时国会的最后一天，即 1994 年 1 月 29 日，国会两院勉强通过了政治改革四法案。

政治改革四法案分别是《公职选举法修正案》《政治资金限制法修正案》《政党助成法案》以及《众议院议员选区划分审议会设置法案》。

《公职选举法修正案》的主要内容是将过去实施的中选区制改为小选区比例代表区并立制，众议院议员的定额为 500 名，其中 300 名来自小选区，200 名来自比例代表区，全日本划为 300 个小选区和 11 个比例代表区。

《政治资金限制法修正案》的主要内容为以政党为中心筹措政治资金，加强对向公职人员的政治活动提供政治资金的限制，强化政治捐款的公开性，明确政治捐款的对象，强化违法现象的处罚规则，等等。

《政党助成法案》的宗旨是通过国家向政党提供政治资金的方式，促使政党政治以及民主政治的健全发展，消除政治腐败现象。补助金总额按照每位国民 250 日元计算，每个政党应得的补助金数额按照该党所属议员数额以及国家级选举中的得票数算定。

《众议院议员选区划分审议会设置法案》是成立划分众议院议员选区审议会的法案。

1994 年 2 月，细川首相访问美国，并以强硬的态度抵制美国在贸易问题上的压力，成为战后首位对美说"不"的首相。尽管其举动受到国内舆论界的赞扬，但其政权的基础十分脆弱。细川率领的日本新党势单力薄，不仅处处受到其他执政伙伴的牵制，而且也容易受到行政官僚的操纵。例如，首相和农林省决定逐步开放国内大米市场，但遭到社会党等执政伙伴的强烈反对。

1994 年 2 月 3 日，细川首相突然会见记者，宣布废除消费税，新设税率为 7%的国民福利税，大藏省在其中起到重要作用。然而在社会党和新党魁党的反对下，细川首相不得不在第二天就撤回了其设想。自民党趁机揭露细川首相本人曾暗中接受企业捐款的违法行为，1994 年 4 月，细川内阁被迫集体辞职。

政治改革相关法案通过国会审议后，在新生党核心人物小泽一郎的策划下，以新生党为中心，联合日本新党、民社党以及刚刚从自民党内脱离出来的"改革之会"、自由党等宣布成立名为"改新"的统一团体，然后组建较大的政党，以适应新制度下的选举。社会党受到排斥，因为在小泽一郎看来，尽管社会党已经发生较大的变化，但在协调政策方面仍然困难重重。社会党、新党魁党愤而退出联合政权。

因此，在细川内阁之后成立的羽田孜内阁成为少数党政权，国会通过政府新年度预算方案后的 6 月 22 日，在野党提出内阁不信任案并迅速得到通过。在小泽一郎的坚持下，羽田内阁集体辞职。自民党趁机以推荐社会党委员长村山富市担任首相为条件，与社会党、新党魁党组成联合政权。

自社联合政权

1994 年 9 月，社会党举行第 61 届临时代表大会，通过了《我党对当前政局的基本姿态决议案》，大幅度改变社会党的政策。决议案的主要内容是放弃"非武装中立"的立场，承认自卫队符合宪法，坚持《日美安全保障条约》，在宪法允许的范围内派兵参加联合国维持和平活动，支持和平利用原子能发电，承认"日之丸"为国旗、"君之代"为国歌，等等。除维护宪法以外，社会党与自民党在政策上已经没有多少差别。

与此同时，新生党、日本新党、公明党等在野党的 187 名国会议员组成了一个国会内团体，名为"改革"，同时成立新党筹备会。同年 12 月，由新生党、公明党、日本新党、民社党、自由党、未来新党、高志会、改革之会、自由之会九个党派组成"新进党"。当时拥有国会议员 214 名，其中众议院议员 178 名，参议院议员 36 名。党首为海部俊树，干事长为小泽一郎。

与宿敌自民党组成联合政权，对社会党来讲无疑是自杀行为，因为后者不仅被迫改变过去的立场，还不得不实施许多损害自己形象的政策。1994 年 9 月，村山内阁决定将消费税的税率从 3% 提高到 5%，以适应日益高龄化社会的需求。

1995 年是日本多事之年，首先在 1 月 17 日，大阪神户地区发生"阪神大地震"，造成 5500 人死亡，20 万户住宅被毁，财产损失高达 10 万亿日元，成为战后最严重的灾害。由于首相官邸的通信系统及内阁的危机管理体制尚不完善，导致救援活动不能及时进行，政府受到社会舆论的激烈批评。3 月 20 日，宗教团体"奥姆真理教"在东京地铁释放"沙林"毒气，造成 11 人死亡，3800 多人受伤。村山首相紧急召见运输大臣和国家公安委员会委员长，指示尽快查明此事，并着手修改《宗教法人法》。

6 月 9 日，在村山首相的坚持下，为迎接第二次世界大战结束 50 周年，国会众议院通过了《以历史为教训再次决心走向和平的决议》，即"不战决议"。但由于执政伙伴自民党的抵制，决议的用语十分暧昧，未能正视战前日本对外侵略战争的历史及责任，因而遭到国内外舆论的强烈批评。

7 月 23 日，举行第 17 届参议院选举。结果自民党增加 13 个席位，新进党增加 21 个席位，社会党减少 25 个席位。9 月 4 日，发生驻冲绳美军强奸日本小学女生事件，引发全日本的抗议浪潮。在社会舆论的支持下，冲绳县知事大田昌秀拒绝在继续提供美军土地的协定上签字。村山首相与大田知事会谈没有取得结果，只好诉诸法律。

泡沫经济崩溃

经济低迷也是村山内阁面临的重大问题。从股市来看，日经指数从 1985 年的 13128 点上升到 1989 年的 38915 点，此后开始迅速下降，到 1992 年 8 月，竟跌到 14309 点，跌幅高达 63.2%，甚至超过 20 世纪 20 年代末世界经济大危机时的数值。同时，房地产价格也在迅速下降，降幅在一半以上的地区比比皆是，土地与住宅的买卖停滞，"泡沫经济"崩溃。不动产价格迅速下降，严重影响了为不动产提供抵押贷款的金融机构，大量呆账坏账形成的不良资产使大批中小金融机构倒闭、大型金融机构负担过重。尽管在 1990 年和 1991 年，工商业仍然处在强劲的扩张中，设备投资、私人消费和出口均保持了较高的增长，但从 1992 年开始，连续三年的经济增长率分别为 0.4%、0.5%、0.6%，基本为零增长。企业倒闭及失业人数急剧增加，日本经济从"平成景气"转向"平成危机"。

尽管如此，在巨额贸易顺差的作用下，日元对美元的汇率持续上升。1995 年 4 月 19 日，东京外汇市场日元对美元的汇率达到历史最高点，为 80 日元兑换 1 美元，进一步打击了日本经济和金融机构。包括最大地方银行兵库银行在内的三家银行倒闭，以住宅贷款为主要业务的住宅金融专门公司不良债券高达 8 万亿日元。为防止该金融机构倒闭并引发金融危机，12 月 19 日，村山内阁准备向住宅金融专门公司投入 6850 亿日元的公共资金，但引起社会舆论的批评。

1996 年 1 月，身心疲惫的村山富市将首相职务让给自民党新总裁桥本龙太郎，仍然维持自民、社会、新党魁三党联合政权。同时召开社会党代表大会，将党名改为社会民主党（简称"社民党"），当时拥有 63 个众议院席位。

结构改革

桥本龙太郎政权

雄心勃勃的桥本龙太郎上台后在内外政策上采取了许多断然措施。首先，排除在野党的强烈抵抗，在国会通过了向住宅金融专门公司提供 6850 亿日元公共资金的法案和 1996 年度政府财政预算。4 月，与到访的美国总统克林顿会谈，并发表强化日美安全保障体制的联合宣言，计划制定"新日美防卫合作指针"，并提出"周边事态"的概念，将联合防卫体制扩大到整个亚太地区。7 月，以政府首相的名义参拜靖国神社，引起国内外舆论的批评。

1996 年 9 月，鸠山由纪夫、菅直人等人联合自民党、新进党、民社党、新党魁党的部分成员，宣布成立拥有 57 名国会议员的民主党，试图形成与自民党及新进党这两个新旧保守政党相对立的市民政党。在此情况下，自民党不顾执政盟友社民党和新党魁党被民主党釜底抽薪的严重局面，决定利用自己支持率上升的有利时机解散众议院举行大选，以便在新进党受到削弱而民主党立足未稳之时增加自己的议席。

1996 年 10 月，在小选区比例代表区并立制下的大选首次举行。比起其他政党，自民党的准备工作做得比较充分，因而在众议院 500 个总席位中获得了 239 席，比选举前增加 38 席。新进党比选举前减少了 4 个席位，为 156 席，但比成立时减少了 22 席。民主党未能掀起"新党效应"，仅仅保住了原有的 52 席。日本共产党获得较大的胜利，席位从上次大选时的 15 席增加到 26 席。社民党和新党魁党分别从上次大选时的 70 席和 13 席减少到 15 席和 2 席，其减少部分大多是选举前加入民主党的成员。

大选之后，自民党单独组成少数派政权，社民党与新党魁党实施阁外有限合作。桥本内阁在 11 月成立行政改革会议，大力推进行政改革。而新进党在选举中的失败加剧了内部的对立与矛盾，党内要求追究小泽一郎党首责任的呼声颇高，前首相细川护熙甚至提出了"分党构想"。1996年底，羽田孜带领13名支持者脱离新进党另立山头，成立了"太阳党"。

六大改革

1997年初，桥本首相提出六大改革的口号，即同时进行行政改革、财政结构改革、金融体系改革、经济结构改革、社会保障改革以及教育改革。行政改革是通过重组中央行政机构、放宽政府管制、推进地方分权、整顿特殊法人、推动行政透明化等措施，削弱政府的权限；财政改革是通过控制政府预算增长规模、减少公共债务、压缩行政开支、减轻国民税收负担等措施健全政府财政；金融改革的目标是消除泡沫经济的后遗症、清除不良债权、彻底放松政府对金融机构的管制等，其手段之激烈，被称为"金融大爆炸"；经济结构改革的主要内容是以高科技改造传统产业，强化金融业对技术开发的支持，发展知识型产业结构，以达到阻止制造业"空洞化"的趋势；社会保障改革的主要内容是通过提高个人医疗及养老保险的负担，完善社会保障体系，适应老龄化、少子化社会的发展；教育改革的目标是培养有创造力的新型人才，追求个性化和国际化等。

图10-1　行政机构改革示意图

桥本内阁行政改革的重点是通过行政机构的重组削减其权限，例如权限最大的大藏省，不仅大部分财政政策权限转移到内阁府经济财政咨询会议、金融行政权限全部转移到新设置的金融厅、对中央银行——日本银行的监督权限受到较大限制，其名称也改为财政省。

为实现上述改革目标，1997 年 4 月，桥本内阁不仅实施了紧缩性的政府预算方案，而且正式实施税率为 5% 的消费税，并取消了一些所得税的优惠减免政策。这些措施严重打击了刚刚出现复苏迹象的日本经济，同年第二季度的经济增长率为 –11%。尽管此后受东南亚金融危机的影响，日本经济进一步显示出危机征兆，但桥本内阁还是在同年 9 月向国会提交了以大幅度压缩公共投资为主要内容的《财政改革法》，并很快通过国会两院的审议，准备从 12 月开始实施。

1997 年 11 月，日本第十大银行北海道拓殖银行因巨额不动产贷款无法收回而倒闭，同时四大证券之一的山一证券也因巨额债务而破产。12 月 17 日，桥本首相被迫宣布放弃紧缩财政计划，大幅度减免个人所得税和公司所得税，但 20 日大藏省公布的下一年度政府预算方案中仍然没有扩张型财政的内容。经济形势的恶化迫使自民党在 1998 年 3 月公布了有史以来最大的经济刺激方案，金额高达 16 万亿日元，相当于政府新预算的 20%，主要用于公共投资。4 月，桥本首相再次宣布大幅度削减所得税，并正式启动经济刺激方案，但市场没有任何反应，日元汇率与经济增长率进一步下降。1997 年度的经济增长率从上一年度的 4.4% 变为 –0.4%。

政界分化组合

另一方面，在野党进入新一轮分化组合时期。1997 年 12 月 27 日，新进党解散，分裂成以小泽一郎为首的"自由党"、以鹿野道彦为首的"国民之声"、由众议院原公明党成员组成的"和平新党"、由参议院原公明党成员组成的"黎明俱乐部"、由原民社党成员组成的"友爱新党"、以小泽辰男为首的"改革俱乐部"六个政党。再加上成立不久的以细川护熙为首的"从五开始"以及原有的自民党、民主党、日本共产党、社民党、先驱新党、太阳党和民主改革联合，共有大大小小 14 个政党。其后不久日本民主党、友爱新党、民政党、民主改革联合合并成"新民主党"，成为拥有 131 个众参两院议席的第二大政党。

在野党一片混乱的局面无形之中加强了自民党的执政基础，但其失误的经济政策导致该党在 1998 年 7 月参议院议员选举中惨遭失败，桥本首相引咎辞职。小渊惠三在自民党总裁选举中获胜，同时成为政府首相。

小渊内阁成立后立即冻结《财政改革法》，并扩大公共开支，大规模减税，对中小企业采取援助措施，官定利率也下调到世界金融史上绝无仅有的"零利率"。至此，日本经济下滑的势头终于得到遏制。1999 年 1 月，自民党与自由党组成联合政权，并在国会中通过了诸如《周边事态法》《国旗国歌法》《监听通讯法》等重要法案。同时，通过有关法案，减少 20 个众议院席位，国会总席位从 500 个减少到 480 个。同年 10 月，公明党参加到联合政权中，三党执政联盟在众议院的席位超过 2/3。

2000 年初，自由党脱离联合政权，并发生分裂，部分成员组成保守党。4 月，小渊首相因病突然去世，自民党各派系密室协商后决定由森喜郎接任首相职务，并与公明、保守两党组成联合政权。6 月举行大选，尽管执政三党在选举后仍然拥有稳定多数的 271 个议席，但总共减少了 65 个议席，仅自民党就比选举前减少了 38 个议席。共产党和民社党的席位有所减少。民主党从 95 个席位增加到 127 个，成为最大的赢家，自由党也增加了 4 个席位。

森喜郎不仅能力有限，而且不思进取，因发表"日本是神之国"言论而受到社会舆论的强烈批判，甚至在接到美国潜水艇撞翻日本实习渔船的消息后仍若无其事地打高尔夫球，其内阁支持率一度下降到 9%。更为重要的是，其内阁没有采取任何重要的政治措施或经济政策，只是在 2001 年 1 月按计划启动了新的中央行政机构，即将过去的 1 府 22 个省厅改为 1 府 12 个省厅。

小泉纯一郎政权

2001 年 4 月，小泉纯一郎当选为自民党总裁和政府首相。他首先利用美国受到恐怖袭击的"9·11 事件"，在同年 10 月以最快的速度通过《反恐怖三法案》，将"专守防卫"的自卫队派往印度洋，支援美国对阿富汗进行的战争；2002 年 9 月，作为战后首位访问朝鲜的日本首相，与朝鲜领导人会谈并发表了联合声明，但因"朝鲜绑架日本人问题"与"朝鲜核开发问题"，两国邦交正常化的步伐受阻；2003 年 1 月，美国和英国绕开联合国发动对伊拉克战争后，小泉政权不仅在国会通过了带有建立战时体制色彩的《有事三法案》，而且坚定不移地支持美、英两国的对伊战争；同年 7 月，国会通过了支援驻伊美军的《伊拉克战后重建支援法案》，将自卫队派往当地武装势力不断袭击美英军队的伊拉克。

2003 年 9 月，小泉再次当选自民党总裁，并在 10 月解散众议院举行大选。结果，自民党基本维持了原有的席位，并在吸收无党派议员的基础上超过众议院半数席位。选举前合并了自由党的民主党席位增加 40 个，为 177 个，公明党增加到 36 个席位。日本共产党从 20 个席位减少到 9 个，社民党从 18 个席位减少到 6 个，均成为无足轻重的小党。保守新党从 9 个席位减少到 4 个，选举后合并到自民党。

因此，日本政坛初步出现了自民、民主两大保守政党对立的形态。但在 2005 年因邮政民营化法案在国会遭到否决、小泉解散众议院举行的大选中，自民党获得大胜，增加了 59 个席位，民主党反而减少 64 个席位。

小泉首相重视市场经济原理，强调"民间能做的事情就由民间来做"，同时表示"排除既得利益团体的干扰，改革无禁区"，暗示对自民党及官僚的利益诱导政治体制也将进行改革。小泉内阁成立时任命庆应大学教授竹中平藏为经济财政担当大臣，负责经济政策，同时最大限度地利用经济财政咨询会议所提出的建议。

早在 2001 年 6 月，咨询会议便首次提出了 2001 年基本方针（全称为《关于今后经济财政运营及经济社会结构改革的基本方针》），其中明确规定"刷新财政体制及预算编制过程，以提高政策形成过程的透明度，确保中短期经济财政运营的综合性"，"每年编制政府预算时，首先在经济财政咨询会议进行有关经济财政综合性讨论，提出应重视的领域及政策变更的必要性等"。在结构改革方面，2001年基本方针提出了处理不良债权、特殊法人民营化、地方自立、改革社会保障、缓和劳动法规、城市再生等内容。

各项深度改革

首先是处理不良债权问题。尽管 1998 年成立了金融监督厅，而且国会也通过了议员起草的《金融再生法案》，但在经济持续低迷中，反对实施严格的会计基准的声音较强。银行仅对优良客户贷款，担心政府强化监督并指示变换经营者，也反对投入公共资金。小泉内阁成立后，不良债权急剧增加，第二年的失业率达到最高峰的 5.4%。2002 年 9 月竹中平藏兼任金融担当大臣后，果断地采取了一系列处理不良债权的措施。

在竹中大臣的主导下，2002 年 10 月，金融厅发表了"金融再生项目"（亦称"竹中计划"），主要内容是金融机构得到公共资金以及日本银行的特别融资后，需强制性地公开处理不良债权。为保障偿还的可能性，竹中大臣命令银行采用严格的会计方法，同时限制"延期税资产"在自己资本中的比率。尽管到 2004 年秋所有银行的不良债权比率均有所下降，但竹中大臣仍然不断对银行施加压力。对大荣等没有偿还能力且长期抵抗结构改革的债务机构，直接或间接地迫使其更换领导机构成员，进行彻底的整顿。在这些政策的影响下，2005 年 3 月的决算报告显示，7 家大型银行集团的不良债权比率下降到 2%—3%。

特殊法人是介于政府与民间企业之间的组织，大多利用公共资金从事基础建设或公共事业，较少考虑成本核算。将其民营化可以减少政府财政支出，同时也可以通过采用民间企业的经营方式提高其效率。小泉政权实施的特殊法人改革主要是道路公团和邮政事业民营化。道路建设涉及建筑业以及利用其道路的地区居民利益，因而战后一直是执政党十分注重的利益分配领域。同时因日本的地价较高，道路建设特别需要资金。在经济高速增长时期，包括道路在内的基础设施建设发挥了较大的作用。但随着经济高速增长的结束以及人口增长的停滞，70 年代以后建设的道路利用率较低，难以收回成本。如果提高利用费用，将陷入利用者进一步减少的恶性循环状态。为此，小泉内阁在 2002 年提出《道路相关四公团（日本道路公团、首都高速道路公团、阪神高速道路公团、本州四国联络桥公团）民营化推进委员会设置法》，在内阁设置第三者机构，推进民营化。委员会在 2002 年 8 月 30 日提出中间报告，建议道路所有者及管理者分离，民营化后组成"资产及偿还债务机构"继承四公团的资产与偿还债务；由另组建的新公司管理道路运营，建设新道路时由新公司自己负担其费用，并保证营利性；"资产及偿还债务机构"以新公司征收的道路费偿还债务。《道路公团民营化相关法案》在 2004 年 3 月 9 日提交国会审议并得到通过，2005 年 10 月 1 日，新的 6 个道路公司和"资产及偿还债务机构"成立。

在邮政三事业（邮政、邮政储蓄、简易保险）民营化问题上遇到的阻力更大。邮政事业原先由国家垄断，效率存在问题，另外免征法人税，对银行、保险公司、传送公司也是不正当竞争。邮政储蓄和简易保险集中了 360 万亿日元的资金，在其基础上的财政投融资也增强了特殊法人的非效率性，因此，小泉首相多年来一直坚持邮政事业民营化改革，在提高效率的同时，推动特殊法人改革和财政改革。2005 年 7 月，邮政事业民营化相关法案以 5 票之差得到众议院的通过，但在参议院遭到否决。小泉首相解散众议院举行大选，将投反对票的议员开除出自民党并派"刺客"到其选区竞选，结果自民党获得大胜，和公明党的席位共占众议院三分之二的绝对稳定多数，在接下来的国会中顺利通过了邮政事业民营化相关法案。

社会保障费在政府预算中占相当比重，例如 2001 年度最初预算社会保障费为 12.6 万亿日元，约占一般会计的 21%，小泉政权主要对社会保障费中的医疗制度和养老金制度进行了改革。在医疗制度改革方面，首先在 2002 年 7 月通过了《医疗制度改革相关法案》，主要内容包括提高医疗费个人负担比例、提高健康保险费率、抑制老年人医疗费增加、降低诊疗报酬等，2003 年 6 月国会又通过了设置医疗费总体框架的新《医疗制度改革相关法案》。另外在 2004 年 6 月通过了规定保险费率及支付标准、夫妇养老金分离、减少社会保障费等内容的《养老金改革相关法案》。

短命的自民党内阁

三届政权暗淡无色

安倍晋三在 2006 年 9 月举行的自民党总裁选举中当选，接着当选为首相，仍然维持了自民党与公明党联合执政框架。安倍晋三出身政治世家，外祖父为岸信介，属于保守派政治家，热衷修改宪法、重新武装，上台之初就在众议院全体会议发表施政演说时强调修改宪法的必要性。在其推动下，2006 年秋季召开的临时国会通过了旨在提高国民爱国心的《教育基本法修正案》以及《防卫厅升格为防卫省法案》，2007 年 5 月国会通过了允许就修改宪法举行全民投票并制定相关法律程序的《国民投票法》。

但安倍内阁成员丑闻不断，特别是丢失养老金交纳记录事件曝光更是引起国民的不满。2007 年 5 月，社会保险厅丢失 5000 多万份养老金缴纳记录的事件浮出水面，使本来就因老龄化、少子化而处在危机状态的养老金制度更陷困境，许多已经缴纳保险费的国民担心无法按期领取养老金。尽管国会通过了带有补救内容的《取消养老金时效特例法案》和《社会保险厅改革相关法案》，但舆论调查显示安倍内阁的支持率迅速降到了 30% 以下。在此形势下 7 月 29 日举行的参议院选举严重地打击了自民党，在野的民主党共获得 109 席，超过自、公执政党合计的 103 席。加上日本共产党、社民党等党派的席位，在野党总共拥有 242 个总席位中的 138 个。

尽管安倍首相暂时搁置了所谓"建设美丽国家""脱离战后体制"等政治理念，在推动修宪等敏感议题上顾虑主流民意，并通过改造内阁提高支持率，但终究无望在国会通过即将到期的《反恐特别措施法》，因而在临时国会召开后的第三天——9 月 12 日宣布以健康原因辞去首相职务。出于对过急改革引发不满的反省，自民党选择了性格温和、政策稳健、擅长协调的福田康夫为该党总裁和政府首相。

自民、公明两党在 10 月召开联席会议，决定向临时国会提交《新反恐对策特别措施法案》，替代即将到期的《反恐特别措施法》。新法案删除了原法案中"救援灾民"和"搜索救助"的内容，将自卫队在印度洋的支援活动限定在供应燃料和供水两项，实施期限也改为一年。尽管在自民、公明执政两党的多数赞成下两次延长临时国会会期，终于在 2008 年 1 月众议院以 2/3 以上多数通过反恐法案，但大大影响了其他法案的审议及通过。在 2008 年初召开的通常国会上，在野党故伎重演，两次在参议院否决政府提出的日本中央银行——日本银行总裁人选，使这一职位自二战结束以来首次出现空缺，参议院甚至在 6 月 11 日通过针对福田首相的问责决议案，福田首相自知难以过关，而且在内阁支持率低迷的状态下也难以解散众议院举行大选，只好以辞职了之。

面临即将到来的大选，为逃避败选的责任，自民党内重量级人物纷纷回避总裁选举，结果使数次参加自民党总裁竞选、性格直率、政治统率能力较弱的麻生太郎脱颖而出。由于麻生首相漫画性的直线思维导致其经常失言，因而内阁支持率迅速跌至 25.5%，受其影响，自民党内"反麻生"的倾向日渐活跃起来，甚至出现了与在野党联合或者脱离自民党的动向。

经济再陷困境

2006 年日本经济继续平稳复苏，各产业状况良好，股市稳中有升，地价缓慢回升，不良债权处理完毕，企业的设备、人员及债务的"三过剩"问题得到解决，物价出现全年度正增长，失业压力减轻，居民消费也得到一定的恢复。但政府财政状况严峻，2006 年财政赤字在 GDP 中的比重为 5.1%，远远超过国际警戒线，在发达国家中最为糟糕。另外，地区之间经济差距、贫富差距重新拉大，人口老龄化与社会保障负担不断沉重。为解决贫富分化越来越严重的问题，安倍首相提出"再挑战计划"，试图为经济竞争失败的弱势群体提供一个重新发展的机会，但需要较多费用。

2007 年的日本经济复苏势头明显减弱，首次从 2002 年以来 2% 以上的年均增长率下降为 1.6% 左右。首先是股市急剧走低，在 2007 年 6 月上升到 18000 点的峰值后下跌，年底跌到 15000 点。其主要原因除美国次贷危机和国际股市普遍下跌的影响外，与日本国内经济停滞也不无关系。其次是住宅投资急剧下降。针对不断出现的耐震建筑造假事件，日本政府修改《建筑标准法》，提高建筑质量标准，审查标准进一步严格，审查文件增多，而且规定在申请得到批准后不得擅自修改设计、工艺程序等，结果使建筑业遭到较大打击；再次，设备投资明显趋缓。2003 年到 2006 年设备投资年均增长率为 10%，但 2007 年出现连续三个季度的负增长。最后，职工收入也停滞不前。

2008 年受美国次贷危机引发的全球金融危机影响，日本经济遭受严重冲击。

2008 财政年度 GDP 实际增长率为 −3.5%，创战后年均经济增长率新低，衰退速度甚至超过美国和欧洲。日经平均股指从 2008 年 9 月初的 12834 点下降到 10 月底的 7163 点，两个月内跌幅高达 44%，为前所未有。出口急剧减少，时隔 28 年首次出现 7253 亿日元贸易赤字。大型制造业企业出现年终赤字，是自 2000 年以来的首次。设备投资第四季度比前期下降 16.7%，创历史最高纪录，工业生产指数在第四季度下降至 1953 年以来的最低点，消费在第四季度也出现负增长，失业率从 2007 年的 3.8% 上升为 4.4%。

为应付此次来势凶猛的危机，日本政府在 2008 年先后采取"紧急综合对策""生活对策""紧急对策"等措施，分别投入 1.8 万亿、4.8 万亿、5.8 万亿日元，预期调动 11.5 万亿、27 万亿、37 万亿日元规模的事业投资，以期减轻高龄者的医疗费负担，支持中小企业解决资金周转困难，向居民发放消费补助金，下调高速公路费，创造自治体就业机会，降低就业保险费，强化住房贷款的减税，降低中小企业法人税，等等。

在经济危机影响下，就业环境不断恶化，受冲击最大的是钟点工、派遣员工、临时工或合同工等非正式雇佣者。2009 年 1 月，参议院通过《确保雇佣和居住》的紧急决议，要求政府确保失业人员的居住和生活稳定，要求企业"不要轻易解雇员工和取消内定就业人员，全力维持雇佣的稳定"。与此同时，内阁会议通过包含放宽保险加入条件、延长难以再就业人员的事业补贴时间、降低雇佣保险费用等内容的《雇佣保险法修正案》并提交国会审议，两个月后众参两院通过了该法案。

趋于平衡的外交

在安倍政权之前的小泉纯一郎内阁时期，中日关系面临着前所未有的困难局面。由于小泉在执政的 5 年多时间里顽固坚持参拜供奉有甲级战犯的靖国神社，日本和中国的政治关系严重倒退，同时也使日本的亚洲外交陷入孤立的境地。安倍就任首相后，应邀于 2006 年 10 月 8 日至 9 日对中国进行了舆论界称为"破冰之旅"的正式访问。中国是安倍就任首相后访问的第一个国家，也是日本领导人 5 年来首次访华，反映了其希望打破中日关系僵局、以访华为契机改善两国关系的迫切愿望。

安倍首相在访华期间与中国国务院总理就年内启动中日历史共同研究达成共识，中国国家主席在越南首都河内举行 APEC 会议期间会晤安倍首相时对该共识再次予以确认。于是，中日双方各自成立由 10 名学者组成的委员会，设置"古代

图 10-2 福田康夫在北京大学发表演讲

相对于安倍首相访华的"破冰之旅"、2007 年 4 月中国国务院总理访日的"融冰之旅"，此次福田首相访华为"迎春之旅"，其后中国国家主席访日称为"暖春之旅"，显示出中日关系逐渐转好的趋势。

史"和"近现代史"两个小组，由中日双方轮流主办会议，对中日 2000 多年来的交往历史、近代以来发生的不幸历史以及战后半个多世纪中日关系发展的历史进行共同研究，旨在通过加深对历史的客观认识，增进相互之间的理解。

安倍首相访问中国后在 10 月 9 日访问韩国，恢复了中断一年的首脑互访和会谈，并就历史问题和朝鲜核问题交换了意见。当天朝鲜宣布核试验成功，日本不仅再次带头推动联合国通过对朝制裁的决议案，而且对朝鲜采取追加制裁措施，决定禁止向朝鲜出口高级食物材料和贵金属等 24 种商品，同时全面禁止进口朝鲜产品以及所有朝鲜船只进入日本港口，结果是在与朝鲜邦交正常化谈判及解决"绑架问题"方面没有任何进展。

福田康夫上台后亦积极推动中日关系的发展。应日本海上自卫队邀请，中国海军"深圳号"导弹驱逐舰对日本进行了友好访问；首届中日经济高层对话在北京举行，双方围绕加强宏观经济政策交流、加强节能环保合作、加强贸易投资合作和加强多边及区域经济合作四大领域坦率交换意见，增进了相互理解；2007 年 12 月 27 日，福田首相抵达北京，对中国进行了为期四天的正式访问；中国国家主席在 2008 年 5 月 6 日访问日本，并同福田康夫首相就中日关系和共同关心的问题坦率深入地交换了意见，达成了广泛共识。2008 年 5 月 12 日，中国四川省发生特大地震，日本政府宣布向中国提供 5 亿日元的紧急救援物资；6 月 18 日，中国外交部发言人宣布，中日双方通过平等协商，就东海问题达成原则共识；6 月 24 日，日本海上自卫队高级导弹护卫舰"涟号"驶入湛江港，开始为期五天的友好访问；7 月 9 日，应邀参加北海道洞爷湖八国集团峰会的中国国家主席在主会场温莎酒店会见了福田首相；8 月 8 日，福田首相夫妇出席了北京奥运会开幕式。

在对美关系上，福田首相明确表示"以日美关系为主，首先是与美国的外交"，他在 2007 年 11 月访问美国，巩固和强化了日美关系。比较右倾的麻生太郎首相也十分重视发展与大国的关系。2009 年 2 月 18 日，麻生首相访问俄国萨哈林（库页）岛，与俄国总统梅德韦杰夫就北方领土问题举行会谈；同月 24 日访问美国，与奥巴马总统举行会谈，就加强日美同盟关系达成共识；4 月 29 日访问中国，与中国国务院总理举行会谈。

混乱的民主党政权

不稳的政局

2009 年 8 月 30 日，民主党在国会众议院选举中大获全胜，新增加 193 个议席，拥有 480 个总议席中的 308 席，从而成为执政党。9 月 16 日，民主党代表鸠山由纪夫在特别国会会议上当选首相，民主党与社民党、国民新党联合组成政权。与此同时，谷垣祯一当选自民党总裁。

鸠山政权成立之初内阁支持率高达 71%，但很快急速下降，主要原因是政治资金丑闻与驻日美军普天间机场搬迁问题。政治资金问题在民主党执政前就已出现，并一直困扰着该党。2009 年 3 月，时任民主党代表的小泽一郎秘书大久保隆规涉嫌伪造政治献金报告书被捕，其办公室被检察机关搜查。接着鸠山也在记者会上承认其政治资金管理团体的收支报告书存在虚假记录，就任首相一个月后又被曝出暗中接受母亲的资金援助，可能涉嫌偷逃赠与税等问题。

比起政治资金丑闻来，给予鸠山内阁致命打击的是在美军驻日基地问题上处理不当。普天间基地是美国海军陆战队驻冲绳的主要航空基地，位于城市中心，四周人口密集。长期以来，因其造成的噪声污染和飞行安全等问题，冲绳地方居民一直要求该基地迁离。20 世纪 90 年代后半期，时任首相的桥本龙太郎与美方签订原则协议，决定迁出基地，并在冲绳本岛东部的边野古地区新建一处机场。在 2009 年大选前的竞选期间，民主党声称要推翻其协议，将普天间基地迁出冲绳，并将其作为竞选纲领的重要部分。尽管该主张得到联合执政伙伴社民党和冲绳当地居民的大力支持，但美国方面强烈反对。2010 年 5 月，日美两国政府发表联合声明，普天间基地迁址方案基本沿袭 2006 年日美政府达成的协议。社民党对此极为不满，决定退出联合政府，在野党纷纷指责鸠山违背竞选承诺。在多重压力下，鸠山首相被迫宣布辞职。

2010 年 6 月，民主党选举菅直人出任新代表，并在当天下午的众议院全体会议上当选首相，但民主党在 7 月举行的参议院选举中惨遭失败，总议席减少 10 个。尽管菅直人内阁支持率持续下滑，舆论普遍认为应解散众议院举行大选或者菅直人下台，但 2011 年 3 月 11 日，因日本东北地区出现严重的大地震、海啸及核泄漏事故，菅直人首相频频发表电视讲话，通报救灾进展，安抚民众情绪，内阁支持率猛增到 35.6%。

在国会迅速通过关于福岛第一核电站核泄漏事故的赔偿法案，即《原子能损害赔偿支援法案》《特例公债法案》《可再生能源特别措施法案》后，菅直人正式宣布辞去党首职务，执政一年多就不得不辞职的主要理由是民主党在参议院席位不过半数、民主党内的争斗、低支持率等。随后，在经过民主党所属国会两院议员参加的选举大会长达 3 个多小时的两轮投票后，野田佳彦战胜其他 4 位候选人成为新任党首，并当选为首相。

野田首相表示新内阁将致力于实现灾后重建、处理福岛第一核电站事故以及重振日本经济。由于得到自民、公明两党的支持，国会通过了提高消费税率法案。但民主党发生分裂，小泽一郎率领 50 名国会议员成立新党，名为"国民生活第一党"。2012 年 7 月 24 日，退出民主党的参议院议员谷冈郁子等成立新党派"绿之

图 10-3　大地震引发的海啸

2011 年大地震引发的巨大海啸导致 561 平方公里地域遭遇洪水，大约 2 万人遇难，38 万座建筑物损毁，直接财产损失 17 万亿日元。

风"。内阁支持率不断下降，反对党同意尽快在国会通过发行赤字国债的《公债特例法案修正案》，满足野田首相提出的解散国会众议院条件。同年 11 月，相关法案在参众两院分别获得通过，野田首相宣布解散众议院举行大选。

天灾人祸

2009 年民主党因在大选中提出许多投选民所好的政策而获胜，但编制新年度政府预算时才发觉亏空太大，政府财政收入远远不能满足通常的支出。为寻找新财源，不得不按照事业类型分为四个小组，发动人多势众的民主党年轻议员追查官僚的小金库，并节约不必要的开支。声势浩大的追查活动仅获得 1.7 万亿日元的新财源，离民主党 3 万亿日元的目标尚有较大距离，因此执政党被迫暂缓废除汽油税暂定税率以及高速公路免费等政策。即使如此，政府新年度预算的一般会计支出达到历史最高规模的 92.3 万亿日元，但因经济萧条，税收比原来估计的减少 9 万亿日元，仅为 37 万亿日元，只好发行破纪录的 44.3 万亿赤字国债。

在外需扩大和超宽松货币政策、积极财政政策等因素的共同作用下，2009 年第二季度以后的日本经济形势逐渐好转。但日元汇率突破 84 日元兑换 1 美元，创下 14 年以来的最高纪录，出口企业受到较大冲击。政府实施了一项总额为 24.3 万亿日元的经济刺激计划，以应对日元升值和通货紧缩的影响，避免经济恶化，尽管如此，2009 年度实际 GDP 增长率仍为 −2.4%。

进入 2010 年后，前三个季度连续保持正增长，经济处在缓慢复苏状态，但严峻的就业形势和日元急剧升值，迫使 2010 年 6 月上台的菅直人首相立即将摆脱通货紧缩作为主要经济战略目标，努力阻止物价持续下跌。

2011 年 3 月 11 日的强烈地震、巨大海啸以及核泄漏导致日本国内供应链条断裂，电力供应紧张，核污染阴云笼罩，工农产业、旅游服务业均受到冲击，尤其是汽车和半导体电子产业遭受的打击最为严重。政府在灾后迅速确定战略性对策和配套措施，2011 年 6 月国会通过了《复兴基本法》，7 月直属内阁的"复兴对策本部"提出《复兴基本方针》。主要内容包括专门设立复兴厅，负责灾后重建计划的落实工作；建立"复兴特区"制度，指定受灾严重的 227 个市町村为适用对象；五年内在厂房店铺建设用地和税收方面采取放松限制、简化手续、减免法人税等特例措施；发行"特别复兴国债"，以确保灾后重建的经费来源；制定《原子能损害赔偿支援法》，确保电力公司履行损害赔偿且维持运营；等等。

日本产业实力雄厚，抗灾能力很强，且平时注重危机管理机制，因而经过各方的努力，产业迅速得到恢复。同年 5 月，日本汽车产业已恢复 80% 的生产，9 月 80.3% 的受灾企业生产能力恢复到灾前水平。受灾害影响，2011 年前两个季度的实际 GDP 增长率为 −7.3% 和 −2.8%，灾后重建使第三季度出现强劲反弹，实际 GDP 增长率达到 10.4%，但好景不长，第四季度又出现波动，降为 0.3%，2011 年全年的实际 GDP 增长率为 −0.6%。

进入 2012 年后，起初形势似乎良好，第一季度实际 GDP 增长率达到 5.7%，但受产业升级迟缓导致日本产品乃至产业国际竞争力下降、制造业企业向海外大规模转移导致国内工矿业生产"空洞化"等宏观因素，以及财政危机、通货紧缩、全球市场萎缩、日元升值过快等微观因素的影响，第二季度实际 GDP 增长率降为 −0.1%，第三季度进一步降到 −3.5%，第四季度为 0.2% 的微弱正增长，因而 2012 年全年实际 GDP 增长率为 2%。

摇摆的外交

最初的民主党政权采取重视亚洲的外交方针，例如在民主党竞选纲领中强调"以构建东亚共同体为目标，确立亚太地区区域内的合作"，鸠山由纪夫当选首相后积极提倡"东亚共同体"。中日关系出现顺利发展的态势，在民主党政权成立后的三个月之间两国高层互访频繁。因此，日美关系呈现紧张。民主党在竞选公约中提出构筑"紧密且对等的日美关系"，准备在 2010 年《日美安全保障条约》修改 50 周年之际重新定义日美同盟关系，并具体探讨《日美地位协定》和驻日美军费用负担等事项。但在美国的压力下，鸠山政权后期中日关系发展势头出现放缓的迹象，菅直人担任首相后进一步疏远中国，并在某些敏感问题上刺激中国，例如外务大臣冈田克也在东盟论坛会议上称"日本对南海问题不能毫不关心"。

2010 年 9 月 7 日，载有 15 名船员的中国拖网渔船"闽晋渔 5179"在钓鱼岛附近海域捕捞作业时，日本海上保安厅巡逻船"与那国号"赶到现场并与渔船发生冲撞。日本以违反日本"渔业法"为由强行实施非法检查，并以"涉嫌妨碍执行公务"为由拘留渔船船长及渔民。尽管中国政府再三提出抗议，但日本地方检察机关延长拘留时间并以日本国内法进行了审判。为此，中国暂停双边省部级以上人员交往，同时终止双方有关增加航班、扩大中日航权事宜的接触，推迟中日煤炭工作会议等事项，中国国务院总理强烈敦促日方立即无条件放人。尽管在各方的压力下，日本那霸地方检察厅决定释放中国渔船船长，但对中日关系造成较大负面影响，两国均出现大规模游行示威。

野田担任首相后中日双方在钓鱼岛问题上继续对峙。2012 年 4 月 16 日，正在美国华盛顿访问的东京都知事石原慎太郎表示"东京政府决定从私人手中购买钓鱼岛"，而且此计划已经获得钓鱼岛"土地拥有者"的同意。此举遭到中国政府与民间的强烈反对，8 月 15 日，乘坐"启丰二号"保钓船前往钓鱼岛宣示主权的中国香港保钓人士登陆钓鱼岛，日本冲绳县警察及海上保安厅以涉嫌违反《出入境管理及难民认定法》为由逮捕了 14 名保钓人士，后于 17 日释放他们回国。8 月 19 日，前往冲绳县石垣市为太平洋战争中"避难船遇难事件"举行祭拜活动的日本右翼人士登上钓鱼岛，其中还包括国会、地方议员。

9 月 10 日，就钓鱼岛问题举行的阁僚会议将钓鱼岛、南小岛、北小岛等三岛正式"国有化"，并决定用政府预算的准备金支付该款项，"国有化"后的钓鱼岛将由海上保安厅管理。中国外交部发言人在例行记者会上表示，中方正在密切关注钓鱼岛事态的发展，将采取必要的措施维护国家领土主权。11 日，中国海监船抵达钓鱼岛外围海域，宣示主权。北京、广东、山东等地民众走上街头，抗议日本政府"购买"中国钓鱼岛及其附属岛屿。

10 月 30 日，中国海监船编队在钓鱼岛领海内进行例行维权巡航，对进入领海进行非法活动的日方船只进行监视取证，同时严正声明中国主权立场，对日船实施驱离措施。其后中国渔政船、海监船持续在钓鱼岛领海内进行巡航，中国海监飞机也在钓鱼岛上空正常执法巡逻，而日本起飞多架战机拦截。日本内阁府 11 月 24 日公布的舆论调查显示，认为中日关系"良好"的日本人仅为 4.8%，较上年下降 14%，认为中日关系"不好"者占 92.8%，较去年上升 16.5%，分别创下历史最低和最高纪录。

2012 年大选

由于民主党政权不稳且民望急剧下降，其他政治势力纷纷出现，其中以大阪市长桥下彻最为积极。桥下彻本是一名律师，因参与日本热门电视节目"大家都想去的法律事务所"而成为日本知名人物。2008 年 1 月，桥下彻在 38 岁时当选为大阪府知事，成为当时日本最年轻的知事。为推进大阪府与大阪市合并的"大阪都构想"，2010 年 4 月由大阪府、大阪市议员等组建的地方政党"大阪维新会"成立，桥下担任党代表。2012 年 9 月，由"大阪维新会"创立的新党"日本维新会"在大阪成立，该党以参与国家政治为宗旨，党代表由桥下彻担任，其后有 9 名来自民主党、自民党、大家党的众参两院议员加入"日本维新会"。

9月26日，自民党举行总裁选举，经过2轮投票，最终原首相安倍晋三胜出。10月25日，东京都知事石原慎太郎表示辞去东京都知事一职，组建"太阳党"，平沼纠夫与石原共同担任该党党首。11月17日，桥下彻和石原慎太郎等人宣布日本维新会和太阳党合并，党名仍为"日本维新会"，由石原慎太郎担任代表，桥下彻担任代表代理。国民生活第一党党首小泽一郎则积极推动滋贺县知事嘉田由纪子组建主张废除核电站的"日本未来党"，随后国民生活第一党、名古屋市长河村隆之组建的"废除核电站党"并入日本未来党。

除以上新党外，还有国民新党（2005年8月由反对邮政民营化改革相关法案的绵贯民辅等5名国会议员脱离自民党组建，2012年因消费税问题发生分裂）、新党大地（2005年8月由原北海道开发厅长官铃木宗男发起成立，以北海道为据点）、新党日本（由反对邮政民营化改革相关法案的自民党议员小林兴起等4人和长野县知事田中康夫在2005年8月成立）、新党改革（前身是2008年由前民主党离党议员渡边秀央等人成立的改革俱乐部，2010年自民党实力派议员舛添要一加入后改为该名）、大家党（前身是渡边喜美组建的政治团体"国民运动体日本黎明"，2009年8月宣布成立）等政党参加大选。

2012年大选共有12个政党登记参选，是日本自1996年实行现行选举制度以来参选政党最多的一次大选；有1504名候选人参选，是现行宪法1947年实施以来最多的一次。12月16日大选投票结果公布，自民党的席位从选举前的118个增加到294个，民主党从230席骤减为57席，日本维新会从11席增加到54席，公明党从21席增加到31席，大家党从8席增加到18席，未来党从61席减少到9席，日本共产党从9席减少到8席，社民党从5席减少到2席，新党大地从3席减少到1席，国民新党从3席减少到1席。

第二次安倍晋三政权

安倍经济学

2012年12月26日，自民党、公明党联合政权成立，安倍晋三任首相。面对长期低迷的日本经济，安倍首相明确表示新内阁是"危机突破内阁"，将实施灵活的财政政策、大胆的金融政策及促进民间投资的成长战略三大战略。具体地说，就是制订大规模的补充预算方案，实施积极财政政策；实行无限制的量化宽松货币政策，要求日本银行设定2%的通货膨胀率；推出产业振兴政策，推动民间企业对技术与就业至关重要领域进行投资。为表示推进其政策的决心，安倍首相亲自担任"日本经济再生本部"本部长。媒体将其称为"安倍经济学"，实际上是安倍内阁计划实施的一系列新经济政策。

2013 年 1 月 7 日，安倍内阁出台总额为 13.1 万亿日元的 2012 年度追加预算案，下一年度的紧急经济对策预算也高达 20 万亿日元。按照该追加预算案计划，2013 年 3 月底前，由政府主导的公共投资高达 5.3 万亿日元，具体包括在日本各地区的防灾、减灾项目，如桥梁修复和各地学校建筑的防震加固等。同时促进民间融资，包括创设新的政府投资基金，诱导更多民间资金进入尖端科技领域，如多功能干细胞的实际应用、超级计算机"京"的开发，甚至包括日本周边海域稀土资源探测船的建造等。在临时内阁会议决定的 2013 年度政府预算案中，一般会计预算总额达到 92.61 万亿日元，公共事业的财政投入比上一年度增加 16%，加上 2012 年度补充预算中的公共事业相关费用 4.7 万亿日元，达 10 万亿日元。

所谓大胆的金融政策指树立通货膨胀预期，压低汇率调整供需缺口，也就是通过量化宽松措施抑制日元升值，提高股市价格，改善企业收益，增加设备投资和就业人员，在提高收入的基础上扩大消费，促使物价上升，摆脱长期的通货紧缩。日本银行与政府发表了有关摆脱通货紧缩和防止日元升值的共同声明，首次明确引入 2% 的通胀目标，同时决定自 2014 年起实施每月定期购入资产的"无限期"货币宽松政策。其后货币量化宽松政策的积极推行者黑田东彦继任日本银行行长，表示提前启动无限资产购买计划，延长国债期限，扩大国债规模，制定新的资产负债目标，等等，同时用基础货币量取代无担保隔夜拆借利率作为央行货币市场操作的主体目标，两年内将基础货币量扩大一倍。

在促进民间投资方面，安倍政权计划在能源、环境、医疗、健康等成长领域实施大胆的放松管制，争取名义 GDP 增长率达到 3% 以上，在继续推进"贸易立国"的同时，实现"产业投资立国"战略模式，推动海外投资收益回流日本，从而实现经济增长。在具体措施上采取降低企业法人税、支持中小企业融资、向节能及可再生能源等产业提供补贴、完善社会基础设施等政策。在贸易方面，积极推进 EPA（经济合作协定）、FTA（自由贸易协定）、TPP（跨太平洋伙伴协议）谈判等。

安倍政权的经济政策在短期内收到了效果，日经平均股票指数从 2012 年 12 月中旬的 9000 多点上升到 2013 年 3 月的 12000 多点，恢复到国际金融危机之前的水平。与此同时，日元对美元的汇率也从 1 美元兑换 78 日元下降到 1 美元兑换

96 美元，促使各大汽车厂家纷纷上调盈利估值。与此同时，由于消费者对日本经济复兴充满希望，珠宝首饰等奢侈品以及服装的销售状况非常好，全国商场的销售额同比呈上涨态势，244 家商场销售总额为 5447 亿日元，同比增长 3.9%。正因如此，内阁支持率罕见地不断上升：安倍政权成立之初内阁支持率为 62.0%，一个月后升至 66.7%，四个月后进一步升至 72.1%。

"安保国会"

除经济方面的改革外，安倍政权的最大政治目标是推动日本"摆脱战后体制"，具体包括修改日本和平宪法、实现集体自卫权甚至创建国防军等。尽管第一届安倍内阁将推动经济发展作为最重要目标，但在安全保障政策上仍然有许多改变，例如内阁会议 2014 年 4 月 1 日决定"防卫装备转移三原则"，取代旧的"武器出口三原则"，大幅放宽出口日本武器装备和军事技术的条件；7 月 1 日内阁会议决定通过解释宪法的方式解禁集体自卫权，确定日本行使武力的三项基本准则，即与日本有密切关系的国家遭到武力攻击、日本面临存亡危机、国民权利明显面临根本性威胁时，可以依据宪法行使"必要的最小限度的"武力。

自民党在 2014 年 12 月举行的大选中再次获胜，联合执政两党在众议院仍然保持绝对稳定席位。为实现集体自卫权，政府与执政党抓紧完善了安保法案的内容，其重点是对有关集体自卫权的相关法律，包括现行的《自卫队法》和《武力攻击事态法》进行修订，将可行使集体自卫权的事态称作"存立危机事态"。2015 年 5 月 15 日，内阁将作为自卫队海外派遣恒久法的《国际和平支援法》和《武力攻击事态法修正案》等 10 项现行法案修正案（统称为《和平安全法制整备法案》）提交国会审议。在这一过程中，大批对行使集体自卫权持反对意见的民众不断聚集到国会周围进行抗议。

由于安保法案的关键点是即使日本没有遭受直接攻击但盟国遭受攻击，日本遭到"存立危机事态"的情况下也允许行使展开反击的"集体自卫权"，在野党指责这种判断标准模糊不清。众议院 5 月 26 日召开全体会议开始审议相关法案后，面对在野党的指责，安倍首相举例称当因战乱导致生活物资及电力不足时，均应列入"存立危机事态"的范畴，并可行使集体自卫权。对此，宪法专家们纷纷说"不"，超过百名学者联名发表声明要求安保法案作废，甚至受自民党之邀出席众议院宪法审查会的宪法学者也明确指出"法案违宪"。

共同社 6 月 21 日公布的最新民意调查结果显示，半数以上日本民众认为安倍政府提交的安保相关法案违反宪法，反对安保法案的民众比例大幅上升，达到 56.7%，远远超出 29.2% 赞成者的比例。7 月 16 日，众议院全体会议上表决通过了包括解禁集体自卫权在内的新安保法案，当天傍晚提交参议院。《每日新闻》发布民调显示，安倍内阁支持率下滑至 32%，为其重新掌权以来的最低水平。甚至联合执政的公明党母体创价学会的会员也纷纷表示反对安保相关法案，创价大学的教员与学生也成立相关组织反对安保法案，此外，日本全国有 90 所大学的师生成立了反对安保相关法案的组织。8 月 30 日，日本全国超过 300 处地点均发生示威活动，估计人数超过 100 万人，是迄今最大规模的反安保法示威活动。

在一片反对的浪潮中，9 月 17 日，参议院特别委员会通过安保法案。9 月 19 日，参议院全体会议表决通过安保法案。25 日内阁会议决定，30 日公布包括解禁集体自卫权等内容的安保相关法，自公布起 6 个月以内施行。

由于得到党内各派阀的支持，安倍首相在 9 月份的自民党总裁选举中作为唯一候选人成功实现连任，任期到 2018 年。10 月 7 日，安倍首相进行第三次内阁改造，主管经济金融、外交、防务的主要阁僚留任，任命 9 名新人首次出任阁僚职务。除国土交通大臣由公明党党员出任外，其余阁僚均为自民党国会议员。日本媒体实施的一项紧急电话舆论调查结果显示，安倍内阁的支持率变为 44.8%，比上次调查时上升了 5.9 个百分点。

加入 TPP

2011 年日本正式决定加入 TPP 谈判，但进展缓慢。2013 年日本政府曾做过评估，根据立场不同结果也相异。例如内阁府认为加入 TPP 能拉高 0.54% 的 GDP，经产省认为若不加入 GDP 将损失 10.5 万亿日元，失去 81.2 万个工作机会，而农水省却认为加入 TPP 将损失 11.6 万亿日元，使 340 万农民失去工作，粮食自给率从 40% 下降到 13%。因此，以农业团体为主的利益集团强烈反对加入 TPP。

农业团体即农业协同组合（农协），截至 2014 年 12 月，日本共有各种全国性农协联合会 18 个、都道府县农协联合会 207 个、基层综合农协 708 个、各类专门农协 2011 个。实际上，农协分为地方农协、都道府县农协、中央农协三级体系架构，以农村社区为基础，向社员提供销售、供应、金融、保险、生产经营指导、仓储运输、福利文化等综合性服务。由于中央农协对地方农协负有监督、指导、审计甚至政治活动的责任，同时向地方农协征收 80 亿日元的监督指导费，因而其

图 10-4　农协成员游行反对贸易自由化

日本农协具有较强的政治动员能力，经常发动农民举行游行示威，要求提高政府农产品收购价格，提高政府农业补助金，反对农产品进口自由化。

政治影响力强大，在国会中声称代表农民利益的国会议员团体被称为无敌的"农林族"。也正因如此，日本农业在政府保护下缺乏国际竞争力。

为加入 TPP，一方面日本政府采取措施强化农业的国际竞争力，早在 2011 年，农林水产省便推出一份高达 159 亿日元的巨额农业补贴计划，其主要内容为：若青壮年有意下乡务农，中央政府每年可向其发放 150 万日元补贴，补贴期限最长可达 7 年。同时为鼓励农业法人单位招收年轻人，政府还向雇佣农业青年的农业法人发放每月 10 万日元的实践培训费，最长支付为两年。另一方面，为削弱农业团体的政治影响力，日本政府在 2014 年 5 月 14 日召开的规制改革会议上发表《关于农业改革的意见》，提出加快推进农协、农业生产法人、农业委员会改革。其中针对农协的改革内容包括废除以中央农协为最高机构的中央农会制度，将其改组为农业振兴方面的智囊团或社团法人，以恢复基层农协的经营自主性；进行中央农协公司化改制，以适应国际化竞争的需要；努力实现单位农协的专业化、健全化，逐步将基层农协的信用、保险业务剥离，分别交由农林中央金库和全国共济农业协同组合联合会管理，基层农协只作为上述业务的代理窗口；等等。

在 2015 年的通常国会上，新《农协法》也是重要的审议法案。最终参议院全

体会议在 6 月 28 日通过了新《农协法》。新法的最大变化是中央农协将在 2019 年
10 月之前从特别民间法人转型为一般社团法人，失去从地方农协收取赋课金，并
负责审计、指导及政治活动的权限，地方农协可以选择新设立的审计企业或一般
审计企业对其进行审计。另外，从 2015 年 10 月起，农林中央金库将对新务农人
员实施免费发放补助金的援助政策。今后 4 年农林中央金库准备动用 24 亿日元，
向每一位未满 45 岁的新务农人员提供最多 60 万日元补贴，用于土地租赁和购买
肥料。

　　2015 年 10 月 5 日，美国、日本、澳大利亚等 12 个国家成功结束 TPP 谈判，
达成贸易协定。日本通过新设大米零关税进口框架以及下调牛肉和猪肉关税等部
分开放措施，换取扩大汽车等工业品的出口。为刺激仍在低迷状态的日本经济，
安倍首相在 2015 年 10 月提出将名义 GDP 从 2014 年度的 490 万亿日元提高到 600
万亿日元的强力经济，特殊出生率达到 1.8% 的育儿支援，护理离职率为零的社会
保障新经济政策，并将其定位为"安倍经济学"的"新三支箭"。

长期政权的终结

原始文献

安倍首相战后 70 周年讲话

　　尽管有"侵略""殖民统治""反省""道歉"等关键词汇，但总让人感到讲话的暧昧和
词不达意。

　　正值战争结束七十周年之际，我们认为，必须平静地回顾走向那场战争的道路、战后的进程、二十世纪那一时代，并从历史的教训中学习面向未来的智慧。

　　一百多年前，以西方国家为主的各国的广大殖民地遍及世界各地。十九世纪，以技术的绝对优势为背景，殖民统治亦波及亚洲。毫无疑问，其带来的危机感变成日本实现近代化的动力。日本首次在亚洲实现立宪政治，守住了国家独立。日俄战争鼓舞了许多处在殖民统治之下的亚洲和非洲的人们。

　　经过席卷全世界的第一次世界大战，民族自决运动的扩大阻止了此前的殖民地化。那场战争造成了一千多万死难者，是一场悲惨的战争。人们渴望和平，创立国际联盟，创造出不战条约，诞生出使战争本身违法化的新的国际社会潮流。

　　当初，日本也统一了步调。但是，在世界经济危机发生后，欧美各国以卷入殖民地经济来推动区域经济集团化，从而日本经济受到重大打击。此间，日本的孤立感加深，试图依靠实力解决外交和经济上的困境。对此，国内政治机制也未能予以

阻止。其结果，日本迷失了世界大局。

满洲事变以及退出国际联盟——日本逐渐变成国际社会经过巨大灾难而建立起来的新的国际秩序的挑战者，该走的方向有错误，而走上了战争的道路。

其结果，七十年前，日本战败了。

正当战后七十周年之际，我在国内外所有死难者面前，深深地鞠躬，并表示痛惜，表达永久的哀悼之意。

由于那场战争失去了三百多万同胞的生命。有不少人在挂念祖国的未来、祈愿家人的幸福之中捐躯。战争结束后，也有不少人在严寒或炎热的遥远异国他乡苦于饥饿或疾病之中去世。广岛和长崎遭受的原子弹轰炸、东京以及各城市遭受的轰炸、冲绳发生的地面战斗等等，这些导致了许许多多的老百姓悲惨遇难。

同样，在与日本兵戎相见的国家中，不计其数的年轻人失去了原本有着未来的生命。在中国、东南亚、太平洋岛屿等成为战场的地区，不仅由于战斗，还由于粮食不足等原因，许多无辜的平民受苦和遇难。我们也不能忘记，在战场背后被严重伤害名誉与尊严的女性们的存在。

我国给无辜的人们带来了不可估量的损害和痛苦。历史真是无法取消的、残酷的。每一个人都有各自的人生、梦想、所爱的家人。我在沉思这样一个明显的事实时，至今我仍然无法言语，不禁断肠。

在如此重大损失之上，才有现在的和平。这就是战后日本的出发点。

再也不要重演战祸。

事变、侵略、战争。我们再也不应该用任何武力威胁或武力行使作为解决国际争端的手段。应该永远跟殖民统治告别，要实现尊重所有民族自决权利的世界。

我国带着对那场战争的深刻悔悟，作出了如此发誓。在此基础上，我国建设自由民主的国家，重视法治，一直坚持不战誓言。我们对七十年以来所走过的和平国家道路默默地感到自豪，并且今后也将继续贯彻这一坚定的方针。

我国对在那场战争中的行为多次表示深刻的反省和由衷的歉意。为了以实际行动表明这种心情，我们将……亚洲邻居人民走过的苦难历史铭刻在心，战后一直致力于这些国家的和平与繁荣。

这些历代内阁的立场今后也将是坚定不移的。

不过，即使我们付出多大的努力，失去家人的悲哀和在战祸中饱受涂炭之苦的记忆也决不会消失。

因此，我们要将下述事实铭刻在心。

超过六百万人的战后回国者从亚洲太平洋的各地总算平安回国，成为重建日本的原动力。在中国被残留的接近三千人的日本儿童得以成长，再次踏上祖国土地。美国、英国、荷兰、澳大利亚等国家的被俘的人们，长期以来访问日本，祭奠双方的战死者。

饱尝战争痛苦的中国人，以及曾经被俘并遭受日军施加难以忍受痛苦的人做得如此宽容，他们内心的纠葛究竟多么大，付出的努力又是多么大？

我们必须将此事挂在心上。

战后，如此宽容的胸怀使得日本重返国际社会。值此战后七十年之际，我国向致力于和解的所有国家、所有人士表示由衷的感谢。

现在我国国内战后出生的一代已超过了总人口的八成。我们不能让与战争毫无关系的子孙后代担负起继续道歉的宿命。

但是，尽管如此，我们日本人要超越世代，正面面对过去的历史。我们有责任以谦虚的态度继承过去，将它交给未来。

....

—— 节选自日本驻华大使馆官网，https://www.cn.emb-japan.go.jp/itpr_zh/bunken_2015danwa.html

访问时间：2015 年 8 月 15 日

※ 从该讲话分析日本政府及政治家对历史问题的态度。

尽管 2016 年 3 月 27 日民主党与维新党合并为"民进党"，成为拥有 96 个众议院席位和 60 个参议院席位的最大在野党，但在 2016 年 7 月 10 日举行的参议院议员选举中，联合执政的自民党和公明党分别获得 56 个和 14 个席位，改选议席数超过半数（61 个），在选举中大获全胜。包括 76 个非改选议席在内，最终执政党的参议院席位达到 146 个，大幅超过半数议席 122 个，安倍首相的执政基础进一步得到巩固。

但 2017 年 2 月，媒体曝出安倍涉嫌与右翼学校低价购地有牵连。学校法人森友学园在大阪府丰中市购买了一处 8770 平米的国有土地，建设名为"安倍晋三纪念小学"的新学校。尽管这块土地政府估价约达 9 亿日元，但向大阪市学校法人森友学园出售之际，在扣除作为建筑用地内垃圾撤除费用等的约 8 亿日元后，以约 1 亿日元价格售出。一波未平一波又起。5 月 17 日民进党议员玉木雄一郎在国会质询中指出，"加计学园申请在今治市国家战略特区中设立兽医学部时，文部科学省从负责特区相关事宜的内阁府得到消息，说这是首相的意思"。加计学园是日本关西地区的知名教育集团，计划在关西地区特别经济区范围内设立隶属于冈山理科大学的新兽医学部。政府决定为加计学园提供新兽医学部的建设用地，并拨发一笔 96 亿日元的办学补贴。由于日本兽医人才过剩，在过去 50 多年时间里，文部科学省从未批准任何学校新设兽医专业。

尽管丑闻缠身，但安倍政权仍然操纵众参两院分别在 2017 年 5 月 24 日、6 月 15 日通过加入"共谋罪"条款的《有组织犯罪处罚法修正案》，该罪名名义上是为处罚谋划实施恐怖活动等重大犯罪的人，但在野党和民众担心执法机关可能以此为名监视国民并打压反对力量。《每日新闻》的民调显示，民众对安倍内阁的支持率跌至 36%，与该报 5 月份的调查结果相比下降 10 个百分点，成为自 2015 年 10 月以来该报民调数据中首次出现的不支持率反超支持率的结果。

进入 9 月以后，安倍首相决定利用在野党混乱之机解散众议院举行大选。尽管东京都知事小池百合子组织"希望之党"参选，但仍然没有阻止自民党获得大胜。10 月 22 日，第 48 届众议院选举开票结果显示，自民党单独获得了过半数的 283 个席位，加上公明党获得的 29 个席位，执政联盟共获得 312 个席位，超过众议院三分之二议席。在野党方面，由部分民进党成员组成的立宪民主党获得了 54 个席位，小池百合子领导的希望之党从选举前的 57 个席位下降到 49 个席位。

为应付少子老龄化带来的严重社会问题，2018 年 6 月的内阁会议通过了支撑经济发展的"未来投资战略"以及"经济财政运营及改革的基本方针"。"未来投资战略"旨在推动科技经济发展，具体内容包括加快研发和实施自动驾驶技术，为 2020 年在公共道路上开始自动驾驶提供技术配套并完善相关基础设施，争取到 2030 年实现自动驾驶区域超过 100 个；发展 IT 技术，2020 年启动医疗机构间基础信息联网共享，其中包括病历、处方等互通共用，减少不同医院间重复检查、过度用药等浪费；在支持教育、增加就业方面，提出到 2019 年 10 月实现婴幼儿免费入托，减免低收入家庭大学生学费；等等。

自民党总裁选举如期在 2018 年 9 月 20 日下午举行，自民党所属国会议员投票和地方投票（地方议员、普通党员和"党友"即注册支持者的投票）同时计票。第三次竞选的安倍晋三与石破茂展开角逐，安倍获得 405 张国会议员票中的 329 票，405 张地方票中的 224 票，共计 553 票，得票率大约为 70%，取得压倒性胜利。

由于明仁天皇在 2016 年 8 月 8 日公开表示希望退休，因而 2017 年 6 月众参两院通过退位法案，其后的皇室会议决定明仁天皇 2019 年 4 月 30 日退位，德仁皇太子 2019 年 5 月 1 日即位。2019 年 4 月 1 日公布新年号"令和"，5 月 1 日德仁天皇接受象征天皇地位的神器剑和玉、国玺、玉玺，10 月 22 日举行即位大典，日本进入令和时代。

2020 年 8 月 28 日，安倍首相第二次宣布因病辞职，此次执政时间长达七年八个月，打破首相连续在位时间最长纪录，而且地位相当稳定，其因素大致有以下几点：第一，在野党溃不成军。2009 年到 2012 年民主党上台，由于没有执政经验，诸多内政外交政策失误，导致民意骤跌，因而在 2012 年大选前分裂。大选惨败后在野党不仅数量较多，而且相互之间矛盾较大，难以对自民党构成较大的威胁，因而在安倍第二次执政时期举行的三次众议院议员选举和三次参议院选举中，自民党均获得胜利。第二，党内没有竞争对手。在安倍第二次政权成立前夕的自民党总裁选举中，石破茂表现突出，获得的地方选票甚至超过安倍，但其后完全被安倍首相的强势所压倒，甚至没有参加 2015 年 9 月的自民党总裁选举，安倍自动当选党总裁。2018 年 9 月的自民党总裁选举是安倍与石破的二人竞争，结果石破再次惨败。尽管石破在民众中声望较高，但在自民党内基础薄弱：由于其曾脱离过自民党，因而受到党内不少人的抵制，其率领的派系只有 19 人，甚至不够参加自民党总裁选举需要的 20 名推荐人数。其他的竞争者也因资历、年龄等问题无法对安倍构成真正的威胁。第三，控制官僚与舆论。2014 年 4 月国会通过《设立内阁人事局法案》（正式名称为《国家公务员法等部分修正案》），使以首相为核心的内阁可以统揽行政机构的人事权，从而实现政治主导型行政。因此，尽管在表面上内阁人事局尽量尊重各省厅在人事方面的自主性，但各行政部门仍需要看首相官邸的脸色行事，这进一步加强了首相官邸主导决策过程的趋势。另外，从2013 年开始，政府机构直接或间接对媒体开展游说活动，甚至对媒体组织或个人施加直接或间接的压力，包含"共谋罪"内容的相关法律的出现进一步压缩了媒体自由报道的空间。第四，年轻选民的支持。日本正在进入工作与生活逐渐个人化的后工业化阶段，年轻一代的价值观发生了较大的变化，倾向于支持依靠简单解决方案的"反知性主义"，与安倍首相实施的政策及其工作作风比较契合，因而无论是对生活的满意度，还是支持安倍内阁的比例都比较高。例如日本内阁府在2017 年 6 月进行的"国民生活舆论调查"结果表明，对生活感到满足或者大体上满足者占 73.9%，其中 18—29 岁的年轻人比例最高，为 79.5%；29 岁以下年轻男性受访者对安倍内阁的支持率最高，为 56.9%，29 岁以下女性受访者的支持率也超过了不支持率。第五，"安倍经济学"的效果。尽管多数评论者不太看好其经济政策，而且普通民众感觉不到繁荣的效应，但较长时间的经济增长、股票价格的迅速上升、企业收益率增长、通货紧缩缓解、失业率较低等现象仍然显示了其作用。第六，眼花缭乱的"俯瞰地球性"外交。执政期间安倍首相共出访 81 次，到访 80 个国家和地区，飞行总里程 158 万公里，相当于绕地球 39 圈多，创下历任日本首相之最。其积极的平衡外交在一定程度上改善了日本的国际战略环境，有效提升了日本的国家形象。

安倍第二次执政期间，中日关系也从紧张走向缓和。安倍再次任首相之前，中日关系因 2010 年钓鱼岛撞船、2012 年日本钓鱼岛"国有化"事件走向冰点，安倍上台之初也陆续出现了 2013 年 1 月的"中国海军火控雷达瞄准"事件、同年 11月中国在东海划定防空识别圈、12 月安倍首相参拜靖国神社等问题，中日关系仍然处在较为冷淡的状态。其后开始转化，日本政府在 2017 年表示有意参加"一带一路"倡议及亚洲基础设施投资银行。2018 年 5 月中国总理时隔八年访问日本，签署了一系列合作协议，特别是在有关第三国市场合作、海空联络机制方面成果显著。2018 年 10 月安倍作为首相时隔七年访华，签署了一系列合作文件和合同。特别是在 2019 年大阪 G20 会谈时，两国首脑达成十点共识。

2020 年 9 月 14 日自民党总裁选举，菅义伟以最多的 377 票当选，其后组成内阁。共同社的舆论调查显示，其内阁支持率为 66.4%，居历届首相上任之初的第三高位。菅义伟既没有政治世家的背景，在党内也没有自己的派系，安倍第二次执政时期一直担任内阁官房长官，因每天出席记者招待会回答问题，知名度较高。但担任首相之后，他显然难以应付包括新冠肺炎疫情在内的各种问题，执政一年后将政权交给了岸田文雄。

民族主义思潮

冷战国际体系结束以后，全球性的意识形态对立结束，日本国内政治体制也随之发生较大变化，以自民党及社会党为代表的保守、革新派对立终结，"55 年体制"崩溃，甚至两党组成了联合政权。从社会思潮上看，要求发挥独立国际作用的民族主义开始抬头，主要体现在修改宪法的动向以及围绕战争及其责任认识的争论上。

海湾战争爆发以后，社会舆论热衷的"国际贡献"逐渐改变了日本国民的宪法意识，即认为和平宪法造成的"一国和平主义"妨碍了日本在人员方面的"国际贡献"，不仅修改宪法成为公开讨论的话题，而且反过来推动了宪法意识的产生。1993 年 4 月，《每日新闻》的舆论调查显示，赞成修改宪法者占比 44%，反对修改宪法者占比 25%；《读卖新闻》的舆论调查也显示，赞成修改宪法者占比 50.4%，反对修改宪法者占比 33%，是 50 年代以来赞成者首次超过反对者。1986 年中曾根康弘政权呼吁"战后政治总决算"时，反对修改宪法者占 56.6%，赞成修改宪法者只有 22.6%。值得注意的是，多数日本国民赞成非军事性国际贡献，即使支持派遣自卫队到海外，但只能进行不行使武力的国际贡献。《每日新闻》的舆论调查也显示了这一点，赞成修改第九条者占 25%，反对者占 33%。

1993 年 6 月，小泽一郎出版主张成为"普通国家"、进行"政治体制改革"的《日本改造计划》，成为当年发行 72.5 万部的畅销书。1994 年，《读卖新闻》发表《宪法修正草案》，内容包括废除第九条第二款，保持自卫"军队"，承认集体自卫权和参加联合国部队、多国部队以及国际联合军事行动，等等。1996 年后的"日美安保再宣言""新日美防卫合作指针""周边事态"等进一步推动了修改宪法的必要性。

1997 年，除日本共产党和社民党的议员之外，269 名众议员和 105 名参议员共同组成跨党派团体"宪法调查会设置推进议员联盟"（1999 年改为"宪法调查推进议员联盟"），会长为中山太郎。在该议员联盟的推动下，2000 年 1 月，国会众参两院分别设置了宪法调查会，规定五年后提出调查报告。同年 11 月，该议员联盟通过决议，设置以制定国民投票法为目标的"国民投票制度小委员会"。2001 年11 月，该委员会发表了《国民投票法案》和《国会法修正案》。

经济同友会的宪法问题调查会在 2003 年 4 月发表意见书，要求尽快制定推动修改宪法的国民投票法。2004 年，经济团体联合会设置以探讨包括修改宪法在内的国家形态为目的的"国家基本问题探讨委员会"，在 2005 年 1 月提出《思考我国基本问题》的报告书，明确指出"现在最应修改的部分是与现实脱离较大的第九条第二款，以及关于修改宪法程序的第九十六条"，并提出修改"武器出口三原则"、明确规定维持自卫队等具体内容。与此同时，"日本商工会议所"也发表修改宪法的意见，主张保持进行自卫的战争力量。

2004 年 1 月 13 日，《读卖新闻》社论呼吁尽快制定《国民投票法》，以便为修改宪法创造条件。同年 5 月 3 日，《读卖新闻》发表第二次宪法草案，进一步推动了修改宪法社会舆论的高涨。根据该报进行的一系列舆论调查，2004 年赞成修改宪法者达到战后历史的最高水平，占 65%，反对者占 22.7%。其后赞成者比例逐渐下降，反对者逐渐上升。《朝日新闻》在 2004 年春季进行的舆论调查也表明，认为"有必要修改宪法"的人占 53%，认为"没有必要修改"的人占 35%。在"修改的理由"中，选择"规定新权利和制度"的人占最高的 26%，选择"自主性修改美国强加宪法"的人占 14%，认为"第九条有问题"的人占 7% 等。

在 2003 年的大选中，自民党提出修改宪法的选举公约，计划在 2005 年自民党成立 50 周年之际发表宪法草案。执政伙伴公明党也以"加宪"的方式赞成修改宪法，最大在野党民主党则提出"创宪"的主张。自民党在 2004 年 11 月发表《修改宪法草案大纲》，民主党的"宪法调查会"也发表了《宪法建议中间报告》。2005 年自民党正式发表《新宪法草案》，在前文中删除"反省战争及和平生存权"，明确规定自主防卫精神，即"自己具有保卫所属国家及社会的责任"，并以"公益及公共秩序"取代公共福利，第九条第一款保留，取消不拥有战争力量的第二款，规定保持自卫军，可以进行"为确保国际社会和平及安全的国际合作活动"，修改宪法动议的规定也从 2/3 下降到过半数。比起在军事大国化构想和新自由主义理念基础上全面修改的《修改宪法草案大纲》，《新宪法草案》的修改主要集中在第九条上，因为这样更容易获得民主党和公明党的支持。

日本共产党和社民党反对修改宪法，并支持市民组织"九条之会"。该组织在2004年以文学家井上厦、1994年获得诺贝尔文学奖的大江健三郎、文学评论家加藤周一、市民运动家小田实等人为中心成立，认为修改宪法是建造从属美国的"再次发动战争国家"，因而呼吁国民捍卫宣誓非战的宪法第九条。日本各地各界自发组成类似机构，而且发展迅速，2006年达到5000多个，形成一种新的市民运动。

2005年4月，众参两院宪法调查会提出最终报告。关于争论最大的第九条，一种意见认为应保留第一款中的放弃战争，但承认集体自卫权；另一种意见则认为应当限制行使集体自卫权，但两者均认为有必要修改第二款。对规定政教分离的第二十条，有意见认为"如果在社会性礼节或风俗、文化活动的范围之内"，可允许国家及国家机关的宗教活动。改宪派还主张，因为有规定"个人尊严与本质上的两性平等"的第二十四条，所以造成了家庭崩溃和道德衰退。

90年代中期以后，在日本出现了有关战争历史认识的论争，参加者有历史学家、哲学家、思想家、社会学家、政治学家、文艺评论家、教育学家、漫画家等。论争的"舞台"有《近现代史的授课改革》《民族主义与性别》《战败后论》《国民国家的范围》《"历史认识"的争论》等刊物。主要的焦点问题是从军慰安妇、历史教科书、国民国家论、历史主题、战争责任、战后责任等。其背景是冷战结束以后，在冷战时期未能深入探讨的战争责任问题、战争赔偿问题再次凸显出来，日本国内保守的自民党下台，较为左翼的政党上台，采取较为积极的态度试图与战争受害国家及国民达成和解。例如1993年8月，非自民党联合政权首相细川护熙在记者招待会上明确表示"那场战争是侵略战争，是错误的战争"，1995年以社会党为中心的政权不仅在国会通过"不战决议"，而且村山富市首相在8月15日正式发表了对过去战争"深刻反省和由衷道歉"的讲话。正因如此，引起一场较大的争论，以自民党为首的保守政治家、知识分子纷纷表示不同意见，甚至迫使细川首相将侵略战争的表述改为"侵略行为"。

1993年，自民党组织"历史检讨委员会"邀请各大学的保守派学者进行演讲，并在1995年汇集出版《大东亚战争的总结》一书，将第二次世界大战中日本发动的侵略战争看作正义的战争而加以全面肯定。在具体内容上，该书掩盖侵略事实，美化殖民统治，例如认为日本提出"二十一条"要求和发动"九一八"事变是"为维护日本的正当权益"，"卢沟桥事变由中国军队引起"，声称"南京大屠杀是捏造""满洲事件使满洲变得非常稳定，发展速度是中国的好几倍"，等等。

1995 年 9 月，东京大学教授藤冈信胜等人组成"自由主义史观研究会"，并创办季刊《近现代史教学改革》。其成员认为现行的历史教科书基于日本为"恶"的自虐史观，是接受东京审判结果的"东京审判史观"。该团体其后相继出版了《教科书中没有教授的历史》《污蔑的近现代史》《历史教科书中的 15 年战争》《历史之本音》等书籍，其中充满美化侵略战争的语言，否认"南京大屠杀"，坚持"慰安妇是商业行为""生化武器未用于实战"等错误史实。

1997 年 1 月，以藤冈信胜、电气通讯大学教授西尾干二、漫画家小林善纪等保守派人士组成以推翻战后历史学界研究成果和重新改写日本历史教科书为目标的"新历史教科书编撰会"。除此之外，主张修改宪法和独特历史观的保守势力还在同年 2 月成立了"思考日本前途及历史教育议员之会"，在同年 5 月成立了"日本会议"和"日本会议国会议员恳谈会"。"日本会议"的基本运动方针是强调以皇室为中心的"民族一体感"、反对恶意地自我断罪的历史教育、主张行使集体自卫权以对应中国军事势力增强及朝鲜成功发射导弹、自主制定值得骄傲的新宪法等。

2001 年 4 月，由"新历史教科书编撰会"编撰、扶桑社出版的中学历史教科书和社会教科书通过文部科学省的审查，书中存在许多亚洲各国和部分日本民众反对的暧昧、争议的内容及写作手法，夸大、美化甚至扭曲日本传统文化以及明治维新后日本在亚洲邻国的所作所为。2005 年 4 月，扶桑社将新版《新历史教科书》送呈文部省，在进行百余处文字表述修改后审定合格，但书中许多争议问题依然没有解决，甚至内容比上一版更为失实。

在"新历史教科书编撰会"的历史教科书发行之前，一桥大学教授滨林正夫等 889 名历史学家在《日本与中国报》上联名呼吁"不能采用这种教科书进行历史教育"。许多地方教育工会、出版界工会也呼吁地方教育委员会抵制采用该书。据统计，该历史教科书的采用率在 2002 年和 2006 年均未超过 1%，甚至有东京都杉并区居民在 2005 年 6 月以采用肯定侵略战争及主张修改宪法的教科书属于违宪行为为由起诉了区政府。

在学术界，90 年代以来出版了许多反省侵略战争及其责任的书籍。其中代表性的著作有：笠原十九司的《亚洲的日本军队——战争责任与历史学、历史教育》（大月书店，1994 年）、粟屋宪太郎的《未决的战争责任》（柏书房，1994 年）、粟屋宪太郎等编《战争责任–战后责任：日本与德国为何不同》（朝日新闻，1994 年）、三浦永光的《战争牺牲者以及日本的战争责任》（明石书店，1995 年）、西野留美子编著的《年轻人们思考的战争责任：来自青年的信息》（明石书店，1995年）、荒井信一的《战争责任论：现代史的疑问》（岩波书店，1995年）、吉田裕的《现代历史学以及战争责任》（青木书店，1997年）、高桥哲哉的《战争责任论》（讲谈社，1999年）、早川纪代编的《殖民地与战争责任（战争、暴力与女性）》（吉川弘文馆，2005年）等，这些书籍在日本具有较大的影响力。认为靖国神社是战争动员机器、主张以政教分离原则解决问题的东京大学教授高桥哲哉从思想角度分析靖国神社的书《靖国神社》（筑摩书房，2005年）甚至成为2005年的畅销书。在这些反思的影响下，2004年4月7日，福冈地方法院判决小泉首相参拜靖国神社违反宪法，2005年9月30日，大阪高等法院判决小泉首相参拜靖国神社违反宪法。

后工业化社会趋势

在平成时代，最引人注目的两大社会现象是超单身主义和低欲望主义。在2017年初出版《超单身社会，单身大国日本的冲击》的作者荒川和久在日本媒体上发表了题为"超单身社会的到来"的谈话，指出"到2035年，一半日本人都会是单身"。据日本国立社会保障人口研究所预测，到2035年，日本男性未婚率将达30%，女性则为20%。因此，自助式迷你KTV包房、一人健身、单身公寓、多功能小家电、独自旅行服务等新业态也在年轻人中迅速流行开来。喜欢独自外出就餐的人越来越多，受这一市场动向影响，一些眼光独到的餐厅经营者已经开始行动。例如，日本的知名拉面连锁品牌"一兰拉面"在座位之间用隔板隔出单人空间以供独身食客使用。

另一方面，日本著名管理学家、被誉为"世界五大管理大师"之一的大前研一在2015年出版了《低欲望社会》一书，该书的副标题为"胸无大志时代"，该书认为"日本年轻人没有欲望，没有梦想，没有干劲，日本已陷入低欲望社会"。日本新一代年轻人没有炒房的欲望，没有炒股的欲望，没有结婚的欲望，没有购物的欲望，宅男宅女越来越多，谈恋爱觉得麻烦，上超市都觉得多余，一部手机便解决了所有生活需要。

实际上，上述现象产生的时代背景是日本正处于社会变迁的过程之中，也就是从工业化社会向后工业化社会过渡。工业化社会，是以汽车、家用电器等巨大制造业为中心将整个社会组织为一个整体，人们对未来都有很强的预测性和计划性。但后工业社会的特点是个人化，无论工作也好，生活也好，都越来越向个人化趋势发展。尽管这样一来,包括职业、婚姻在内的选择自由度得到大幅度的增加,但未来的许多非确定因素变得突出。

具体说来,在工业化时期,日本社会处在一个较为稳定的循环中,也可以称为日本式循环。过去日本企业经营有三大"法宝",第一个是终身雇佣制,也就是劳动者通常在一个企业中工作到退休,基本没有跳槽现象;第二个是年功序列工资制,就是按照工作年限逐渐提高工资,无论能力如何;第三个是企业内工会制,即大多数工会的成员是一个企业的劳动者,跨企业的全国性工会组织比例较低。在这种经营体制下,人们对自己的未来都有很强的预测性和计划性,甚至可以知道什么年龄会有多少收入,过什么样的生活。

因此,在1925—1989年的昭和时代,特别是战后时期,在逐渐成熟的工业化社会中,绝大多数日本人高中或大学毕业后会就职于某个企业,通常根据可预测的收入有计划地购买住宅、车辆,结婚,生子。惯例是女性在结婚后辞职,做家庭主妇,精心抚养下一代,进行劳动力的再生产。换句话说,努力让自己的孩子进入最好的各级学校,大学毕业后进入最好的企业,从而进入人生的下一个循环。按照传统的思维与习惯,日本人的理想是在郊区有一栋自己的二层小楼,分期付款,退休时也差不多还完贷款,人生步入晚年。

但步入平成时代以后出现了较大的变化。首先是第三产业——服务业的就业人数超过第二产业,而且比重越来越大。具体说来,由于个人消费从追求"社会价值"向"节省时间"转化、企业从自我服务业务转向由专业公司承包、人口老龄化对医疗保健护理需求增大等诸多原因,从1990年到2003年,第三产业的比重由61.8%上升到72.2%,增加了10.4个百分点,第一产业与第二产业相应地大幅度下降。

其次是非正式雇佣员工显著增多。90年代中期泡沫经济崩溃以后,日本盛行"企业改革",即通过企业的收买、合并、削减亏损部门等手段重新构成企业经营,同时采取许多改革措施,例如终止终身雇佣和年功序列制度、减少企业主管人员并实施按照个人能力决定工资的年薪制、减少新录用人员、采用派遣人员代替正式员工、鼓励员工提前退职等,结果造成非正式雇佣员工大幅度增加。平成时代以前,非正式雇佣人员的比重不到20%,2017年已经接近全部就业人口的四成,增加了一倍。

再次,各种统计数据表明,泡沫经济崩溃后日本的收入差距呈现出扩大趋势。从以五位法划分的家庭户均收入来看,1995年最高一级是最低一级的8.7

倍，但到 2004 年扩大到 10.5 倍。收入差距的最主要原因是非正式雇佣者的迅速增加，因为正式雇佣者与非正式雇佣者之间的收入差距较大。据日本总务省 2007 年的"劳动力调查"，正式雇佣者年收入在 300 万日元到 399 万日元之间的人最多，为 19.6%，年收入在 400 万日元到 499 万日元的次之，为 17.4%。非正式雇佣者年收入在 100 万日元到 199 万日元之间的人最多，为 29.6%，年收入不到 100 万日元的人次之，为 27.5%。另外，根据日本厚生劳动省 2006 年对钟点工进行的调查，有 63.9% 的人对现在的公司或工作感到不满和不安，对于不满和不安的原因，认为工资低的占 61.8%，认为不能休假的占 26.2%，认为钟点工工作辛苦的占 24.1%。

　　缺少稳定的工作与收入，影响到人们对未来的计划和期望，因而年轻人不敢结婚，不敢生孩子，不敢消费，直接后果是造成非婚人员数量增加，婴幼儿数量减少。10 年内非婚率上升了 10 个百分点，如今少子化在日本已成为最为严重的社会问题。2005 年是日本从 1899 年有人口统计以来第一次人口自然下降，当年新生儿数量为 103 万，死亡人数为 105 万，出生的人比死亡的人少 2 万。其后缺口不断扩大，2019 年日本新生儿为 86.6 万人，同年死亡人数为 137.89 万人，人口自然减少 51.29 万人，较 2018 年增加 6.8 万人，人口呈现连续 13 年负增长。从年龄段人口分布来看，0—14 岁的低龄人口占比降至 12.30%，15—64 岁年龄人口

图 10-5　日本 65 岁及以上人口比重（2013）

2013 年时，日本 65 岁以上人口占比超过 25%，75 岁以上人口接近 13%。日本女性预期寿命是 87 岁，居世界首位。男性平均年龄为 80 岁，居世界第四。由于百岁人口日益庞大，预计到 2050 年，日本会有 100 万左右的百岁翁。

占比降至 59.29%，两项占比均呈持续下降趋势。65 岁以上老龄人口占比则上升至 28.41%，再创历史新高。

基于上述社会背景，作为发达国家，日本已经呈现出后工业化社会的显著特征，即工作与生活的"个人化"。具体说来，首先体现在家庭的"个人化"，也就是家庭成员关系更为松散。根据日本国立社会保障及人口问题研究所在 2017 年的统计，2010 年日本的单身家庭为 1678 万户，占人口比例为 13.1%，2015 年增加 164 万户，人口增加了 9.8%，占人口比例 14.5%，平均七人中就有一人过着单身生活。实际上，该研究所在 2010 年预测，2020 年日本的单身家庭将达到 1827 万户，但 2015 年的数字已经达到 1842 万户，也就是提前五年超过该数值，可以看出其速度之快。其次是职业场所的"个人化"，转职者、自由职业者迅速增加。据日本官方的统计，2012 年在家工作者已经达到 930 万人，其中的雇佣劳动者中技术研发者所占比例最高，个体劳动者中文字工作者所占比例最高。再次是地域的"个人化"，民间组织、非政府组织、志愿人员增多。最后是消费的"个人化"，大量个性化产品流行。作为这一社会现象背后的价值观念，个性自由、自我决定论和生活方式的多样化开始受到肯定，年轻人只以自己的方式和节奏生活，注重自我感受，而不在乎社会评价。

有意思的是，支撑这种工作与生活"个人化"的商业现象之一是便利店的普及和利用。便利店是一种 24 小时营业的小型超市，按照日本官方的界定，大体为"经营食品饮料，面积在 30—250 平米之间，每天营业时间在 14 个小时的自助商店"。实际上，便利店是经营范围大体上涵盖百货商店、医药店、化妆品店、文具店、杂货铺、银行、咖啡馆、书报亭、快递网点、酒馆、香烟铺、快餐店、物产店、快印店、公共厕所等的综合体。

尽管便利店在日本普遍出现是在 20 世纪 70 年代（1969 年只有一家），但迅速发展是在泡沫经济的出现与崩溃时期。1980 年为 11000 家，1991 年猛增到 41000 家，2001 年达到 55000 家，直到 2020 年，稍微增加至 58000 家，可以看出基本达到饱和状态。如今便利店遍布日本全国各地，大部分地区方圆五百米内就会有便利店存在，每一家店铺需要为该商圈内的 3000 人提供相应的服务。据调查，将近 60% 的人每周在便利店消费 3 次以上，其中有 11% 的人每天都会在便利店消费。相反，不去便利店的人仅占总人数的 1%。

实际上，泡沫经济时代，人们异常忙碌，一般到深夜才回家，而 24 小时营业的便利店可以为那些单身者提供各种需求的商品，因而迅速发展起来。另一方面，

20 世纪 80 年代中期，夫妇及其子女组成的家庭占家庭总数的 40%，日常消费通常以超市为主，但进入平成时代特别是新世纪以后，单身家庭反超夫妇及子女组成的家庭，如今在日本家庭总数中的占比最高，因而便利店大行其道。

结　语

　　对日本未来发展趋势做出判断是极其困难的事情，因为日本目前正处在历史性的变革时期，尽管有近代以来"第三次改革""第三次开国"之说，但如果说明治维新、占领时期是制度性、技术性的变革，那么此次则是文化性、国民性的变革。具体地说，就是作为较为适应追赶型现代化的集团主义式社会组织结构在全球化浪潮面前显得进退维谷，这正是日本泡沫经济崩溃后实施改革 30 年仍未形成新型政治、经济、社会体制乃至外交，即从官僚主导决策模式向政党主导决策模式、政府主导发展模式向民间主导发展模式、国家组织型社会向市民组织型社会、依附性外交向自主性外交等过渡尚未结束的深层次原因。

大 事 记

时 间	日 本	世 界
1993 年	非自民联立内阁成立	
1994 年		朝鲜最高领导人金日成去世
1995 年	阪神大地震；东京地铁沙林事件；《日美汽车协议》破裂；冲绳美军强暴少女事件	
1997 年	山一证券破产、金融机构破产潮	香港回归中国
1998 年	民主党成立；朝鲜导弹飞越日本列岛	
1999 年	石原慎太郎当选东京都知事；东海村核临界事故	
2000 年	森首相"日本神国"发言；三宅岛火山喷发	
2001 年	小泉旋风；小泉参拜靖国神社	美国"9·11 事件"
2002 年	小泉首相访问朝鲜；"宽松教育"开始；日韩足球世界杯举办	

（续表）

时　间	日　本	世　界
2004 年	向伊拉克派遣自卫队；日朝首脑会谈；新潟中越地震	
2005 年	JR 西日本列车脱轨事故；邮政民营化法案通过；爱知世博会举行	
2006 年	取消日银零利率；活力门事件	
2007 年	邮政民营化	
2008 年	后期高龄者医疗制度起步；毒饺子事件	北京奥运会举办；美雷曼兄弟公司破产
2009 年	民主党获得大选胜利，执掌政权	
2010 年	口蹄疫流行	
2011 年	东日本大地震；福岛核电站泄漏事故；野田佳彦内阁成立；参加 TPP 谈判	中东民主化浪潮；朝鲜最高领导人金正日去世
2012 年	国会通过《公债特例法修正案》；自民党大选获胜；安倍晋三内阁成立	钓鱼岛"国有化"引发冲突；朴槿惠当选韩国总统
2013 年	《特定秘密保护法》公布执政党参议院选举获胜；安倍首相参拜靖国神社	克里米亚并入俄罗斯
2014 年	内阁会议决定"防卫装备转移三原则"；内阁会议决定解禁集体自卫权；自民党再次获得大选胜利	北京 APEC 第 22 次大会
2015 年	国会通过行使集体自卫权的"安保法案"；安倍首相发表"战后 70 周年谈话"	美、日等 12 国结束 TPP 谈判
2016 年	民主党与维新党合并为"民进党"	美国总统奥巴马访问广岛
2017 年	执政党参议院选举获胜	
2018 年	自民党获得绝对稳定多数，执政联盟众议院席位超过三分之二	
2019 年	安倍晋三第三次竞选自民党总裁获胜	
2020 年	德仁即位为新天皇，年号"令和"；安倍晋三辞去首相职务；菅义伟内阁成立	
2021 年	菅义伟辞去首相职务；岸田文雄内阁成立	东京夏季奥运会举行

◉ 进一步阅读书目

大前研一的《低欲望社会：人口老龄化的经济危机与破解之道》（机械工业出版社，2018 年）针对日本当下的社会经济现状和特点，将其他发展成熟的国家尚未遇到的社会问题，概要性地归结为一个词——"低欲望社会"，即人口减少、超高龄化、失去上进心和欲望的年轻人越来越多；国民持有大量的金融资产，企业也有高额的内部准备金，却未能有效运用资金，无论是货币宽松政策或公共投资，都无法提升消费者信心，撒钱政策亦无力振兴经济。这种无欲无求的倾向在时代脉络之下也是一种合理的选择，但必须思考的是，身处于"低欲望社会"，政府与企业该如何应对。企业必须确实分析国民的想法及行为，精准掌握他们的价值观，拟定各种策略及商业模式。政府也要具有相应的对策，如都市再开发、利用闲置土地、改善移民政策、优化观光地配套建设、刺激"熟龄大人"消费、人才教育转型等。

日本战后改革建立的现代民主体制，在当代半个多世纪的政治实践中逐渐出现"制度疲劳"，趋向僵化，其典型的表现为日本政治的"世袭化"，即"世袭政治"现象。乔林生的《民主的危机：日本"世袭政治"研究》（天津人民出版社，2018 年）运用实证研究与比较研究的方法，在阐明日本"世袭政治"的现状与特征的基础上，从传统文化、选举制度、政党体制和经济利权四个方面深入分析了"世袭政治"产生的原因，进而探讨了"世袭政治"的影响以及解决对策。

张玉来的《平成时代 (1989—2019)——日本衰退的虚与实》（天津人民出版社，2019 年）把日本置于全球性的整体关联中去研究把握，解析世界视角下的社会转型问题。在这样的形势下，日本依靠自己的经济力、科技力与有利的国际环境，试图摆脱战后体制的限制，完成从经济大国、技术大国走向政治大国的目标。日本国内市场狭小，自然资源缺乏，同时又积累了大量的技术与资金，因此在泡沫经济崩溃后不失时机地实施了企业战略转型，重点发展科技含量高、附加值高的产品，提高了制造业在国际上的赢利水平。书中显示，2006 年制造业大企业销售利润率已达到 6.7%，中小企业平均利润率也达到了 3.9%；2017 年制造业、大企业销售利润率达到8.11%，中小企业达到 4.5% 的历史性纪录。平成时代，日本在科学技术方面也取得了显著成就，其中一个重要指标就是诺贝尔奖获得者数量。截至 2018 年 10 月，日本诺贝尔奖获得者已达 24人（仅限日本国籍），其中有 17 人是在平成时代获此殊荣。

宫本宪一的《战后日本公害史论》（商务印书馆，2020 年）将战后日本的公害史分为四个时期。第一个时期是战后复兴时期，这个时期中产生了由燃煤、炼铜等造成的大气污染和水污染、造纸工业造成的水污染、初期重化工业造成的水俣病、痛痛病等公害。第二个时期是经济高速增长时期，由于出现了科学的反公害运动，首次成功地阻止了企业和政府不顾后果的经济开发活动。政府在 1967 年出台了《公害对策基本法》，该法也是世界上首部综合性公害对策立法。第三个时期是 20 世纪 70 年代末以后，公害对策和环境政策转向依靠企业和个人的自律和自主行动。第四个时期基本与新世纪同步开始，这一时期发生了石棉公害和核电公害两种新型公害，作者认为作为地震多发国的日本应尽快废止核电并推广可再生能源。

附录一　日本天皇世系表

世系	天皇谥号	在位时间（年）	年号及备注
第1代	神武天皇	前660—前585	传说中日本的开国天皇
第2代	绥靖天皇	前581—549	
第3代	安宁天皇	前549—511	一说安宁天皇元年为前548年
第4代	懿德天皇	前510—前477	
第5代	孝昭天皇	前475—393	
第6代	孝安天皇	前392—前291	
第7代	孝灵天皇	前290—前215	
第8代	孝元天皇	前214—前158	
第9代	开化天皇	前158—前98	一说开化天皇元年为公元前157年
第10代	崇神天皇	前97—前30	
第11代	垂仁天皇	前29—70	
第12代	景行天皇	71—130	
第13代	成务天皇	131—190	
第14代	仲哀天皇	192—200	
	神功皇后	201—269	神功皇后摄政
第15代	应神天皇	270—310	
第16代	仁德天皇	313—399	
第17代	履中天皇	400—405	
第18代	反正天皇	406—410	
第19代	允恭天皇	412—453	
第20代	安康天皇	453—456	一说安康天皇元年为454年
第21代	雄略天皇	456—479	一说雄略天皇元年为457年
第22代	清宁天皇	480—484	
第23代	显宗天皇	485—487	
第24代	仁贤天皇	488—498	
第25代	武烈天皇	498—506	一说武烈天皇元年为499年

（续表）

世系	天皇谥号	在位时间（年）	年号及备注
第 26 代	继体天皇	507—531	一说继体天皇卒年为 534 年
第 27 代	安闲天皇	531—535	一说安闲天皇元年为 534 年
第 28 代	宣化天皇	535—539	一说宣化天皇元年为 536 年
第 29 代	钦明天皇	539—571	
第 30 代	敏达天皇	572—585	
第 31 代	用明天皇	585—587	一说用明天皇元年为 586 年
第 32 代	崇峻天皇	587—592	一说崇峻天皇元年为 588 年
第 33 代	推古天皇	592—628	女皇，593—622 年由圣德太子摄政
第 34 代	舒明天皇	629—641	
第 35 代	皇极天皇	642—645	女皇
第 36 代	孝德天皇	645—654	孝德天皇"大化革新"，此后开始有年号：大化、白雉
第 37 代	齐明天皇	655—661	女皇
第 38 代	天智天皇	661—671	齐明女皇 661 年去世，太子中大兄（天智天皇）守丧，监国，668 年始即位
第 39 代	弘文天皇	671—672	
第 40 代	天武天皇	673—686	年号：朱鸟
第 41 代	持统天皇	686—697	女皇
第 42 代	文武天皇	697—707	年号：大宝、庆云
第 43 代	元明天皇	707—715	女皇，登基第一年称庆云四年，第二年称和铜元年
第 44 代	元正天皇	715—724	女皇，年号：灵龟、养老
第 45 代	圣武天皇	724—749	年号：神龟、天平、天平感宝
第 46 代	孝谦天皇	749—758	女皇，年号：天平胜宝、天平宝字
第 47 代	淳仁天皇	758—764	年号：天平宝字
第 48 代	称德天皇	764—770	女皇，年号：天平宝字、天平神护、神护景云
第 49 代	光仁天皇	770—781	年号：宝龟、天应
第 50 代	恒武天皇	781—806	年号：天应、延历
第 51 代	平城天皇	806—809	年号：延历、大同
第 52 代	嵯峨天皇	809—823	年号：大同、弘仁
第 53 代	淳和天皇	823—833	年号：弘仁、天长
第 54 代	仁明天皇	833—850	年号：天长、承和、嘉祥

（续表）

世系	天皇谥号	在位时间（年）	年号及备注
第 55 代	文德天皇	850—858	年号：嘉祥、仁寿、齐衡、天安
第 56 代	清和天皇	858—876	年号：天安、贞观
第 57 代	阳成天皇	876—884	年号：贞观、元庆
第 58 代	光孝天皇	884—887	年号：元庆、仁和
第 59 代	宇多天皇	887—897	年号：仁和、宽平
第 60 代	醍醐天皇	897—930	年号：宽平、昌泰、延喜、延长
第 61 代	朱雀天皇	930—946	年号：延长、承平、天庆
第 62 代	村上天皇	946—967	年号：天庆、天历、天德、应和、康保
第 63 代	冷泉天皇	967—969	年号：康保、安和
第 64 代	圆融天皇	969—984	年号：安和、天禄、贞元、天元、永观
第 65 代	花山天皇	984—986	年号：永观、宽和
第 66 代	一条天皇	986—1011	年号：宽和、永延、永祚、正历、长德、长保、宽弘
第 67 代	三条天皇	1011—1016	年号：宽弘、长和
第 68 代	后一条天皇	1016—1036	年号：长和、宽仁、治安、万寿、长元
第 69 代	后朱雀天皇	1036—1045	年号：长元、长历、长久、宽德
第 70 代	后冷泉天皇	1045—1068	年号：宽德、永承、天喜、康平、治历
第 71 代	后三条天皇	1068—1072	年号：治历、延久
第 72 代	白河天皇	1072—1086	年号：延久、承保、承历、永保、应德
第 73 代	堀河天皇	1086—1107	年号：应德、宽治、嘉保、永长、承德、康和、长治、嘉承
第 74 代	鸟羽天皇	1107—1123	年号：嘉承、天仁、天永、永久、元永、保安
第 75 代	崇德天皇	1123—1141	年号：保安、天治、大治、天承、长承、保延、永治
第 76 代	近卫天皇	1141—1155	年号：永治、康治、天养、久安、仁平、久寿
第 77 代	后白河天皇	1155—1158	年号：久寿、保元
第 78 代	二条天皇	1158—1165	年号：保元、平治、永历、应保、长宽
第 79 代	六条天皇	1165—1168	年号：长宽、永万、仁安
第 80 代	高仓天皇	1168—1180	年号：仁安、嘉应、承安、安元、治承
第 81 代	安德天皇	1180—1185	年号：治承、养和、寿永
第 82 代	后鸟羽天皇	1185—1198	年号：寿永、元历、文治、建久

（续表）

世系	天皇谥号	在位时间（年）	年号及备注
第 83 代	土御门天皇	1198—1210	年号：建久、正治、建仁、元久、建永、承元
第 84 代	顺德天皇	1210—1221	年号：承元、建历、建保、承久
第 85 代	仲恭天皇	1221	年号：承久
第 86 代	后堀河天皇	1221—1232	年号：承久、贞应、元仁、嘉禄、安贞、宽喜、贞永
第 87 代	四条天皇	1232—1242	年号：贞永、天福、文历、嘉祯、历仁、延应、仁治
第 88 代	后嵯峨天皇	1242—1246	年号：仁治、宽元
第 89 代	后深草天皇	1246—1259	年号：宽元、宝治、建长、康元、正嘉、正元
第 90 代	龟山天皇	1259—1274	年号：正元、文应、弘长、文永
第 91 代	后宇多天皇	1274—1287	年号：文永、建治、弘安
第 92 代	伏见天皇	1287—1298	年号：弘安、正应、永仁
第 93 代	后伏见天皇	1298—1301	年号：永仁、正安
第 94 代	后二条天皇	1301—1308	年号：正安、乾元、嘉元、德治
第 95 代	花园天皇	1308—1318	年号：德治、延庆、应长、正和、文保
第 96 代	后醍醐天皇	1318—1339	南朝。年号：文保、元应、元亨、正中、嘉历、元德、元弘、建武、延元
第 97 代	后村上天皇	1339—1368	南朝。年号：延元、兴国、正平
第 98 代	长庆天皇	1368—1383	南朝。年号：正平、建德、文中、天授、弘和
第 99 代	后龟山天皇	1383—1392	南朝。年号：弘和、元中
第 100 代	光严天皇	1331—1333	北朝。年号：元弘、正庆
	光明天皇	1336—1348	北朝。年号：建武、历应、康永、贞和
	崇光天皇	1348—1351	北朝。年号：贞和、观应
	后光严天皇	1352—1371	北朝。年号：观应、文和、延文、康安、贞治、应安
	后圆融天皇	1371—1382	北朝。年号：应安、永和、康历、永德
	后小松天皇	1382—1412	北朝。年号：永德、至德、嘉庆、康应、明德、应永
第 101 代	称光天皇	1412—1428	年号：应永、正长

（续表）

世系	天皇谥号	在位时间（年）	年号及备注
第 102 代	后花园天皇	1428—1464	年号：正长、永享、嘉吉、文安、宝德、享德、康正、长禄、宽正
第 103 代	后土御门天皇	1464—1500	年号：宽正、文正、应仁、文明、长享、延德、明应
第 104 代	后柏原天皇	1500—1526	年号：明应、文龟、永正、大永
第 105 代	后奈良天皇	1526—1557	年号：大永、享禄、天文、弘治
第 106 代	正亲町天皇	1557—1586	年号：弘治、永禄、元龟、天正
第 107 代	后阳成天皇	1586—1611	年号：天正、文禄、庆长
第 108 代	后水尾天皇	1611—1629	年号：庆长、元和、宽永
第 109 代	明正天皇	1629—1643	女皇，年号：宽永
第 110 代	后光明天皇	1643—1654	年号：宽永、正保、庆安、承应
第 111 代	后西天皇	1654—1663	年号：承应、明历、万治、宽文
第 112 代	灵元天皇	1663—1687	年号：宽文、延宝、天和、贞享
第 113 代	东山天皇	1687—1709	年号：贞享、元禄、宝永
第 114 代	中御门天皇	1709—1735	年号：宝永、正德、享保
第 115 代	樱町天皇	1735—1747	年号：享保、元文、宽保、延享
第 116 代	桃园天皇	1747—1762	年号：延享、宽延、宝历
第 117 代	后樱町天皇	1762—1770	女皇，年号：宝历、明和
第 118 代	后桃园天皇	1770—1779	年号：明和、安永
第 119 代	光格天皇	1779—1817	年号：安永、天明、宽政、享和、文化
第 120 代	仁孝天皇	1817—1846	年号：文化、文政、天保、弘化
第 121 代	孝明天皇	1846—1866	年号：弘化、嘉永、安政、万延、文久、元治、庆应
第 122 代	明治天皇	1867—1912	年号：庆应、明治
第 123 代	大正天皇	1912—1926	年号：明治、大正
第 124 代	昭和天皇	1926—1989	年号：大正、昭和
第 125 代	（明仁天皇）	1989—2019	年号：昭和、平成
第 126 代	（德仁天皇）	2019—	年号：平成、令和

附录二　历代幕府将军年表

	顺次	姓名	在位时间（年）
镰仓幕府	1	源赖朝	1192—1199
	2	源赖家	1202—1203
	3	源实朝	1203—1219
	4	九条（藤原）赖经	1226—1244
	5	九条（藤原）赖嗣	1244—1252
	6	宗尊亲王	1252—1266
	7	惟康亲王	1266—1289
	8	久明亲王	1289—1308
	9	守邦亲王	1308—1333
室町幕府	1	足利尊氏	1338—1358
	2	足利义诠	1358—1367
	3	足利义满	1368—1394
	4	足利义持	1394—1423
	5	足利义量	1423—1425
	6	足利义教	1428—1441
	7	足利义胜	1442—1443
	8	足利义政	1449—1473
	9	足利义尚	1473—1489
	10	足利义稙	1489—93, 1508—1521
	11	足利义澄	1494—1507
	12	足利义晴	1521—1546
	13	足利义辉	1546—1565
	14	足利义荣	1568
	15	足利义昭	1568—1573

（续表）

	代	姓名	在位时间
江户幕府	1	德川家康	1603—1605
	2	德川秀忠	1605—1623
	3	德川家光	1623—1651
	4	德川家纲	1651—1680
	5	德川纲吉	1680—1709
	6	德川家宣	1709—1712
	7	德川家继	1713—1716
	8	德川吉宗	1716—1745
	9	德川家重	1745—1760
	10	德川家治	1760—1786
	11	德川家齐	1787—1837
	12	德川家庆	1837—1853
	13	德川家定	1853—1858
	14	德川家茂	1858—1866
	15	德川庆喜	1866—1867

附录三 日本历任首相年表

届	姓名	在任时间	政党或身份	备注
1	伊藤博文	1885 年 12 月—1888 年 4 月		
2	黑田清隆	1888 年 4 月—1889 年 10 月		
	三条实美	1889 年 10—12 月		时任内大臣，临时兼任首相职务
3	山县有朋	1889 年 12 月—1891 年 5 月	陆军军人	
4	松方正义	1891 年 5 月—1892 年 8 月		
5	伊藤博文	1892 年 8 月—1896 年 8 月		第 2 次担任首相
	黑田清隆	1896 年 8—9 月		时任枢密院议长，临时兼任首相职务
6	松方正义	1896 年 9 月—1898 年 1 月		第 2 次担任首相
7	伊藤博文	1898 年 1—6 月		第 3 次担任首相
8	大隈重信	1898 年 6—11 月	宪政党	
9	山县有朋	1898 年 11 月—1900 年 10 月		第 2 次担任首相
10	伊藤博文	1900 年 10 月—1901 年 5 月	立宪政友会	第 4 次担任首相
	西园寺公望	1901 年 5—6 月	立宪政友会	时任枢密院议长，临时兼任首相职务
11	桂太郎	1901 年 6 月— 1906 年 1 月	陆军军人	
12	西园寺公望	1906 年 1 月—1908 年 7 月	立宪政友会	
13	桂太郎	1908 年 7 月—1911 年 8 月	陆军军人	第 2 次担任首相
14	西园寺公望	1911 年 8 月—1912 年 12 月	立宪政友会	第 2 次担任首相
15	桂太郎	1912 年 12 月—1913 年 2 月	陆军军人	第 3 次担任首相
16	山本权兵卫	1913 年 2 月—1914 年 4 月	海军军人	
17	大隈重信	1914 年 4 月—1916 年 10 月	立宪同志会	第 2 次担任首相
18	寺内正毅	1916 年 10 月—1918 年 9 月	陆军军人	
19	原敬	1918 年 9 月—1921 年 11 月	立宪政友会	
	内田康哉	1921 年 11 月	立宪政友会	时任外务大臣，临时兼任首相职务

（续表）

届	姓名	在任时间	政党或身份	备注
20	高桥是清	1921 年 11 月—1922 年 6 月	立宪政友会	
21	加藤友三郎	1922 年 6 月—1923 年 8 月	海军军人	
	内田康哉	1923 年 8—9 月	立宪政友会	时任外务大臣，临时兼任首相职务
22	山本权兵卫	1923 年 9 月—1924 年 1 月	海军军人	第 2 次担任首相
23	清浦奎吾	1924 年 1—6 月	司法官僚 贵族院议员	
24	加藤高明	1924 年 6 月—1926 年 1 月	宪政会	
	若槻礼次郎	1926 年 1 月	宪政会	时任内务大臣，临时兼任首相职务
25	若槻礼次郎	1926 年 1 月—1927 年 4 月	宪政会	
26	田中义一	1927 年 4 月—1929 年 7 月	立宪政友会 陆军军人	
27	滨口雄幸	1929 年 7 月—1931 年 4 月	立宪民政党	
28	若槻礼次郎	1931 年 4—12 月	立宪民政党	第 2 次担任首相
29	犬养毅	1931 年 12 月— 1932 年 5 月	立宪政友会	
	高桥是清	1932 年 5 月	立宪政友会	时任大藏大臣，临时兼任首相职务
30	斋藤实	1932 年 5 月—1934 年 7 月	海军军人	
31	冈田启介	1934 年 7 月—1936 年 3 月	海军军人	
32	广田弘毅	1936 年 3 月—1937 年 2 月	外交官	
33	林铣十郎	1937 年 2—6 月	陆军军人	
34	近卫文麿	1937 年 6 月—1939 年 1 月	贵族院议长	
35	平沼骐一郎	1939 年 1—8 月	司法官僚 枢密院议长	
36	阿部信行	1939 年 8 月—1940 年 1 月	陆军军人	
37	米内光政	1940 年 1—7 月	海军军人	
38	近卫文麿	1940 年 7 月—1941 年 7 月	大政翼赞会	第 2 次担任首相
39	近卫文麿	1941 年 7—10 月	大政翼赞会	第 3 次担任首相
40	东条英机	1941 年 10 月—1944 年 7 月	陆军军人	
41	小矶国昭	1944 年 7 月—1945 年 4 月	陆军军人	
42	铃木贯太郎	1945 年 4—8 月	海军军人 枢密院议长	

（续表）

届	姓名	在任时间	政党或身份	备注
43	东久迩宫稔彦王	1945 年 8—10 月	皇族 陆军军人	
44	币原喜重郎	1945 年 10 月—1946 年 5 月	外务官僚 贵族院议员	
45	吉田茂	1946 年 5 月—1947 年 5 月	外务官僚 贵族院议员	
46	片山哲	1947 年 5 月—1948 年 3 月	日本社会党	
47	芦田均	1948 年 3—10 月	民主党	
48	吉田茂	1948 年 10 月—1949 年 2 月	民主自由党	第 2 次担任首相
49	吉田茂	1949 年 2 月—1952 年 10 月	民主自由党（1948—1950） 自由党（1950 年起）	第 3 次担任首相
50	吉田茂	1952 年 10 月— 1953 年 5 月	自由党	第 4 次担任首相
51	吉田茂	1953 年 5 月— 1954 年 12 月	自由党	第 5 次担任首相
52	鸠山一郎	1954 年 12 月— 1955 年 3 月	日本民主党	
53	鸠山一郎	1955 年 3—11 月	日本民主党	第 2 次担任首相
54	鸠山一郎	1955 年 11 月—1956 年 12 月	自由民主党	第 3 次担任首相
55	石桥湛山	1956 年 12 月—1957 年 2 月	自由民主党	
56	岸信介	1957 年 2 月—1958 年 6 月	自由民主党	
57	岸信介	1958 年 6 月—1960 年 7 月	自由民主党	第 2 次担任首相
58	池田勇人	1960 年 7—12 月	自由民主党	
59	池田勇人	1960 年 12 月—1963 年 12 月	自由民主党	第 2 次担任首相
60	池田勇人	1963 年 12 月—1964 年 11 月	自由民主党	第 3 次担任首相
61	佐藤荣作	1964 年 11 月— 1967 年 2 月	自由民主党	
62	佐藤荣作	1967 年 2 月— 1970 年 1 月	自由民主党	第 2 次担任首相
63	佐藤荣作	1970 年 1 月— 1972 年 7 月	自由民主党	第 3 次担任首相
64	田中角荣	1972 年 7—12 月	自由民主党	
65	田中角荣	1972 年 12 月—1974 年 12 月	自由民主党	第 2 次担任首相
66	三木武夫	1974 年 12 月—1976 年 12 月	自由民主党	
67	福田赳夫	1976 年 12 月 — 1978 年 12 月	自由民主党	

（续表）

届	姓名	在任时间	政党或身份	备注
68	大平正芳	1978 年 12 月 — 1979 年 11 月	自由民主党	
69	大平正芳	1979 年 11 月— 1980 年 6 月	自由民主党	第 2 次担任首相
	伊东正义	1980 年 6—7 月	自由民主党	时任内阁官房长官，临时代理首相职务
70	铃木善幸	1980 年 7 月—1982 年 11 月	自由民主党	
71	中曾根康弘	1982 年 11 月—1983 年 12 月	自由民主党	
72	中曾根康弘	1983 年 12 月—1986 年 7 月	自由民主党	第 2 次担任首相
73	中曾根康弘	1986 年 7 月— 1987 年 11 月	自由民主党	第 3 次担任首相
74	竹下登	1987 年 11 月— 1989 年 6 月	自由民主党	
75	宇野宗佑	1989 年 6—8 月	自由民主党	
76	海部俊树	1989 年 8 月—1990 年 2 月	自由民主党	
77	海部俊树	1990 年 2 月—1991 年 11 月	自由民主党	第 2 次担任首相
78	宫泽喜一	1991 年 11 月—1993 年 8 月	自由民主党	
79	细川护熙	1993 年 8 月—1994 年 4 月	自由民主党	
80	羽田孜	1994 年 4—6 月	新生党	
81	村山富市	1994 年 6 月—1996 年 1 月	日本社会党	
82	桥本龙太郎	1996 年 1—11 月	自由民主党	
83	桥本龙太郎	1996 年 11 月—1998 年 7 月	自由民主党	第 2 次担任首相
84	小渊惠三	1998 年 7 月—2000 年 4 月	自由民主党	
85	森喜朗	2000 年 4—7 月	自由民主党	
86	森喜朗	2000 年 7 月—2001 年 4 月	自由民主党	第 2 次担任首相
87	小泉纯一郎	2001 年 4 月—2003 年 11 月	自由民主党	
88	小泉纯一郎	2003 年 11 月—2005 年 9 月	自由民主党	第 2 次担任首相
89	小泉纯一郎	2005 年 9 月—2006 年 9 月	自由民主党	第 3 次担任首相
90	安倍晋三	2006 年 9 月— 2007 年 9 月	自由民主党	
91	福田康夫	2007 年 9 月— 2008 年 9 月	自由民主党	
92	麻生太郎	2008 年 9 月—2009 年 9 月	自由民主党	
93	鸠山由纪夫	2009 年 9 月—2010 年 6 月	民主党	
94	菅直人	2010 年 6 月—2011 年 8 月	民主党	
95	野田佳彦	2011 年 9 月—2012 年 12 月	民主党	
96	安倍晋三	2012 年 12 月—2014 年 12 月	自由民主党	第 2 次担任首相
97	安倍晋三	2014 年 12 月—2017 年 11 月	自由民主党	第 3 次担任首相

（续表）

届	姓名	在任时间	政党或身份	备注
98	安倍晋三	2017 年 11 月—2020 年 9 月	自由民主党	第 4 次担任首相
99	菅义伟	2020 年 9 月—2021 年 10 月	自由民主党	
100	岸田文雄	2021 年 10—2021 年 11 月	自由民主党	
101	岸田文雄	2021 年 11 月—	自由民主党	第 2 次担任首相